GONGSI ZHANGCHENG
GEXINGHUA SHEJI YU YINAN SHIJIE

公司章程
个性化设计与疑难释解

（修订版）

郭春宏 / 著

法律出版社
LAW PRESS·CHINA

序一

——公司千差万别，章程何必千篇一律

2005 年修订的新《中华人民共和国公司法》（以下简称《公司法》）颁布后，公司法学界为之欢呼：新《公司法》开启了我国公司自治的时代！并称这一年是公司自治元年。因为新《公司法》淡化了以往公司法浓重的管制色彩，增加了许多任意性规范，大大拓宽了公司章程自治的空间。因商事注册登记改革，于 2013 年年底修正的《公司法》延续了公司自治精神。

时至今日，许多公司在设立时，不是按照公司自治精神并根据自身的特点和实际情况量体裁衣地制定切实可行的章程条款，而是直接拿工商部门提供的重复《公司法》规定的“范本”，做做“填空题”了事，导致同一地区的公司章程几乎如出一辙、千篇一律。如此“制定”章程，不仅不具可操作性，而且章程所应具有的功能也基本丧失，甚至为公司今后纠纷埋下“定时炸弹”。相反，也有少数公司控股股东借公司自治之名，任意设定利己条款，侵害小股东合法权益，导致章程条款被认定为违法无效，成为公司和股东纠纷的“导火线”，导致公司纠纷不断。

现实中的公司千差万别，其章程为何却千篇一律呢？这说明章程制定者们或者是章程意识淡薄，还没有认识到章程的重要性；或者是还没有水平制定较高水准的个性化章程。而少数非千篇一律式的章程，其条款被认定为违法无效，则说明少数章程意识觉醒者的水平尚未达到游刃有余的程度，不能正确识别《公司法》中的强制性规范和任意性规范。可见，现实中公司千差万别的差异要反映到公司章程，使公司章程与公司治理形成良性互动，仅仅认识到公司章程的重要性还远远不够，还需提高章程制定者的专业水平，这种专业能力既包含扎实的公司法理论功底又包含丰富的公司治理经验，其中“如何识别《公

司法》中的强制性规范和任意性规范”以及“如何形成公司良性治理”正是大大的难题，令人望而却步。这是现实中真正体现公司自治精神的个性化章程少之又少的关键原因。

笔者律师执业已经20余年，有感于我国《公司法》颁行20余年后市面上出版的专门论述公司章程的专著仅有数本，并且这些专著多是稍嫌笼统的博士论文，难以指导实务中的公司章程个性化设计。然而，一国法治水平的提高乃众人之事，不应对别人求全责备，而应多反思自己有无点滴贡献。基于此，笔者编著本书，期望有助于改善实务中的公司章程个性化设计，彰显公司自治精神。

全书共分三篇。第一篇为背景篇，着重介绍公司章程及其个性化设计的一般理论。第二篇和第三篇为主体篇，系统论述了普通公司及特殊类型公司章程的个性化设计与疑难解释，其中“条款解读”着重介绍了与该节章程内容有关的公司法学基础理论以及公司法条文与公司章程条款解读；“疑难释解”是公司法实务处理及公司章程制定适用中经常发生的热点、难点问题的解答处理；“条款设计”包括公司章程条款的自治空间、与该章程条款有关法律条文属于强制性还是任意性、条款设计的经纬度及注意事项等内容，附录则提供了相应条款范例。使用本书时，如时间充裕，宜先阅读背景篇和“条款解读”，再接着读“疑难释解”，以掌握制定公司章程所需的法律基础知识，最后看“条款设计”及附录范例；如时间不充裕，或自信已熟练掌握公司法，也可直接看“条款设计”及附录范例。

本书具有以下特色：

一、新颖性和前沿性

• 初版时系国内率先对公司章程条款所涉公司法条文是属于强制性还是任意性进行识别的专著；

• 详细论述公司章程及其条款个性化设计；

• 专章详细论述VIE架构及其公司章程的个性化设计，并设专章详细论述家族企业治理及家族企业章程的个性化设计；

• 在吸收公司法学、经济学和管理学先进理论及最新研究成果的基础上，将三者细密糅合，从一个新的视角对公司治理和公司法研究提出了不少有见地的意见和观点；

●关注公司法学研究前沿和公司法实务中的热点、难点，并在严密论证的基础上对这些热点、难点提出了有一定说服力的见解。

二、实务性和可操作性

●对章程每一条款如何进行个性化设计，其自治空间有多大，进行了详细说明，同时提供了相应条款范例，具有很强的可操作性和示范性；

●内容涵盖了《公司法》实务中的大部分操作；

●各章所附疑难释解，紧扣当今公司法理论和实践中的热点、难点问题，解答紧扣现行公司法规，而不局限于《公司法》。

三、预防性和自助性

●对于公司法适用时和公司章程适用时可能发生的争议和法律风险，提出了预防和化解方案，具有事前预防公司争议、防范法律风险的突出作用，同时又具有事后解决公司争议、控制法律风险的重要作用，即无论对事先预防还是事后处理，均提供了路线图式的操作指引；

●本书旨在为公司参与者提供一个公司章程和公司治理的操作指引。企业借助该指引，可根据本公司实际构建一个具有本企业特色的公司章程和公司治理体系，从而为本公司生产经营和进一步发展提供制度保障。

本书第一版已脱销多年，应读者热情要求，笔者欣然在改革开放40周年和《公司法》颁布25周年之际对第一版进行了修订。第二版根据新颁布的《民法总则》、最高人民法院《关于适用〈中华人民共和国公司法〉若干问题的规定（四）》，以及财政部、国家税务总局、国家工商行政管理总局等部门规章对第一版进行了修订，并对个别笔误进行了更正。

以上粗浅见解，为笔者多年研习公司法的心得和实务处理的体会，抛砖引玉，恳请读者朋友不吝赐教，以共同推动公司自治。公司自治，从纸面到实践，需要大家一起努力。

再次感谢公司法专家刘俊海教授、知名企业家郭山辉董事长在本书初版时为本书作序。

郭春宏谨识

2018年3月21日

序二
——章程是公司良治久安的“内部宪法”

公司是市场经济的微观细胞，公司法是市场经济法律体系的核心。宏观经济的质量和活力取决于微观经济细胞的质量与活力。如果说《宪法》是政治生活中的根本大法，是治国安邦、执政富民的总章程，那么《公司法》则是经济生活中的根本大法，是投资兴业、治企理财的总章程。而广义的“公司法”既包括外生的制度设计，也包括内生的制度设计，尤其是公司章程。

“傻瓜”相机很难拍摄出一流的摄影作品。“傻瓜”章程也催生不出有竞争力的公司。在我国公司实践中，千篇一律、似曾相识的“傻瓜”章程现象较为普遍。公司章程的失灵恰恰是诸多公司法律风险的“定时炸弹”。许多公司治理中的僵局和争斗，实质上都源于公司章程条款的不完备、不科学、不严谨、不细腻、不周密，不具有可操作性、可诉性与可裁性。

曾有律师事务所向笔者咨询一个公司僵局案件。两家法人股东共同创设一家公司，各自持股50%，各自派出三名董事组成董事会。公司起步后，盈利甚丰。但当一位总经理离职、董事会聘任总经理时，董事会决议表决出现了三名董事赞同、三名董事反对的僵局。董事会遂通过决议，将总经理聘任一事提请股东会审议。未料，股东会会议进入表决阶段后，表决结果仍然势均力敌、旗鼓相当：50%的股东表决权赞同，50%的股东表决权反对。由于赞成者与反对者各半，股东会与董事会多年来一直无法作出聘任总经理的决议。甲股东出任的董事长遂乱中取胜，直接代行总经理职权，引起了乙股东的不满与抗争。乙股东的律师在茫然之际，遂向笔者问计。翻阅该公司章程，映入眼帘的是以下文字：“股东会与董事会的议事方式和表决程序，按照公司法的规定执行。”而《公司法》第43条第1款规定：“股东会的议事方式和表决程序，除本法有规定的外,由公司章程规定。”第48条第1款规定:“董事会的议事方式和表决程序,除本法有规定的外,由公司章程规定。”公司章程的起草者把预防公司僵局的难题踢给立法者,立法者又把难题推给公司章程的起草者。

倘若公司章程预先授权股东会或董事会的会议主持人在会议表决出现僵局时破例行使第二票表决权,则上述难题迎刃而解。章程也可预先规定股东双方轮流指派人担任公司总经理,还可规定以抓阄、摇号等不甚严肃但切实有效的方法预防僵局。在没有预防公司僵局的条款或者条款失灵时,股东各方应当本着包容妥协、多赢共享、诚实信用、公平公正的原则,冷静地坐在谈判桌上,进行平等协商、理性博弈,最终找到各得其所、平等互利的问题解决方案。

该案例恰恰折射出了公司章程的失灵现象,暴露出了公司股东尚未领悟公司自治的真谛和公司章程设计的极端重要性。殊不知,公司章程是公司对外交往的名片,是外界了解公司的一扇窗口,也是公司良治久安的根本“宪法”。公司章程反映着公司的股权结构,反映着公司的治理结构,反映着公司性格,反映着公司文化。因此,公司章程的起草和完善应当遵循量体裁衣的设计准则,应当淋漓尽致地张扬公司的个性。2005年《公司法》允许公司及其股东对公司章程作出个性化设计。例如,该法第13条允许公司章程自由选择法定代表人由董事长、执行董事或经理担任。第16条对公司向其他企业投资或者为他人提供担保的情况授权章程自由规定,可以由董事会作出决议,也可以由股东会作出决议。2013年《公司法》在废除法定最低注册资本制度与注册资本实缴制度的同时,也把股东认缴与实缴注册资本的金额与形式等内容回归公司章程自治。例如,该法将第23条第2项“股东出资达到法定资本最低限额”修改为“有符合公司章程规定的全体股东认缴的出资额”。

为鼓励公司自治,提升公司治理水平、控制公司法律风险,公司登记机关应允许公司章程在不违反强制性法律规定、诚实信用原则、公序良俗和公司本质的前提下,自由规范公司内部关系,推动公司章程与时俱进,全面改版升级。公司登记机关对公司章程的行政指导要体现服务型政府理念。章程起草属于公司自治的范畴,政府本没有义务协助,也没有权力施加干预。但基于服务型政府的法律理念,政府有关部门(包括公司登记机关和证券监管机构等部门)可以发挥行政指导的作用,正确引导公司章程的起草活动。但长期以来,有些政府部门把行政指导误以为行政强制，强制公司照搬照抄章程范本，实有矫枉过正之嫌。

对量体裁衣的个性化公司章程，公司登记机关要本着乐见其成、玉成其事的善良心态，满腔热忱地予以登记备案。鉴于某些地方的公司登记机关拒绝登记个性化的公司章程，有些公司被迫采取了二元化的公司章程策略：将公司登记机关推荐的简式“傻瓜”章程登记于公司登记机关，并将由股东大会通过的详式公司章程备置于本公司，以资公司内部法律关系主体遵守。笔者认为，未备案的详式公司章程虽由于未在公司登记机关登记而无法对抗第三人，但在不违反强制性法律规定的情形下，在公司内部法律关系中具有法律约束力。

在现实生活中，许多公司章程是在公司登记机关提供的制式章程条款（章程范本）的基础上，填充少许自然情况条款而成。对此，公司登记机关要以贯彻《公司法》为契机，从打造服务型登记机关入手，不再强制投资者购买章程范本，即使投资者自愿购买，也允许其依法对章程范本进行大刀阔斧的修改。

非常高兴看到郭春宏律师结合自己的律师实务撰写此书，这是律师界弘扬公司自治精神、服务公司客户的务实之举。我也希望有更多的律师朋友能够根据实用价值与创新精神并重的原则，为公司客户开发出个性化更强的、符合不同投资风险偏好与承受能力的公司和投资者的系列公司章程范本。诚如是，则中国律师业幸甚，中国企业界幸甚，中国经济幸甚，中国梦的实现也将指日可待！

是为序。

刘俊海*

2014年6月19日

* 刘俊海，教授，中国人民大学商法研究所所长、博士生导师，深圳证券交易所博士后工作站博士后导师。本序作于本书初版时。

2014年5月19日

序三

王永庆先生曾经说过:“管理企业,最重要的就是建立制度。”制度是企业生存和发展的基础及保障,而公司章程是制定企业规章制度的“母法”,是公司治理的根本行为准则。公司章程之于公司,犹如宪法之于国家,其重要性不言而喻。

由于社会日新月异,经济活动丰富多彩,企业千姿百态,并且企业面对的环境千变万化,因此,既没有千篇一律的企业管理,也没有可以普遍适用于所有企业的管理模式及制度。企业不同,其制度也有所不同。正如全世界虽然有一两百个国家,但却没有两部完全相同的宪法。制度的差异化、个性化,体现了企业管理创新的精髓,是企业的核心竞争力之一。

良好的公司治理是企业获得发展的前提和基础,也是企业获利的关键因素。尤其在经济全球化与竞争全球化的今天,各国公司在市场上的成败很大程度上取决于公司治理水平的高低。公司治理因而具有全球的意义:一是它正在全球范围内进行,二是它已经与全球竞争紧密地联系在一起。因此,若要提升公司治理水平,就需要具有全球视野下的“博学于文”:不断学习和吸收其他国家和地区不断改良的公司治理经验和成果,并将这些成功经验体现在公司章程等公司制度中。

无论公司规模有多庞大、影响力有多大,公司都不是独立王国,它如同自然人一样,都必须遵守所在地的法规。公司的规章制度合法合规,是这些制度发挥作用的前提条件。因此,企业在制定公司章程时,不仅要根据企业实际情况因地制宜,进行个性化与差异化设计,也要避免违法,并降低法律风险。

本书着重探讨了公司章程的个性化设计,对章程的每一条款如何进行个性化设计,如何预防纠纷和化解法律风险,其自治空间有多大,作了深入浅出的详细说明,并参酌了当今主要发达国家和地区的先进经验和研究成果。相信本书的出版，有利于促进公司治理创新，张扬公司个性化的企业文化，并减少公司纷争。

本书作者是一位执业律师，也是我十分欣赏的法律专业人士，他长期专注于公司法律事务，对公司制度建设颇有研究心得和实务经验，除本书外，他还出版了《新法环境下的劳动合同管理与规章制度建设》等专著。律师的智能除了在法庭上展示给法官和当事人外，一般不肯轻易示人，而本书作者在工作之余将其多年执业经验和智慧总结成书，奉献社会，可谓一言济人，精神可嘉！令我十分感佩！

在本书付梓之际，作者邀我作序，我欣然同意，更乐意与广大读者分享。我相信本书的问世，能对企业治理起到积极的作用，并期盼作者今后取得更大的成绩。

乐为之序。

郭山辉*
2014年4月25日

* 郭山辉，中国家居品牌联盟名誉主席，全国台湾同胞投资企业联谊会第二届、第三届会长，台升国际集团董事长。本序作于本书初版时。

总目录

下篇　特殊类型公司章程个性化设计及实务处理

目　录

第二章　公司章程的制定与个性化设计

第一节　制定公司章程的法定程序

第二节　公司章程个性化设计的必要性

第三节　公司章程个性化设计的维度

上篇　普通公司章程个性化设计及疑难释解

第三章　章 程 总 则

第一节　公司组织形式

☞条款解读

第二节　公司名称和住所

第三节　法定代表人

第五章 公 司 资 本

第一节 公司资本制度概述

第二节 资本募集与股份发行

第五节 股东出资责任

第六章 股东及其权利与义务

第一节 股东及其认定

第二节 股东的权利

☞疑难释解

第三节 股东的义务

☞条款解读

☞条款设计

☞疑难释解

第七章 股份(权)转让

第一节 有限责任公司的股权转让

☞条款解读

第二节　股份有限公司的股份转让

☞条款解读

☞条款设计

☞疑难释解

第八章　股东(大)会

第一节　公司治理与公司组织机构

第二节　股东(大)会概述

第三节 股东(大)会的召集与通知

第四节 股东会的召开与决议

第二节 董事会及其运作

第十一章 监事及监事会

第一节 监 事

第二节 监事会及其运作

第二节　董事、监事、高级管理人员的义务

第十三章　财务会计制度与利润分配

第一节　财务会计制度

第十四章　公司合并、分立与组织变更

第一节　公 司 合 并

第二节　公 司 分 立

第十七章　章 程 附 则

第一节　通知与公告

第二节　章 程 附 则

下篇　特殊类型公司章程个性化设计及实务处理

第十八章　外商投资企业公司章程

第一节　外资企业公司章程

☞条款解读

☞条款设计

☞疑难释解

第二节　中外合资企业公司章程

☞条款解读

第二节　VIE 架构下的公司章程

第二十章　家族企业章程

第一节　家族治理与家族章程

本书“疑难释解”目录

背景篇
公司章程概论

第一章　公司章程概述

第一节　公司章程的含义

一、公司章程的含义

公司章程是由设立公司的股东制定并对公司、股东、公司经营管理人员具有约束力的调整公司内部组织关系和经营行为的自治规则。[1] 公司章程是公司组织和活动的根本准则，是公司自治的宪章，是全体股东共同一致的意思表示。

公司章程是公司作为一个法人组织的重要标志，也是公司法上规定的公司成立存续的必备条件。

二、公司章程的特征

通说认为，公司章程具有以下特征：[2]

1. 自治性

所谓自治性，是指公司章程是公司的自治规则和自治手段，表现为公司不同，则章程也有所不同。公司章程的自治性体现了公司经营自由的精神。

如同自由受法律保护和限制，公司章程自治也以不违反法律、行政法规强

---

〔1〕 赵旭东：《公司法学》，高等教育出版社2006年版，第170页。

〔2〕 赵旭东：《公司法学》，高等教育出版社2006年版，第172～173页；范健、王建文：《公司法》，法律出版社2011年版，第197～200页；冯果：《公司法》，武汉大学出版社2012年版，第87～89页。

行性规定为前提。

2. 法定性

所谓法定性，是指公司章程的制定与修改、内容与形式及效力均由法律明确规定。这是各国的立法通例。公司章程的法定性反映了国家对于公司的组织和活动的干预。由于国家干预具有种种天生的缺陷和不足，甚至发生政府失灵现象，因此，国家对公司的干预应当适度。

公司章程的法定性和自治性反映了公司法融强行性规范与任意性规范于一体的特点。

3. 公开性

所谓公开性，是指公司和公司登记机关应当依法将公司章程向公众公开，以方便公司的股东及潜在的投资者、债权人以及潜在的交易对象了解公司章程的内容。这种公示性主要表现在：(1)公司章程须经登记机关登记；(2)股东有权查阅公司章程；(3)公司其他利益相关方可依法查阅公司章程；(4)公司章程是公司公开发行股票或债券时必须披露的文件之一。

公司章程公开，是在公司、公众、政府三者之间建立一种信息通道，通过公示使交易安全得到一定保障，公司的运行受到法律的制约，同时政府对于经济生活的管理得以透明化。

三、公司章程的作用

根据国内外公司法理论与实践，公司章程具有以下重要作用：

1. 公司章程是公司成立与独立人格之基石

公司成立之时必须制定章程，是各国公司法律与实践的基本要求。虽然摆设式的公司章程也能应付工商登记取得法人资格，但采用摆设式章程设立的公司往往因“人格不健全”而埋下今后运作失范的隐患。

2. 公司章程是公司治理的指南，是公司制定其他规章制度的“母法”

公司章程是在股东自由协商（即股东自治）的基础上制定的。股东依据自主意志在章程中协商确定公司运营基本规则，通过章程实现对公司的掌控。公司章程将股东、董事、监事、经理等连接成一个整体，形成公司组织的基础，一方面，股东、董事等公司内部成员在公司章程确立的公司治理框架中既相互依存、相互合作又相互制衡，促进各方预期利益的实现。另一方面，公司章程成为公司暨股东赋予董事、监事、经理等高管权力并对其进行监督的力量源泉。

3. 保障公司参与人的权益和预期的安全

公司章程对公司、董事、监事、高管具有约束力，是公司管理者的行动指南，当其违反公司章程时，公司可依章程提起相关诉讼。可见，公司章程可以防止公司内部人员滥用职权，起到事前预防和事后补救的作用。

四、公司章程与股东协议的区别

股东协议有广义和狭义之分。广义的股东协议是指股东之间签署的各类协议，狭义的股东协议仅指股东之间签署的、与股东资格相关的协议。[1]

在实践中，经常有股东彼此之间因有特别关系或特别承诺而通过协议约定彼此间的权利义务关系，甚至将公司章程与股东协议相混淆。

虽然在实务中，在订立了公司设立协议的场合，往往是以公司设立协议为基础制定公司章程，设立协议的基本内容通常都为公司章程所吸收，但两者毕竟在性质、效力等方面存在以下区别：

（1）公司章程是公司的必备性法律文件；除采取有限责任公司形态的外商投资企业外，公司设立协议并非公司设立的必备性法律文件。

（2）根据合同相对性原理，股东协议仅在签订协议的股东之间具有法律约束力，不能从根本上约束公司本身；而根据《公司法》的规定，公司章程对公司、股东、董事、监事、高级管理人员具有法律约束力。[2]

（3）按照《公司法》的规定，公司章程的制定和修改，并不一律要求全体股东一致同意，存在依“少数服从多数”的原则来制定和修改的情况[3]；而按《合

---

〔1〕 刘俊海：《公司法学》，北京大学出版社 2008 年版，第 79 页。

〔2〕 《中华人民共和国公司法》（2013 年修改）第 11 条。

〔3〕 根据《公司法》第 23 条第（3）项的规定，有限公司章程制定须经全体股东一致同意；而股份有限公司章程的制订，根据《公司法》第 76 条第（4）项的规定，一般无须全体股东一致同意。修改公司章程，根据《公司法》第 43 条第 2 款和第 103 条第 2 款的规定，依“多数决”原则进行，一般无须全体股东一致同意。在任何情况下，对股东资格和股权的认定及处置都只能根据《公司法》和公司章程的规定，而不是根据设立协议。

同法》的规定，股东协议的订立和修改都需要当事人协商一致。

五、追究股东出资责任是依股东协议还是依公司章程？

公司成立之后，如有股东出资不到位，已履行出资义务的股东往往会提出追究出资不到位股东的责任或者取消出资不到位股东的股东资格等诉讼请求。而针对该等请求应依据股东协议还是公司章程？

根据《公司法》第28条、第30条、第93条等规定，对于未履行或未完全履行出资义务的行为，未出资到位的股东应承担出资填补责任，其他发起人承担连带责任。这种责任的追究属于公司对股东的权利，而不属于股东对股东的权利。因此相应的诉讼当事人应以公司为原告，以未出资的股东为被告。对于出资责任的追究属于《公司法》的强行性规定，公司及其股东均无权改变或放弃，如果公司未追究，则已履行出资义务的股东有权代表公司提起诉讼，此时，是依据公司章程提起该诉讼。

如已履行出资义务的股东要求追究出资不到位股东的违约责任，则这种违约责任的追究属于股东对股东的权利，此时可以依据股东协议提起该诉讼。

六、设立协议与公司章程不一致时，应以何为准？

如前所述，在订有设立协议的场合，往往是以公司设立协议为基础制定公司章程。也就是说，公司章程一经生效，设立协议的内容即被其吸收，公司章程条款中与设立协议不同之处，可视为发起人一致同意变更设立协议，故一般应以公司章程记载为准。但是，如果设立协议有特别约定应适用设立协议的，则设立协议与公司章程不同的条款在各协议人之间可继续适用。

需特别指出的是，设立协议仅在各协议人之间具有约束力，对公司及公司设立后加入的新股东没有约束力；而公司章程则对公司股东、董事、监事、高管具有约束力。

七、设立协议的效力能否影响公司章程的效力乃至公司设立的效力？

司法实践中，有的当事人在公司成立后，以设立协议为依据，请求确认设立协议无效或请求判令终止或解除设立协议以达到否定公司章程效力甚至否定公司设立的目的。那么设立协议的无效或终止，能否直接导致公司章程的无效或导致公司设立无效呢？这需区别不同情况具体分析：

1. 设立协议是公司设立的必备法律文件之一时

根据我国《中外合资经营企业法》及其实施条例，《中外合作经营企业法》及其实施细则、《公司法》等规定，采取有限责任公司形态的外商投资企业，设立协议是公司设立必备文件之一。在这种情况下，设立协议无效将导致公司设立无效或事后撤销其法人资格。法院判决公司设立无效的，公司发起人应当及时清理公司债权债务并办理公司注销登记。

2. 设立协议并非公司设立的必备法律文件时

由于设立协议并非公司设立的必备法律文件，设立协议的无效并不必然导致公司设立瑕疵。

设立协议和公司章程是两种性质不同的法律文件，判断两者无效的法律依据不同，因此导致两者无效的情形并不完全相同，设立协议无效并非导致公司章程无效的直接原因。

设立协议是发起人为公司的设立而订立的，如设立协议的内容已被公司章程所完全吸收，则公司成立即意味着设立协议的目的实现，设立协议因此而终止。而公司章程的效力则及于公司成立后及其存续期间，直至公司完全终止。此时设立协议既然已经终止，也就不存在解除的问题。易言之，这种情况下，设立协议因履行完毕而终止，公司于是成立。

如设立协议的内容并未被公司章程完全吸收，则公司成立仅仅意味着该协议目的之一的——设立公司目的实现，设立协议中公司章程未涉及事项的条款，应当继续有效，但效力只应限于签约的发起人。决定设立协议终止或解除应适用《合同法》，决定公司设立是否无效应适用《公司法》，而无论设立协议终止还是解除，均不是《公司法》规定公司设立无效或解散的法定情形。况且，公司成立后，即使设立协议被解除，根据设立协议的履行情况和性质及《合同法》的有关规定，解除也没有溯及力。故在这种情况下，公司成立后，设立协议无论解除还是终止，均不影响公司本身。

第二节 公司章程的内容及其法律效力

一、公司章程内容的分类

公司章程的内容，即公司章程记载的事项。公司章程记载事项，依据其对章程效力影响的不同，可以分为绝对必要记载事项、相对必要记载事和任意记载事项。

1. 绝对必要记载事项

绝对必要记载事项，是指法律规定公司章程必须记载的事项。缺少其中任何一项，公司登记机关不予登记。《公司法》关于公司章程绝对必要记载事项的规定属于强制性规范，绝对必要记载事项若不记载或者记载违法，则章程无效。

2. 相对必要记载事项

相对必要记载事项，是指法律上有规定，但公司章程未记载或记载违法时不影响公司章程效力的事项。

3. 任意记载事项

任意记载事项，是指在法律规定的绝对必要记载事项及相对必要记载事项之外，在不违反法律、行政法规强行性规定和公共利益的前提下，完全由章程制定者根据需要记载于公司章程的事项。

任意记载事项与相对必要记载事项既类似又不同。类似之处是两者记载与否都可以自由选择，不同之处在于法律列举了相对必要记载事项，但未列举任意记载事项。

二、《公司法》关于公司章程内容的规定

1.《公司法》关于绝对必要记载事项和任意记载事项的规定

我国《公司法》第 25 条第 1 款规定了有限责任公司应当载明的事项：(1) 公司名称和住所；(2) 公司经营范围；(3) 公司注册资本；(4) 股东的姓名或者名称；(5) 股东的出资方式、出资额和出资时间；(6) 公司的机构及其产生办法、职权、议事规则；(7) 公司法定代表人；(8) 股东会会议认为需要规定的其他事项。其中，前 7 项属于公司章程的绝对必要记载事项，第 8 项属于任意记载事项。

我国《公司法》第81条规定了股份有限公司应当载明下列事项:(1)公司名称和住所;(2)公司经营范围;(3)公司设立方式;(4)公司股份总数、每股金额和注册资本;(5)发起人的姓名或名称、认购的股份数、出资方式和出资时间;(6)董事会的组成、职权和议事规则;(7)公司法定代表人;(8)监事会的组成、职权和议事规则;(9)公司利润分配办法;(10)公司的解散事由与清算办法;(11)公司的通知和公告办法;(12)股东大会会议认为需要规定的其他事项。其中,前11项是公司章程的绝对必要记载事项,第12项是任意记载事项。

2.《公司法》关于相对必要记载事项的规定

与旧《公司法》相比,2005年修订后的《公司法》增加了相对必要记载事项的规定,如:(1)新《公司法》第39条规定,有限公司股东会的"定期会议应当按照公司章程的规定按时召开"。(2)该法第44条规定,"董事长、副董事长的产生办法由公司章程规定"。(3)该法第45条规定,"董事任期由公司章程规定,但每届任期不得超过三年"。(4)该法第42条规定,"股东会会议由股东按照出资比例行使表决权;但是,公司章程另有规定的除外"。(5)该法第43条规定,"股东会的议事方式和表决程序,除本法有规定的外,由公司章程规定"等。

三、其他规范性文件关于公司章程的规定

1.《上市公司章程指引》

为了维护证券市场的健康发展,适应上市公司规范运作的实际需要,1997年12月16日中国证监会制定了《上市公司章程指引》(以下简称《指引》)并于2006年3月16日发文修订。上市公司可以根据具体情况,在其章程中规定该《指引》内容以外的、适合本公司实际需要的其他内容,也可以在不改变《指引》正文部分内容含义的前提下,对《指引》规定的内容做文字和顺序的调整。

2.《到境外上市公司章程必备条款》

为适应股份有限公司向境外募集股份和到境外上市的需要,规范到境外上市的股份有限公司的行为,国务院证券委、国家体改委1994年8月27日制定了《到境外上市公司章程必备条款》(以下简称《必备条款》)。到境外上市的股份有限公司,应当在其公司章程中载明该《必备条款》所要求的内容,并不得擅自修改或者删除《必备条款》的内容。

四、公司章程的法律效力

公司章程的效力包括时间效力和对人效力：

1. 时间效力

公司章程的时间效力是指公司章程的生效时间和失效时间。一般认为，公司章程中调整发起设立公司的投资者之间关系的内容，相当于公司设立协议，可以适用《合同法》的一般规则，自签字盖章时成立并生效；公司章程中调整尚未成立的公司、尚未产生的董事、监事、经理以及未来可能加入公司的其他股东的内容，则自公司成立时生效。[1]

根据我国《公司法》第 81 条、第 180 条的规定，公司的解散事由与清算办法属公司章程的记载事项之一，因此，公司章程并不因解散事由发生而失效。在公司清算过程中，仍然应当按照章程规定的清算办法进行清算。故公司章程于公司终止时失效。

2. 对人效力

公司章程的对人效力是指公司对哪些人产生约束力。公司章程的对人效力既包括哪些人可以依据章程取得和行使相应的权利，又包括这些人应依照章程规定履行相应义务。

我国《公司法》第 11 条规定，公司章程对公司、股东、董事、监事、高级管理人员具有约束力。

五、公司章程有效的条件

《公司法》第 11 条规定“设立公司必须依法制定公司章程……”据此，公司章程“依法”制定或修改是章程发生法律效力的前提条件。所谓“依法”，即：

1. 章程制定或修改主体适格

所谓章程制订主体适格，对有限责任公司而言，是指公司股东；对股份有限公司而言是指公司发起人。

2. 章程制定或修改程序合法

要求程序合法，就是要求形成团体意思的过程符合正当程序，使因此形成

〔1〕 赵旭东：《公司法学》，高等教育出版社 2006 年版，第 185 页。

的团体意思真实体现团体的共同意志。程序合法包括：

（1）依法定程序制定、修改章程；

（2）章程的制定、修改程序符合章程规定。

《公司法》第29条及第92条虽然规定所有公司在注册登记时需将章程作为报送的文件，但不能因此认为公司登记机关的登记是章程的生效要件。因为公司登记时提交的公司章程应是在公司内部发生法律效力的公司章程，否则，公司登记机关无法判断它是否具备公司设立条件。换言之，公司登记是公司设立的程序要件，不是公司章程生效的程序要件。[1]

3. 章程内容合法或不违反法律

这是指章程内容不违反法律、行政法规强制性规定或公序良俗。《公司法》对初始章程和变更章程的要求有所不同，故其内容合法性的标准有所不同。具体详见本书章程修改相关部分。

六、公司章程无效及部分无效

所谓无效章程，是指章程因违反了法律、行政法规的强制性规定及公序良俗而无法律效力。由于无效章程从本质上违反了法律规定，因此国家不承认此类章程的法律效力。简言之，无效章程自始无效。

所谓章程部分无效，是指章程中某一项规定违反法律强制性规定或公序良俗，仅该规定归于无效，不影响整个章程效力，其他部分仍然有效。章程部分无效，不影响其他部分效力。

---

〔1〕 王保树、崔勤之：《中国公司法原理》，社会科学文献出版社2006年版，第283页。

第二章 公司章程的制定与个性化设计

第一节 制定公司章程的法定程序

制定公司章程是公司设立的必要条件和必经程序之一。制定公司章程应遵循严格的法定程序,是公司章程合法有效的程序性条件。

根据我国《公司法》的规定,公司章程的制定主体和程序因公司类型的不同而不同,具体如下所述。

一、有限责任公司章程的制定程序

1. 制定主体

根据《公司法》第 23 条的规定,设立有限责任公司,应当具备的条件之一就是股东共同制定公司章程。可见,有限责任公司章程的制定者是"股东",即参与投资设立公司的投资者,也就是发起人。

根据《公司法》第 65 条的规定,国有独资公司章程由国有资产监督管理机构制定,或者由董事会制订报国有资产监督管理机构批准。可见,国有独资公司章程制定主体有两类:一是国有资产监督管理机构,二是国有独资公司的董事会。前者的权限是"制定"章程;后者的权限则为"制订"章程,所以尚须报国有资产监督管理机构批准。

2. 制定程序

发起人在所制定的章程上签字盖章,表示同意接受章程的内容,标志着章程制定程序的结束。“共同制定”并不要求每一个发起人都积极地参与章程的起草讨论，只要在章程上签字或者盖章，就是表达意志的行为，就应认定为参与了制定并同意了所签字或者盖章的文本。

二、股份有限公司章程的制定程序

根据《公司法》第 76 条的规定，设立股份有限公司应当具备的条件之一是“发起人制订公司章程，采用募集方式设立的经创立大会通过”。由于股份有限公司有发起设立和募集设立两种方式，故其章程制定也有所不同。

1. 发起设立的股份有限公司

对于发起设立的股份有限公司，根据《公司法》第 77 条第 2 款的规定，该公司的全部股份由发起人认购，投资者并没有社会化，故发起人制订的章程文本就是公司登记前的最后文本。也就是说，发起设立的股份有限公司章程的制定者是发起人。

与有限责任公司一样，发起人应当在所制订的章程上签字或盖章，表示同意接受章程的内容，标志着章程制定程序的结束。

2. 募集设立的股份有限公司

对于募集设立的股份有限公司，根据《公司法》第 76 条、第 90 条等规定，公司章程由发起人制订，并经创立大会通过。也就是说，经过创立大会以决议方式通过的章程，反映了公司设立阶段的所有投资者的意志。

三、三资企业公司章程的制定程序

1. 中外合资经营企业公司章程的制定

根据《公司法》第 217 条的规定，“外商投资的有限责任公司和股份有限公司适用本法；有关外商投资的法律另有规定，适用其规定。”另根据《中外合资经营企业法》第 3 条的规定，合营各方签订的合营协议、合同、章程，应报国家对外经济贸易主管部门审查批准。

可见，中外合资经营企业公司章程的制订者是“合营各方”。其制定程序是：合营各方制订章程后，应报国务院对外贸易主管部门或者国务院授权的机关审查批准。

2. 中外合作经营企业公司章程的制定

根据《中外合作经营企业法》第2条第2款的规定，合作企业符合中国法律关于法人条件的规定的，依法取得中国法人资格，故合作企业并非全属企业法人，合作企业如设为有限公司，才需要制订公司章程。

根据《公司法》第217条的规定，“外商投资的有限责任公司和股份有限公司适用本法；有关外商投资的法律另有规定的，适用其规定。”再根据《中外合作经营企业法》第5条的规定，申请设立合作企业，应当将中外合作者签订的协议、合同、章程等文件报国务院对外经济贸易主管部门或者国务院授权的部门和地方政府审查批准。

可见，合作企业如设为有限公司，其公司章程的制订者是“中外合作者”。章程的制定程序是：中外合作者制订章程后，应报国家有关审查批准机关审查批准。

3. 外资企业公司章程的制定

根据《公司法》第217条的规定，“外商投资的有限责任公司和股份有限公司适用本法；有关外商投资的法律另有规定的，适用其规定。”再根据《外资企业法》第7条、第11条的规定，外资企业公司章程的制定主体是“外国投资者”，章程的制定程序是：投资设立该外资企业的外国投资者制订章程后，应报国务院对外贸易主管部门或者国务院授权的机关审查批准。

第二节　公司章程个性化设计的必要性

一、公司章程需要个性化设计的原因

1. 各个公司的特殊性决定了公司章程必须个性化设计

《公司法》只能规定公司的普遍性问题，不可能顾及各个公司的特殊性。如果每个公司章程只是简单照搬《公司法》的条款，而不是结合本公司个性和实际情况来细化公司运作规范，则将频现公司运作失范、无章可循、无法可依的现象，影响公司发展，甚至出现公司僵局。

2. 个性化的公司章程能够充分发挥公司章程的积极作用

在我国，由于现代公司制度的发展历史较短，公司投资者、经营者和管理者

的规则意识参差不齐，对公司章程的重要性认识不足，许多公司在设立时，不是对公司章程条款进行个性化设计，而是直接使用工商部门提供的"填空"式章程。这么多公司的章程，除了公司名称、股东、注册资金等少数栏目不同外，几乎千篇一律。如此制定章程，只能用于应付工商登记，成为一种摆设，而公司章程所应当具有的其他重要功能也就基本丧失殆尽。

3. 个性化的公司章程有利于预防和化解风险及矛盾，促进资本运作和公司运营的良性运转

公司发起人通过充分协商制定的公司章程，是公司内部的行为准则，也是处理公司内部纠纷的"准据法"，其实质是私法规范性质的自治法，因而具有私法规范"事先预防"和"事后救济"的作用。

资本运作和公司运营千变万化，极其复杂，需要大量细致的规则加以规制。个性化的公司章程可以在不违反《公司法》强行性规定的前提下，根据自身实际情况和运营需要，细化资本运作和公司运营规则并为其提供具体的规范依据，以保证公司运营的灵活、高效和良性运转，为公司持续发展创造了良好的制度环境。

个性化的公司章程是股东等相关当事人利益博弈的结果，一份完善的公司章程应该在多方利益博弈中寻找到平衡，而形式化的公司章程，其内容简单千篇一律，必然不能完整地反映全体公司发起人的意志，也说明发起人没有认真考虑如何规范公司组织和运作、如何处理公司组织和运作中发生的争议等重大问题。这种形式化的公司章程不但难以满足公司实际经营管理需要，而且不能事先预防公司运营中可能出现的法律风险和纠纷，从而埋下了公司纠纷不断及纠纷发生时无章可循的隐患，影响公司正常发展。

4. 个性化的公司章程有利于公司管理创新并成就个性化的企业文化

公司的创新不仅体现在产品的创新上，更体现在公司管理体制层面的创新。公司章程不仅可以规定公司治理的细则，填补《公司法》中公司治理结构的制度漏洞，而且可以在此基础上对公司治理制度加以不断创新和完善，探索出适合本公司实际的具有领先性和创新优势的崭新的公司治理规则，以推动公司内部治理的不断发展前进。

个性化的公司章程也有利于创造个性化的企业文化。企业文化是在企业

创立和发展过程中自觉形成的，并为广大员工恪守的经营宗旨、价值观念和道德行为准则的综合反映。个性化的公司治理规则和模式是企业文化的重要组成部分，凸显了公司的文化个性，增强了公司的活力，为公司的发展创造了良好的内部环境。

总之，公司章程进行个性化设计，对于保护公司股东合法权益，完善公司治理结构，提高公司自治能力和运营效率，降低公司解决争议的成本，促进公司持续发展，都具有重要的现实意义。

二、个性化的公司章程是公司自治的载体

公司起源说证实了公司制度的生成是社会成员自治行为的产物，公司自诞生之日起即具有自治精神。公司自治是私法自治在公司法领域的延伸，也就是把公司的事务交给公司及其成员进行自我管理、决策和实施，法律对此予以认可和保护。

公司自治的内涵主要包含三个方面：一是指公司作为私法自治主体之一，具有独立法人人格，依法享有与自然人大体相同的广泛自由；二是指股东作为公司的所有者，享有按照公司章程对公司进行自主管理和经营的自由；三是指公司内部自治，公司的事务由公司根据《公司法》和公司章程来自主管理和决定，而不是根据政府部门的意志来安排。可见，公司章程既是公司设立的依据，又是公司的自治规则。易言之，公司自治就是公司通过章程实现自治，个性化的公司章程是公司自治的载体。

三、公司章程个性化设计的依据

1. 公司章程的自治性是公司章程个性化的理论依据

关于公司章程的性质，主要有两种不同观点，即契约说和自治法说。契约说主要流行于以英、美为代表的英美法系国家，自治法说主要流行于以德、日为代表的大陆法系国家。契约说认为公司章程是股东之间，股东与公司之间签订的契约。自治法说认为公司章程是公司根据国家赋予的“公司自治立法权”而制定的规定公司组织和活动的自治法规，公司及其成员必须遵守公司章程的规定。我国公司法学界的通说认为公司章程是公司自治性质的根本

规则。[1]

实际上,契约说和自治法说都认为公司章程具有自治性,是投资者就公司的重要事务及公司的组织和活动作出的具有规范性的长期安排。这种长期安排反映了经济主体对其经济活动进行企划的创造性和自主性。因此,自治性是公司章程的天然属性。公司章程的自治性是公司章程个性化的理论依据。

2.《公司法》尊重公司自治并允许公司章程对大多数公司事务进行自主安排,是公司章程个性化设计的法律依据

我国现行《公司法》一个突出的特点是尊重公司自治,弱化和取消了许多强制性法律规定,大幅增加了任意性规范,赋予公司章程更大的自治空间。在不违反法律强行性规定的前提下,股东在章程中不仅可在法律规定的范围内自由约定有关事项甚至可以排除法律的预设而自主设计安排,自由规范公司内部关系。《公司法》尊重公司自治,并通过大量的任意性规范来肯定章程自治,这就为公司章程个性化设计提供了法律依据。

总之,个性化的公司章程是公司自治的载体。对公司章程进行个性化设计,是公司成立和发展的现实需要,不仅有坚实的理论根据,而且有明确的法律依据。

第三节　公司章程个性化设计的维度

一、章程自治是法律允许范围内的自治

章程自治的核心是股东自治,股东自治从某种意义上说就是对个人自由的尊重和保护。然而,自治在实现过程中始终离不开法律,一方面法律界定自治的范围,另一方面法律是自治得以实现的保障。因此,章程自治表现为法律范围内的自治,章程自治需要通过法律来加以限定和实现。

权利不得滥用原则是法治的基本原则。权利不得滥用是指一切权利的行使,不得超过法律允许的正当界限,行使权利超过法定的正当界限,应承担相应的法律责任。所以,公司章程自治应在法律允许的范围进行。法律允许公司章

〔1〕 赵旭东:《公司法学》,高等教育出版社 2006 年版,第 170 页。

程自治的范围，就是公司章程个性化设计的空间维度。

二、强制性规范与公司章程个性化设计的空间

如上所述，《公司法》的规范将影响到公司章程自治即公司章程个性化设计的空间维度。依照法律规范对公司章程的影响程度强弱、是否允许由当事人缔约而改变法律规范的表现形式，可以将《公司法》的规范分类为强制性规范和任意性规范。

所谓强制性规范，是指当事人必须遵守，不得通过协商予以变更或排除其适用，否则将受到法律制裁的法律规范。本书对强制性规范作广义理解，使其等同于我国台湾学者所称的强行性规范，但涵盖了其所称的强制性规范和禁止性规范两种情形。

由于《公司法》中的强制性规范具有刚性，其适用不以当事人的意志为转移，即使当事人作出了不同的约定，这些规范也仍然适用。因此，公司章程的制定、修改和适用就不能违反强制性规范。

虽然公司章程不能违反强制性规范，但是公司章程可以对强制性规范进行补充：

1. 公司章程可以将《公司法》规定的强制性规范明确化、具体化

例如，我国《公司法》第 25 条规定："有限责任公司章程应当载明下列事项：(1)公司名称和住所；(2)公司经营范围；(3)公司注册资本；(4)股东的姓名或者名称；(5)股东的出资方式、出资额和出资时间；(6)公司的机构及其产生办法、职权、议事规则；(7)公司法定代表人；(8)股东会会议认为需要规定的其他事项。股东应当在公司章程上签名、盖章。"这是一条强制性规定，但是公司章程可以将其明确化、具体化。

2. 公司章程可以拓展强制性规范的严格要求，即在符合立法目的前提下公司章程可以规定比强制性规范更严格的条款

例如，我国《公司法》第 43 条第 2 款规定"股东会会议作出修改公司章程、增加或者减少注册资本的决议，以及公司合并、分立、解散或者变更公司形式的决议，必须经代表三分之二以上表决权的股东通过。"这也是一条强制性规定，公司章程可以规定一个比该法律规定更高的多数票要求，有利于保护小股东的

利益。

可见,公司章程面对强制性规范,仍然存在可以进行个性化设计的一定空间,可以根据本公司实际情况在强制性规范允许的范围内作出补充规定。这些补充的、具体化的规定,可以使强制性规范得到更好的执行。

三、任意性规范与公司章程个性化设计的空间

所谓任意性规范,是指可以由当事人选择性适用,或者可由当事人变更或排除适用的法律规范。在《公司法》中包括了大量任意性规范,这些规范主要具有指示的功能,只是提供了一种可供当事人参考的示范性标准。

任意性规范不同于强制性规,它不是无条件地自动适用,而是尊重当事人的意思表示,允许当事人对任意性规范作出相反的意思表示。由此,任意性规范赋予了当事人比较大的自治空间:

1. 任意性规范赋予当事人排除适用该规范的权利,为当事人留下了自治的空间

这种任意性规范也可以称为可排除适用的任意性规范或补充性任意性规范。如《公司法》第 42 条规定“股东会会议由股东按照出资比例行使表决权;但是,公司章程另有规定的除外”。又如《公司法》第 75 条规定“自然人股东死亡后,其合法继承人可以继承股东资格;但是,公司章程另有规定的除外”等。这类任意性规范比较常见。

2. 任意性规范赋予当事人选择适用该规范的权利,为当事人留下了选择性地适用某任意性规范的自治空间

这种任意性规范也可以称为经选择才适用的任意性规范或可选择适用的任意性规范。如《公司法》第 37 条第 2 款规定:“对前款所列事项股东以书面形式一致表示同意的,可以不召开股东会会议,直接作出决定,并由全体股东在决定文件上签名、盖章”,又如《公司法》第 129 条第 1 款规定:“公司发行的股票,可以为记名股票,也可以为无记名股票”等。这类任意性规范扩大了当事人的自由。

3. 任意性规范赋予当事人补充创制新规则并适用该新规则的权利,扩大了当事人的自治空间

这种任意性规范也可以称为补充创制新规则的任意性规范,或补充创新任

意性规范。例如,《公司法》第 37 条、第 46 条分别在股东会职权、董事会职权中都规定"公司章程规定的其他职权"。又如,《公司法》第 43 条第 1 款规定"股东会的议事方式和表决程序,除本法另有规定的外,由公司章程规定。"这里的"公司章程规定的其他职权""公司章程规定"就属于补充创制新规则的任意性规范。

上述经选择才适用的任意性规范和补充创制新规则的任意性规范可以合称为"赋权性规范"。与补充性规范相比,赋权性规范赋予当事人最大的自治空间。因此,公司可利用赋权性规范在章程中对公司自身的运作作出一系列有利于公司本身的规定;但是,公司作出的此类规定不得违反赋权性规范的本意。换言之,适用赋权性规范对公司章程进行个性化设计的界限在于不得进入与强制性法律规范冲突的领域,违反了强制性法律规范即违反了赋权性规范的本意,将导致与强制性法律规范冲突的条款无效。[1]

四、有限责任公司章程的自治空间大于股份有限公司章程的自治空间

由于有限责任公司股东较少,其股东往往能获得公司的信息,也有机会对公司事务进行面对面的磋商并讨价还价,公司事务通常都按照商定的条款来执行,事实上,充分知情的当事人是其自身利益的最佳判断者,因而履行这些商定的条款对他来说既具有价值,也是其追求的目的。因此,在这种情况下,法律需更多地尊重当事人在讨价还价基础上达成的合意,减少不必要的限制。

而股份有限公司的股东较多且大多是盲目的,发行股票的公司不一定会把所有公司信息向普通投资者披露,并且大多数普通投资者或者由于获取信息需要成本而不努力去获取相关信息,或者因为缺乏能力或必要手段获得信息,从而存在信息不充分、不对称问题。正是由于普通投资者在信息获取和使用能力方面处于劣势,没有平等的讨价还价能力,因此形成的公司章程并非股份有限公司全体股东经充分协商达成合意的结果,为保护普通投资者的利益,法律需对股份有限公司章程自治进行更多的限制。

可见,《公司法》对股份有限公司的强制性规范要多于有限责任公司,有限

〔1〕 王保树:"公司任意法律规范适用的留意点",载《国家检察官学院学报》2011 年第 1 期。

责任公司章程的自治范围要宽于股份有限公司章程。

五、公司章程的订立自由大于公司章程的修改自由

有限责任公司的初始章程是公司原始股东共同制定的,体现了原始股东的共同意志;股份有限公司的初始章程是由发起人制订并经创立大会审议通过的,也体现了发起人的共同意志。后来的投资者虽然没有参与制定初始章程,但从逻辑上来说,投资者一旦投资入股,就应视为其默认接受了初始章程。因为投资者如不满意初始章程,可以拒绝投资入股,投资者的利益并未因此受损。由此观之,可以认为初始章程体现了全体股东的共同意志,因而履行初始章程对他来说不仅有价值,也是其追求的目的。这时,《公司法》更多地尊重公司章程的订立自由无疑是恰当的。

在信息不对称、冷漠、"搭便车"心理等诸多制约下,公司章程修改事实上往往由控股股东和公司管理层决定,小股东已经"出局"。这种情况下通过的章程修正案不能体现全体股东的意志,甚至不公平地改变或取消少数股东的权利而损害普通投资者的正当利益。面对这一变化,投资者可以用脚投票却没有这么做,这并不表明投资者接受了这一章程修正案,因为他这样做可能遭受更大的损失。因此,为了保护普通投资者,相对于订立初始章程,应对公司章程的修改进行更多的限制。[1]

可见,公司章程的订立自由要大于公司章程修改的自由。

以上是从宏观的角度,分析了公司章程个性化设计的空间维度。本书以下章节将就公司章程的主要条款内容,从微观上论述各项条款进行个性化设计的空间维度及其实务操作。

---

〔1〕 罗培新:《公司法的合同解释》,北京大学出版社2004年版,第164页。

上篇
普通公司章程个性化设计及疑难释解

第三章　章 程 总 则

第一节　公司组织形式

☞条款解读

一、章程总则概述

实践中，很多公司根据《公司法》规定的公司章程绝对必要记载事项来确立公司章程的结构，将公司名称、住所、经营期限、法定代表人等事项作为总则一章的内容，以使公司章程结构更加紧凑。然而，公司章程中的总则不是对《公司法》总则的照搬，故不能想当然、顾名思义地将章程总则当作"公司章程抽象的一般规则"。当然，《公司法》并没有禁止在公司章程中设置诸如基本原则之类的条款。

公司章程总则一章除了上述事项，有些公司还会将章程制定目的、制定依据、经营宗旨、经营范围、注册资本额度、公司章程的效力、高管范围界定等内容纳入，也有的公司将企业经营利润、理念等与企业文化相关的内容纳入公司章程总则一章。

二、公司组织形式的类别及其特征

我国《公司法》以股东对公司的责任形式为标准，将公司分为有限责任公司和股份有限公司。

1. 有限责任公司的概念及特征

有限责任公司,简称有限公司,是指由法律规定的一定人数的股东所组成,股东以其出资额为限对公司债务承担责任,公司以其全部资产对其债务承担责任的企业法人。[1]

我国法学界通说认为有限责任公司具有以下特征:[2]

(1)股东人数有最高数额限制。《公司法》第24条规定:"有限责任公司由五十个以下股东出资设立。"

(2)股东对公司承担有限责任。《公司法》第3条规定:"有限责任公司的股东以其认缴的出资额为限对公司承担责任。"股东不对公司的债权人负责。

(3)公司设立程序简便,组织机构简单。设立有限责任公司的手续比较简便,由全体股东制定公司章程并签名、盖章,履行一定手续之后即可向公司登记机关申请设立登记,而且股东的出资可以分期缴纳。此外,有限责任公司的机关比较简单,股东人数较少或规模较小的有限责任公司可以不设董事会和监事会。

(4)具有非公众性和非公开性。具体表现为股东人数有限、股东对外转让受到严格的限制,不发行股票,不能公开募集股份等。

2. 股份有限公司的概念及特征

股份有限公司,简称股份公司,是指公司全部资本分为等额股份,股东以其所认购的股份对公司承担责任,公司以其全部资产对公司债务承担责任的企业法人。[3]

股份有限公司具有以下特征:[4]

(1)发起人须符合法定的人数。《公司法》第78条规定:"设立股份有限公

〔1〕 赵旭东:《公司法学》,高等教育出版社2006年版,第81页。

〔2〕 赵旭东:《公司法学》,高等教育出版社2006年版,第82~83页;王保树、催勤之:《中国公司法原理》,社会科学文献出版社2006年版,第36~37页;朱慈蕴:《公司法原论》,清华大学出版社2011年版,第10页。

〔3〕 赵旭东:《公司法学》,高等教育出版社2006年版,第84页。

〔4〕 王保树、崔勤之:《中国公司法原理》,社会科学文献出版社2006年版,第37~38页;朱慈蕴:《公司法原论》,清华大学出版社2011年版,第10~11页。

司，应当有二人以上二百人以下为发起人，其中须有半数以上的发起人在中国境内有住所。”

(2)全部资本分为等额股份。这是股份有限公司最重要的特征。《公司法》第125条规定：“股份有限公司的资本划分为股份，每一股的金额相等。公司的股份采取股票的形式。股票是公司签发的证明股东所持股份的凭证。”

(3)股东对公司负有限责任。《公司法》第3条规定：“股份有限公司的股东以其认购的股份为限对公司承担责任。”

(4)资本证券化，公司具有公众性和公开性。根据《公司法》第五章的规定，股份有限公司的股份采取股票形式的，股票可以向社会公开发行，可以自由流通转让。这使得公司资本证券化，任何人都可以通过购买股票而成为股东，从而使股份有限公司具有公众性。股份有限公司必须实行公开制度将其经营及财务状况等向社会公开，以保护公司股东、债权人和社会公众利益，并维护社会交易安全。

三、不同公司组织形式的优、缺点

1. 有限责任公司的优、缺点

有限责任公司兼采无限公司和有限公司的优点，同时又克服了它们的不足。一方面，有限公司具有无限公司人合性特点，股东相互了解信任，组织简便，内部协调性较好，而这些股东又不必像无限责任公司股东那样承担无限责任；另一方面，有限公司又具有股份有限公司资合性的特点，股东仅对公司债务承担有限责任，而无须像股份有限公司股东那样，以放弃对公司业务的管理权作为代价，并且有限公司的财务情况亦无须对外公开。

有限公司的缺点是因其具有人合性和封闭性的特点，一般难以成长为大型企业。因此，总体来说，有限公司更适合中小企业。各国实践中，大多数中小企业都采用了有限公司的形式。当然，股东人数少，并不必然表明企业的规模小，有些有限公司的规模也比较大。[1]

---

〔1〕 赵旭东：《公司法学》，高等教育出版社2006年版，第83页。

2. 股份有限公司的优、缺点

股份有限公司主要具有利于集资，分散风险，便于公司对外扩张，所有权与经营权相分离等优点。

股份有限公司的主要缺点是：(1)设立程序较复杂，公司管理机关较复杂，故管理成本较大，管理相对不够灵活简便；(2)易于形成少数股东对公司的操纵和控制；(3)因股东人数众多，股东之间不易形成信任和合作；(4)股东流动性较大。

股份有限公司是市场经济的典型组织形式，是世界上许多大型、巨型企业首选的公司组织形式，这是因为股份有限公司在商事经营活动中，具有其他公司和企业形式无可比拟的优越性。当然，股份有限公司也同样存在一些不可避免的缺陷和不足。因此，对股份有限公司应进行辩证分析选择。

☞条款设计

四、公司组织形式的选择及个性化设计

1.《公司法》关于公司组织形式及其特征的规定原则上属于强制性规范

《公司法》关于有限责任公司和股份有限公司组织形式及其特征的规定，当事人不得突破，因为这种突破将导致有限责任公司和股份有限公司两种组织形式的混淆，使《公司法》的规定失去意义。故《公司法》关于公司组织形式及其特征的规定原则上属于强制性规范。

2. 公司组织形式条款属公司章程绝对必要记载事项

公司组织形式属公司章程绝对必要记载事项，公司章程必须记载，不得遗漏，否则将导致章程无效。

3. 投资者可以自由选择任何一种组织形式，并可依法转换变更

虽然《公司法》关于公司组织形式及其特征的规定原则上属于强制性规范，但是，投资者可以自由选择任何一种组织形式，并可依法转换变更。

公司设立前，投资者可比较有限责任公司和股份有限公司各自优、缺点，并结合其投资计划，在充分协商的基础上自主决定采用何种组织形式，法律尊重投资者的自主决定。在公司成立后，股东们亦可根据《公司法》第9条、第95条

等规定，将有限责任公司变更为股份有限公司，或将股份有限公司变更为有限责任公司。

☞疑难释解

我国有限责任公司和股份有限公司都是独立法人，其股东仅对公司债务承担有限责任。但是作为投资者及其法律顾问，需要进一步了解股东有限责任原则及其例外和公司法人人格否认制度，以免被利益相关方控诉滥用了公司独立法人资格及股东有限责任原则而被追究法律责任。

五、股东有限责任原则是怎么回事？（总第1问）

股东有限责任原则，是指股东以其出资额为限对公司债务承担责任。具体而言，股东有限责任原则包含以下几层意义：(1)股东仅对公司负责；(2)股东不对公司的债权人直接承担责任；(3)股东对公司承担责任的范围：有限责任公司股东限于其认缴的出资额，股份有限公司股东限于其认购的股份。

股东有限责任原则是公司法的基本原则。我国《公司法》确认了该原则并在第3条第2款规定，"有限责任公司的股东以其认缴的出资额为限对公司承担责任；股份有限公司的股东以其认购的股份为限对公司承担责任"。

股东有限责任是公司作为独立法人所具有的最重要、最明显的法律特征，也是公司成为市场经济社会最重要主体并得以迅猛发展的主要原因。由于有限责任降低了投资风险，有助于刺激投资积极性，扩大经营规模，并促进了股权的流动和自由转让，带动了证券市场的发展，因而创造了极大的生产力。

六、股东有限责任原则的例外有哪些？（总第2问）

股东有限责任原则虽然对于公司制度的确立和发展可谓居功至伟，但是，如同大多数法律原则一样也不是绝对的。由于股东可能滥用有限责任，侵害债权人的利益，有限责任因而隐含着道德风险因素。

为避免股东有限责任原则可能发生的道德风险以及进而影响交易安全，现代公司法趋向于在某些特定场合下谨慎地承认股东有限责任的例外，对特定股东尤其是失信股东课以相应责任:(1)股东违反其诚信义务的责任;(2)股东滥用法人资格的责任;(3)股东返还公司违法分配利润的责任等。[1]

七、公司法人人格否认制度是怎么回事?其如何适用?(总第3问)

(1)公司法人人格否认制度的意义

公司法人人格否认,简称公司人格否认,又称"刺破公司面纱""无视公司人格"或"揭开公司面纱",是在承认公司具有法人人格的前提下,为了阻止公司独立人格的滥用,就具体法律关系中的特定事实,否认公司的独立人格和股东的有限责任,责令公司的股东对公司债权人或公共利益直接负责的一种法律制度。[2]

公司具有独立法人人格和股东承担有限责任,是公司的基本法律特征和现代公司制度的基石,而公司法人人格否认仅仅是一种例外,只有在公司人格被滥用而损害到债权人和社会公共利益时,法院或仲裁机关才可以在个案中对公司人格予以否认,直接追索股东责任。在适用人格否认的情形下,该公司的人格其实已被破坏,早已丧失了其应有的独立性,否定其人格不过是对客观事实的揭示和认定。因此,公司法人人格否认不是对公司人格独立制度和股东有限责任原则的否定,而是对公司法人人格制度的维护和完善,是对公司当事人之间利益失衡的一种事后救济。

(2)公司法人人格否认的适用要件

为避免股东有限责任原则在实施中由于道德风险因素而出现的被滥用的现象,因而形成了公司法人人格否认规则。同样,公司法人人格否认制度在实践中也很容易被滥用而随意否定公司法人人格,其结果不仅会危害公司法人人格制度本身,甚至还可能动摇整个公司制度,给社会经济和公司的发展带来灾难性的后果。因此,否认公司法人人格有严格的适用条件。

根据我国《公司法》第20条的规定和公司人格否认法理。公司人格否认通常应具备以下条件:

①主体要件,包括公司人格的滥用者和因公司人格滥用行为而实际受害的

〔1〕 刘俊海:《公司法学》,北京大学出版社2008年版,第148~149页。

〔2〕 赵旭东:《公司法学》,高等教育出版社2006年版,第8页。

债权人。

②行为要件,即存在股东滥用公司人格的事实和行为,如滥用公司人格规避合同义务,滥用公司人格造成公司形骸化等。

③结果要件,即须有损害事实存在,且该损害的发生与股东滥用公司法人人格的行为之间有因果关系。即滥用行为造成了逃避债务,严重损害公司债权人利益的结果。[1]

(3)公司法人人格否认适用的主要情形

根据公司法理论和实践,公司人格否认主要适用于以下几种情形:

①公司资本显著不足。这是指公司成立时股东实际投入公司的资本额与公司经营所隐含的风险相比明显不足,其判断的依据是经营的需求而非法律的具体规定。公司资本显著不足,表明公司股东缺少从事实际经营的诚意,而意欲利用较少资本从事力所不能及的经营,利用公司人格和有限责任把投资风险转嫁给公司的债权人。

②利用公司回避合同义务或利用公司规避法律义务。

③公司人格形骸化,具体表现为股东对公司不当控制,财产混同,业务混同及组织机构混同。

(4)公司人格否认的适用后果

公司人格否认不是从根本上彻底、永久地取消公司的法人资格,而仅仅是在特定的法律关系中无视公司的独立人格,排除股东有限责任,追究滥用公司人格股东的连带责任。在法律规定的情形不再存在时,公司仍然具有独立人格。[2]

第二节　公司名称和住所

条款解读

一、公司名称及其法律意义

公司作为法人必须有自己的名称。这与自然人必须有姓名是一样的,如果

〔1〕 冯果:《公司法》,武汉大学出版社 2012 年版,第 128 ~ 129 页。

〔2〕 赵旭东:《公司法学》,高等教育出版社 2006 年版,第 12 ~ 14 页。

没有名称，就不能与其他组织、团体等相区别，无名称即无人格。

公司的名称也是公司商誉的主要组成部分，是一种无形资产。依据《保护工业产权巴黎公约》的规定，公司的名称即商号是工业产权保护的对象之一。

公司只准使用一个名称，在公司登记主管机关辖区不得与已登记的同行业企业名称相同或者近似。除法律另有规定外，公司名称应当由行政区划、字号、行业、组织形式依次组成。

公司名称必须进行登记。设立公司应当申请名称预先核准。有公司名称是公司设立登记条件之一。公司在设立登记时，倘若没有名称将不予登记。

公司名称经登记后，即产生名称主体的独占使用效力，法律予以保护，在登记的地区内，其他组织不得再以相同的名称进行登记。

公司在使用自己名称的过程中，可以依法变更自己的名称。关于变更的范围，公司可以依法自主决定部分变更或全部变更，但须办理变更登记手续，否则，法律不予保护。此外，公司名称可以随公司或者公司的一部分一并转让，一般不允许公司名称单独转让。转让公司名称，须办理登记，未经登记不得对抗第三人。

公司名称具体登记管理应按照《公司法》《企业名称登记管理规定》《企业名称登记管理实施办法》等规定办理。

二、公司住所及其法律意义

公司有住所是公司登记的必备条件之一。根据《公司法》第 10 条的规定，公司以其主要办事机构所在地为住所。公司的住所只有一个；但公司的场所可以是一个，也可以是多个。公司的场所，可以是自己所有，也可以是租赁他人使用。

公司的住所必须进行登记，变更其住所也应到公司登记机关办理变更登记，而公司活动的一般场所则不必到公司登记机关办理登记。

公司住所是决定有关法律效力的中心地，根据我国现行法律规定，住所的主要法律意义有：

1. 确定公司权利、义务的享有地和承担地

如依《合同法》第 62 条第（3）项规定：“履行地点不明确，给付货币的，在接受货币一方所在地履行；交付不动产的，在不动产所在地履行；其他标的，在履行义务一方所在地履行。”

2. 确定有关组织和机关的管辖权

如确定法院或仲裁机构对与公司有关的案件管辖权及确定税务等部门的管辖权。

3. 在涉外民事案件中，确定法律适用的准据法

在涉外民事法律关系中，公司的住所是确认适用何种法律即确定准据法的依据之一。比如，依照属人法原则适用当事人本国法律，一般按公司住所地确定所适用的该国法律。

☞条款设计

三、公司名称和住所条款的个性化设计

1.《公司法》关于公司名称和住所的规定多属于强制性规范

《公司法》关于公司名称和住所的规定多属于程序性规则，当事人不得突破，这些程序性规则对于维护市场秩序具有重要意义，因而属于强制性规范。当然，其中也有部分授权性规范，这些授权性规定则属于任意性规范。

2. 公司名称和住所属公司章程绝对必要记载事项

公司名称和住所属公司章程绝对必要记载事项，公司章程必须记载不得遗漏。否则，将导致章程无效。

3. 公司可以依法自主选择、使用和处分其名称，并可依法变更其公司名称和住所

公司住所既可是公司所有，也可是租赁使用，公司可自主决定。在不侵犯他人合法权益的前提下，公司有权自主决定、变更和使用公司名称。公司可自行决定其商号即字号是否申请注册商标。

☞疑难释解

四、公司名称权的地域性能否成为侵犯其他公司名称权的豁免理由？（总第4问）

按照《企业名称登记管理规定》等相关规定，公司名称权是具有地域性特

点的权利，即公司名称在其登记主管机关管辖范围内有效，超出此范围原则上不再享有专有权。在登记之后，在此一定地域范围内取得专用排他之效力，超出这个范围，其他企业仍然可以使用与此相同或相近之名称。但是，公司名称权的地域性不能成为豁免侵犯其他公司名称权的绝对理由，其理由如下：

其一，驰名商标或企业名称，在全国范围内均受到特别保护，而不仅限于登记主管机关之管辖区。

其二，按照企业名称登记管理规定，公司名称由行政区划、字号、行业、组织形式组成。甲公司在甲市注册后，乙公司未经甲方授权在乙市注册，甲公司与乙公司名称除行政区划外，其他部分均相同。如果甲方有证据证明乙公司的注册行为仅仅是换个行政区域注册相同公司名称，足以引起消费者误解，使消费者以为甲公司和乙公司是关联企业，在主观上有引起混淆之恶意，有违诚实信用原则，则属于利用名称混淆损害其他经营者合法权益之不当行为。该不当行为属于《反不正当竞争法》第5条第(3)项(对应2017年修订后的《反不正当竞争法》第6条第(2)项。——编者注)规定的不正当竞争行为，构成侵权。故，在这种情形下，乙公司以公司名称权的地域性作为不构成侵犯甲公司名称权的抗辩理由，不能成立。

五、变更公司经营范围是否可能导致侵犯其他公司名称权？(总第5问)

根据《企业名称登记管理规定》第7条的规定，企业名称应当包括行业或经营特点。据此，在同一公司登记机关辖区内，企业名称之间表述“行业或经营特点”的文字，在概念上只要存在相同、包含关系，且经营范围中有相同经营项目的，就可以认定为同行业。再加上其他综合因素以进一步判断是否存在侵犯他人名称权之故意，如存在侵权故意，就可认定侵犯了其他公司名称权。

可见，当企业变更经营范围而与在先注册名称之企业成为同一行业且企业名称又相同或相似时，无疑应认定变更经营范围之公司侵犯了在先注册名称之企业的合法权利；当这种行为容易使消费者产生误判时，即可认定构成侵犯了企业名称权。

六、工商行政部门是否享有变更企业名称之权力？(总第6问)

根据《企业名称登记管理规定》及国家工商总局《关于解决商标与企业名

称若干问题的意见》(现已失效)等规定,工商行政部门有权按照维护公平竞争与保护在先合法权利人利益之原则,责令侵权企业变更其企业名称。

第三节　法定代表人

☞条款解读

一、法定代表人的含义及其特征

公司的法定代表人是指依法自动享有对外代表公司为意思表示的公司机关。

公司法定代表人具有以下特征:

1. 公司法定代表人是自然人,也是公司代表机关

公司由于没有自然人的意思表达器官,其意思的表达要依赖于自然人,但法定代表人仅仅是公司代表机关,并非意思决定机关。

2. 公司法定代表人享有对外代表公司的权力

代表权是公司法定代表人制度存在的基础,行使代表权是法定代表人存在的价值。

3. 公司法定代表人的职能是代表公司为意思表示

公司法定代表人代表公司进行对外活动,一是公司与外界交流的代表,其在职权范围内以公司名义所为的行为都将直接视为公司的行为,因此产生的法律后果都直接由公司承担;二是法定代表人所从事的活动主要是对外的活动,而公司内部管理主要由公司内设的董事会、经理、监事会、股东会等机关负责。

4. 法定代表人必须依法产生和登记

按照《公司法》第13条规定,法定代表人人选由公司章程确定,须经公司登记机关登记。法定代表人变更时,须办理变更登记。

二、法定代表人的代表行为的构成要件

法定代表人的行为构成公司的代表行为,一般应具备以下要件:

1. 具有代表人的身份

一个自然人经由公司章程规定的程序确定为公司法定代表人，并经工商登记公示，即具有法定代表人的身份。

2. 以公司的名义

法定代表人必须以公司名义进行活动。如果不以公司名义而以个人名义进行活动，则为个人行为，而非代表行为。

3. 在权限范围内

《合同法》第 50 条规定："法人或者其他组织的法定代表人、负责人超越权限订立的合同，除相对人知道或者应当知道其超越权限的以外，该代表行为有效。"

条款设计

三、法定代表人条款的个性化设计

1.《公司法》关于法定代表人的规定属于任意性规范

《公司法》第 13 条规定："公司法定代表人依照公司章程的规定，由董事长、执行董事或者经理担任，并依法登记。公司法定代表人变更，应当办理变更登记"。公司据此可以根据实际情况，通过章程的安排，自主选择董事长、执行董事或经理担任公司的法定代表人。当然，公司的法定代表仍然只能是 1 名，而非共同代表，公司章程无权作出另外规定。

2. 法定代表人条款属公司章程的绝对必要记载事项

法定代表人条款属公司章程绝对必要记载事项，公司章程必须记载，不得遗漏。

3. 公司章程可自行决定法定代表人的任免方式

根据《公司法》的有关规定，法定代表人的任免主要有三个途径：股东会任免、董事会任免和公司章程规定的其他方式。

在公司章程规定法定代表人由董事长担任的情况下，对于有限责任公司，《公司法》规定有限责任公司的董事长的产生办法由公司章程规定，此时公司法定代表人可由股东会任免，也可采用其他方式，比如根据公司章程规定由出资最多的股东指定；对于股份有限公司而言，董事长由董事会以全体董事的过半数选举产生，此时法定代表人由董事会任免。

在公司章程规定法定代表人由执行董事担任的情况下，由于执行董事由股东会选举产生，此时法定代表人由股东会任免。

在公司章程规定公司法定代表人由公司经理担任的情形下，不设董事会的有限公司的执行董事可以兼任经理，此时法定代表人可能由股东会任免，也可能采用其他方式；设董事会的有限责任公司和股份有限公司的经理由董事会聘任或者解聘，此时法定代表人由公司董事会任免。

4. 公司章程可对法定代表人的权限范围作出细化规定

股东或公司为防止法定代表人擅断或越权，可在公司章程中对法定代表人的权限范围作出细化规定，设置必要的决策程序，比如规定某些事项必须经过股东会或者董事会决议后才能实行，才能视为获得有效授权，以此确保法定代表人始终维护公司正当利益，而非拥有损害公司或股东利益的胡作非为之强权。

☞疑难释解

四、公司意志是否只能由法定代表人表达？（总第 7 问）

法定代表人的职能是代表公司为意思表示，公司也只设一名法定代表人，然而，法定代表人并非公司意志的唯一表达人，因为公司意志不仅可以通过代表制度表达，也可以通过代理制度表达。一般情况下，公司员工基于其职务而享有职务范围内的代理权，如采购员可以代表公司采购，销售员可以代表公司销售，而无须再由公司法定代表人签字同意，其实施的代理行为的法律效果归属其所在的公司承受。

五、如何衡量公司法定代表人行为是否越权？（总第 8 问）

通常，法定代表人行使公司代表权要受到以下几方面的限制：

（1）法律的直接限制

《公司法》中没有专门的条款直接对法定代表人的对外权力作限制性规

定，但是，《公司法》对股东会、董事会和经理的权力授予，实际上可以视为《公司法》对可以担任法定代表人的董事长、执行董事和经理的权力的限制。[1] 如《公司法》第37条规定，股东会享有对发行公司债券，公司的合并和分立等事项作出决议的职权。此条即表明法定代表人未经股东会同意，无权签订发行公司债券的合同和公司合并分立的合同。

(2)公司章程的限制

其一，公司章程中往往会对法定代表人的权限范围作出明确规定，故法定代表人须在公司章程规定的权限范围内行事。其二，法定代表人须在公司章程规定的公司经营范围及高管的基本职责内行事。其三，法定代表人须遵循公司章程规定的决策程序。

(3)股东会或董事会决议的限制

股东会或董事会可以决议的形式直接限制法定代表人的权力。

故，法定代表人超越以上任何一项限制，都属于越权行为。

六、公司法定代表人的越权行为是否一律无效？(总第9问)

我国《公司法》并未对公司法定代表人越权行为的对外效力作出明确规定。但《合同法》第50条对此作出了明确规定："法人或者其他组织的法定代表人、负责人超越权限订立的合同，除相对人知道或者应当知道其超越权限的以外，该代表行为有效。"据此，除非第三人存在恶意，法定代表人的越权行为对外有效；如法定代表人的越权行为造成公司损害，则法定代表人应对公司承担赔偿责任。具体来说：

对于法定代表人直接违背法律法规限制的越权行为，可以推定为任何相对人都应当知道法定代表人越权，根据《合同法》第50条的规定，该越权行为无效。

对于法定代表人违反公司章程限制的越权行为，由于公司章程的备案和公开本身不足以构成"相对人知道和应当知道"的证据，公司章程对法定代表人的限制不得对抗善意第三人，故除非公司另有证据证明相对人知道或者应当知

〔1〕 赵旭东：《公司法学》，高等教育出版社2006年版，第204页。

道法定代表人越权，该越权代表行为有效。

对于法定代表人违反公司股东会或董事会决议限制的越权行为，由于决议一般不具有公示性，即使该决议在媒体公开，也不足以构成“相对人知道或应当知道”的证据，所以相对方一般是不知道或不应当知道的，是善意第三人，除非公司另有证据证明相对人知道或者应当知道法定代表人越权，该越权代表行为有效。

七、法定代表人代表公司的赠与行为是否有效？（总第10问）

一般认为，公司是企业法人，以营利为目的，法定代表人的行为应以营利为目的，而不能像基金会从事公益活动，除非得到股东会的特别授权。因此，法定代表人的权力除法律法规、公司章程、股东会、董事会决议的明确限制外，还应受《公司法》的基本原则——公司的营利性原则的限制。易言之，即使法律法规、公司章程、股东会、董事会决议对法定代表人的某一特别的权力没有限制，法定代表人行使这一权力仍应受到公司营利性原则的限制，违背公司营利性原则的行为仍为越权行为，除非其得到了股东会的特别授权。[1] 对于该越权行为的效力，应按照《合同法》第50条之规定来认定。由于公司的营利性是公司的基本属性，赠与不是公司日常经营的当然内容，一般可推定相对人应当知道法定代表人不具有赠与的权力，该赠与行为无效。

当然，如果某些赠与行为具有改善公司社会形象，开拓公司经营资源，调动员工积极性，增强公司市场竞争力和提高公司商誉的目的和效果，表面上是无偿的赠与，实质上有无形的收益，这种赠与行为当属公司正常的经营事务，就不属于违背公司营利性原则的越权行为。

八、如何界定法定代表人的行为是否属于职务行为？（总第11问）

法定代表人行为与公司行为并不完全一致。《合同法》第50条已经明确了法定代表人行为与公司行为的不一致时的处理原则。如何界定法定代表人的行为是否属于职务行为？主要有经营活动说，法人名义说、执行职务说等学说。

---

〔1〕 赵旭东：《公司法学》，高等教育出版社2006年版，第208页。

(1)经营活动说

所谓经营活动说,就是以企业经营活动范围为标准,凡企业法定代表人在企业经营活动范围内的一切行为,均应视为该企业实施的行为,并非法定代表人个人的行为,由此产生的责任应由该企业承担。该学说不区分第三人是否善意或恶意,认为法定代表人在企业经营活动范围内一切行为的责任一律由企业承担,这与《合同法》第50条的规定相背离。

(2)法人名义说

所谓法人名义说,是指法定代表人以法人名义所为行为,只要行为人在表面是为了法人利益而实施且有将行为后果归属于法人之意识,无论是明示或默示,无论是其职务内行为还是职务外行为,哪怕这些行为实际上损害了法人的利益,法人均应当为此承担责任。但由于所谓默示名义在现实中难以把握,对法人极不公平。

(3)执行职务说

所谓执行职务说,是指只有那些属于执行职务的行为后果,才应当由法人承担,至于法定代表人实施的行为与其职务关系之理解,又有广义说和狭义说之分。广义说认为,执行职务不仅包括执行职务本身的行为,还包括与之有牵连的行为,而狭义说则认为所谓执行职务,仅仅是指执行职务本身的行为或职务活动本身。

执行职务说认为,判断公司法定代表人实施之行为是否属于执行职务之行为,考虑的因素主要有:第一,该行为是否以法人名义实施;第二,该行为在外观上是否足以被认定属于法定代表人职务行为的范畴;第三,依据社会普遍观念,该行为是否与法定代表人职务有适当之牵连关系。

由于广义的执行职务说比较符合平衡保护各方主体利益之要求,所以得到我国理论界的普遍认同。[1] 最高人民法院的有关判例也采纳了广义的执行职务说。[2]

---

〔1〕 张卫英:《公司法人责任中的两罚制》,知识产权出版社2006年版,第168~171页。

〔2〕 虞政平:《公司法案例教学》,人民法院出版社2012年版,第165页。

九、工商变更登记是不是变更法定代表人的生效要件？（总第12问）

法定代表人是营业执照的必要记载事项，必须在公司登记机关进行登记。《公司法》只规定了法定代表人变更应当办理登记，对于登记的效力却未作规定，这就导致实践中包括工商登记机关工作人员在内的很多人都想当然地认为：既然《公司法》规定法定代表人变更应当登记，那么登记就是法定代表人变更的生效要件。这种说法是错误的，工商登记只是公司变更法定代表人的公示方式，是对抗要件而非生效要件。理由如下：

从法律原理来看，公司变更法定代表人纯属公司自治事项，一般不影响社会公共利益，政府干预缺乏必要性和正当性。依照《公司法》规定，法定代表人由公司股东会或董事会选举产生，其权力来源于公司内部权力机构或决策机构的授权。可见，法定代表人的代表权基于公司权力机关或决策机关的选任而产生。因此，法定代表人的变更生效于公司的选任程序。公司内部选任程序虽然合法地变更了法定代表人，但是对于第三人而言，尚未变更的工商登记仍然具有公信力，他们基于对登记的信赖而与公司原法定代表人签订的合同有效。工商登记是法定的公示程序，法定代表人的变动只有经过工商变更登记以后才能对第三人产生对抗效力。公司不能以新法定代表人变动有效来主张工商变更前原法定代表人的代表行为无效。[1]

从法律体系解释来看，公司章程记载事项发生变更的，公司都应当办理变更登记或备案手续，比如股东变更，经营范围变更等。对于股东变更，《公司法》第32条已经明确规定工商登记是对抗要件而非生效要件；对于经营范围，最高人民法院《关于适用〈中华人民共和国合同法〉若干问题的解释（一）》第10条明确规定当事人超越经营范围订立的合同，除违反国家限制经营、特许经营以及法律、行政法规禁止经营规定的外，合同效力不受影响。可见，依照法律体系解释，公司章程中包括法定代表人在内的记载事项进行工商登记只是对抗要件而非生效要件。[2]

---

〔1〕 赵旭东：《公司法学》，高等教育出版社2006年版，第206～207页。

〔2〕 王林清、顾东伟：《新公司法实施以来热点问题适用研究》，人民法院出版社2009年版，第79页。

从行政许可角度来看，根据行政许可法，部门规章无权设定行政许可，故国家工商行政管理局无权规定工商登记是公司变更法定代表人的生效要件。

综上，公司章程中包括法定代表人在内的记载事项进行工商登记只是对抗要件，而非生效要件。

十、公司决议变更法定代表人后，原法定代表人拒绝在变更登记申请书上签字的，公司登记机关能否办理变更登记手续？（总第 13 问）

依据《公司登记管理条例》第 27 条第 1 款第(1)项“公司申请变更登记，应当向公司登记机关提交下列文件：(一)公司法定代表人签署的变更登记申请书……”等规定，在正常的登记情形下，公司法定代表人签署的《公司变更登记申请书》是申请变更登记的首要材料。如果申请人不能提供公司法定代表人签署的《公司变更登记申请书》，登记机关就不能予以办理变更登记。在多数情况下，公司变更法定代表人后，原法定代表人会配合签署变更登记申请书以完成变更登记。但在公司决议强行变更发生争议的情况下，原法定代表人拒绝在变更登记申请书上签字，公司登记机关能否办理法定代表人变更登记手续呢？

依照《公司法》有关规定，法定代表人由公司股东会或董事会选任，其权力来源于公司内部权力机关或决策机关的授权。据此，法定代表人的变更生效于公司的选任程序，公司决议变更法定代表人后，新选任的法定代表人可以公司法定代表人名义签署变更登记申请书。国家工商行政管理局 1999 年发布的《企业法人法定代表人登记管理规定》第 6 条规定，变更登记申请书可以由原法定代表人签署，也可以由拟任法定代表人签署。

综上，在原法定代表人不肯签字的情况下，拟任法定代表人签署的变更登记申请书也可以作为办理变更登记的合法依据，公司登记机关不得以原法定代表人未签字为由不办理变更登记手续。

第四章　公司经营宗旨和范围

第一节　公 司 能 力

☞条款解读

一、公司能力的意义

所谓能力，是指在法的世界中作为法律主体进行活动，所应具备的地位或资格。〔1〕公司能力是公司具有法人资格的表现。公司的能力是由国家法律所赋予。公司的能力包括权利能力、行为能力和责任能力三个部分。

公司能力虽然是一个抽象的概念，但它涉及公司实践中的许多具体问题，如公司转投资行为的效力，公司担保行为的效力，公司超越经营范围而订立的合同的效力，法定代表人的个人行为和代表行为的界限，公司工作人员侵害他人利益的责任是否由公司承担等，这些问题都可以归结为公司能力的问题。可见，公司能力是解决许多公司实务问题所应扎实掌握的基础知识。

二、公司权利能力及其限制

1. 公司权利能力的意义

公司的权利能力是指公司依法享有权利和承担义务的资格。

〔1〕梁慧星：《民法总论》，法律出版社2011年版，第65页。

《民法总则》第59条规定，法人的民事权利能力和民事行为能力，从法人成立时产生，到法人终止时消灭。《公司法》第7条规定，公司营业执照签发日期为公司成立日期。

《公司法》第188条规定："公司清算结束后，清算组应当制作清算报告，报股东会、股东大会或者人民法院确认，并报送公司登记机关，申请注销公司登记，公告公司终止。"因此，公告中发表的公司终止之日应为公司权利能力的终止日期。

综上，公司的权利能力从公司营业执照签发之日开始，至公司注销登记并公告之日终止。

与自然人的权利具有平等性不同，公司的权利能力具有差异性的特点，不同的公司其权利能力的范围也不一样。[1] 但是，公司权利能力的差异性，并不影响不同公司在民事活动中的民事地位，各公司在民事活动中的民事法律地位仍然是平等的。

2. 公司权利能力的限制

公司的权利能力不但存在差异性，而且受到自然性质、法律和章程等的限制。

(1)自然性质的限制

自然性质的限制，是指因公司与自然人在性质上的差异所产生的对公司权利能力的限制。如基于自然人固有的性别、年龄、亲属关系而产生的权利义务，公司不能享有，公司不得成为继承人，但可以成为受遗赠人。公司只享有名称权、名誉权等不以身体为前提的人格权。[2]

(2)法律的限制

法律的限制，是指公司因法律的特别规定所产生的对公司权利能力的限制。如《企业破产法》对清算公司的权利能力的限制。又如《公司法》第15条对公司转投资的限制，《证券法》第16条对公司举债的限制。

(3)章程的限制

章程的限制，是指公司章程对于本公司权利能力的限制。

---

〔1〕 魏振瀛：《民法》，北京大学出版社、高等教育出版社2000年版，第80页。

〔2〕 梁慧星：《民法总论》，法律出版社2011年版，第127页。

综上，公司权利能力的范围及内容，取决于法律、章程所规定设立该公司的具体目的及其经营范围。也就是说，每个公司的权利能力的内容，可因其所设立的目的及其经营范围的不同而有所区别。[1]

三、公司行为能力及其特点

所谓公司行为能力，是指公司能以自己的行为取得权利和承担义务的资格。我国《民法总则》第59条承认公司法人具有行为能力。

与自然人相比，公司行为能力具有以下特点：

1. 公司行为能力的范围与权利能力的范围一致，且同时产生同时消灭

不同的公司，其权利能力的范围有所不同，但就每一个具体的公司而言，一旦其权利能力的范围确定，其行为能力的范围也随之确定。

2. 公司的行为能力通过其机关来实现

公司作为一种社会组织，不同于自然人，公司的行为能力通过其机关实现，而机关最终由自然人担任。

四、公司行为能力的实现方式

首先是形成公司意思表示。自然人的行为能力，是自然人依照自己的意思表示实施的。由于自然人具有意识和思维能力，自然人的意思表示是由其自身作出的；而公司并不具意识和思维能力，公司的意思表示则通过公司股东（大）会和董事会形成并以决议的形式作出。公司股东（大）会和董事会统称为公司意思决定机关，其中股东（大）会是公司的最高权力机关也是公司的最高意思决定机关，董事会是公司的业务执行和经营决策机关。公司决议按照“多数决”原则作出，体现团体意思。

然后，公司的意思表示要通过其法定代表人或者委托代理人来实现。公司法定代表人依照公司章程的规定，由董事长、执行董事或者经理担任。法定代表人，按照公司的意思，以公司的名义，对外进行的法律行为，就是公司本身所为的法律行为。法定代表人是公司意思代表机关，不是意思决定机关。意思决

[1] 王保树、崔勤之：《中国公司法原理》，社会科学文献出版社2006年版，第43页。

定机关形成公司意思的行为,在效力上通常仅及于公司内部,对外不产生拘束力;而意思代表机关代表公司将公司意思对外表示,直接面对公司外部的当事人。

五、公司责任能力

公司的责任能力,又称公司侵权行为能力,是指公司对自己侵权行为承担法律责任的能力或资格。我国法律承认公司法人有权利能力和行为能力,可以成为民事主体。公司的代表人所为的行为即是公司自身的行为,该代表的行为构成侵权行为时,即为公司自身的侵权行为。因此,公司当然应有责任能力。《民法总则》第62条第1款规定:"法定代表人因执行职务造成他人损害的,由法人承担民事责任。"第49条规定:"企业法人有下列情形之一的,除法人承担责任外,对法定代表人可以给予行政处分、罚款,构成犯罪的,依法追究刑事责任:(一)超出登记机关核准登记的经营范围从事非法经营的;(二)向登记机关、税务机关隐瞒真实情况、弄虚作假的;(三)抽逃资金、隐匿财产逃避债务的;(四)解散、被撤销、被宣告破产后,擅自处理财产的;(五)变更、终止时不及时申请办理登记和公告,使利害关系人遭受重大损失的;(六)从事法律禁止的其他活动,损害国家利益或者社会公共利益的。"显然,我国法律肯定公司有责任能力。

☞疑难释解

六、公司承担民事责任的要件有哪些?(总第14问)

由于公司法定代表人及代理人实施的行为,有的属于公司行为,有的属于个人行为,因此,公司并不对公司法定代表人及代理人实施的所有行为承担法律责任,公司仅对自己的公司行为承担法律责任。一般而言,公司承担民事责任须具备以下三项要件:[1]

其一,须有加害他人的侵权行为。

〔1〕 梁慧星:《民法总论》,法律出版社2011年版,第133~134页。

即应具备《侵权责任法》第 6 条、第 7 条关于侵权行为的构成条件。

其二，须为公司工作人员或代理人实施的行为。

即此加害行为系公司法定代表及其他工作人员所为。

《民法总则》第 62 条第 1 款规定："法定代表人因执行职务造成他人损害的，由法人承担民事责任。"《侵权责任法》第 34 条规定："用人单位的工作人员因执行工作任务造成他人损害的，由用人单位承担侵权责任。劳务派遣期间，被派遣的工作人员因执行工作任务造成他人损害的，由接受劳务派遣的用工单位承担侵权责任；劳务派遣单位有过错的，承担相应的补充责任。"

其三，须因执行职务的行为所发生。

即公司工作人员所实施的行为与执行公司职务有密切关系。如何界定与执行公司职务有密切关系？"外观主义"理论比较合理。该理论认为，只要公司的工作人员的行为与其职权有紧密的客观联系，让第三人有理由信赖该工作人员是在执行公司职务，而无论公司是否真正授权，无论该工作人员是否越权，均构成公司的行为，应由公司承担责任。[1]

七、公司实施侵权行为中公司及个人的法律责任有哪些？（总第 15 问）

（1）公司的责任

一种侵权行为一旦被认定为公司的侵权行为，其法律责任自然由公司直接承担，由公司向受害人承担赔偿责任。

（2）行为人（工作人员）的责任

①行为人（工作人员）对公司的责任。

公司在承担了赔偿责任后，可否向行为人追偿？

《公司法》第 149 条规定，"董事、监事、高级管理人员执行公司职务时违反法律、行政法规或者公司章程的规定，给公司造成损失的，应当承担赔偿责任。"据此，公司可以根据《公司法》第 149 条规定要求董事、监事、高级管理人员向公司承担赔偿责任。除前述高管外，公司可否向其他工作人员追偿？《公司法》对此没有作出明确的规定。

---

〔1〕 赵旭东：《公司法学》，高等教育出版社 2006 年版，第 210 页。

此外,《民法通则》第 49 条还规定:"企业法人有下列情形之一的,除法人承担责任外,对法定代表人可以给予行政处分、罚款,构成犯罪的,依法追究刑事责任:……"《民法总则》第 62 条规定,法定代表人因执行职务造成他人损害的,由法人承担民事责任。法人承担民事责任后,依照法律或者法人章程的规定,可以向有过错的法定代表人追偿。

②行为人(工作人员)与公司的连带责任。

《公司法》没有对公司工作人员的连带责任作出规定,但有一些特别法规定了特别情形下公司工作人员对公司侵权行为的连带责任,如《证券法》第 69 条规定:"发行人、上市公司公告的招股说明书、公司债券募集办法、财务会计报告、上市报告文件、年度报告、中期报告、临时报告以及其他信息披露资料,有虚假记载、误导性陈述或者重大遗漏,致使投资者在证券交易中遭受损失的,发行人、上市公司应当承担赔偿责任;发行人、上市公司的董事、监事、高级管理人员和其他直接责任人员以及保荐人、承销的证券公司,应当与发行人、上市公司承担连带赔偿责任,但是能够证明自己没有过错的除外;发行人、上市公司的控股股东、实际控制人有过错的,应当与发行人、上市公司承担连带赔偿责任。"据此,上市公司的董事、监事、高级管理人员和其他直接责任人员对于披露上市公司虚假信息的侵权行为应与发行人、上市公司承担连带赔偿责任。

第二节 公司经营宗旨和经营范围

☞条款解读

一、公司经营宗旨的意义

经营宗旨是指企业经营活动的主要目的和意图,它表明企业的思想和行为。

公司的经营宗旨反映了企业的价值观和经营理念,并表现为企业的经营方针和经营指导思想。

公司经营宗旨反映了企业经营活动的主要目的和意图,成为对公司活动的限制,是界定公司代表机关对外代表权的范围的主要依据之一,即界定法定代表人是否越权的依据之一。

二、公司经营范围的意义

公司的经营范围是企业从事经营活动的业务范围，国家允许公司生产和经营的商品类别、品种及服务项目，反映公司业务活动的内容和生产经营方向，是公司业务活动范围的法律界限，体现公司权利能力和行为能力的核心内容。营业执照登记的企业经营范围是区分企业合法经营与非法经营的法律界限。

公司需要有一定的经营范围，以便开展经营活动，并且方便投资者了解公司资金的投入方向及可能存在的风险，还有利于公司董事、监事、高级管理人员认清公司发展的前景及努力方向。经营范围也是界定公司高管越权及责任的主要依据之一。

三、经营范围的类型

按公司类型的不同，公司的经营范围可以分为服务型公司经营范围、贸易型公司经营范围及生产加工型公司经营范围，各类型公司经营范围有众多细分的经营项目。

依据是否需审批，公司的经营范围可分为许可经营项目和一般经营项目。许可经营项目是指企业在申请登记前依据法律、行政法规、国务院决定应当报经有关部门批准的项目。一般经营项目是指不需批准，企业可以自主选择的项目。

☞条款设计

四、经营宗旨条款的个性化设计

1.《公司法》没有对经营宗旨进行规定，公司经营宗旨条款属公司章程中的任意记载事项

《公司法》既没有对经营宗旨进行规定，也没有要求公司登记经营宗旨，经营宗旨条款属公司章程中的任意记载事项。

2. 公司章程可自主设定经营宗旨条款

只要不违反法律、行政法规强行性规定，社会公共利益和公序良俗，公司可自主取舍并设计经营宗旨条款。

五、经营范围条款的个性化设计

1. 法律关于公司经营范围的规定有的属于强制性有的属于任意性

法律关于公司经营范围的规定中体现强制性规范主要有：经营范围是公司章程中的绝对必要记载事项；公司的经营范围中属于法律、行政法规规定须经批准的项目，应当依法经过批准，否则构成非法经营。

法律关于公司经营范围的规定中体现任意性规范主要有：公司的经营范围由公司章程规定，并依法登记。公司可以修改公司章程，改变经营范围，但是应当办理变更登记。

2. 公司章程可依法自主决定企业经营范围并可依法自主变更

公司的经营范围中除属于法律、行政法规定须经批准的许可经营项目应当依法经过批准外，其他项目可参照《国民经济行业分类》及有关规定自主选择一种或多种经营的类别，直接向公司登记机关申请登记。

根据《企业经营范围登记管理规定》第5条的规定，申请许可经营项目，申请人应当依照法律、行政法规、国务院决定向审批机关提出申请，经批准后，凭批准文件、证件向企业登记机关申请登记。审批机关对许可经营项目有经营期限限制的，登记机关应当将该经营期限予以登记，企业应当在审批机关批准的经营期限内从事经营。

根据《公司法》第12条的规定，公司可以修改公司章程，改变经营范围，但是应当办理变更登记。

☞疑难释解

六、公司目的条款拘束力的性质是什么？（总第16问）

经营宗旨和经营范围统称为公司章程的目的条款。关于公司目的条款拘束力性质的不同回答，对于公司目的外行为是否有效，及在无效的场合有无补正的可能，将得出不同的结论。

关于公司目的条款拘束力的性质的学说大致有四种，即权利能力限制说、行为能力限制说、代表权限制说和内部责任说。[1] 笔者持新代表权限制说，即公司目的条款，不仅划定公司机关的对外代表权的范围，也决定公司机关在公司内部的责任。

对外而言，公司章程记载的目的条款本身不得对抗善意第三人，从而维护了交易安全；对内而言，公司和股东可以借助目的条款限制代表人的权限，如代表人越权，公司和股东可追究该代表人的责任，由此实现了各方当事人的利益平衡。

根据我国《公司法》第149条的规定，董事、监事、高级管理人员违反公司章程关于公司经营范围的规定，给公司造成损失的，应当向公司承担赔偿责任。

《合同法》第50条规定："法人或者其他组织的法定代表人、负责人超越权限订立的合同，除相对人知道或者应当知道其超越权限的以外，该代表行为有效。"该条虽未直接使用"超出法人目的"之用语，但超出法人目的的行为属于越权行为，应适用本条。据此，可以推知，该规定关于法人目的之限制，系采新代表权限制说。

最高人民法院《关于适用〈中华人民共和国合同法〉若干问题的解释（一）》第10条规定："当事人超越经营范围订立合同，人民法院不因此认定合同无效。但违反国家限制经营、特许经营以及法律、行政法规禁止经营规定的除外。"因为公司代表人超越章程规定的一般经营范围而与第三人签订合同的行为虽属于越权行为，但章程的备案和公开本身不足以构成"相对人知道或应当知道"的证据，故该越权行为有效。对于公司代表人违反国家限制经营、特许经营以及法律、行政法规禁止经营规定与第三人签订合同的越权行为而言，由于该越权行为违背法律法规的直接限制，所以任何人都应当知道其越权，因此不构成表见代表行为，按照《合同法》第50条的规定，该越权行为无效。可见，该条司法解释与《合同法》第50条规定一脉相承，系采新代表权限制说，并弱化了善意与恶意之区别。

---

〔1〕 梁慧星：《民法总论》，法律出版社2011年版，第127～128页。

不过,也有学者认为,《合同法》第50条规定,系采行为能力限制说。[1] 笔者认为,按照该观点推论,不仅法人的权利能力的范围与行为能力的范围不一致,而且公司和股东不能追究越权董事、监事、高级管理人员的有关责任,导致各方当事人的利益失衡,这就与《公司法》第149条的规定相矛盾。显然,该观点在逻辑上难以自洽,也与现行法律相冲突。

综上,关于公司目的限制性质,我国现行法律系采新代表权限制说。

〔1〕 梁慧星:《民法总论》,法律出版社2011年版,第129页。

第五章　公 司 资 本

第一节　公司资本制度概述

☞条款解读

一、公司资本的含义及相关概念辨析

1. 公司资本的定义及其特点

公司资本有广义和狭义之分。狭义的公司资本仅指股权资本，简称股本，是公司章程规定的，由股东出资形成的财产总额。广义的公司资本包括股权资本和债权资本。

《公司法》上的资本，通常指公司的股本。我国 2005 年《公司法》也在股本的意义上使用资本的概念，并将公司资本分为注册资本和实收资本。其中，第 26 条规定："有限责任公司的注册资本为在公司登记机关登记的全体股东认缴的出资额。法律、行政法规以及国务院决定对有限责任公司注册资本实缴、注册资本最低限额另有规定的，从其规定。"第 80 条规定："股份有限公司采取发起设立方式设立的，注册资本为在公司登记机关登记的全体发起人认购的股本总额。在发起人认购的股份缴足前，不得向他人募集股份。股份有限公司采取募集方式设立的，注册资本为在公司登记机关登记的实收股本总额。法律、行政法规以及国务院决定对股份有限公司注册资本实缴、注册资本最低限额另有

规定的，从其规定。”在学理上，公司法学界的大部分学者也多在股本的意义上使用“公司资本”或“资本”一词。

公司资本具有以下特点：

(1)资本是公司自有的独立财产

资本是公司的原始财产，公司成立后，会有多种财产来源，但公司最初的财产是公司资本。公司资本独立于股东财产。

(2)资本来源于股东的出资

资本是由股东出资形成的财产总额，公司不负担到期偿还出资的义务。公司借贷而来的资金不能计入公司资本，公司负有到期偿还借款的义务。

(3)资本由公司章程进行规定

公司资本数额由股东通过协商确定并写入公司章程。

2. 公司资本的各种形态及其含义

(1)注册资本

注册资本是指记载于公司章程并经公司登记机关登记的资本总额。在注册资本一次缴付的情况下，注册资本等于实缴资本；在注册资本分期缴付的情况下，注册资本是名义资本。

(2)授权资本

授权资本是指公司根据公司章程授权可发行的全部资本。授权资本是一种名义资本，仅用于授权资本制和折中资本制之下。我国实行法定资本制，不存在授权资本形态。

(3)发行资本

发行资本又称已发行资本，是指公司实际已发行的，并由股东认购的资本总额。对公司而言，该资本称为已发行资本；对股东而言，又可称为认购资本，即股东承诺缴纳的股本。由于有的股东虽然已经认购，但尚未全部缴清，故已发行资本由已缴资本和待缴资本构成。在出资分期缴付的情况下，股东的出资未完全缴清之前，发行资本大于股东的实缴资本或公司的实收资本。发行资本形态存在于任何一种资本制度项下。

(4)实缴资本

实缴资本又称已缴资本、实收资本，指股东已经向公司缴纳的资本。资本已经发行不等于股东已经实际缴纳，只有发行的资本被全部缴足，实缴资本才等于发行资本。实缴资本形态适用于法定资本制、授权资本制和折中资本制。

(5)待缴资本

待缴资本又称催缴资本、未收资本，是指股东已经认购但尚未缴付出资，公司可以依照法律和章程规定的期限向股东催缴的资本。待缴资本+实缴资本=发行资本。待缴资本形态也可以存在于任何资本制度。

我国《公司法》实行法定资本制。在我国公司制度下，注册资本与发行资本、名义资本一致，但与实缴资本不完全一致，实缴资本可能小于注册资本。只有注册资本已全部缴足，实缴资本才等于注册资本或发行资本。[1]

3. 与资本相关概念的辨析

(1)资本与资产

公司资产，又称为公司实有财产，是公司实际拥有的全部财产，包括有形财产和无形财产。公司资本是公司的原始财产，是公司资产的一部分。

公司资本是一个静态的恒量，而公司资产则是一个动态的变量。公司资本由公司章程规定并经股东出资形成，一经确定即为一个稳定的恒量，非经法定程序不得随意变更，也不会自动变更。而公司资产则随着公司经营的盈利或亏损及公司财产的增值或贬值，时时刻刻都在变化着。

公司法人的独立财产责任，是以公司实有的全部财产对其债务负责，公司资产是公司对外承担财产责任的物质基础。也就是说，公司对外的偿债能力是受公司资产多寡的直接影响。

(2)资本与资金

资金不是公司法上的概念，而是会计学和管理学等经济学领域中的概念。在经济学领域中所称的资金与公司法中的资产大体相当。根据资金的来源，资金可分为自有资金和借贷资金，但公司法中资产的范围更宽，包含某些在会计上不能入账的特殊资产，如未变现的工业产权等。

(3)资本与净资产

公司的净资产是指公司全部资产减去全部负债后的余额。由于公司资产

〔1〕 朱慈蕴:《公司法原论》,清华大学出版社2011年版,第183页。

在时刻变化，故净资产可能高于公司资本，也可能低于资本。在公司资产等于公司负债时，净资产等于零，而公司资产不抵债时，净资产则为负值。

(4)资本与股东权益

股东权益又称所有者权益，是指股东对公司净资产享有的权利。股东权益只是股东对公司净资产的抽象价值的权利，而不是对任何具体形态资产的权利；股东权益无论多大，都无权直接支配或处分公司的财产。股东权益包括四个部分，即资本、资本公积金、盈余公积和可分配利润，资本是其中一个部分。

二、公司资本的法律意义

1. 资本是公司成立的基本条件，也是公司进行经营活动的物质条件

资本是公司成立的要件之一，不具备该要件就不能取得公司注册登记，已经登记的公司也会因此而被撤销或被否定人格。

公司是营利性的经济组织，而公司从事生产经营活动有赖于一定的物质条件。资本是公司成立之初的原始财产，其在公司资产形成过程中扮演基础性角色，对于公司经营能力的形成和维持具有重要作用。

2. 资本是公司承担财产责任的基本保障，是公司对外交往的信用基础

公司以其全部资产对其债务负责，而资本是公司资产形成的基础和来源，资本的规模对公司资产的规模有直接的影响。因此，在实践中，公司资本常常被用作识别公司信用的标志。但必须指出，公司对外偿债能力是受公司资产多寡的直接影响。

3. 资本是股东对公司债务承担责任的界限

所谓有限责任，是指股东以其出资额为限对公司债务负责，而非公司本身的责任。对全体股东而言，实际上也就是以公司资本为限对公司债务负责。如果股东履行了出资义务，公司资本真实到位，除已经出资的财产可能用于清偿公司债务外，股东不再承担进一步的责任。

三、资本三原则

1. 资本三原则的意义及其变化

传统大陆法系的公司法奉行法定资本制，与该制度相联系存在资本三原

则，即资本确定原则、资本维持原则和资本不变原则，该资本三原则理论起源于德国。资本三原则实际上是建立在诚实信用原则基础上的禁反言原则在公司法中的具体体现。

传统理论认为资本三原则是一个有机整体，其中资本确定原则是前提，是首要原则，资本维持原则是核心，资本不变原则是保障，它们相互联系，互为依存，共同组成公司资本保障和约束机制。

资本三原则，对于奠定公司生存与发展的物质基础，保护善意第三人的利益，维护交易安全均具有重要意义。但是随着社会经济和法律制度的发展，资本三原则在当代的局限性日益显现：

（1）债权人的信赖基础正在发生变化。资本确定原则意在使公司资本具有担保功能。实际上法律只能规制反映在公司章程中的抽象的资本，对于公司实际运营中的亏损无法随时监控。公司真正能担保债权人债权的不是抽象的资本，而是公司的实际财产。

（2）融资工具的多样化使资本三原则的实现变得日益困难。金融创新导致传统的资本范畴被突破，并使资本水准的波动成为常态，公司资本变得难以确定。

（3）股票发行价格与票面价额的分离，客观上导致公司资本确定原则在现实中的实施难度增加。

因此，大陆法系公司法"资本三原则"整体都在经历着变革，资本三原则规制正在走向缓和，以符合金融创新发展趋势。

我国《公司法》条文中虽然没有直接表述资本三原则，但我国《公司法》实行法定资本制，资本制度基本上是按照资本三原则来设计的，许多规定体现了资本三原则。我国今后修改《公司法》也将反映资本三原则规制走向缓和的趋势。

2. 资本确定原则

资本确定原则，是指公司在设立时，必须在章程中对公司的资本总额作出明确的规定，并由股东负责缴足。[1]

---

〔1〕 齐奇：《公司法疑难问题解析》，法律出版社2006年版，第13页。

资本确定原则包含两层含义：一是要求公司资本总额必须明确记载于公司章程，使它成为一个具体确定的数额；二是要求章程所确定的资本总额必须分解落实到人，即全体股东对该资本额应负缴足的责任。资本确定原则在具体实施中可以有宽严不一的做法。

资本确定原则是关于公司资本形成的基本原则。按这一原则，公司资本既要确定，又须认足，这正是资本形成制度中法定资本制的内容，因此，通常又把资本确定原则等同于或称为法定资本制，实质上，法定资本制是体现了资本确定原则的资本形成制度。

我国《公司法》实行资本确定原则，《公司法》第25条、第26条、第80条、第81条等都体现了资本确定原则的要求。其中，注册资本需有全体股东认足的规定，是资本确定原则最突出的体现。

3. 资本维持原则

资本维持原则，又称资本充实原则、资本拘束原则，是指公司在其存续过程中，应经常保持与其资本额相当的资产。〔1〕

资本维持原则的目的是防止资本的实质减少，保护债权人利益，同时也防止股东对盈利分配的不当要求，确保公司本身业务活动的正常开展。

资本维持原则不仅适用于股份有限公司，也适用于有限责任公司。同时，这一原则不仅大陆法系国家适用，英美法系也适用。资本维持原则是贯穿于整个公司资本制度、适用于公司存续期间的重要原则，各国公司法围绕资本制度建立的绝大多数法律规则都是资本维持原则直接或间接的体现。

我国《公司法》第27条、第30条、第35条、第91条、第127条、第142条、第166条等都体现了资本维持原则的要求。需注意的是，资本三原则变革中，资本维持原则有走向资产维持原则的趋势，今后《公司法》修改也可能或多或少反映这一趋势。

4. 资本不变原则

资本不变原则是指公司的资本一经确定即不得随意改变，如需增减，必须严格按法定程序进行。〔2〕 它包含两层意思：一是限制公司随意减资，二是限制

〔1〕 赵旭东：《公司法学》，高等教育出版社2006年版，第226页。

〔2〕 赵旭东：《公司法学》，高等教育出版社2006年版，第227页。

公司随意增资。换言之,该原则并非绝对禁止资本额变化,而是要求公司增加资本、减少资本都须严格遵循法定程序。

资本不变原则的目的是防止公司任意减少资本,造成公司清偿能力的降低而损害债权人的利益;以及防止公司任意增加资本,使股东承担过多的风险,损害了股东的利益。

在公司法上,资本不变原则主要体现为公司减资制度和增资制度,规定了公司增减资本所应具备的条件和应遵循的严格法律程序。

四、资本形成制度

1. 法定资本制

法定资本制,是指在公司设立时,必须在章程中明确规定公司资本总额,并一次性发行、全部认足或募足,公司才能成立的资本制度。

法定资本制仅要求在公司设立时出资人需认购公司发行的全部股本,但并不强制要求于公司设立时一次性全部缴付。因此有发行资本与实缴资本的区别。

我国《公司法》采法定资本制,《公司法》第26条第1款和第80条第1款体现了该资本形成制度。

2. 授权资本制

授权资本制,是指在公司设立时,虽然应在章程中载明公司资本总额,但公司不必发行全部资本,只要认足或缴足资本总额的一部分,公司即可成立;其余部分授权董事会在认为必要时,一次或分次发行或募集的资本制度。

授权资本制的主要特点是资本或股份的分期发行,而不是法定资本制的一次发行,分期缴纳。在授权资本制下,公司章程所定的只是授权资本,发行资本则取决于公司决定发行的数额。我国没有采用授权资本制。

3. 折中资本制

折中资本制,是在法定资本制和授权资本制基础上衍生和演变而成的资本制度,具体又分为许可资本制和折中授权资本制两种类型。

许可资本制又称认可资本制,是指在公司设立时,必须在章程中明确规定公司资本总额并一次性发行、全部认足或募足;同时,公司章程可以授权董事会在公司成立后一定期限内发行新股，增加资本，而无须股东会特别决议。认可资本制是在法定资本制的基础上，通过对董事会发行股份的授权、简化增资程序而形成的。

折中授权资本制，是指公司设立时，应在章程中载明资本总额，但只需发行和认购部分资本或股份，公司即可成立，未发行部分授权董事会根据需要发行，但授权发行的部分不得超过公司资本的一定比例。折中授权资本制是在授权资本制的基础上，通过对董事会股份发行授权的限制、规定其发行股份的比例和期限形成的。

五、最低资本额制度

1. 最低资本额制度的概念

所谓最低资本额制度，是指公司成立时股东缴纳的注册资本不得低于法律规定的最低数额的制度。

最低资本额制度是资本确定原则和法定资本制的进一步要求。公司成立时，不仅要确定资本总额并全部认足，而且其确定和认足的资本额必须达到法定的最低资本额，否则公司不能成立。

2. 一般公司的最低注册资本额

2013 年修正的《公司法》取消了原来对一般公司的最低注册资本额的要求，这不但有利于鼓励投资创业，而且有利于扩大就业和推动经济发展，顺应了资本三原则规制走向缓和的趋势。

3. 特殊行业的最低注册资本

《公司法》第26 条第2 款规定“法律、行政法规以及国务院决定对有限责任公司注册资本实缴、注册资本最低限额另有规定的，从其规定。”第 80 条第 3 款规定“法律、行政法规以及国务院决定对股份有限公司注册资本实缴、注册资本最低限额另有规定的，从其规定。”这为特殊行业的法定最低注册资本额预留了空间。

目前这类特殊行业主要集中在金融行业，如《证券法》第 127 条规定，“证券公司经营本法第一百二十五条第（一）项至第（三）项业务的，注册资本最低限额为人民币五千万元；经营第（四）项至第（七）项业务之一的，注册资本最低限额为人民币一亿元;经营第(四)项至第(七)项业务中两项以上的,注册资本最低限额为人民币五亿元。证券公司的注册资本应当是实缴资本。国务院证券监督管理机构根据审慎监管原则和各项业务的风险程度,可以调整注册资本最低限额,但不得少于前款规定的限额。"又如《保险法》第69条规定,"设立保险公司,其注册资本的最低限额为人民币二亿元。国务院保险监督管理机构根据保险公司的业务范围、经营规模,可以调整其注册资本的最低限额,但不得低于本条第一款规定的限额。保险公司的注册资本必须为实缴货币资本。"

☞条款设计

六、公司注册资本额条款的个性化设计

1.《公司法》关于公司注册资本的规定属于强制性规范

我国实行法定资本制,公司成立时,股东注册资本额条款是公司章程中的绝对必要条款,不仅要协商确定注册资本总额并全部认足,而且特殊行业公司确定和认足的注册资本额必须达到法定的最低资本额,否则公司不能成立。故《公司法》关于公司注册资本的规定属于强制性规范。

2. 公司可自主确定其注册资本额

根据《公司法》第26条和第80条的规定,股东可根据公司的行业性质、经营规模、经营风险和实际资金需求等状况,自主确定公司注册资本额。不过,如果法律、行政法规以及国务院决定对有限责任公司或股份有限公司的注册资本实缴、注册资本最低限额另有规定的,应遵守该规定。

七、公司投资总额条款的个性化设计

1. 投资总额条款是外商投资企业公司章程中的绝对必要记载事项

根据《外资企业法实施细则》第15条、《中外合资经营企业法实施条例》第13条和《中外合作经营企业法实施细则》第13条等规定,投资总额条款是外商投资企业公司章程中的绝对必要记载事项。

在内资企业中也有约定投资总额的,但根据《公司法》第25条、第81条等规定投资总额条款属于内资企业公司章程中的任意记载事项。

2. 外商投资企业可自主确定投资总额

外商投资企业可根据行业性质、经营规模、经营风险和实际资金需求等状况，自主确定投资总额。

3. 公司章程应对注册资本之外投入部分的法律性质作出界定

鉴于目前对于投资总额中注册资本之外部分究竟是属于股权性质还是债权性质，尚无明确规定，司法实践中的认识不一，为避免不必要的争议，股东可在协商基础上对资本之外投入部分的权利性质作出界定并写入公司章程。如定性为债权，则应在公司成立之后完善相应借贷手续，包括借款协议，银行转账凭证，会计记账等。

☞疑难释解

八、注册资本不足对公司法人人格有何影响？（总第17问）

特殊行业公司股东应当按期足额缴纳公司章程中规定的各自所认缴的出资额，否则应承担违约责任。在最高人民法院《关于企业开办的其他企业被撤销或者歇业后民事责任承担问题的批复》中，股东违反出资义务包括不履行出资义务和出资不实的法律后果，从出资违约责任扩展至法人资格否认。按照该批复，根据股东出资违约致使出资不到位的严重程度不同，来决定公司是否具有法人资格。

（1）当公司的注册资本没有完全到位，但已达法定最低注册资本额并且符合法人成立其他条件的，确认其具备法人资格。公司股东应当在实缴资本与注册资本差额范围内承担补充责任。

（2）股东实缴资本未达到法定最低注册资本额的，认定该公司不具备法人资格，股东应承担无限连带责任。根据最高人民法院《关于对注册资金投入未达到法规规定最低限额的企业法人签订的经济合同的效力如何确认问题的批复》之意见，这类企业被依法吊销《企业法人营业执照》之前签订的经济合同，不宜因其注册资本投入未达法定的最低限额而确认无效。

九、股东在注册资本之外向公司的投入属于什么法律性质？（总第18问）

公司投资总额是为公司设立和经营而投入的全部财产总额，包括股东出资形成的注册资本和注册资本之外向公司的投入（包括企业借款）。投资总额的概念主要用于外商投资企业。在内资企业中，也有约定公司投资总额的情况。

而注册资本是公司成立时在章程中载明并在公司登记机关注册登记的资本总额。

对于投资总额超出注册资本之外部分的法律性质，目前尚无明确法律规定。从其来源来看，资本外的投入有的来自于银行等第三方的借贷，有的则来自于股东本身，向第三方的借贷当然属于公司的对外负债。

而来自于股东本身的资本外投入的性质，有学者认为应定为出资性投入或资本性投入，应作为公司的自有财产而不是对外负债。[1]

笔者认为，不宜将来自于股东本身的资本外投入一律定性为出资性投入或资本性投入而作为公司的自有财产，这里既有事实认定的问题也有法律定性的问题，应区别情况对待。

在法律及理论定性方面：其一，自然人股东向其公司提供借款并没有违反法律、行政法规的强制性规定，合法有效。司法实践中也通常认定股东借款是一种通行的做法，合法有效。其二，股东对公司的借贷形成的债权，在破产中能否视为和第三人债权地位平等的债权？我国目前尚无明确规定。德国在2006年以来的公司法改革中引进了破产中的衡平居次原则，即公司对股东债权的清偿将次于其他债权人的清偿。[2] 这说明境外法律承认股东对公司的借贷形成的债权，只是破产清偿顺序居次。其三，在法定资本制下，注册资本是确定股东对公司责任的界限。而将来自于股东本身的资本外投入的性质定为出资性投入或资本性投入作为公司的自有财产而不是对外负债，显然与此相矛盾。

在事实认定方面：其一，认定股东与公司之间是否存在借贷关系，要看有无书面协议、口头借款协议或有无其他证据佐证，公司将该笔款项是如何记账等

〔1〕 赵旭东：《公司法学》，高等教育出版社2006年版，第224页。

〔2〕 胡田野：《公司法任意性与强行性规范研究》，法律出版社2012年版，第227页。

证据材料。其二,有无约定利息,不是认定是否存在借贷关系的依据。其三,在习惯上,并非把投资与出资作为相同概念使用,也不是把投资与借贷作为对立的概念进行比较。《中外合资经营企业法实施条例》第 17 条规定:“合营企业的投资总额(含企业借款),是指……”该条规定就没有将投资与借贷作为对立概念使用,而是明确说明投资总额中包含借款。公司资产按其来源分为股权资本和债权资本,相应地,投资也分股权投资和债权投资。

因此,当有证据足以认定来自股东本身的资本外投入属于股东借贷给公司的借款,当然属于公司的对外负债。只有证据不足以认定来自于股东本身的资本外投入属于股东借贷给公司的借款时,才可定性为出资性投入或资本性投入。

十、法定资本制下,股东可否在增资时分期缴纳出资?(总第 19 问)

我国现行《公司法》采法定资本制,即要求股东须一次性认足,但允许分期缴纳出资。《公司法》第 178 条规定:“有限责任公司增加注册资本时,股东认缴新增资本的出资,依照本法设立有限责任公司缴纳出资的有关规定执行。股份有限公司为增加注册资本发行新股时,股东认购新股,依照本法设立股份有限公司缴纳股款的有关规定执行。”据此,在公司增加注册资本时,股东对所认缴的新增资本,可以分期缴纳出资。

十一、在法定资本制下,公司清算时,股东应否继续履行出资期限尚未届期的出资义务?(总第 20 问)

《公司法》第 3 条规定,股东以其认缴的出资或认购的股份为限对公司债务承担责任,而并未将股东的责任仅限于股东缴纳的出资。虽然在缴纳期限尚未届至情形下,公司对股东享有的缴付出资请求权尚未届期,但是由于公司解散后必须了结各种法律关系并最终终止存在,因此公司解散事由的出现应视为期限届至。因此,最高人民法院《关于适用〈中华人民共和国公司法〉若干问题的规定(二)》(按照惯例,本司法解释以下简称《公司法解释(二)》)第 22 条第 1 款规定:“公司解散时,股东尚未缴纳的出资均应作为清算财产。股东尚未缴纳的出资,包括到期应缴未缴的出资,以及依照公司法第二十六条和第八十条的规定分期缴纳尚未届满缴纳期限的出资。”据此，为了保护债权人和公司的利益，公司进入清算程序，股东应当继续履行出资义务。

第二节　资本募集与股份发行

☞条款解读

一、公司资本募集的意义

公司资本募集，又称资本的发行，是指以一定的条件向投资者发行资本，由投资者出资认购并取得股权或股份，公司获得相应的资产。[1] 公司的投资者包括发起人和普通认股人或股东。

公司资本的形成必须通过募集来完成。资本募集是公司设立中的主要行为或主要条件。如果发起设立的发起人没有认足公司应发行的全部股份或者募集设立所发行的股份超过招股说明书规定的截止期限尚未募足的，将导致公司设立无效。

二、资本募集的方式

有限责任公司的封闭性、人合性决定，其资本募集通常是采取发起人募集，不公开募集，一次募集和内部募集的方式。

股份有限公司的开放性、资合性决定，其资本募集通常是采取认股人募集、公开募集分次募集和外部募集的方式。

三、资本募集的法律形式

公司资本的募集，基本上是通过有关当事人签订和履行合同来完成资本的募集：

1. 签订发起人协议

采取发起人募集方式的，由全体发起人签订发起协议或公司设立协议，约

---

〔1〕 赵旭东：《公司法学》，高等教育出版社 2006 年版，第 239 页。

定各发起人认购资本的义务和具体比例或金额。

2. 签订认股协议或认股书

采取认股人募集方式的，其采用的法律形式是签订认股协议或认股书，约定各认股人的认购资本的义务及其具体比例或金额。

3. 签署公司章程

发起协议或认股协议并非公司设立的法定文件，在没有发起人协议或认股协议的情况下，其采用的法律形式是由全体发起人或认股人签署公司章程，在章程中规定各自的认购义务及其具体比例或金额。

4. 邀约招股与认股

这是股份有限公司公开募集特有的法律形式，它是由公司对外公开招股，公众认股和公司确定认股结果三个行为构成。公开招股是要约邀请，公众认股是要约，公司确定认股结果是承诺。认股人的认购义务及其具体数额由公司的认股结果确定。

四、股份发行的意义

股份发行，是股份有限公司向投资者招募股款的法律行为。股份有限公司通过发行股份募集公司资本。

股份发行包括公开发行或定向发行。公开发行又称公募发行，是指向社会公开发行股份。定向发行，又称私募发行、非公开发行，是指向特定的投资者并采取特定的方式发行股份。

公司在成立之前，可以为募集资本而发行股份，此谓设立发行；公司成立后，可以为扩充资本而发行新股，此谓新股发行。

五、股份公开发行的条件

我国对股份公开发行的条件，目前主要由《公司法》《证券法》《股票发行与交易管理暂行条例》等进行规范。

1. 设立发行的条件

《证券法》第12条规定："设立股份有限公司公开发行股票，应当符合《中华人民共和国公司法》规定的条件和经国务院批准的国务院证券监督管理机构规定的其他条件，向国务院证券监督管理机构报送募股申请和下列文件：（一）公司章程；（二）发起人协议；（三）发起人姓名或者名称，发起人认购的股份数、出资种类及验资证明；（四）招股说明书；（五）代收股款银行的名称及地址；（六）承销机构名称及有关的协议。依照本法规定聘请保荐人的，还应当报送保荐人出具的发行保荐书。法律、行政法规规定设立公司必须报经批准的，还应当提交相应的批准文件。”

《公司法》第 84 条、第 126 条、第 127 条规定的条件是：（1）股份的设立发行应符合股份有限公司设立的条件；（2）募集设立公司的发起人认购的股份不得少于公司股份总数的 35%；（3）股份发行价格遵循同股同价、不得折价发行等原则。

设立股份有限公司，申请公开发行股票的，还应符合《股票发行与交易管理暂行条例》第 8 条规定的条件。

2. 改组设立发行的条件

原有企业改组设立股份有限公司申请公开发行股票，除应当符合上述设立发行的条件外，还应当符合《股票发行与交易管理暂行条例》第 9 条规定的条件。

3. 新股发行的条件

公司公开发行新股，应当符合《证券法》第 13 条规定的条件。

4. 定向募集公司新股发行的条件

定向募集公司，是《公司法》施行前，依据《股份有限公司规范意见》（现已失效）设立的特殊股份有限公司。定向募集公司公开发行新股，除应符合上述设立发行和改组发行的条件外，还应符合《股票发行与交易管理暂行条例》第 11 条规定的条件。

六、股份发行的程序

1. 设立发行的程序

设立发行的程序与股份有限公司设立的程序基本相同。

2. 新股发行的程序

新股公开发行的程序，主要包括：

(1)作出发行决议

在法定资本制下,发行新股就是增加资本,属于公司的重大事项,根据《公司法》第37条和第99条的规定,其决定权在公司股东大会,需由股东大会作出决议;根据《公司法》第46条和第108条的规定,董事会负责制定发行新股或增加资本的方案。

《公司法》第133条规定,新股发行决议应包含的法定事项,包括:①新股种类及数额;②新股发行价格;③新股发行的起止日期;④向原有股东发行新股的种类及数额。

(2)审查核准

西方国家实行股份发行自由主义和注册制,股份发行无须获得政府的特别许可。

我国实行股份发行的核准制,股东大会作出发行新股决议后,董事会应向国务院证券监督管理机构报送相关文件,提出公开发行新股的申请。根据《证券法》第22条、第24条等规定,证监会应当自受理之日起三个月内作出予以核准或不予核准的决定。

(3)公告文件

《公司法》第134条第1款规定,公司经国务院证券监督管理机构核准公开发行新股时,必须公告新股招股说明书和财务会计报告,并制作认股书。

《证券法》第25条规定,证券发行申请经核准,发行人应当依照法律、行政法规的规定,在证券公开发行前,公告公开发行募集文件,并将该文件置备于指定场所供公众查阅。发行证券的信息依法公开前,任何知情人不得公开或者泄露该信息。发行人不得在公告公开发行募集文件前发行证券。

(4)签订证券承销协议

《公司法》第87条规定,发起人向社会公开募集股份,应当由依法设立的证券公司承销,签订承销协议。

承销方式主要分为代销和包销两种。《证券法》第30条规定:"证券公司承销证券,应当同发行人签订代销或者包销协议,载明下列事项:(一)当事人的名称、住所及法定代表人姓名;(二)代销、包销证券的种类、数量、金额及发行价格;(三)代销、包销的期限及起止日期;(四)代销、包销的付款方式及日期;(五)代销、包销的费用和结算办法;(六)违约责任;(七)国务院证券监督管理机构规定的其他事项。”

(5)登记和公告

新股发行完成后,可能会导致公司注册资本的变化,公司组织管理机构也可能会发生变化。因此,《公司法》第136条规定:“公司发行新股募足股款后,必须向公司登记机关办理变更登记,并公告。”

☞疑难释解

七、如何区分私募发行与公募发行?(总第21问)

按照发行对象范围的不同,可将股份发行分为公募发行与私募发行。私募发行,又称不公开发行,是指面向少数特定的投资者发行股票的发行方式。公募发行,又称公开发行,是指面向社会公众发行股票的发行方式。

私募发行与公募发行主要有以下区别:

(1)私募发行豁免注册核准

这是指私募发行免于核准,不需要像公募发行那样进行全面、详细的信息披露。

(2)私募发行对象特定

这是指私募发行对象是特定范围内的特定对象,并且一般有人数上的限定。我国《证券法》第10条规定,非公开发行所面向的对象必须是200人以下的特定对象。

(3)私募发行的方式受限制

这是指私募发行不能公开通过广告、募集说明书等形式来推销证券和募集资金,从而限制了出现违法行为时其对公众利益造成影响的程度和范围。

(4)私募发行的规模和数量受限制

这是指发行股票的数量和发行总价不可能很大,通常会受到一定的限制。

(5)私募发行的股票转让受限制

这是指私募发行的股票的转让一般要受到法律和协议的限制。

第三节 股东出资

☞条款解读

一、股东出资的意义

所谓股东出资，是指股东在公司设立或增资时，为取得股份或股权，根据协议约定以及法律和章程的规定向公司交付财产或履行其他给付义务。公司资本来源于股东出资。

出资既是股东的义务，也是其取得股权的事实根据和法律根据。出资是股东最基本、最重要的义务，这种义务既是一种约定义务，同时也是一种法定义务。不论股东之间作出何种约定，都不能免除股东的出资义务。

出资是股东承担有限责任的前提条件，特殊行业公司全体股东的出资总额达到法定最低限额，是公司取得法人资格的必要条件。股东只要履行了出资义务，就不再对公司承担财产责任。股东以其出资额为限对公司承担责任。

二、股东出资的形式

在法定资本制下，股东出资的形式实行法定主义，即股东以何种财产出资，不完全取决于股东自身拥有何种财产或资源，也不完全取决于公司经营需要何种财产或资源，而是由法律直接规定何种财产可以作为股东对公司的出资。以下是《公司法》列举的典型出资形式：

1. 货币出资

货币出资是最常见的出资形式。当事人依约将货币交付给公司或汇入公司账户，即视为履行完出资义务。

2. 实物出资

实物出资即以民法上的物作价出资，包括房屋、车辆、设备、原材料、成品或半成品等。是否实物出资，应由股东协商确定。

3. 知识产权出资

知识产权出资即以知识产权作价出资。知识产权属于无形资产，无论是专利权、商标权，还是著作权，都具有其本身的财产价值。同时，它也是许多公司赖以经营的重要手段和条件。

4. 土地使用权出资

土地使用权出资即以土地使用权作价出资。根据有关土地管理法规的规定，用于出资的土地使用权只能是出让国有土地的使用权，而不能以划拨土地的使用权出资，并且该土地未设定权利负担。

三、非货币出资的法定要件

我国《公司法》第27条第1款规定："股东可以用货币出资，也可以用实物、知识产权、土地使用权等可以用货币估价并可以依法转让的非货币财产作价出资；但是，法律、行政法规规定不得作为出资的财产除外。"依此规定，除货币出资外，股东也可以用非货币的财产及财产性权利（统称非货币财产）出资，只是非货币财产的出资必须具备以下法定要件：

1. 非货币财产须对公司具有商业价值

用于出资的非货币财产，须对公司具有商业价值，这是公司的营利性所决定的。一方面，非货币财产应具有财产价值；另一方面，须为公司经营需要，或公司可以对其变现支配并实现其财产价值。

2. 可以用货币评估

即非货币财产具有价值上的确定性。无法估价的财产不仅无法确定股东是否履行了出资义务，也无法用于公司债务的清偿。

3. 可以依法转让

即非货币财产具有可转让性。非货币财产不仅可以由股东交付给公司，作为公司经营使用，而且可以变现，或在公司对外清偿债务时，可以有效从公司转移给公司的债权人支配。

可以依法转让，包括依其客观性质可依法转让，也包括法律和行政法规不禁止或限制其转让。

四、出资的价值评估

《公司法》第27条和第82条规定，对作为出资的非货币财产应当评估作价，核实财产，不得高估或者低估作价。法律、行政法规对评估作价有规定的，从其规定。

非货币出资的特殊法律问题在于价值的评定。不同的人，基于不同的立场，使用不同方法，会对同一项财产作出不同的甚至差异很大的估价。

因此，对非货币出资的价值评估，应依法委托有资质的中介机构出具评估报告。

五、出资的比例结构

出资的比例结构，是指股东出资总额中各种形式的出资所占的比例情况。

我国原《公司法》第 27 条规定，“全体股东的货币出资金额不得低于注册资本的百分之三十。”换言之，非货币出资的最高比例不能超过注册资本的 70%。

2013 年修正的《公司法》取消了该规定，新《公司法》没有对出资的比例结构进行限制，这意味着公司可自行决定其出资的比例结构。

六、出资的缴纳

1. 出资的缴纳期限

原《公司法》第 26 条第 1 款规定“……公司全体股东的首次出资额不得低于注册资本的百分之二十，也不得低于法定的注册资本最低限额。其余部分由股东自公司成立之日起两年内缴足；其中，投资公司可以在五年内缴足。”原《公司法》第 81 条第 1 款的规定“……公司全体发起人的首次出资额不得低于注册资本的百分之二十，其余部分由发起人自公司成立之日起两年内缴足；其中，投资公司可以在五年内缴足。”

2013 年修正的《公司法》取消了该规定。新《公司法》不再规定出资的缴纳期限，这意味着公司可自行决定：一次性缴清出资，或者若干年内分期缴纳。

2. 出资缴纳的方式

货币出资的方式比较简单，只需货币实际交付即可，即将应出资的货币汇入设立中的公司在银行开设的账户。

非货币出资的方式比较复杂，不仅需要将实物或无形财产实际交付，还需要办理相应的权属变更。其中财产权利的交付包括权属变更和权能转移，权属的变更属法律上的权利交付，权能的转移是事实上的权利交付。

☞条款设计

七、出资形式及比例结构条款的个性化设计

1.《公司法》关于出资形式的规定属于强制性规定，关于比例结构的规定属于任意性规定

我国《公司法》奉行法定资本制，股东出资的形式实行法定主义，即股东以何种财产出资，不完全取决于股东自身拥有何种财产或资源，也不完全取决于公司经营需要何种财产或资源，而是由法律直接规定何种财产可以作为股东对公司的出资。违反法定出资形式的出资不予认可。

2013 年修正的《公司法》不再对股东出资的比例结构作出统一的要求和限制，而是允许当事人自由约定。

2.《公司法》允许股东自由组合其出资方式

我国《公司法》大刀阔斧地放宽了股东的出资方式，股东可以量体裁衣自由组合其出资方式：既可以采取全部货币出资，也可用部分货币，外加部分非货币财产方式履行出资义务。不过，股东实际的出资方式，不仅取决于股东的意思表示，也取决于不同公司的具体情况。不同类型的公司需要不同的股东出资方式。

3.《公司法》大幅放宽了无形资产出资的比例

根据《公司法》第 27 条的规定，无形资产出资的比例可高达公司注册资本的 100%。经股东协商同意，可在法定比例以内确定无形资产出资的比例。

☞疑难释解

八、借贷资金可否用于出资？（总第 22 问）

根据民法理论，货币属于种类物，借贷货币属于消费借贷，因而会发生货币所有权的转移。股东以借贷资金用于出资时，将产生两种相互独立的法律关系：出资者作为借款人与贷款人之间的借款合同关系和出资者作为股东与公司

之间的出资入股关系。这时即使借款合同存在瑕疵，也丝毫不会影响股东出资后公司对出资货币所有权的拥有以及股东所享有的作为出资对价的股权。

易言之，股东用于出资的货币，虽然对股东来说是借贷资金，但对公司却不是借贷资金，并不形成公司的负债，而与股东以自有资金出资一样构成公司的自有资产，股东则完全履行了出资义务，只不过这种履行是通过对外负债而获得。

可见，就公司而言，股东用于出资的财产来源于何处，是自有还是借贷，并不产生特别的法律问题，只要财产本身没有瑕疵，其出资就能达到法律的要求和目的，故借贷资金可用于出资。

不过，如果是以公司作为借款人对外借贷，并由公司承担还款责任的，即使该借贷系由某"股东"联系安排借款使公司获得资金，但却同时形成公司对外负债，公司并未获得构成资本的净资产，该股东也未实际地承担出资的责任，违反了公司资本的基本原则和制度，故该联系安排借款的股东也未履行完其出资义务。

九、股权可否用于出资？（总第23问）

股权是一种综合性的权利，包括财产性权利的自益权，能创造物质财富，具有商业价值，也可评估作价，可以依法转让，符合《公司法》第27条规定的条件，可以作为非货币财产用于出资。

根据最高人民法院《关于适用〈中华人民共和国公司法〉若干问题的规定（三）》（按照惯例，本司法解释以下简称《公司法解释（三）》）第11条的规定，用于出资的股权需符合以下条件：(1)出资的股权由出资人合法持有并依法可以转让；(2)出资的股权无权利瑕疵或者权利负担；(3)出资人已履行关于股权转让的法定手续；(4)出资的股权已依法进行了价值评估。出资人以其他公司股权出资，符合前述条件的，人民法院应当认定出资人已履行出资义务。股权出资不符合前款第(1)、(2)、(3)项的规定，公司、其他股东或者公司债权人请求认定出资人未履行出资义务的，人民法院应当责令该出资人在指定的合理期间内采取补正措施，以符合上述条件；逾期未补正的，人民法院应当认定其未依法全面履行出资义务。

根据最高人民法院《公司法解释（三）》第9条的规定，出资人以非货币财产出资，未依法评估作价，公司、其他股东或者公司债权人请求认定出资人未履行出资义务的，人民法院应当委托具有合法资格的评估机构对该财产评估作价。评估确定的价额显著低于公司章程所定价额的，人民法院应当认定出资人未依法全面履行出资义务。

股权出资，即股东以其对另一公司享有的股权作价投入公司，并由公司作为股东取得和行使对另一公司的股权，这种出资本质上属于股权的转让，是将股东对另一公司拥有的股权转让给公司。

虽然股权可以合法作价出资，但股权作为无形资产，其价值变化较大，在操作上应注意以下问题：

(1)价值评估

为保证股权出资作价的客观、真实和准确，应委托中立的有资质的专业评估机构对拟用于出资的股权的价值进行评估作价。评估机构应根据公认或专门的评估规则和办法进行评估，因评估不实，损害公司或其他股东利益的，应承担民事责任。

(2)办理财产权转移手续

股权出资本质属于股权转让，股权出资后发生股权转移的法律后果。股权转移的形式要件包括公司股东名册变更登记及公司登记机关的股权变更登记。

在股权出资后，因各种情况变化导致股权价值的变化或最终不能实现时，不应因此而认定出资的不真实。股权出资的真实性应根据出资当时股权的实际价值和情况来认定。

十、债权可否用于出资？（总第 24 问）

债权是投资者拥有的重要财产，具备《公司法》第 27 条规定的要件。我国公司实践中，债权出资的情况比较多见。国企改革和资产重组过程中所实行的“债转股”，就是股权出资的一种形式。这种“债转股”是将银行等单位对债务人公司所享有的债权，按约定的方法折抵为对该公司一定金额的股权，银行因此从债权人变为该公司的股东，该公司的此项债务因此消灭。

债权出资，即股东以其享有的债权作价投入公司，作为其对公司的出资。债权出资本质上属于债权让与或称债权转让。股东对公司出资的债权既包括股东对第三人债权，也包括股东对公司的债权。

债权金额虽然是确定的，但是债权还存在或然性问题，即债权存在真实性和可实现性问题，可能影响资本的充实。为避免债权出资后的落空风险，可以对出资人课以担保责任，在债权难获全部清偿时，要求其就未受偿部分的差额进行填补。

此外，债权属于非货币财产，用于出资时需委托有资质的评估机构进行评估作价。将对第三人的债权向公司出资的，应通知债务人。根据《合同法》第80条的规定，未通知债务人的，对债务人不发生效力，即接受债权出资的公司无权请求债务人清偿该债权。

十一、能否以劳务出资？（总第25问）

能否以劳务出资，即能否以向公司已经或将要付出的劳动或工作为股东的出资？根据我国《公司法》第27条的规定，非货币出资只有满足“可以用货币估价并可以依法转让”的条件时才被允许。由于劳务具有人身属性，不能独立转让，不易评估，所以，《公司登记管理条例》第14条明确规定股东不得以劳务出资。

我国现行法律允许个人合伙可以劳务出资。最高人民法院《关于贯彻执行〈民法通则〉若干问题的意见（试行）》第46条规定，公民按照协议提供资金或者实物，并约定参与合伙盈余分配，但不参与合伙经营、劳动的，或者提供技术性劳务而不提供资金、实物，但约定参与盈余分配的，视为合伙人。

由于实践中存在以管理人和公司职员对公司的劳务或服务投入获取公司股权的安排和需要，且不少国家允许劳务出资，我国今后可能允许劳务有条件出资。

第四节　资 本 变 更

☞条款解读

一、资本变更制度的意义

按照资本不变原则的要求，公司资本一经确定，非经法定程序不得随意改变。但该原则并非绝对禁止资本额变化,而是制定严格的资本变更制度来约束资本额的变化,以回应实践中的公司资本适度变动的需求。

公司实践表明,在公司成立后,有很多原因可以导致公司资本的增加或减少,如经营规模的扩大或缩小,股东人数的增加或减少。并且,公司成立后,其实有资产和净资产处于经常变动之中,为使公司资本反映公司净资产的情况,也要求公司资本作相应的调整。因此,《公司法》规定了严格的资本变更制度。资本变更制度包括减资制度和增资制度。

增加资本简称为增资,是指公司基于筹集资金,扩大经营等目的,依照法定的条件和程序增加公司的资本总额。减少资本简称为减资,是指公司基于某种情况或需要,依照法定条件和程序,减少公司的资本总额。

二、增资的方式、条件及程序

1. 增资的方式

有限责任公司通过认购资本或股权而增资,股份有限公司通过发行和认购股份而增资,但其实质基本一致。公司增资的方式可分为:

(1)内部增资与外部增资

内部增资,是由现有股东认购增加的公司资本。外部增资是由现有股东之外的投资者认购新增的公司资本。内部增资和外部增资可同时采用。

(2)同比增资与不同比增资

同比增资,是内部增资时各股东按原出资比例或持股比例同步增加出资,增资后各股东的股权比例或持股比例不变。不同比增资,是内部增资时各股东不按原出资比例或持股比例增加出资,有的股东也可能不增加出资,增资后各股东的股权比例或持股比例将发生变化。

(3)追加性增资与分配性增资

追加性增资,是通过现有股东或其他投资对公司的新的投入而增加资本,其结果既增加公司的资本,也增加公司资产或运营资金。分配性增资,是内部增资的一种方式,是在现有股东不作新的投入情况下,通过将未分配利润用于股东出资缴纳或把公积金转为资本的方式增加资本,其结果只是改变公司资产的性质和结构,而不改变其价值总额,只增加公司的资本总额,而不增加公司的资产总量。

(4)增加股份数额与增加股份总额

这是股份有限公司采用的增资方式。增加股份数额,即在公司原定股份数额之外发行新的股份。增加的股份,既可以由原有股东优先认购,也可以向社会公开发行。增加股份金额,即公司在不改变原定股份总数的情况下增加每一股份的金额或面额。此种增资只能是内部增资,即由原有股东增加自己的股份出资。公司可以同时采用两种方式增资,既增加股份的数额,又增加每股的金额。

(5)配股增资与送股增资

这是上市公司广泛采用的增资方式。配股增资,又称增资配股,是指上市公司根据现有公司股东持股的数量按照一定的比例向其发售股份。配股的对象仅限于公司现有股东,配股的条件通常要优于公司对外发行的条件。送股增资,又称送股或送红股,是指上市公司根据现有的公司股东持股的数量按照一定比例向其无偿分配股份,其实质是向股东进行收益的分配,只是分配的不是货币,而是股份,因此,它只能严格限于现有股东。送股增资属于分配性增资。〔1〕

2. 增资的条件

增加资本能够增强公司实力,提高公司信用,有利于债权人利益和交易安全,因此,各国立法对有限公司增资的条件通常不作强制性要求,而由公司自行决定,即公司自治。当然,自治应按照《公司法》第34条的规定尊重老股东的优先认购权,但全体股东约定不按照出资比例优先认缴出资的除外。值得注意的是,公司老股东的优先认购权是民事权利,而非民事义务,故优先认购权即可以行使,也可以抛弃。因此,公司股东会决议无权强制股东认缴出资;否则,此决议无效,任何股东均可诉请法院确认无效。

股份有限公司因其公众性特点,为维持公众利益和交易安全,法律对其增资予以了必要的限制,《公司法》和《证券法》等法律规定新股发行的条件同时也是股份有限公司增资的条件。〔2〕

〔1〕 赵旭东:《公司法学》,高等教育出版社2006年版,第252页。

〔2〕 赵旭东:《公司法学》,高等教育出版社2006年版,第253页。

3. 增资的程序

(1)股东(大)会作出增资决议

根据《公司法》第 37 条、第 43 条、第 66 条、第 99 条、第 103 条等规定,有限责任公司增资决议必须经代表 2/3 以上表决权的股东通过;股份有限公司增资决议必须经出席会议的股东所持表决权的 2/3 以上通过;国有独资公司须由国有资产监督管理机构决定。

(2)办理变更登记手续

根据《公司法》第 179 条第 2 款的规定,公司增加注册资本,应依法向公司登记机关办理变更登记。

三、减资的方式、条件及程序

1. 减资的方式

公司减资的方式可分为:

(1)同比减资与不同比减资

同比减资是各股东按原出资的比例或持股比例同步减少出资,减资后各股东股权比例或持股比例不变。不同比减资,是各股东不按原出资比例或持股比例减少出资,可能有的股东不减少出资,减资后各股东的股权比例或持股比例将发生变化。

(2)返还出资的减资、免除出资义务的减资与销除股份或股权的减资

返还出资的减资,是对已缴足出资额的股份或股权,将部分出资款返还给股东,此种减资的结果是既减少公司的资本,也减少公司的资产或运营资金,称为实质性减资。

免除出资义务的减资,是对尚未缴足出资额的股权或股份,免除股东全部或部分出资的义务。

销除股权或股份的减资,是在公司因亏损而减资时,直接取消部分股权或股份,或者直接减少每一股份的金额,并抵销本应弥补的公司亏损。

后两种减资的结果只是改变公司资产的性质和结构,而不改变其总的价值金额,只减少公司的资本总额,而不减少公司的资产总量,可称为形式上减资。

(3)减少股份数额与减少股份金额

减少股份数额,即每股金额并不减少,而只是减少股份总数。其具体方法

又分为消除股份和合并股份。消除股份是取消一部分或特定的股份，依是否需要征得股东同意，又分为强制消除和任意消除。合并股份是指合并两股或两股以上的股份为一股。

减少股份金额，即不改变股份总数，只减少每股的金额。

这是股份有限公司的减资方式。公司可以同时采两种方式减资，既减少股份的数额，又减少股份的金额。[1]

2. 减资的条件和程序

根据《公司法》第37条、第43条、第46条、第66条、第99条、第103条、第108条、第142条、第177条、第179条、第204条等规定，公司减资的条件和程序如下：

(1)作出减资决议

公司减资应由董事会（或有限责任公司的执行董事）拟订减资方案，并由股东（大）会作出特别决议。有限责任公司减资决议必须经代表2/3以上表决权的股东通过，股份有限公司减资决议必须经出席会议的股东所持表决权的2/3以上通过；国有独资公司须由国有资产管理监督机构决定。

(2)编制资产负债表及财产清单

公司必须编制资产负债表及财产清单，以备查阅查验。

(3)通知债权人并对外公告

公司应自作出减资决议之日起10日内，通知债权人，并于30日内在报纸上公告。

(4)债务清偿或担保

债权人自接到通知之日起30日内，未接到通知的自公告之日起45日内，有权要求公司清偿债务或者提供相应的担保。

(5)办理减资登记手续

减少资本将引起公司主要登记注册事项的变更，因此须办理减资登记手续，并自登记之日起，减资生效。

〔1〕 赵旭东：《公司法学》，高等教育出版社2006年版，第254页。

☞条款设计

四、增资条款的个性化设计

1.《公司法》关于增资的规定既有任意性规范也有强制性规范

由于增资能够增强公司实力，提高公司信用，有利于债权人利益和交易安全，因此《公司法》关于增资方式和条件的规定基本上属于任意性规范；股份有限公司因其公众性特点，为维护公众利益和交易安全，《公司法》及《证券法》对其增资予以了必要限制，故法律关于股份有限公司增资条件的规定属于强制性规范。

由于增资会导致股权的稀释和股权结构的调整，是直接影响现有股东利益并可能引发严重利益冲突的公司重大事项。不同股东的处境和要求不同，其在增资中的立场和态度也会完全不同，因此《公司法》规定了严格的增资程序，以引导并平衡各方在程序上进行的博弈。故《公司法》关于增资程序的规定属于强制性规范。

2. 公司章程可以自行规定增资的方式

公司章程可以从以下增资方式选择具体的增资组合方式：内部增资与外部增资；同比增资与不同比增资；追加性增资与分配性增资；增加股份数额与增加股份总额；配股增资与送股增资。

3. 公司章程可以就增资时新股优先认购权作出规定

《公司法》第34条对有限责任公司增资时新股优先认购权作出了规定："股东按照实缴的出资比例分取红利；公司新增资本时，股东有权优先按照实缴的出资比例认缴出资。但是，全体股东约定不按照出资比例分取红利或者不按照出资比例优先认缴出资的除外。"

《公司法》第133条规定："公司发行新股，股东大会应当对下列事项作出决议：……（四）向原有股东发行新股的种类及数额。"这说明《公司法》并没有禁止股东大会或董事会通过决议方式赋予股东新股优先认购权。

4. 公司章程可以细化增资的程序规则

公司章程在不违背法律规定的前提下，可以补充、细化增资的程序规则。

五、减资条款的个性化设计

1.《公司法》关于减资的规定属于强制性法律规范

由于减资将降低公司实力和公司信用，不利于债权人利益和交易安全，《公司法》对减资的条件及程序均进行了严格规定。故《公司法》关于减资的规定属于强制性规范。

2. 公司章程可以自行规定公司减资的方式

公司减资的方式主要有：同比减资与不同比减资；返还出资的减资、免除出资义务的减资与销除股份或股权的减资；减少股份数额与减少股份金额。

3. 公司章程可以细化减资的条件和程序

一方面，公司章程可以将《公司法》规定的减资条件和程序明确化、具体化；另一方面，公司章程可以在符合立法目的前提下规定比法定减资条件和程序更严格的条款。

☞疑难释解

六、认购增资是一种权利，还是一种义务？（总第 26 问）

《公司法》第 34 条规定："股东按照实缴的出资比例分取红利；公司新增资本时，股东有权优先按照实缴的出资比例认缴出资。但是，全体股东约定不按照出资比例分取红利或者不按照出资比例优先认缴出资的除外。"据此，公司增资时，现有股东享有优先增加自己出资的权利，但是否也同时负有增资的义务呢？如果有的股东拒绝增资，是否构成违反出资义务，是否应承担相应的法律责任？有学者认为，既然增资经股东会的决议，就应对公司全体股东具有约束力，股东即负有按原有出资比例追加出资的义务，否则，公司的决议无法执行，尤其是在公司因财务困难而急需增资时。[1] 笔者认为，这种说法是错误的，理由如下：

（1）《公司法》第 34 条规定的是老股东的优先认购权即优先购买权。按照

---

〔1〕 赵旭东：《公司法学》，高等教育出版社 2006 年版，第 256 页。

民法原理,优先购买权是一种机会权,属于法定权利,而非民事义务,故优先购买权既可以行使亦可抛弃,而其他人皆有义务尊重此项权利。[1] 因此,公司股东会决议无权强制股东认缴出资;否则,该决议无效,任何股东均可诉请法院确认无效。

(2)所谓出资义务,是指发起人或认股人就其认缴的出资额或认购的股份按照协议的约定以及法律和章程的规定向公司缴纳出资的义务。发起人或认购人对于其认购以外的股份或认缴以外的出资额没有出资的义务。

(3)如果公司股东会决议可以强制股东认缴出资,势必突破"股东有限责任原则"这一公司制度的基石。

(4)公司股东会决议强制所有股东认缴出资,违反了《公司法》第3条规定的股东自愿认缴出资额及自愿认购股份的原则,应认定为无效。

综上,认购增资只是一种权利,而不是义务。如果股东已经认购增资,则该股东因此负有相应的出资义务。

七、能否作出减资与增资相结合的安排?(总第27问)

当公司损失了部分股本,但为了继续经营而需要新的资本注入的情况下,如果公司不首先减资,降至股本损失减少的额度,则显然不可能吸引新的投资。这是因为如果公司没有进行事先的减资安排,公司不可能在弥补足损失的股本之前,将利润分配给新股东,而新股东必须等待相当长的时间方能获得期待的投资回报,这种状况当然难以吸引到新的投资者。

而经由先将公司股本损失额作为减资额从公司注册资本中减掉,使公司资本反映公司净资产的情况,股东并不从公司抽走任何资金或资产,公司资产不发生变化。随后增加公司注册资本,则公司未来利润无须先用于填补初始股本,而可作为新增利润进行股利分配。我国《公司法》没有禁止这种减资与增资相结合的方案。

---

〔1〕 陈小君:《合同法学》,高等教育出版社2003年版,第323页。

第五节 股东出资责任

条款解读

一、股东出资责任的意义及其内容

1. 股东出资责任的意义

股东出资责任是股东违反出资义务依法应承担的法律后果。

出资是股东最基本、最重要的义务，这种义务既是约定的义务，同时也是一种法定义务。股东违反出资义务理应承担法律责任。在公司成立之前，股东违反出资义务属于《合同法》上的违约行为，已足额交纳出资义务的股东可采取违约救济措施并就其自身遭受的损失向未交纳出资的股东请求赔偿。公司成立之后，股东违反出资义务不仅属于《合同法》上的违约行为还构成《公司法》上的违法行为，这种行为既损害已足额出资股东的利益又损害公司的利益。故除已足额出资的股东可追究违反出资义务股东的违约责任外，公司也有权追究其法律责任。股东出资责任即包含了前述两种责任。

2. 股东违反出资义务的表现

按行为方式不同，股东违反出资义务的行为可表现为完全不履行、未完全履行和不适当履行三种形式：

完全不履行，是指股东未出资，具体又可分为拒绝出资、不能出资、虚假出资、抽逃出资。

未完全履行又可称为未足额履行，是指股东只履行了部分出资义务，未按规定数额足额交付，包括货币出资的不足，用于出资的非货币财产的价值显著低于章程所定的金额等。

不适当履行，是指出资的时间、形式或手续不符合规定，包括迟延出资、瑕疵出资。

3. 股东出资责任的基本内容

根据《公司法》第28条、第30条、第83条、第93条等有关股东出资责任的规定，我国《公司法》上的股东出资责任在内容上主要有以下四种责任：

(1)货币出资的缴纳责任

即公司股东未按规定足额缴纳出资的应当补缴。

(2)非货币出资的差额填补责任

又称价格补足责任，即公司成立后，发现作为设立公司出资的非货币财产的实际价值显著低于章程所定价格的，应当由交付该财产的股东补足其差额。

(3)违约责任

即未缴纳出资的股东应当向已足额缴纳出资的股东承担违约责任。

(4)出资连带责任

对未足额缴纳出资的，公司设立时的股东或发起人应承担连带缴纳或补足的责任。

以上四种责任可以归纳为出资违约责任和资本充实责任。

出资违约责任适用于对一般股东出资责任的追究，具体的救济手段主要有追缴出资、催告失权和损害赔偿。

资本充实责任适用于对公司设立时的发起人的出资责任追究，它既要求发起人对自己违反出资义务的行为承担出资责任，又要求其对公司资本的充实相互承担出资担保责任，包括认购担保责任、缴纳担保责任和差额填补责任。

二、股东出资责任的形态

1. 有限责任公司的出资责任与股份有限公司的出资责任

这两种公司的出资责任基本相同。

2. 公司发起人的出资责任与一般股东的出资责任

发起人包括股份有限公司的发起人和有限责任公司设立时的股东，承担资本充实责任。

一般股东包括股份有限公司设立过程的认股人和公司成立后加入公司的一般股东，一般承担出资违约责任。

3. 对公司的出资责任和对股东的出资责任

公司法上出资责任既包括股东对公司的责任，也包括股东对股东的责任。在公司成立前对出资责任的追究，通常是已出资股东对未出资股东的追究，在公司成立后对出资责任的追究，主要是公司对股东的追究，但同时也存在已出资股东对未出资股东违约责任的追究。

4. 货币出资的责任与非货币出资的责任

货币出资的责任与非货币出资的责任在法理上并无本质的区别。

5. 出资缴纳责任与违约赔偿责任

股东违反出资义务时,首先的责任是出资缴纳责任,即继续履行出资义务。在不能继续履行时,应采取变更出资形式、承担赔偿责任等违约救济措施。

违约赔偿责任则既可以在不能履行时适用,也可以在继续履行时适用。它既可以是对公司的损害赔偿,也可以是对已出资股东的违约赔偿责任。

6. 分别出资责任与连带出资责任

在没有法律明文规定情况下,股东的出资责任只是分别出资责任,即各股东只就自己未出资的部分承担出资责任。

只有在法律明文规定情况下,股东才应承担连带责任,如《公司法》规定公司发起人对设立过程中发生的未出资行为和出资承诺承担连带出资责任。这种连带出资责任就是资本充实责任。

三、出资违约责任

所谓出资违约责任是指公司非发起人股东违反出资义务依法应独立承担的法律后果。这里的非发起人股东又称一般股东,包括股份有限公司公司设立过程中的认股人和公司成立后加入公司的股东。出资违约责任属于分别出资责任。追究一般股东的出资违约责任,采用的救济措施主要有:[1]

1. 催缴出资

即公司要求违反出资义务的股东继续履行出资义务。经公司催缴,如股东仍不履行出资义务的,公司有权请求强制出资。

2. 催告失权

即公司对于怠于履行出资义务的股东,可以催告其于一定期限内履行,如逾期不履行的,即丧失其股东权利,其所认购的股份可另行募集。已失权之认股人即使其后交纳了股款,也不能恢复其地位。

---

〔1〕 赵旭东:《公司法学》,高等教育出版社 2006 年版,第 262 页。

3. 损失赔偿

股东违反出资义务给公司和其他已缴纳出资的股东造成损失的，应承担损害赔偿责任。损害赔偿责任可以和其他救济手段一并使用。

四、资本充实责任

所谓资本充实责任，是指为贯彻资本充实原则，由公司设立者共同承担的相互担保出资义务履行的民事责任。[1] 它既要求发起人对自己违反出资义务的行为承担出资违约责任，又要求其对公司资本的充实相互承担出资担保责任，通过在公司发起人之间建立一种互相督促、相互约束的出资担保关系，达到资本充实的目的。

资本充实责任具有以下特点：(1)资本充实责任是公司法上的法定责任，它不能通过协议、章程或决议来免除。(2)资本充实责任是违反出资义务的发起人和该发起人以外的其他发起人的连带责任。(3)资本充实责任因公司设立行为而产生，仅限于公司设立者承担。(4)资本充实责任是无过错责任。只要存在资本不足的事实即可构成，公司设立者有无过错，在所不问。

资本充实责任包括认购担保责任、缴付担保责任及差额填补责任。最高人民法院《公司法解释(三)》第13条明确了追究发起人资本充实责任的具体救济途径。

该司法解释还规定了公司增资时董事和高管对未履行或未全面履行出资义务的股东承担连带责任。

☞条款设计

五、股东出资责任条款的个性化设计

1. 法律关于股东出资责任的规定属于强制性规范，公司章程不得违反

由于股东出资涉及第三人合法利益及交易安全，法律关于股东出资责任的规定属于强制性规范，公司章程和股东会决议不得违反，也不得免除股东出资

[1] 朱慈蕴：《公司法原论》，清华大学出版社2011年版，第202页。

责任。

2. 公司章程可以强化股东出资责任

为督促公司股东自觉履行出资义务，充实公司资本，公司章程可以强化股东出资责任，提出比强制性规范更严格的股东出资责任。但这种强化的要求须与强制性规范设置的目的相符及与强制性规范方向一致，并且公平合理。

3. 公司章程可以对未履行或未全面履行出资义务或者抽逃出资的股东的股东权利作出合理限制

这种限制应当根据具体的股东权利的性质而定：一般只能限制利润分配请求权、剩余财产分配请求权、新股优先认购权、表决权等按出资比例确定的股东权利，可以规定为按实际出资比例行使这些股东权利；一般不能限制不以出资比例确定的股东权利，如提案权、知情权等。

4. 公司章程可以细化股东除名的条件和程序

公司章程对于未履行出资义务或者抽逃全部出资，经公司催告缴纳或者返还，在章程规定的合理期限内仍未缴纳或者返还出资的股东，可以授权股东会议决议解除该股东的股东资格。并规定除名决议属于一般事项，经代表1/2表决权的股东通过即可，其中该未尽出资义务的股东没有表决权。

☞疑难释解

六、追究股东出资不实的责任是否受诉讼时效限制？（总第28问）

其一，在股东不履行出资义务时，公司是有权请求其履行的最主要的主体，而公司又是由股东控制的，在某些情况下，公司怠于行使权利实际是由部分股东所左右或决定的，这实质上等于部分股东对不履行出资义务的股东怠于行使权利，如果让公司对此承担怠于行使权利的不利后果，将不合理地损害公司或其他股东的利益。

其二，出资义务是股东对公司的法定义务。缴付出资请求权是基于股东的法定出资义务而由公司享有的法定债权请求权，不同于基于当事人合意产生的意定债权请求权可以由当事人自由约定处置。

其三，公司拥有充足的资本是其开展正常经营活动的保证，公司资产也系其对外承担民事责任的一般担保。保持公司等权利主体对出资的追缴权利，有助于公司维持资本充实，维护相关权利主体利益。如果追究出资不实的责任受诉讼时效的限制，则公司将因无法追缴出资而导致自身资本出现虚空，有违公司资本充实原则，不利于公司的发展，也不利于其他足额出资的股东及公司债权的保护。

因此，根据最高人民法院《关于审理民事案件适用诉讼时效制度若干问题的规定》第1条第(3)项和《公司法解释(三)》第19条等规定，追究股东出资不实的责任一般不受诉讼时效的限制，但如果其他已经足额缴纳出资的股东对出资不实的股东主张违约责任，其对应的请求权虽然是因投资关系而产生，但其基础关系仍然是合同关系，其请求交付违约金的请求则应适用诉讼时效。

七、如何认定抽逃出资行为？（总第29问）

所谓抽逃出资，是指股东将已缴纳的出资又通过某种形式非法转归其个人所有并损害公司权益的行为。

通常认为，构成抽逃出资须具备以下四个要件：(1)公司已合法成立。此时，股东出资已构成公司资本，股东抽逃出资就是抽走公司资本，违反了公司资本充实原则。(2)股东认缴的出资额已经缴清并成为公司注册资本的一部分。(3)抽逃出资的直接责任主体一般为公司股东，包括单位和个人。(4)损害公司权益。股东转移公司资本未交付公平合理对价，损害公司利益。

根据最高人民法院《公司法解释(三)》第12条的规定，股东具有以下行为之一且损害公司权益的，可以认定该股东抽逃出资：(1)制作虚假财务会计报表虚增利润进行分配；(2)通过虚构债权债务关系将其出资转出；(3)利用关联交易将出资转出；(4)其他未经法定程序将出资抽回的行为。

八、抽逃出资有何法律后果？（总第30问）

《公司法》第35条、第200条、第215条，《公司法解释(三)》第14条以及《刑法》第159条等法律对股东抽逃出资的民事责任、行政责任和刑事责任作出了详细规定。具体如下：

(1)抽逃出资的民事责任

①抽逃出资股东对公司的侵权责任。

股东向公司出资后,股东的出资财产转化为公司的自有财产。因此,股东抽逃出资侵犯了公司法人财产权,是一种侵权行为,公司可依照《侵权责任法》等有关规定追究抽逃出资股东的侵权责任。

②抽逃出资股东及其他当事人对公司的债权人的补充清偿责任。

根据《合同法》第73条规定的债权人的代位权制度,抽逃出资股东应对公司的债权人承担补充清偿责任。对此,最高人民法院《公司法解释(三)》作出了明确规定:

该解释第14条第1款规定,股东抽逃出资,公司或者其他股东请求其向公司返还出资本息、协助抽逃出资的其他股东、董事、高级管理人员或者实际控制人对此承担连带责任的,人民法院应予支持。

该解释第14条第2款规定,公司债权人请求抽逃出资的股东在抽逃出资本息范围内对公司债务不能清偿的部分承担补充赔偿责任、协助抽逃出资的其他股东、董事、高级管理人员或者实际控制人对此承担连带责任的,人民法院应予支持;抽逃出资的股东已经承担上述责任,其他债权人提出相同请求的,人民法院不予支持。

(2)抽逃出资的行政责任

《公司法》第200条规定,公司的发起人、股东在公司成立后,抽逃其出资的,由公司登记机关责令改正,处以所抽逃出资金额5%以上15%以下的罚款。

(3)抽逃出资的刑事责任

根据《公司法》第215条的规定,抽逃出资构成犯罪的,依法追究刑事责任。《刑法》第159条规定了抽逃出资罪:公司发起人、股东违反《公司法》的规定未交付货币、实物或者未转移财产权,虚假出资,或者在公司成立后又抽逃其出资,数额巨大、后果严重或者有其他严重情节的,处5年以下有期徒刑或者拘役,并处或者单处虚假出资金额或者抽逃出资金额2%以上10%以下罚金。单位犯前款罪的,对单位判处罚金,并对其直接负责的主管人员和其他直接责任人员,处5年以下有期徒刑或者拘役。

九、瑕疵出资有何法律后果?(总第31问)

所谓瑕疵出资有广义和狭义之分,狭义的瑕疵出资是指股东交付出资的财产存在权利或物的瑕疵，如所缴纳的财产存在第三人的合法权利或不符合约定质量标准等。广义的瑕疵出资是指具有虚假出资、抽逃出资或者出资不实的行为，泛指违反出资义务的行为。这里所说的瑕疵出资的法律后果是指狭义的瑕疵出资的法律后果，主要包括：

(1)瑕疵出资股东对出资到位股东的违约责任

瑕疵出资实际上出资没有完全到位，违反了股东出资义务。这时瑕疵出资股东应按照协议约定或《合同法》的规定向出资到位的股东承担违约责任。

(2)瑕疵出资股东对公司的出资责任

瑕疵出资股东应消除交付出资的财产上存在的权利瑕疵或物的瑕疵并赔偿公司由此蒙受的损失，如补办有关手续，替换有质量瑕疵的非货币出资或折价处理且补足差额。

(3)公司设立时其他股东的连带责任

这里的连带责任既包括瑕疵出资股东对公司的资本充实责任，也包括瑕疵出资股东对公司债权人的债务在瑕疵出资范围内承担补充清偿责任，还包括出资到位股东对此承担的连带责任。

十、瑕疵出资股权转让后的出资责任应否由受让人承担？（总第32问）

根据责任自负原则，不管瑕疵出资股东持有的股权是否已经让渡给他人，也不问该股权嗣后又辗转流通多少次，瑕疵出资股东作为过错行为的始作俑者都要对自己出资不实行为负责，即对公司及债权人承担补充赔偿责任。

虽然出资是股东的一项基本义务，但法律和章程仅规定认缴出资额及认购股份的股东负有出资义务。故受让人作为合同关系相对人，在支付了股权转让款后，原则上无须替代原股东向公司承担出资责任。

如果受让人在股权转让时知道或应当知道转让股东存在出资不实的行为仍与其签订股权转让合同，说明受让人存在恶意或愿意承担补足出资责任，公司及债权人可以根据最高人民法院《公司法解释（三）》第18条请求其与出资不实股东承担连带补充赔偿责任。但受让人这种责任之性质为按份责任，而无须与公司设立时的其他股东承担连带责任，并且受让人也仅在自己受让份额内承担责任。

十一、公司能否限制未尽出资义务股东的股东权利？（总第 33 问）

股东应当向公司完全履行出资义务，该出资是股东取得股东权利的对价。股东未履行或者未全面履行出资义务或者抽逃出资，违反了《民法总则》第 4 条至第 7 条规定的民事活动应当遵循的平等、自愿、公平、诚信等原则，应当承担不利的后果。故根据最高人民法院《公司法释解（三）》第 16 条"股东未履行或者未全面履行出资义务或者抽逃出资，公司根据公司章程或者股东会决议对其利润分配请求权、新股优先认购权、剩余财产分配请求权等股东权利作出相应的合理限制，该股东请求认定该限制无效的，人民法院不予支持"之规定，公司可以通过公司章程的规定或者股东会决议限制该股东权利。

这种限制应根据具体的股东权利的性质而定，按出资比例确定的股东权利，如利润分配请求权、剩余财产分配请求权、新股优先认购权、表决权等应按实际出资比例行使，不以出资比例确定的股东权利，如提案权、知情权等一般不能限制。

十二、未履行出资义务或抽逃出资的股东是否享有股东资格？（总第 34 问）

首先，股东虽是负有出资义务的人，但却不一定是已实际出资的人。易言之，股东出资并不一定是取得股东资格的前提条件，未出资的股东，在一定条件和情况下，也有可能取得股东资格。如按照《公司法》第 26 条第 1 款之规定，公司章程可自行约定一次性缴清出资或分期缴纳出资，这就意味着，法律并不要求股东出资与股东资格之间建立必然联系。

其次，股东未履行出资义务只会导致相应的民事责任和行政责任，并不必然改变其股东资格。一般认为，取得股东资格必须具备实质要件和形式要件。实质要件是指公司各股东是否有合股合意，具体表现为有无订立合股协议或公司章程；形式要件是指公司登记时股东资格是否予以登记，具体表现为股东名册及工商登记中有无登记。这些文件不能证明该股东已履行出资义务，但却是证明股东资格的基本依据。

再次，股东资格的认定并不仅是涉及股东权利的行使，更多地也会关系到股东义务的履行。如果仅因为股东未履行出资义务即否定其股东资格，就等于否定了公司与未出资股东之间的法律关系，对其出资责任的追究也就失去了依据，不仅不利于保护公司利益，也不利于有效保护债权人利益。

最后，根据最高人民法院《公司法解释(三)》第 17 条关于一定条件下可以解除未履行出资义务或抽逃全部出资的股东的股东资格之规定，司法机关实际上确认在公司股东会作出除名决议之前，未履行出资义务或抽逃出资的股东享有股东资格。

综上，出资不实与股东资格需要分开处理。[1] 在公司股东会作出除名决议之前，未履行出资义务或抽逃出资的股东享有股东资格。

十三、公司能否解除未履行出资义务或抽逃全部出资的股东的股东资格？(总第 35 问)

股东应当向公司完全履行出资义务，该出资是股东取得股东权利的对价，股东未履行出资义务违反了《民法总则》第 4 条至第 7 条规定的民事活动应当遵循的平等、自愿、公平、诚信等原则，应当承担不利的后果。因此，根据最高人民法院《公司法释解(三)》第 17 条的规定，对于未履行出资义务或者抽逃全部出资并经公司催告缴纳或返还，在合理期限内仍未缴纳或者返还出资的股东，公司股东会可以决议解除该股东的股东资格。

公司作出除名行为，不属于《公司法》规定的特别事项，如果公司章程没有特别规定，经代表 1/2 以上表决权的股东通过即可。

十四、被除名的原股东应否对其被除名前的出资不实行为继续承担责任？(总第 36 问)

公司将未履行出资义务或抽逃全部出资的股东除名后，被除名的股东所认缴的出资依旧处于“空洞”状态。为向公司债权人转达更真实的信息，保证公司债权人的利益，公司应及时办理法定减资或由其他股东或第三人缴纳相应出资，以填补公司资本中的“空洞”。根据最高人民法院《公司法解释(三)》第 17

〔1〕 黄辉：《现代公司法比较研究——国际经验及对中国的启示》，清华大学出版社 2011 年版，第 91 页。

条第 2 款的规定,公司办理法定减资程序或由其他股东、第三人缴纳相应的出资之前,被除名的股东仍然应当承担此前由于其未履行出资义务或者抽逃全部出资所导致的对公司债权人的相应法律责任。

第六章　股东及其权利与义务

第一节　股东及其认定

☞条款解读

一、股东的概念及类型

股东是组成公司并在其中享有股东权利、承担股东义务的人，包括单位和个人。股东可以通过直接方式即向公司出资而成为公司成员，也可以通过间接方式即基于其他合法原因从公司其他股东处继受股东身份而成为公司成员。

公司可能由以下三种类型的股东构成：（1）原始股东，即参与公司设立的发起人以及认购公司首次发行股份或出资的认股人。（2）继受股东，即在公司成立后因依法转让、继承、赠与或法院强制执行等原因取得股东身份的人。（3）增资新股东，即公司成立后因公司增资而加入的新股东。

二、股东之间及股东与公司的关系

1. 股东与公司的关系

①股东是公司的成员，是公司存在的基础。

②股东对公司享有权利和承担义务，公司也对股东享有权利和承担义务。

③股东以其认缴的出资额或认购的股份为限对公司承担有限责任。股东

与公司的以上法律关系因股东出资而成立。

2. 股东平等原则

股东与股东之间是平等的关系，法律对股东的权利义务给予平等对待。也就是说，股东的地位是平等的，所有股东均按其所持股份的性质、内容和比例享受平等待遇，并免受不合理的不平等待遇，此谓股东平等原则，又称股权平等原则。

股东平等原则包含股份内容平等和股权比例平等。股份内容平等主要是指公司发行的每一类股份的内容相同，而不同种类股份的内容可不同。股份内容是指股东基于所持股份享有的权利、利益及承担的义务和风险。股权比例平等主要是指持有相同内容和相同数量股份的股东在基于股东地位而产生的法律关系中享受相同待遇。股权比例平等以每位股东的持股比例为衡量标准，就相同股份的持有人而言，持股比例越高，他们所享有的权利和所承担的义务越多，其风险也越高。股份内容平等是质的平等，股权比例平等是量的平等，也就是同股同权，同股同利。

当然，由于有限责任公司具有较强的人合性，因此在某些情况下，根据法律规定或者公司章程约定或者经全体股东一致同意，可不以资本的平等标准为基础。如依照《公司法》第 34 条的规定，股东按照实缴的出资比例分取红利；公司新增资本时，股东有权优先按照实缴的出资比例认缴出资；但是，全体股东约定不按照出资比例分取红利或者不按照出资比例优先认缴出资的除外。这意味着在公司利润分配上，股东平等并不一定要以出资或持股比例多少为基础。

综上，股东的地位是平等，公司应按照股东平等原则对待股东。

三、股东资格与股东身份的联系和区别

所谓股东资格，通常是指成为公司股东所应具备的权利能力或主体条件。这里所说的条件包括积极条件和消极条件。

所谓股东身份，通常是指该主体具有股东的身份，可以股东的名义参加股东会，行使股东权利，承担股东义务。说某一主体取得了股东身份，是指该主体已成为公司股东，享有股东的权利。

股东资格是指该主体具有成为股东的可能性，而股东身份是指该主体具有成为股东的现实性。“股东身份”是关于股份主体的确定性思维范畴，而“股东

资格”则是关于股份主体的可能性思维范畴。在法律逻辑上，股东资格与股东存在着前后顺序的逻辑连接关系。股东资格之于股东，如同教师资格之于教师，注册会计师资格之于注册会计师。

但在我国司法实务中，甚至不少公司法著作，没有严格区分股东资格与股东身份，常用股东资格指称股东身份，如股东资格的争诉，实际上是对股东身份确认的争诉，股东除名就是在公司股东名册上除去其名，使其不再享有公司股东的身份。

☞条款设计

四、股东资格条款的个性化设计

1. 法律关于股东资格的规定属于强制性规范

股东资格基本上属于公司自治范畴，法律一般不予干涉。但在某些情况下，基于公平正义等特殊考量，法律禁止个别特殊民事主体取得股东资格。比如，根据《证券法》第 43 条“证券交易所、证券公司和证券登记结算机构的从业人员、证券监督管理机构的工作人员以及法律、行政法规禁止参与股票交易的其他人员，在任期或者法定限期内，不得直接或者以化名、借他人名义持有、买卖股票，也不得收受他人赠送的股票。任何人在成为前款所列人员时，其原已持有的股票，必须依法转让”之规定，从事证券业的人员禁止持有股票，就不能成为持有股票的股东。又如根据《期货公司管理办法》的规定，期货公司的股东应当是中国法人，故在我国自然人就不能成为期货公司的股东。根据《公务员法》第 53 条的规定，公务员任职期间不能成为公司股东。这些禁止性规定就属于强制性法律规范。

2. 公司章程可以对股东身份进行限制

以有限公司为例，为保持公司是人合性，公司章程可以对股东身份进行限制。如公司章程约定未经董事会一致同意的人不得成为公司股东；又如公司章程规定公司股份不得转给非公司法人股东。在公司章程约定情形，应尊重公司自治，除非这种约定违反法律的强制性规定及公序良俗。当然，这种限制不能漫无目的、不合需要。

五、股东资格继承条款的个性化设计

1.《公司法》关于股东资格继承的规定属于任意性规范

《公司法》第75条规定，自然人股东死亡后，其合法继承人可以继承股东资格；但是，公司章程另有规定的除外。该条规定授权公司章程可以对股东资格的继承进行限制或作出不同于《公司法》的规定。因此，《公司法》关于股东资格继承的规定属于任意性规范。

2. 公司章程可以就股东资格的继承作出与《公司法》不同的规定

根据《公司法》第75条的授权，公司章程可以就股东资格的继承作出与《公司法》不同的规定。如公司章程可以规定，配偶、继承人、直系尊亲属或直系亲属，只有按章程规定条件获得其他股东半数以上同意，才可成为股东；或规定股东去世后，由公司收回其股份，并规定股份不能继承时的补偿价格。又如股份继承的，可以禁止对公司股份进行分割，或规定对公司股份进行分割必须获得其他股东同意，以防止因为继承而无限制地增加股东人数。

疑难释解

六、股东身份取得的要件及方式是什么？（总第37问）

(1)获得股东身份的要件

股东身份取得的要件，是指影响或决定取得股东身份的最基本条件。要获得现实中某一公司的股东身份即要成为某一公司的股东，须同时满足以下四要件：[1]

①与公司相关联之公司合法存在

没有公司存在，就不可能有该公司的股东的存在。如果公司设立失败或无效，发起人将无法转为股东。只有当公司设立成功时，发起人的地位才会随着

---

〔1〕 沈贵明：《股东资格研究》，北京大学出版社2011年版，第130页。该书作者观点采三要件说，即满足1～3要件才能取得股东身份。笔者认为民事主体取得公司股份成为公司股东是要式法律行为，须履行法定的登记程序才能成立，故除须符合1～3要件，还须符合登记形式这一要件，才能取得股东身份。

公司法人的成立而转化为股东，从而取得股东身份。

②取得股东身份的主体适格

这是指有可能成为股东的民事主体本身须适格。

首先是该主体具有一般民事权利能力。这与民事主体的资格要件相适应，也是对民事主体享有财产权的尊重。

其次，该主体须符合《公司法》和公司章程的要求。如根据《公司法》第103条、第142条、第166条第6款等规定，公司不能成为自己的股东。公司章程是公司自治性法律文件，要取得特定公司的股东身份，还须符合公司章程中关于股东主体资格的要求。如某有限责任公司规定公司股份不得转让给非公司股东，那么公司股东以外的其他人就不具备取得该公司股东身份的适格主体要件。

最后，该主体的民事权利能力没有被法律限制。例如，根据《证券法》第43条"证券交易所、证券公司和证券登记结算机构的从业人员、证券监督管理机构的工作人员以及法律、行政法规禁止参与股票交易的其他人员，在任期或者法定限期内，不得直接或者以化名、借他人名义持有、买卖股票，也不得收受他人赠送的股票。任何人在成为前款所列人员时，其原已持有的股票，必须依法转让"之规定，从事证券业的人员禁止持有股票，就不能成为持有股票的股东。又如根据《期货公司管理办法》的规定，期货公司的股东应当是中国法人，故在我国自然人就不能成为期货公司的股东。根据《公务员法》第53条的规定，公务员任职期间不能成为公司股东。

当然，无论自然人是否具有行为能力，都可以成为法律关系的民事主体。正如胎儿能够拥有财产而成为财产权的主体一样，行为能力欠缺的自然人也可以拥有股份成为股东。

③股东身份取得方式合法

民事主体要成为公司股东，不仅主体本身要合格，而且其取得股东身份的方式也必须符合我国法律、行政法规的相关规定以及公司章程的要求。

民事主体取得特定公司股权的方式基本上是一种法律行为，不得违反法律和行政法规的强制性规定，否则可能导致法律行为无效，而不能成为该公司股东。

④取得股东身份须履行法定登记形式

根据《公司法》第 32 条、第 139 条等规定，民事主体取得公司股份成为公司股东之法律行为属于要式法律行为，应履行法定登记形式，进行公司内部股东名册的登记和外部工商登记。内部登记是生效程序要件，外部登记是对抗程序要件。

以上取得股东身份的要件，也是投资者取得公司股份（或曰股权）的要件。其中前三个要件称为实质要件或实质标准，法定登记形式称为形式要件或形式标准。

（2）获得股东身份的方式

这是民事主体获得公司股份，取得股东身份，成为公司股东的途径。其途径主要有：

①原始取得

原始取得，又称初始取得，是指直接向公司出资或认购公司股份而取得股东身份。这包括：一是在公司设立时向公司出资或认购公司股份而取得股东身份，如公司的发起人和认股人就是通过这种方式成为公司股东。二是在公司成立后，因认购公司新增资本或股份而取得股东身份。

②继受取得

继受取得，又称传来取得，是指通过某种法律行为或者法律事件从公司原来股东手中获得公司股份而取得股东身份。如因股份受让、继承、受赠与等事由取得股东身份而成为公司股东。

七、股东身份的丧失是怎么回事？（总第 38 问）

股东身份的丧失分绝对丧失和相对丧失。绝对丧失是指股东身份因公司终止而致该公司的任何股东的股东身份都不再存在。相对丧失是指伴随着原股东身份的丧失，相对方则继受取得股东身份。

在正常情况下，股东身份一直保留，但出现下列情况之一的，股东将丧失其身份：

（1）所持有的股份（权）已经合法转让；

（2）因未履行出资义务或抽逃全部出资而被除名；

(3)因违法而被剥夺股权(份)(如没收财产);

(4)法律规定的其他原因,如股份或股票的抛弃等。

八、股东身份的认定规则有哪些?(总第39问)

实践中股东资格的确认,就是在具体情形下特定公司股东身份的认定。

(1)确认股东身份的一般规则

确认股东身份的一般规则是:如符合股东身份的取得要件,且不存在导致股东身份丧失的法定事由,则对该股东身份予以确认。

(2)确认股东身份的具体规则

①公司内部就股东身份发生争议时的适用规则

在公司内部,即股东之间或股东与公司之间就股东身份发生争议时,适用以下规则:

第一,除非有相反证据足以推翻股东名册之记载,应以股东名册记载为准。

根据《公司法》第32条第2款的规定,记载于股东名册的股东,可以依股东名册主张行使股东权利。由于股东均应记于股东名册之上,因而记载于股东名册的股东,都应推定为股东。

第二,记载于股东名册的股东的出资有瑕疵时,也应以股东名册为准。

根据《公司法》第28条、第30条等规定,股东没有足额缴纳出资或者出资评估不实的,应当补足出资或补缴差额。显然,该规定表明股东出资并非取得股东身份的必要条件,承认瑕疵出资者的股东身份,其宗旨在于确保公司设立有效,保护交易安全。

第三,投资者实际履行了出资义务,但公司章程或者股东名册上没有记载股东姓名或名称,也就是说,除未履行法定登记形式外,符合取得股东身份的实质要件,这时应根据其符合实质要件而确认其股东身份。

根据最高人民法院《公司法解释(三)》第23条"当事人依法履行出资义务或者依法继受取得股权后,公司未根据公司法第三十一条、第三十二条的规定签发出资证明书、记载于股东名册并办理公司登记机关登记,当事人请求公司履行上述义务的,人民法院应予支持"之规定,符合实质要件的投资者有权要求公司依法履行法定登记形式,补正取得股东身份的形式要件。

②公司外部就股东身份发生争议时的适用规则

公司外部就股东身份发生争议，涉及公司以外的善意第三人时，适用以下规则：这时对外应以工商登记为准，以保护善意第三人和交易安全。

根据《公司法》第32条第3款“公司应当将股东的姓名或者名称向公司登记机关登记；登记事项发生变更的，应当办理变更登记。未经登记或者变更登记的，不得对抗第三人”之规定，公司登记机关进行股东登记，它表明国家登记机构对股东身份和股东权利的确认和公示，这种登记具有较高的公信力，因而具有对抗第三人的效力。这样规定的宗旨在于保护交易安全。

③实际出资人如与名义股东就股东身份及股东权利发生争议时的适用规则

第一，如双方的争议涉及善意第三人的，确认名义股东的股东身份。

名义股东已记载于股东名册并在公司登记机关进行了登记公示，为保护善意第三人的利益和交易安全，根据《公司法》第32条的规定，应确认名义股东为公司股东。

第二，如双方之间争议不涉第三人，且经公司其他股东半数以上同意的，确认实际出资人为公司股东。

这种情况下，参照《公司法》第71条第2款的规定，实际出资人符合取得股东身份的实质要件，根据最高人民法院《公司法解释（三）》第24条第3款的规定，应确认实际出资人的股东身份。

如未经公司其他股东半数以上同意的，参照《公司法》第71条第2款的规定，实际出资人的取得方式不合法，根据最高人民法院《公司法解释（三）》第24条，不能确认实际出资人的股东身份，但实际出资人可以其实际履行了出资义务为由向名义股东主张权利。

九、认定股东身份的证据有哪些？（总第40问）

（1）股东名册及其效力

按照我国《公司法》第32条和第130条的规定，公司应当置备股东名册，记载股东的基本信息。当投资者在公司股东名册上合法记载后，即取得了股东身份。因此，股东名册作为公司的法定必备账册，属于认定股东身份的效力证据，

具有特定的效力:[1]

①是公司对股东通知的根据

公司向股东发出通知,仅以股东名册记载的股东及其地址为根据。

②是确定股东的依据

由于股东均应记于名册上,因而记载于股东名册的人,都应推定为股东;如对此否认,否认者应当承担举证责任。

③股东主张股东权利的依据

记载于股东名册的股东,可以依照股东名册主张行使股东权利。

④确认股权变动的效力

公司内部的股权登记变动之时即为股权变动之时,此谓公司内部登记生效主义。

在以股东名册作为确认股东资格的依据时,应对股东名册作广义解释,即可将公司对股东认可的文件视为股东名册,而非一定要以格式化的股东名册为凭证。对于那些根本就没有置备股东名册的公司,显然亦不能仅以缺乏股东名册的记载来否认股东身份。因此,股东名册不具有绝对的意义,而是相对的推定。如有充足证据证明公司拒不作股东登记或登记错误,则当事人有权要求公司进行股东登记或予以更正股东登记。

可见,股东名册反映了股东与公司的私权关系,表明了股东与公司之间在成员身份和财产关系上的联系。将股东记载入公司股东名册,既是股东的权利,也是公司的义务。股东名册未登记的股东,也不必然不具有股东身份,因为公司拒不作股东登记或登记错误,属于履行义务不当,不能因此产生剥夺股东身份的效力。故股东名册作为确定股东身份的依据,具有权利推定效力。[2]

(2)股份凭证及其效力

《公司法》第31条规定:"有限责任公司成立后,应当向股东签发出资证明书",《公司法》第125条规定:"……公司的股份采取股票的形式。股票是公司签发的证明股东所持股份的凭证"。可见,我国《公司法》中的股份凭证包括有

---

〔1〕 王保树、崔勤之:《中国公司法原理》,社会科学文献出版社2006年版,第80页。

〔2〕 黄辉:《现代公司法比较研究——国际经验及对中国的启示》,清华大学出版社2011年版,第90页。

限责任公司向股东签发的出资证明书和股份有限公司向股东签发的股票。

有限公司的出资证明书，是有限公司成立后由公司向股东签发的证明其出资及相关权利的证书。从《公司法》第31条规定的出资证明书的内容和作用来看，出资证明书具有以下效力：①证明股东已出资的效力。它既可证明股东已履行了缴纳出资的义务，还可证明该股东的出资比例。②它具有证明股东身份之效力。因为它记载了股东的出资比例，是股东对公司享有权利和承担义务的依据。③注销出资证明书具有消灭出资关系的效力。根据《公司法》第73条的规定，转让股权后，公司应当注销原股东的出资证明书，故注销出资证明书即意味原股东与公司之间的出资关系因此消灭。

出资证明书是股东记载于股东名册的根据，但股东名册一旦对股东作出记载，则股东名册的证明力通常优于出资证明书。

有限责任公司签发的出资证明书与股份有限公司签发的股票，表明了股东与股份的权属关系，是一种权利凭证，可以作为认定股东身份的源泉证据。所谓源泉证据也称基础证据，是指证明股东取得股权的基础法律关系的法律文件[1]。基础证据也是证明股权取得途径的法律文件，根据最高人民法院《公司法解释（三）》第22条的规定，认定股东身份的源泉证据包括两类：①股东原始取得股权的股份凭证。如无股份凭证的，则应提供证明其已经依法向公司出资或者认缴出资的其他证据材料。②继受取得股权的证据，如股权转让合同、赠与合同、遗嘱、夫妻财产分割协议、共有财产分割协议等。

根据最高人民法院《公司法解释（三）》第23条的规定，当事人一旦取得了合法有效的源泉证据，就可要求公司履行法定登记形式，确认自己的股东身份。易言之，未记载于股东名册但持有合法有效源泉证据的当事人也可向公司主张股权及股东身份。

（3）公司章程

公司章程是《公司法》规定的公司成立和存续的必要前提和条件。由于股东及其出资额是公司章程的绝对必要记载事项，这在一定程度上起到了股东身份外观表现形式的作用。但根据《公司法》第76条第（4）项的规定，签署公司

---

〔1〕 刘俊海：《公司法学》，北京大学出版社2008年版，第155页。

章程并不能作为股东获取股东身份的必经程序，在不同的公司形态及不同的公司注册制度下，未签署公司章程而获得股东身份的情形也同样存在。

可见，公司章程一般在股东名册和股份凭证欠缺或失真的情况下，对确认发起人的股东身份具有外观证明价值，是确认股东身份的效力证据之一。

（4）工商登记

包括股东登记在内的工商登记，表明了公司登记机关对股东身份和股东权利的一种确认和公示。由于公司登记机关系依法设定，并独立于公司及股东而存在，因此，工商登记具有较高的公信力和证据效力，善意第三人有理由信赖该工商登记文件。所以，根据《公司法》第32条第3款的规定，工商登记具有外部对抗第三人的效力。所谓对抗第三人的效力，是指股权变动信息经由公司登记机关披露给社会公众以后，应当推定社会公众知道或应当知道这些披露信息。倘若股权变更后，公司怠于前往公司登记机关办理变更登记的，股权变动的效力虽不因此受影响，但不能对抗善意第三人。故工商登记文件属于对抗证据，协助办理股权变更登记是公司的法定义务。如当事人拥有合法有效的源泉证据，就可根据最高人民法院《公司法解释（三）》第23条的规定，要求公司进行工商登记或工商变更登记。

（5）源泉证据、效力证据与对抗证据

如上所述，股份凭证属于认定股东身份的源泉证据，股东名册和公司章程则属于认定股东身份的效力证据，工商登记文件属于认定股东身份的对抗证据。源泉证据是证明股东取得股权的基础法律关系的法律文件。实际上，这些合法有效的基础证据具有证明民事主体获得股东身份的方式，符合取得股权的实质要件的作用；而效力证据和对抗证据则具有证明民事主体获得股东身份，符合取得股权的形式要件的作用，其中效力证据属于生效程序要件，对抗证据属于对抗程序要件。

如前所述，股东是股权的持有人，合法取得了股权即意味获得了股东身份，合法取得股权（份）的要件也是获得股东身份的要件。获得股东身份的要件包括实质要件和形式要件，或者说获得股东身份的要件是实质要件和形式要件的统一，因此，正常情况下，基础证据和效力证据及对抗证据是统一和协调的，它们的证明指向一致、不相冲突。

不过,在现实生活,由于种种原因,基础证据、效力证据和对抗证据有时也会相互冲突。这时,为保护交易安全,根据《公司法》第32条,最高人民法院《公司法解释(三)》第23条、第27条等规定,应在保护善意第三人的前提下,尊重基础证据的效力。

十、隐名投资者可否诉请成为公司显名股东?(总第41问)

隐名投资者是指借用他人名义设立公司或以他人名义出资并在公司章程、股东名册与工商登记中将他人登记为公司股东的实际出资人;而并未实际出资,代实际出资人持有股权并被登记为公司股东的人,称为名义股东。隐名投资者虽然有实际出资,但该隐名投资者系以他人名义出资,也就是说该名义股东与公司形成出资关系,故公司以出资证明书及股东名册为依据确认名义股东的股东身份,符合《公司法》第32条等有关规定。

公司兼具人合性和资合性,公司及其他股东认可名义股东的股东身份,但这并不意味公司及其他股东对隐名投资者的认可。故隐名投资者要求将名义股东变更为隐名投资者,根据最高人民法院《公司法解释(三)》第24条第3款的规定,应经公司其他股东半数以上同意,否则,法院不予支持。

当然,名义股东因该出资而获得的投资权益应按照双方协议约定转交隐名投资者。

十一、借名出资情形下,股东身份如何认定?(总第42问)

所谓借名投资,是指实际出资人为了规避国家法律的限制性规定,隐蔽财产情况或是出于其他的考虑,在公司中实际认购出资,却在公司章程、股东名册或工商登记文件中记载他人为公司股东,该登记股东是名义出资人。

在借名出资情况下,实际出资人与名义出资人约定,实际出资人以名义出资人的名义参与设立公司、出资并行使股东权利和承担股东义务,而名义出资人本身既没有出资也没有行使股东权的意思表示,且没有实际行使股东权,其仅仅是被借名而已。[1] 在涉及善意第三人时,由于名义出资人在对外关系上

〔1〕 最高人民法院民事审判第二庭:《最高人民法院关于公司法解释(三)、清算纪要理解与适用》,人民法院出版社2011年版,第429页。

是作为公司法的股东出现的，作为交易关系中的第三人是无法探求公司背后真实情况，因此，为保护交易安全，在对外关系上应由名义出资人承担股东所应承担的民事责任。[1] 名义出资人承担该民事责任后可向实际出资人进行追偿。

而对于借名者即实际出资人已进行出资并实际行使了全部股东权，公司及其他股东已对此予以认可，如不违反法律、行政法规强制性规定，则符合取得股权的实质条件，根据最高人民法院《公司法解释（三）》第22条、第23条、第24条等规定，应确认实际出资人为股东。当然，如实际出资人的前述行为违反法律规定，可依法对实际出资人进行处罚乃至拍卖其股权追缴其投资权益。

十二、冒名出资情形下，股东身份如何认定？（总第43问）

所谓冒名出资是指冒名者以根本不存在的人的名义（如去世者或虚构者）出资登记，或者盗用他人的名义出资登记，冒名者与被冒名者之间不存在类似隐名投资的合意。被冒名者既没有与公司其他股东设立公司的合意及出资之意，即没有成为公司股东之意思，也没有实际出资，且根本不知其名义被冒用，实际上不可能享有股东权利，因而不应作为公司股东承担相应的出资义务和责任。而冒名者作为冒名行为的法律主体，实际上行使着股东权利，按照责任自负及权利义务相一致原则，冒名者理应承担股东应尽的义务和责任。因此，根据最高人民法院《公司法解释（三）》第28条的规定，如果公司和其他股东对冒名出资予以认可，或者得知后的合理时间内未提出异议，应当认定冒名者的股东身份，并责令其办理变更登记。如果公司和其他股东对冒名出资不认可，或者得知后的合理时间内提出异议，可以行使撤销权，要求冒名者退出公司。[2] 当然公司债权人在冒名者退出公司前以冒名者未履行出资义务为由，有权要求冒名者承担补足出资责任或补充清偿责任。

十三、股东身份是否可以继承？（总第44问）

《公司法》第75条规定，自然人股东死亡后，其合法继承人可以继承股东资

---

〔1〕 最高人民法院民事审判第二庭：《最高人民法院关于公司法解释（三）、清算纪要理解与适用》，人民法院出版社2011年版，第430页。

〔2〕 最高人民法院民事审判第二庭：《最高人民法院关于公司法解释（三）、清算纪要理解与适用》，人民法院出版社2011年版，第427页。

格;但是,公司章程另有规定的除外。该规定体现了公司意思自治优先适用之原则,当公司章程就股东身份继承有特别规定情形下,法律尊重公司意思自治,优先考虑并承认公司章程关于股东身份继承的限制性规定,但如公司章程未加以规定,则自然人股东的合法继承人可依照《继承法》相关规定继承该股东身份。

按照上述条文规定,只有公司章程能够对死亡股东的继承人继承股东身份予以限制,而在自然股东死亡后,公司股东会作出的限制股东身份继承的决议不具有法律效力。此外,如按照公司章程不能继承股东身份,但继承人仍然可以继承被继承人死亡时遗留股权的财产性权益。

第二节 股东的权利

条款解读

一、股东权利的概念及其特征

股东的权利通常简称为股东权或股权,是指股东基于其股东身份而享有的权利。股东权是公司股东依法享有的资产收益、参与重大决策和选择管理者等权利。

关于股东权的性质,理论上有争论。归纳起来,主要有社员权说、股东地位说、所有权说、债权说、独立民事权利说等。社员权说是大陆法系通说,该说认为股权是股东基于其在营利性社团中的社员身份而享有的权利。笔者基本赞同社员权说,但认为股东权与一般社员权有所不同。

股东权的主要特征有:

1. 股东权是一种有别于物权、债权的民事权利

股东权与物权、债权相比,其义务主体、内容、效力等方面均不相同。

2. 股东权是一种兼具财产性权利和人格权的复合型权利[1]

在我国《公司法》第4条规定的股东权中的财产性权利,主要是"资产收

〔1〕 王保树、崔勤之:《中国公司法原理》,社会科学文献出版社2006年版,第159页。

益”等权利,其中的非财产性权利主要是“参与重大决策和选择管理者”等权利。

3. 股东权是一种特殊的社员权[1]

股东权是一种基于股东地位而产生的社员权,但它与非营利性法人中的社员权相比,在目的和内容等方面均不相同。

二、股东权的分类

1. 自益权与共益权

以股东权行使的目的为标准,股东权分为自益权和共益权。

自益权是指股东为自身利益而行使的权利,它主要包括股利分配请求权、剩余财产分配权、新股认购优先权、股份转让权、股东名册变更请求权等权利。

共益权是指股东为公司和全体股东利益而行使的权利,它主要包括表决权、临时股东(大)会召集请求权、临时股东(大)会自行召集权、提案权、质询权、知情权、公司解散请求权等。

不过自益权与共益权的区分不是绝对的,共益权虽是为公司和全体股东利益而行使,但事实上具有间接维护自身利益的目的和效果,共益权往往是实现自益权的手段,共益权和自益权最终都共同指向股东个人利益。

2. 固有权与非固有权

以股东权受公司自治影响程度为标准,股东权可以分为固有权和非固有权。

固有权是指《公司法》赋予、未经股东本人同意,公司章程和股东(大)会决议均不得剥夺或限制的权利。

非固有权是指可由公司章程和股东(大)会决议剥夺或限制的权利。非固有权的剥夺或限制不应违反公平原则、诚实信用原则、商业惯例和公序良俗。[2]

关于固有权的范围,目前尚无一致见解。一般而言,应依公司的类型、法律

〔1〕 朱慈蕴:《公司法原理》,清华大学出版社 2011 年版,第 247 页。

〔2〕 刘俊海:《公司法学》,北京大学出版社 2008 年版,第 123 页。

规定和各种权利的性质分别而定。其中,主要应以法律的强制性规定为依据来确定。共益权多属固有权,但特别股股东表决权行使例外;而自益权则多属非固有权。[1]

3. 单独股东权和少数股东权

以股东行使权利是否受持股数额限制为标准,股东权可以分为单独股东权和少数股东权。

单独股东权,是指没有持股数额的限制,股东持有一股也可单独行使的权利。单独股东权包括全部自益权和一部分共益权,如表决权。[2]

少数股东权,是指股东持有的股份达到公司发行股份总数一定比例方可行使的权利。其中,包括单独持有和合计持有的股份达到公司发行股份总额的一定比例[3],如我国《公司法》第 100 条第(3)项规定的单独或者合计持有公司 10%以上股份的股东提请召开临时股东大会的请求权。

4. 法定股东权与章定股东权

以赋予其权利的规范为标准,股东权可以分为法定股东权和章定股东权。

法定股东权是指由法律所规定的权利。章定股东权是指由公司章程规定的权利。

三、股东权的内容

1. 股东权的内容概述

股东权的具体内容因公司的类型及股东权的性质不同而不尽一致。我国《公司法》没有集中详细地列举股东应享有的权利,仅在《公司法》第 4 条对股东权的主要内容作出了概括性的规定,其他关于股东权的规定散见于《公司法》相关条文中。

根据《公司法》对股东权规定的综合分析,股东权的内容大致可以分为股东权的一般内容和倾向保护弱势股东的特别权利。当然,这些所谓倾向于保护弱势股东的特别股利,并非专为中小股东所独享,也不意味着这些权利仅仅是

〔1〕 柯芳枝:《公司法论》,三民书局 2005 年版,第 172 页。
〔2〕 朱慈蕴:《公司法原理》,清华大学出版社 2011 年版,第 248 页。
〔3〕 王保树、崔勤之:《中国公司法原理》,社会科学文献出版社 2006 年版,第 158 页。

中小股东用来对抗大股东的武器，只是说这些权利有利于平衡保护弱势股东的合法权益。

2. 股东权的一般内容

(1)股利分配请求权

股利分配请求权是指股东享有请求公司向其分配股利的权利。《公司法》第34条、第74条和第166条规定了股利分配请求权。据此：①股东在公司存在盈利并符合《公司法》规定分配利润的场合下，有权利要求从公司获得分红，否则，股东可行使异议股东股份回购请求权。②公司章程可对分红比例作出不同于《公司法》的规定。

(2)剩余财产分配请求权

剩余财产分配请求权，是指在公司清算时，股东享有请求分配清算后剩余财产的权利。《公司法》第186条规定了股东的剩余财产分配请求权。

(3)股权(股份)转让权

股权(股份)转让权，是指股东享有依照法律和公司章程的规定转让其股权(股份)的权利。《公司法》第71条和第137条规定了股权(股份)转让权。

(4)股权(股份)优先购买权

股权(股份)优先购买权包括新股认购优先权和旧股转让优先购买权。《公司法》第34条、第71条、第133条第(4)项规定了股权(股份)优先购买权。

(5)直接诉讼提起权

直接诉讼提起权，是指股东基于股权，针对权利侵害人对其个人造成的损害提起诉讼的权利。《公司法》第22条、第152条等条文规定了直接诉讼提起权。

(6)参加股东(大)会的权利

股东(大)会是公司的权力机关，由全体股东组成，每个股东都有权参加股东(大)会。《公司法》第36条、第98条对此作了规定。

(7)选举和被选举权

选举和被选举权，是指股东有权选举董事、监事，也有权被选举为董事、监事。《公司法》第4条、第37条、第99条对此作了规定。

(8)表决权

表决权，是指股东对由股东(大)会议决的事项有表示赞同、反对或者弃权的权利。《公司法》第42条、第103条等条文对此作了规定。

3. 倾向保护弱势股东的特别权利

(1)申请法院解散公司的权利

申请法院解散公司的权利,是指股东在特定情形下享有申请法院解散公司的权利。根据《公司法》第182条的规定,公司经营管理发生严重困难,继续存续会使股东利益受到重大损失,通过其他途径不能解决的,持有公司全部股东表决权10%以上的股东,可以请求人民法院解散公司。

(2)提议召开临时股东(大)会的权利

提议召开临时股东(大)会的权利,是指股东建议召开临时股东(大)会的权利。《公司法》第39条第2款和第100条第(3)项等条文对此作了规定。

(3)股东(大)会的召集和主持权

股东(大)会的召集和主持权,是指由相关权利主体具体负责股东会的召集和主持工作的一项程序性权利,它包括决定股东会会议召开的时间、地点、通知和股东会相关公告,向股东会提交相关议案,主持会议进行议决事项的讨论和交付表决,记录会议相关情况等一系列工作。《公司法》第40条和第101条等条文对此作了规定。

(4)提案权

提案权,是指股东向股东(大)会提出相关议题或议案的权利。《公司法》第102条对此作了规定。

(5)累积投票权

累积投票权,是指股东大会选举董事或者监事时,每一股份拥有与应选董事或监事人数相同的表决权,股东拥有的表决权可以集中使用。《公司法》第105条对此有明确规定。

(6)知情权

知情权,是指股东获取公司信息,了解公司情况的权利,它包括查阅权和听取报告权。查阅权是指股东查阅、复制公司章程、股东会会议记录、董事会会议决议、监事会会议决议和财务会计报告的权利。听取报告权,是指听取董事、监事报告的权利。《公司法》第33条、第37条、第97条等条文对股东知情权作了规定。

(7)建议和质询权

建议和质询权,是指股东有权对公司的经营提出建议或者质询。《公司法》第 97 条、第 150 条等对此作了规定。

(8)异议股东股份回购请求权

异议股东股份回购请求权,是指当股东会作出对股东利益产生实质影响的决定时,对该决定持有异议的股东有权要求公司以公平的价格回购其所持有的股权(股份),从而退出该公司的权利。《公司法》第 74 条、第 142 条等条文对此作了规定。

(9)提起代表诉讼的权利

代表诉讼,又称派生诉讼、代位诉讼,是指当公司权益受到侵犯,而公司拒绝或怠于行使诉权,股东有权为了公司利益、代表公司并以股东自己的名义提起诉讼。《公司法》第 151 条对此进行了规定。

(10)特别调查权

特别调查权,是指股东有权成立特别调查委员会或小组,对公司财务状况、关联交易等特别事务进行特别调查、审计的权利。我国《公司法》对股东特别调查权没有明确规定,公司章程可对此进行规定。

☞条款设计

四、股东知情权条款的个性化设计

1.《公司法》关于股东知情权的规定属于强制性规范

知情权属于股东固有权。《公司法》赋予股东知情权的主要目的是:让股东掌握公司经营状况和相关信息,便于股东参与公司重大事项决策,有效监督公司经营管理和行使相关股东权利,知情权的实质效果有利于维护中小股东的合法权益。因此,《公司法》关于知情权的规定属于强制性规范。

2. 公司章程应当明确知情权的范围

(1)公司章程中规定的知情权的范围不得窄于法定范围,但可以宽于法定范围。

比如,根据《公司法》第 33 条和第 97 条的规定,股份有限公司股东的查阅权范围不包括公司会计账簿，闭锁型股份公司的股东人数不多，其章程就可赋予股东查阅公司会计账簿的权利。

(2)公司章程可对知情权范围理解有争议的事项予以明确。

比如，对于有限责任公司股东查阅权范围是否包含原始会计凭证，理论界和实务界都有争议，为避免发生不必要争议，公司章程可对此予以明确：或规定股东查阅权范围包括原始会计凭证，或规定股东查阅权范围不包括原始会计凭证。另外，还应明确是否可以复制会计账簿。

3. 公司章程应当明确知情权的行使及其方式

(1)公司章程应当规定知情权的行使主体。

公司股东是股东知情权的主体，自无争议。不过，理论界和实务界对于“原股东可否查阅”存在争议，公司章程应事先对此予以明确。

(2)公司章程还应当明确知情权可否委托行使。

一般的权利都可以委托行使，但知情权牵涉公司商业秘密理论上和实务上对于股东能否委托查阅存在争议，故章程应对此予以明确规定。

4. 公司章程应当界定何谓“查阅目的的不正当”

(1)公司章程应当明确界定属于不正当目的的情形。

由于《公司法》没有对“不正当目的”进行界定，实务中，对于何为查阅目的不正当的理解存在争议，公司章程需对此予以界定，界定时可采用列举加概括式规定，既清楚明了又留有余地。

(2)公司章程应当规定判定“不正当目的”的主体。

为避免个别高管操控，公司章程可规定判断查阅目的是否正当，应当由董事会或股东会以决议形式来作出判断。

5. 公司章程可以对知情权的行使进行适当限制

为避免股东滥用查阅权而影响公司的正常经营活动，或损害公司利益，可对股东知情权的行使适当限制，如在查阅的时间、地点和查阅目的等方面作出规定。当然，这种限制不得实质性剥夺股东依据《公司法》第33条、第97条规定查阅或复制公司文件材料的权利。

此外，应明确规定股东行使知情权应履行保守商业秘密的义务，不得将查阅所得信息外泄，否则应向公司支付违约金或赔偿公司损失。

五、股东诉权条款的个性化设计

1.《公司法》关于股东代表诉讼和直接诉讼的规定属于强制性规范

诉权属于程序性规则范畴。诉权是股东的最后救济权，包括公司在内的任何机构和个人都不得非法剥夺。因此，《公司法》关于股东代表诉讼和直接诉讼的规定属于强制性规范。

2. 公司章程可就股东诉讼权的行使作出补充规定

(1)章程可细化股东代表诉讼的前置程序。

《公司法》第151条在设置股东代表诉讼的前置程序的同时，为避免僵化的前置程序可能带来的消极影响，又规定了前置程序的免除条件，即当“情况紧急，不立即提起诉讼将会使公司利益受到难以弥补的损害”时，股东可以不受前述前置条件的限制，直接提起诉讼。但法律未界定何为“情况紧急”，故公司章程可对此作出更加细致、更具有可操作性的规定。

(2)章程可对原告股东的处分权进行适当限制。

原告股东提起诉讼属代行诉权，其对公司的实体权利不具有处分权，最终实体权利仍归属于公司，并且股东代表诉讼牵涉到其他股东的间接权利，故应对原告股东的诉讼权利予以必要限制。在民事诉讼中，基于处分原则，原告拥有调解、和解以及放弃、变更诉讼请求等诉讼中的处分权；但在股东代表诉讼中，因原告股东不具有实体法上的处分权，故其程序上的处分权应受到相应限制。因此，章程可对原告股东的处分权进行适当限制，比如规定股东代表诉讼中达成的调解协议应经公司股东(大)会以特别决议(或普通决议)通过，或者规定应经全体股东同意。

3. 公司章程可对股东代表诉讼的费用负担作出规定

在股东代表诉讼中，原告股东为公司利益进行诉讼，胜诉利益归属于公司，却由股东个人承担诉讼费，甚至在败诉情况下，原告股东还可能要额外承担对公司及被告所受损害的赔偿责任，这有失公允，不利于股东维权，最终不利于公司利益。故章程可规定：公司对于原告股东在参加代表诉讼中支付的合理律师费、差旅费等合理费用予以补偿。

☞疑难释解

六、公司章程或股东会决议能否限制股东权利？（总第45问）

笔者认为，按照相关法律规定和公司法理，公司章程或股东会决议可对股东享有的某些权利予以限制，甚至个别剥夺，其理由如下：

(1)公司法理论将股东权利区分为固有权和非固有权的法律意义，主要在于让公司发起人和股东明确哪些权利是可依公司章程或股东(大)会决议予以限制，哪些权利是不得以公司章程或股东决议予以限制。这表明，在公司法理上，公司章程或股东决议在特定条件下可以对股东享有的非固有权利进行限制。

(2)公司经营活动是以其资本作为基本物质条件和经营手段的，而公司资本来源于股东出资，公司的经营收益实质是股东出资财产带来的收益，其结果当然属实际的出资者。按照权利与义务相统一，利益与风险相一致的原则，对于未履行或未全面履行出资义务或抽逃出资的股东，其股东权利理应受到一定限制，这也是该股东违反《民法总则》第5条至第9条关于民事活动平等、自愿、公平、诚信、公序良俗原则之规定应当承担的不利后果之一。故，根据最高人民法院《公司法解释(三)》第16条"股东未履行或者未全面履行出资义务或者抽逃出资，公司根据公司章程或者股东会决议对其利润分配请求权、新股优先认购权、剩余财产分配请求权等股东权利作出相应的合理限制，该股东请求认定该限制无效的，人民法院不予支持"之规定，公司可以通过公司章程或股东(大)会决议，对该股东利润分配请求权、新股优先认购权、剩余财产分配请求权等股东权利作出相应的合理限制。

(3)《公司法》允许公司章程对股东享有的某些权利(或者说股权的某些权能)的行使作出包括限制在内的灵活规定。

如按照《公司法》第42条之规定，允许公司章程对股东表决权的行使作出灵活规定。

又如按照《公司法》第71条之规定，公司可以对股权转让进行合理限制。公司据此当然也可以对存在出资瑕疵的股权之转让作出特别限制，在其出资未消除瑕疵之前，未经公司其他股东同意，该股权不得转让。如果受让人知道股份转让人尚未履行完出资义务并同意受让股份后出资，同时公司其他股东也不反对，则没有必要限制其转让股份。

（4）依最高人民法院《公司法解释（三）》第17条的规定，有限责任公司的股东未履行出资义务或者抽逃全部出资，经公司催告缴纳或返还，其在合理时间内仍未缴纳或者返还出资的，公司可以通过股东会决议对该股东予以除名。除名即剥夺其股东身份及全部股东权利。

七、股份有限公司股东是否有权查阅公司会计账簿？（总第46问）

根据《公司法》第33条和第97条的规定，有限责任公司公司和股份有限公司的股东查阅权的范围有所不同，其中股份有限公司股东的查阅权范围不包括公司会计账簿。因此，按照《公司法》第98条的规定，股份有限公司股东无权查阅公司会计账簿。《公司法》之所以如此规定，其一是因为股份有限公司的信息公开程度较高，有些信息股东可以通过公开的信息披露获得；其二是股份公司的股东如果对公司不满，该股东较容易行使"用脚投票"的权利。[1]

不过，《公司法》第97条的规定属于授权规范，非上市的股份有限公司章程也可赋予股东查阅公司会计账簿的权利。

八、股东可否查阅公司的原始会计凭证？（总第47问）

对于股份有限公司而言，根据《公司法》第97条的规定，其查阅权范围不包括公司的原始会计凭证。

对于有限责任公司而言，根据《公司法》第33条的规定，其有权查阅会计账簿。如股东在查阅会计账簿后需解疑释惑，可否查阅原始会计凭证？对此存在两种观点。一种观点认为，既然《公司法》对此未明确规定，就应解释为股东无权查阅原始会计凭证；另一种观点认为，既然会计账簿可查阅，就可查阅会计账簿背后中的原始会计凭证。

笔者赞同肯定说。理由是：（1）会计账簿是依据原始会计凭证制作，在公司提供会计账簿给股东查阅的情况下，公司自然没有以保密等作为其拒绝查阅

---

〔1〕 朱慈蕴：《公司法原论》，清华大学出版社2011年版，第252页。

的正当理由，公司拒绝股东查阅的，反而存在控制股东及管理层企图掩盖真相的嫌疑。(2)鉴于目前社会上普遍存在会计账簿造假的现象，而原始凭证（包括原始发票）造假难度要高于会计账簿。(3)符合股东知情权的立法目的。股东要参与公司重大事项决策，行使有关股东权利，其前提是要了解公司的经营状况和相关信息。因此，各国公司法都赋予股东知情权，以随时全面掌握公司经营管理状况，便于其作出判断。故“从有效地监督公司管理层、切实保障股东权益的需要和立法目的的出发”[1]，应认为有限责任公司股东可以查阅公司原始会计凭证。

为避免不必要的争议，公司章程可以对此予以明确。

九、有限责任公司原股东可否查阅公司的会计账簿？（总第48问）

有学者认为“原股东可查阅公司的会计账簿”。[2] 但笔者认为，有限责任公司股东转让其全股权后即丧失了公司股东资格。由于原股东不具有公司股东身份，不再享有股东权，因此，一般情况下，原股东不再享有查阅公司会计账簿权。但原股东有初步证据证明在持股期间其合法权益受到损害的，根据最高人民法院《关于适用〈中华人民共和国公司法〉若干问题的规定（四）》（按照惯例，本司法解释以下简称《公司法解释（四）》）第7条第2款的规定，可以请求依法查阅或复制其持股期间的公司特定文件材料。

十、股东行使查阅权是否受年限限制？（总第49问）

笔者认为，股东行使查阅权不受年限限制，因为股东知情权是股东固有权，法律没有予以此种限制，包括公司在内的任何机关均无权以年限为由限制股东知情权。并且，公司运营是一个持续性过程，公司早期的信息同样事关股东利益，股东有权知悉。当然，如果股东要求查阅的公司文件已超出法律规定的最长保管年限并且已经灭失的，公司不承担责任。

---

〔1〕 赵旭东：《公司法学》，高等教育出版社2006年版，第303页；刘峻海：《公司法学》，北京大学出版社2008年版，第163页。

〔2〕 刘峻海：《公司法学》，北京大学出版社2008年版，第164页。

十一、股东查阅权的诉讼时效期间如何计算？（总第 50 问）

根据《民法总则》第 188 条的规定，诉讼时效期间应当从权利人知道或者应当知道权利受到侵害以及义务人之日起计算。对股东的查阅权来说，诉讼时效期间应当从公司拒绝股东的查阅请求之日起计算。故只要股东未提出查阅请求，诉讼时效期间即尚未开始起算，公司不得以股东长期未提出请求为由拒绝股东的查阅请求。

十二、股东可否复制公司会计账簿？（总第 51 问）

对股份有限公司来说，根据《公司法》第 97 条的规定，其股东不仅无权查阅也无权复制公司会计账簿。

对于有限责任公司而言，根据《公司法》第 33 条的规定，股东有权复制的范围包括仅包括公司章程、股东会会议记录、董事会会议决议、监事会会议决议和财务会计报告，并不包会计账簿。换言之，股东有权查阅公司会计账簿，但无权复制会计账簿。《公司法》第 33 条第 1 款和第 2 款之所以作出如此区别对待的明确规定，是因为与公司章程、股东会会议记录等相比，会计账簿直接涉及公司的商业秘密，如果外泄，将给公司造成不可挽回的损失，故为平衡公司和股东利益，《公司法》没有赋予股东会账簿复制权。

十三、股东代表诉讼与股东直接诉讼有何区别？（总第 52 问）

股东代表诉讼，又称股东派生诉讼、股东代位诉讼，是指当公司的合法权益受到不法侵害而公司却怠于起诉时，符合法定条件的股东有权为了公司的利益，以自己的名义直接向法院提起诉讼，而所获赔偿归于公司的诉讼制度。[1]《公司法》第 151 条规定了股东代表诉讼。

股东直接诉讼是股东基于自己利益受损的事实，以自己的名义对公司或公司的董事、监事、高级管理人员、控股股东等侵害人提起的诉讼。这类诉讼包括股东会决议无效或撤销之诉，董事会决议无效或撤销之诉、损害赔偿之诉、其他

〔1〕 冯果：《公司法》，武汉大学出版社 2012 年版，第 142 页。

股东出资违约之诉等。《公司法》第22条、第152条等条款对股东直接诉讼进行了规定。

两者的主要区别有：

(1)诉讼产生的依据不同

前者的依据是共益权，后者的依据是自益权。[1]

(2)诉讼的目的不同

前者是为了公司利益(当然间接为了自己的利益)，后者则是为了股东自己的利益。

(3)诉讼的当事人不同

就原告而言，前者中只有符合法定条件的股东才可成为适格原告，而后者中无此限制，任何股东均可成为适格原告；就被告而言，前者中的被告并不包括公司，而后者中的被告则可以包括公司。

(4)诉讼利益归属不同

前者的胜诉利益归于公司，而后者的胜诉利益归于原告股东。

(5)前置程序不同

前者起诉前须履行特定的前置程序，即股东只有在请求公司机关提起诉讼仍未获满足后才能提起代表诉讼，而后者则无此前置程序，可直接起诉。

第三节　股东的义务

☞条款解读

一、股东义务概述

所谓股东义务，是指股东基于其股东身份而应承担的义务。股东义务包括法定义务和章定义务。股东义务的具体内容因公司的类型及股东对公司控制力的不同而有所不同。

根据对《公司法》有关股东义务条款的分析，与股东权利的内容大致可以

〔1〕 冯果：《公司法》，武汉大学出版社2012年版，第269页。

分为一般权利和倾向保护弱势股东的特别权利相似，股东义务的内容大致可以分为一般股东义务和控制股东的特别义务。《公司法》对控制股东课以更严厉的义务，与规定倾向保护弱势股东的特别权利一样，其宗旨在平衡各股东的利益，以利于公司健康发展。

二、一般股东的义务

1. 出资义务

出资是股东取得股权的基础，是股东最基本、最重要的义务，它既是一种约定义务，也是一种法定义务。《公司法》第 27 条、第 28 条、第 30 条、第 82 条、第 83 条、第 93 条等条文对此进行了详细规定。

2. 不得抽回出资的义务

不得抽回出资，是指股东在公司成立后不得抽回其出资或者不得退股。《公司法》第 35 条、第 91 条及第 200 条等条文对此有明确规定。

3. 以其认缴的出资额或认购的股份为限对公司承担责任的义务

股东以其认缴的出资额或认购的股份为限对公司承担责任，是股东的有限责任。《公司法》第 3 条对此明确规定。

4. 遵守公司章程的义务

《公司法》第 11 条明确规定，设立公司必须依法制定公司章程。公司章程对公司、股东、董事、监事、高级管理人员具有约束力。因此，股东负有遵守公司章程的义务。

5. 遵守公司章程规定的其他义务

如公司章程规定了股东的其他义务，股东应依章程规定履行其义务。

三、控制股东的特别义务

控制股东又称控股股东，是持有公司 50% 以上股权或股份，或者持股比例虽不足 50% 但其所享有的表决权已足以对股东（大）会的决议产生重大影响的股东。

实践中，在公司中居于控制地位能有效对公司进行控制的股东，一般为大股东，但也存在中小股东在特殊情况下构成控制优势的情形。可见，大股东未必一定是控制股东，控制股东未必一定是大股东，也有控制权旁落的弱势大股东。

控制股东对公司的控制是任何公司都可能存在的状态。对公司的控制本身并非过错，构成过错的是对公司的过度控制和控制权滥用。由于控制产生权力、产生利益，因而控制股东滥用控制权，损害公司及弱势股东合法权益的现象经常发生。绝对的权力产生绝对腐败，在公司领域也适用。因此，为防止控制股东滥用控制权，维护公司和非控制股东的利益，各国公司法都规定控制股东除应遵守一般股东应承担的义务外，还应对公司和其他股东承担特别义务。其理论根据在于控制股东事实上对公司享有控制权和控制利益。

根据我国《公司法》第20条、第21条等规定，控制股东的特别义务主要有以下两项：

1. 尊重公司独立人格，不得滥用控制权的义务

控制股东不得滥用控制权损害公司独立人格和其他利益相关方的合法权益，这是《公司法》第20条规定的禁止权利滥用原则的要求。

2. 对公司及少数股东负有信义义务

这是指控制股东在行使其权利时，除了考虑自利益外，还负有认真考虑公司和少数股东利益的义务。

股东信义义务不但被美国公司法所认可，而且也已经大规模地移植到大陆法系国家公司法中。[1] 值得注意的是，英美法的许多案例中，法院只认定多数股东对少数股东负有信义义务，而对公司却不负信义义务。[2]

☞条款设计

四、股东义务条款的个性化设计

1.《公司法》关于股东义务的规定属于强制性规范

根据权利义务相一致原则，股东享有权利的同时，必须承担相应的义务。如果允许随意免除股东对公司的法定义务，将有损第三人的合法权益和交易安全。因此，《公司法》关于股东义务的规定属于强制性规范。

〔1〕 张学文：《有限责任公司股东压制问题研究》，法律出版社2011年版，第30页。

〔2〕 罗培新：《公司法的合同解释》，北京大学出版社2004年版，第62页。

2. 公司章程可补充一般股东的义务内容

根据《公司法》第 11 条“设立公司必须依法制定公司章程。公司章程对公司、股东、董事、监事、高级管理人员具有约束力”之规定，股东负有遵守公司章程的义务。据此，公司章程补充规定的股东义务内容，股东也应履行。

3. 公司章程可补充控制股东的义务内容

由于控制股东事实上在公司中拥有不同于一般股东的地位，所以控制股东除应承担股东的基本义务外，往往还需要负有特殊的义务。[1] 为此，公司章程可就控制股东的信义义务的内容作出细致并且具有可操作性的规定。

☞疑难释解

五、股东自愿对公司债务承担连带责任是否违反股东有限责任原则？（总第 53 问）

所谓股东有限责任原则，是指股东仅以其认缴的出资额或认购的股份为限对公司承担有限责任。我国《公司法》第 3 条第 2 款确认了股东有限责任原则。根据该原则，股东履行完出资义务后，不必对公司债权人的债务承担清偿责任，这也是股东享有的权利。股东自愿放弃该权利，承诺对公司债务承担连带责任，无害于社会公共利益或第三人合法利益，应认定有效，股东不得事后借口有限责任而对抗相对人。

六、公司能否作出决议要求股东对公司债务承担连带责任？（总第 54 问）

股东有限责任原则是《公司法》的基本原则。《公司法》第 3 条第 2 款有关股东有限责任原则的规定，属于强行性法律规范中的效力性规定。故，公司如通过股东会决议、董事会决议或公司章程要求股东对公司债务承担连带责任，或者强制要求股东对于公司增加资本应负追加出资义务，均为无效，任何股东均可就此提出决议无效确认之诉。

---

〔1〕 冯果：《公司法》，武汉大学出版社 2012 年版，第 143 页。

第七章　股份(权)转让

第一节　有限责任公司的股权转让

☞条款解读

一、股权转让的意义

1. 股权转让的概念及特征

股权转让是有限责任公司的股东依照法定条件和程序将其股权转让给他人的行为。股权转让的主要特征有:

(1)股权转让是一种合同行为

股东转让在本质上是一种合同行为,其核心在于意思自治,其标的就是公司股份(权)。

(2)股权转让是要式法律行为

根据《公司法》的规定,股权转让除符合法定条件外,还应履行法定程序,故股权转让是一种要式法律行为。

(3)股权转让既不改变公司的法人资格,也不改变公司资本数额

转让方并不从公司直接取回股本,而是从受让方取得转让款。因此,股权转让不会导致公司资本的减少,而仅仅发生公司股份(权)持有者的变更,公司本身法人资格没有任何改变。

2. 股权转让的意义

按照资本充实原则,公司仍然继续存在时,股东不能从公司直接取回自己的股本,而只能通过转让自己股权的方式予以收回。可见,股权转让是资本市场得以建立的基础。

二、股权转让的原则

1. 内部自由转让

所谓内部转让是指股东内部之间进行转让。我国《公司法》第 71 条第 1 款规定,有限责任公司的股东之间可以相互转让其全部或者部分股权。易言之,在有限责任公司股东之间可以自由转让其股权。

2. 外部转让适度限制

所谓外部转让是指股东向现有股东以外的人进行转让。有限责任公司具有较强人合性,比较强调维持股东之间的相互信任关系,如其股权转让给现有股东以外的外部人,就容易破坏有限责任公司的人合性。因此,股权外部转让应受到限制。我国《公司法》第 71 条第 2 款规定,股东向股东以外的人转让股权,应当经其他股东过半数同意。股东应就其股权转让事项书面通知其他股东征求同意,其他股东自接到书面通知之日起满 30 日未答复的,视为同意转让。其他股东半数以上不同意转让的,不同意的股东应当购买该转让的股权;不购买的,视为同意转让。易言之,外部转让原则上须经其他股东过半数同意。

三、股权转让中的优先购买权

股权转让中的优先购买权,是指经股东同意转让的股权,在同等条件下,其他股东享有优先购买的权利,亦即优先受让的权利。《公司法》第 71 条第 3 款确认了股东的优先购买权利,并规定了优先购买权的行使方法:经股东同意转让的股权,在同等条件下,其他股东有优先购买权。两个以上股东主张行使优先购买权的,协商确定各自的购买比例;协商不成的,按照转让时各自的出资比例行使优先购买权。

股东享有优先购买权,既保护了出让股东的利益,同时也保护了其他股东的利益,有利于保持公司股东的相对稳定,体现了有限责任公司的人合性特点。

四、股权转让的程序

1. 股权内部转让的程序

由于股权内部转让实行自由转让原则,故股权内部转让的程序比较简便,主要是:(1)出让方与受让方签订股权转让协议;(2)进行公司内部股东变更登记,即依照《公司法》第73条的规定办理股东名册等相关变更手续;(3)办理工商变更登记,即依照《公司登记管理条例》第35条等规定办理工商变更登记手续。

2. 股权外部转让的程序

由于对股权外部转让进行一定限制,股权外部转让的程序比较严格,《公司法》规定的转让程序主要有:

(1)书面通知其他股东

股东应就其股权转让事项书面通知其他股东征求同意。

(2)其他股东答复是否同意

其他股东自接到书面通知之日起30日内答复是否同意;逾期视为同意转让。

其他股东半数以上不同意转让的,不同意的股东应当购买该转让的股权;不购买的,视为同意转让。

(3)其他股东决定是否行使优先购买权

《公司法》第71条第3款规定,经股东同意转让的股权,在同等条件下,其他股东有优先购买权。两个以上股东主张行使优先购买权的,协商确定各自的购买比例;协商不成的,按照转让时各自的出资比例行使优先购买权。

(4)签订股权转让协议

其他股东未行使优先购买权时,与外部受让方签订股权转让协议,在其他股东行使优先购买权时,与内部受让股东签订股权转让协议。

(5)进行公司内部股东变登记

即依照《公司法》第73条的规定办理相关变更手续。

(6)办理工商变更登记

即依照《公司登记管理条例》第34条等规定办理工商变更登记手续。

五、异议股东股权回购请求权

异议股东股权回购请求权，又称异议股东股份收买请求权、股东退股权，是指当股东会作出严重影响股东利益的决议时，对该决议持有异议的股东有权要求公司以公平的价格回购自己的股份，从而退出公司的权利。

公司作为一个团体组织，其意思决定往往以资本多数决方式形成。在资本多数决原则下，小股东的意志往往得不到体现，其投资预期利益有可能因为股东会决议而受到突然影响，但有限公司的股权因无公开市场难以实现有价值的退出。为平衡大、小股东的利益，《公司法》第 74 条第 1 款确认了股东的退股权，并规定了股东可以行使股权回购请求权的三类情形："有下列情形之一的，对股东会该项决议投反对票的股东可以请求公司按照合理的价格收购其股权：(一)公司连续五年不向股东分配利润，而公司该五年连续盈利，并且符合本法规定的分配利润条件的；(二)公司合并、分立、转让主要财产的；(三)公司章程规定的营业期限届满或者章程规定的其他解散事由出现，股东会会议通过决议修改章程使公司存续的。"

☞条款设计

六、股权转让条款的个性化设计

1. 对股权转让进行限制的度

《公司法》第 71 条第 4 款规定："公司章程对股权转让另有规定，从其规定。"这表明对股权转让的法律限制属于任意性规范，公司章程可以对股权转让作出与法律不同的规定，但这并不意味公司章程可随意设定。

有限责任公司兼具人合与资合特性。资合性要求股权可以自由转让，而人合性则要求对股权转让作出限制，以维系公司股东信赖基础。资合性的最低标准体现在不应当禁止或变相禁止股权转让。绝对禁止股权转让且无合理救济的限制，在多数国家的立法和司法实践中是不被接受的。[1] 我国司法实务界

---

〔1〕 黄辉：《现代公司法比较研究——国际经验及对中国的启示》，清华大学出版社 2011 年版，第 89 页。

较为倾向于认定禁止或者变相禁止股权转让的章程限制为无效,[1]学界也多持这种观点。[2]

可见,基于有限责任公司具有人合性和资合性,具股权转让可以完全不设限制,但却不能设定过于严苛的限制或禁止转让条款。

2. 对股权转让的限制须公平合理

公司章程对于股权转让的限制必须体现公平性,如果这种限制在股东之间形成不公平待遇,将遭遇合法性质疑。

3. 公司章程可以对股权内部转让和外部转让均进行限制

虽然《公司法》对于股权内部转让实行自由原则,但是从《公司法》第72条第4款来看,《公司法》并不排斥公司章程对内部转让作出限制。股权内部转让虽然不会影响公司人合性,但股权在公司内的流动将导致公司股权结构发生变化,甚至带来公司控制权的变更。因此,公司章程对股权内部转让作出比外部转让更加严格的限制也是可能的、合理的。

《公司法》对于股权外部转让采限制主义实行同意原则,即须经其他股东过半数同意,以维护公司的人合基础。但根据《公司法》第72条第4款的规定,公司也可基于某种原因考虑,规定股权外部转让无须其他股东同意,或者规定股权外部转让须经其他股东2/3以上同意。

4. 公司章程既可作出一般性限制也可作出特别限制

所谓特别限制是指对特殊情形中的股权转让所作的限制,主要是由于特殊身份关系而产生的特别限制,比如,可对公司董事、高级管理人员持有及转让股权进行如下限制:董事、监事、总经理及其他高级管理人员在其任职期间不得向现有股东以外的人转让股权;或者规定:董事、总经理未经其他全体股东同意,不得转让股权;如其执意退出公司,但又不能获得全体股东同意的,须辞去董事、总经职务,在其办妥离职及工作移交手续后按照本章程有关普通股东转让股权的规定执行。

---

〔1〕 虞政平:《公司法案例教学》,人民法院出版社2012年版,第924页。

〔2〕 顾功耘:《最新公司法解读》,北京大学出版社2006年版,第48页;刘俊海:《公司法学》,北京大学出版社2008年版,第184页;冯果:《公司法要论》,武汉大学出版社2003年版,第161页。转引自朱祥蕴:《公司法原论》,清华大学出版社2011年版,第211页。

对于普通职工股也可进行特别限制,因为职工股设置本身主要是将公司的经营业绩与职工的利益联系在一起,以提高职工工作积极性,如果允许持有职工股的职工自由转让股权,就会违背职工股设置的初衷。

公司章程也可规定股权可以在夫妻之间、直系亲属之间自由转让,或者规定他们之间的股权转让也要依向股东以外的第三人的条件进行。

一般性限制是指对特别限制之外的一般性股权转让所作的限制。特别限制既可以是对一般限制的紧缩,也可以是对一般限制的放松。

5. 公司章程既可进行全部转让限制也可进行部分转让限制

股东可能一次性转让其持有的全部股权,也可能只转让其持有股权的一部分,公司章程相应地可进行全部转让限制,也可进行部分转让限制。

由于股权部分转让往往会增加股东人数,使股东间的相互信任和合作难度增加,因此,公司章程可以对股权部分转让作出比全部转让明显更加严格的限制。

七、股权转让同意条款的个性化设计

1. 法律设置的股权转让同意条款属于任意性规范

《公司法》第 71 条第 4 款规定:"公司章程对股权转让另有规定的,从其规定。"根据该规定,法律对股权转让同意条款的规定属于任意性规范,公司章程只要不违反法律、行政法规强制性规定和公平原则,公司可自行规定。

2. 公司章程可自行决定是否设置股权转让同意条款

虽然《公司法》仅规定对于股权外部转让实行同意原则,但为避免因股权内部转让导致公司股权结构发生剧烈变化,公司章程也可以规定股权内部转让也必须经其他股东过半数同意并由其他股东按照实缴出资比例购买。或者对股权外部转让实行更严格的同意表决比例,规定股权外部转让必须经其他股东 3/4 以上同意。或者干脆不区分股权内部转让和外部转让,规定股东可以自由转让其股权。

3. 对同意的表决可以是股东多数决或双重多数决

《公司法》并没有要求获得其他股东过半数同意须以表决形式,实际上,其他股东以书面答复同意或不同意亦可。

当然,公司章程规定以股东会决议方式对股权转让行使同意权也不违反《公司法》。对股权转让作出是否同意表示的表决机制可以分为“股东多数决”和“双重多数决”。我国《公司法》第71条规定的是“股东多数决”,即股权转让须经其他股东的过半数同意。当然,公司章程也可另行规定“双重多数决”,即股权转让须经全体股东的过半数同意及持有全体股东表决权的2/3以上同意。

4. 公司章程不能只赋予股权转让同意权,却剥离不同意时的购买义务

权利义务相统一是一项基本法律原则。按照该原则,权利义务不能简单割裂,不能只享受权利不承担义务。《公司法》第71条赋予股东对股权转让行使同意权时,也规定了不同意股东应承担购买义务,不购买的,视为同意股权转让。因此,公司章程不能只赋予同意权却剥离不同意时的购买义务,否则,这种规定将因违反法律强行性规范而无效。

5. 一般情况下,对股权转让的同意权不应授予公司董事会行使

基于权利义务相统一原则,如果公司董事会享有对股权转让的同意权,就应承担不同意时的股权购买义务,但这种情形下的公司回购股权并不属于现行《公司法》第74条规定的情形,因而其合法性会受到质疑。所以,不建议公司章程赋予董事会对股权转让的同意权。

八、股东优先购买权条款的个性化设计

1.《公司法》关于股东优先购买权的规定是任意性法律规范

基于公司人合性,《公司法》第71条第3款规定了股东同等条件下的优先购买权,即经股东过半数同意的股权转让,其他股东享有与第三人同等条件下的优先购买权。同时,该条第4款又授权公司章程可另行规定。故《公司法》关于优先购买权的规定是任意性法律规范。

2. 公司章程可以限制或取消股东优先购买权

由于《公司法》关于股东优先购买权的规定属于任意性规范,股东优先购买权自然属股东的非固有权,因此公司章程可以予以限制或取消,当然这种限制和取消须公平合理。

3. 公司章程可就股权转让同意权和优先购买权择一规定

《公司法》对股权转让规定了其他股东的同意权和优先购买权的双重限制

措施,似有重复限制、浪费立法资源和抬高股权交易成本之嫌。如果股东也认为同意权和优先购买权没有同时存在必要的,则公司章程可就同意权和优先购买权择一规定。

4. 公司章程应细化优先购买权行使规则

由于《公司法》对于优先购买权的规定比较原则和粗略,不够全面和具体,容易在实际执行时引发争议及纠纷。为了减少或避免纠纷的发生,公司章程有能力也有必要在遵守法律原则的基础上细化优先购买权的行使条件和行使程序。比如,对"同等条件"的含义及界定作出明确规定。

总体来说,法律规定优先购买权中同等条件的目的在于:一是表明优先购买权的相对性和有条件性;二是表明优先购买权并不以损害出卖人的实质利益为代价;三是表明优先购买权之设定并不绝对剥夺他人的购买机会。[1]

优先购买权的设定,只是限制了出让股东自由选择买方的权利,但出让股东的其他自由和权利并未受到限制。为平衡各方利益,法律规定了以同等条件作为优先购买权的行使条件。

按照《公司法》第72条第3款的规定,关于同等条件这一标准,须以出卖人与第三人拟订立的股权转让合同中规定的条件为同等条件,这里的条件包括标的、数量、价款、履行期限等交易条件。[2] 同等条件并不禁止优先购买权人提供的条件优于第三人提供的条件,但当优先购买权人提供的条件足以减少出卖人的实质利益时,出卖人可排除优先购买权的行使。

如上所述,股东部分行使优先购买权并不符合优先购买权的行使条件即同等条件。为避免争议,公司章程可明确规定股东不得部分行使优先购买权,但其他股东可以按照股权转让时各自的出资比例购买该转让的股权。

股东之间可以自由转让股权,任何股东均有受让其他股东股份的权利,这已为《公司法》所确定,故股东之间转让股权,一般不受优先购买权的限制。当然,在全体股东一致同意时,公司章程亦可作出与《公司法》不同的规定。

---

〔1〕 王福祥:"论优先购买权",载《法制与社会发展》1995年第2期。
〔2〕 赵旭东:《公司法学》,高等教育出版社2006年版,第338页。

九、股权强制性转让条款的个性化设计

1. 强制转让条款的合法性问题

强制性转让条款是公司章程在“同意条款”和“优先购买权”之外经常采用的一种限制性措施。一般认为，强制性转让是在章程规定的强制转让条件被触发时，触发条件的股东应当按照章程规定之价格和方式，将股权转让给章程指定的对象。

一般而言，基于对公司内部意思自治的尊重，法律对章程中强制转让安排并不予以干涉，但前提是强制转让的安排在内容和程序上应当合法、合理。[1]

我国《公司法》虽然没有规定股权强制性转让，但也没有明确禁止。如果公司章程在股东自治基础上作出的强制性股权转让条款已包含了“自愿性因素”，只要不违反法律、行政法规强制性规定，就应当认定为有效。这就如同附条件生效的合同或合同条款。具体理由如下：

（1）《公司法》已经授权公司章程可就股权转让另行规定。

我国《公司法》第 71 条第 4 款授权公司章程可以对有限责任公司的股权转让另行规定，这就为公司通过章程设定股权强制性转让留下了空间。

（2）股东已事先同意或认可，并不违法。

转让股权将直接导致丧失股东身份与地位，涉及股东的根本利益，未经法律许可，非自愿地强制剥夺股东资格属于严重侵犯股东权的行为，显然无效。如股东事先已同意或认可的，则属于权利自由处分范畴，并不违法。只要股东同意，原则上对他就没有什么不公正。如果股东事先已同意或认可股权强制转让条款，但该条款规定的强制转让条件被触发后，触发条件的股东又拒绝执行的，有违诚信原则，事后反悔无效。

2. 公司章程中的股权强制转让条款应获得全体股东同意或认可

判断强制性转让是否合法、合理的一条重要规则是，事后修改章程而加入的强制性限制条款必须得到之前股东的同意，强制转让的安排不溯及既往，除非得到股东之同意。《德国有限责任公司法》第 34 条规定：“未经股份所有人

〔1〕 虞政平：《公司法案例教学》，高等教育出版社 2012 年版，第 926 页。

同意而回收股份,须在权利人购置股份前章程中已有关于股份回收的规定,才能回收。”《美国标准公司法》第6.27条第1款也作出了类似的规定:“该类限制性规定并不影响已发行的股份,除非该类股份持有人为限制性协议的一方当事人,或其曾投票赞成该限制性规定。”〔1〕

可见,公司章程中的股权转让条款既可以在公司设立之时规定,也可以通过后来修改公司章程时添加,但无论何种情形,其中都应包含股东对股权强制转让条款的同意表示。

如果公司在设立时的初始章程设定了股权强制转让条款,在此情形下任何于初始公司章程上签字的股东都被认为认可并接受了股权强制转让条款所确定的条件。因为公司设立时的公司章程应由全体股东签字,股东的签字就说明了股东同意接受公司章程的约束,其中当然包括股权强制转让条款的约束。

公司可以通过变更公司章程的方式事后加入股权强制转让条款,但与其他公司章程变更事项获得简单多数或加重多数即可通过变更决议不同,加入股权强制转让条款的章程变更,如同加重股东负担义务的章程变更必须获得全体股东的同意一样,也必须获得全体股东的一致同意,这是因为公司存续期间以“多数决”修改章程的制度模式是效率考量的结果,使得到大多数股东同意的章程修改成为可能和有效率,但效率不得以显失公平为代价。如果章程的修改给股东增加新的义务或加重原有义务,都是对股东最初合意的根本性变更,则该项变更只有得到所有受章程变更影响的股东一致同意方为有效。否则,如果允许以“多数决”在公司章程加入股权强制转让条款,容易在多数股东与少数股东之间产生私人强制。〔2〕

股权转让中同意受让股权的受让人和公司增资时认购新增出资额而加入公司的新股东,是以其加入公司的表示及行为表明对当时公司章程的认可并同意接受公司章程的约束,其中当然包括股权强制转让条款的约束。

3. 股权强制转让条款中应明确规定强制转让的事由

股权强制转让的事由,是指可以导致股权被强制转让的原因,是股权强制转让的条件之一。这如同附条件生效的法律行为中的条件,强制转让的事由也

〔1〕 虞政平:《公司法案例教学》,高等教育出版社2012年版,第926页。

〔2〕 王东光:《股东退出法律制度研究》,北京大学出版社2010年版,第256页。

必须满足一定的条件才可能导致股权强制转让，其一，必须是合法的事由；其二，必须是重要的事由或称实质性的事由。所谓实质性，应当是关乎公司目的的实现，对公司的继续存在和正常经营、对股东之间信任关系的维持、对公司利益的维护等企业和股东重要利益有重要影响的因素。公司不能仅因为某股东“令人讨厌”或者与其他股东意见不一致而强制转让其股份。

股权强制转让条款中可以列举具体的强制转让事由，一方面可以为股东设定一个确定的行为标准，另一方面可以尽可能确保法院能够认可这些事由。当然，公司章程也可在列举具体事由之后又附加一个“其他重要事由”这一概括性的表述。这样表述的好处是，当出现一个列举的具体事由之外但重要性与已列举的事由相当的事由时，仍然可以把它作为“其他重要事由”主张强制转让。

强制转让事由可以分为与股东本身相关的事由和与股东本身无关的事由，前者包括丧失特定的必要职业资格、违反竞业禁止、与公司解除劳动（聘用）合同、退休、死亡等；后者主要有股东破产、股权出质等。

4. 股权强制转让条款中应明确规定可强制转让的股份

公司章程应明确规定何种股权可以强制转让，比如规定可以对职工股或出资瑕疵的股权在其符合一定条件时予以强制转让。

5. 公司章程应明确可受让被强制转让股权的主体

对于被强制转让股权的受让人，公司章程可笼统规定为“公司指定的人”。当然，公司本身尽量不作为被强制转让股权的受让人，否则，股权强制转让将演变为公司回购股权而受到更多法律挑战。

6. 公司章程应明确股权强制转让时转让价格的确定方法及标准

股权转让价格的确定方法及标准主要有：每股净资产价或乘以一定比例的溢价，实际出资额原值或加计银行同期活期存款利率、或者以收益现值法、或重置成本法、或清算价格法进行评估的评估价等。

7. 公司章程宜明确规定股权强制转让的程序性规则

股权强制转让的程序性规则包括强制转让决议的表决、通知、执行等。

强制转让决议之表决，可以是简单多数决或加重多数决。股东会作出强制转让决议需通知被强制转让的股东。对于拒绝执行股权强制转让的，需规定替代措施及救济措施。

十、异议股东股权回购请求权条款的个性化设计

1.《公司法》关于异议股东权回购请求权的规定属于强制性法律规范

异议股东股权回购请求权是反对股东享有的权利,是少数股东的法定权利,对于防止中小股东被公司控制者掠夺,优化公司治理结构具有重要作用。因此公司章程不能限制或剥夺异议股东股权回购请求权。易言之,对于《公司法》中有关异议股东股权回购请求权的规定,公司章程不能对其排除和限制。

2.公司章程可以对《公司法》关于异议股东股权回购请求权的规定进行补充

(1)公司章程可以对《公司法》的规定明确化

由于《公司法》对股权收购价格仅原则性地规定异议股东"可以请求公司按照合理的价格收购其权股权"。公司章程可以就此进一步明确"合理价格"的确定标准和确定方法,并可进一步明确收购价的评估费用的负担。

(2)公司章程可以对股权回购请求权的行使程序明细化

公司章程可以对股权回购请求权的行使程序明细化、具体化:

①明确界定何为"对决议事项表示反对"

公司章程可以就《公司法》"对股东会议该项决议投反对票"进一步明确规定:股东在股东会议前或会议中,以书面表示反对,或以口头表示反对该项决议经会议记录的,均视为对股东会该项决议投反对票,但股东在会前表示反对却在会议表决时投赞成票的,不能认为对股东会该项决议投反对票。未出席股东会或放弃表决权以及股东会表决时对该项决议投弃权票的,均不能视为对股东会该项决议投反对票。

②明确收买请求的提出及履行

公司章程可以规定异议股东收买请求提出的方式、内容、期限以及公司答复期限。

③明确股权回购请求权失效的条件

公司可以规定反对股东在法定期间内未提出收买请求,或者在未达成股权收购协议时反对股东又未在法定期间内请求法院裁决的,则股权回购请求权失效。还可规定,如果公司事后取消产生股份回购请求权的公司行为,反对股东不能再要求公司回购其股权。

这样补充、细化的条款可以使法律规定得到更好的遵照执行,并减少或避免不必要的纷争。

3. 公司章程应慎重扩大股权回购请求权的回购事由

如上所述,《公司法》关于异议股东股权回购请求权的规定属于强制性规范,但这不能成为慎重扩大股权回购请求权的理由。因为从《公司法》第74条的立法宗旨来看,是为了保护中小股东的正当利益和优化公司治理结构的需要而设定异议股东股权回购请求权。易言之,法律是出于维护实质公平正义而对反对股东提供最低保护而规定了三项回购事由,因此《公司法》第74条的强制性体现在:公司章程不能降低法定的最低保护标准或剥夺该项权利,亦即不能作出不利于少数股东的修改及限制。

笔者对扩大股权回购请求权回购事由持慎重的立场,主要是基于以下考虑:当公司随意扩大股权回购事由并动用公司资本进行股权回购,将会降低公司资本信用,进而危及公司债权人的利益,这时,利益相关方将以股权回购违反资本维持原则及禁止股东抽回出资额等强制性规定为由主张无效。

当然,如前所述,公司回购股权并不一定导致公司减资,况且《公司法》第177条规定公司可以减资。在公司回购股权不动用公司资本而仅限于公司可分配利润时,回购股权后并不会减少注册资本,其在财务上对公司及债权人的影响与公司派发股利并无不同,既不会降低注册资本提供的信用,也不会与资本维持原则相冲突。因此,异议股东股权回购请求权与资本维持原则可以相互协调,并平衡兼顾各方利益。

基于上述理由,公司章程应慎重扩大股权回购请求权的回购事由。公司章程在规定法定回购事由之外的回购事由时,应慎重考虑:(1)同《公司法》设置异议股东股权回购请求的目的相符;(2)这些事由的设定要与《公司法》关于股权回购请求权规定的方向一致;(3)设定这些事由可能产生的结果是合理的,并不会显著影响公司外部债权人的正当利益。符合这三个条件的情形下,公司章程对强制性规定可以适当拓展,规定更符合公司实际情况的条款。

十一、因继承、遗赠、赠与、折产等紧密关系而引发股权变动条款的个性化设计

1.《公司法》关于股权继承(遗赠)的规定是任意性规范

《公司法》第75条规定:“自然人股东死亡后,其合法继承人可以继承股东资格;但是,公司章程另有规定的除外。”该条中的但书条款表明:《公司法》关于股权继承(遗赠)的规定是任意性规范,公司章程可予以排除,作出不同的规定,也可不排除其适用。

2. 因继承等紧密关系引致股权变动的条款须不违反《继承法》《婚姻法》等法律

公司章程中规定的因继承、遗赠、赠与、折产等紧密关系而引发股权变动的条款,不仅不得违反《公司法》,而且不得违反《继承法》《婚姻法》等法律。比如,公司章程可以排除股东资格继承,但不能排除股权中财产性权利的继承。

3. 公司章程可以限制继承等紧密关系引发股权变动

《公司法》第71条及第75条中的但书条款,授权公司章程可以限制继承、遗赠、赠与、折产等紧密关系引发股权变动。虽然原股东与公司其他股东之间多数相互信任,但与原股东存在紧密关系的权利继受人如其继承人,和公司其他股东未必相互信任。为阻止“不受欢迎”的权利继受人成为公司股东,公司章程可以限制继承、遗赠、赠与、折产等紧密关系引发的股权变动,规定继承人、受遗赠人、受赠与人、股东配偶等权利继受人,须经过半数股东同意才能继受股东资格成为公司股东,或规定这些权利继受人继受股东资格须依向第三人转让股份的条件进行。

当然,股东们基于税务筹划,也可以作出股东资格继受的其他安排。

如果公司章程限制继承人等权利继受人继受股东资格的,公司章程可以授权其他股东或者公司以公允价格收购该股权。

十二、股权交付与变更登记条款的个性化设计

1.《公司法》关于股权交付与变更登记的规定属于强制性法律规范

《公司法》第32条第3款规定:“公司应当将股东的姓名或者名称向公司登

记机关登记;登记事项发生变更的,应当办理变更登记。未经登记或者变更登记的,不得对抗第三人。”第73条规定:“依照本法第七十一条、第七十二条转让股权后,公司应当注销原股东的出资证明书,向新股东签发出资证明书,并相应修改公司章程和股东名册中有关股东及其出资额的记载。对公司章程的该项修改不需再由股东会表决。”

这些规定是程序性规则,公司章程及股权转让合同均不得违反,因此属于强制性法律规范。

2. 股权交付与变更条款的必要性

股权交付与变更条款不是《公司法》规定的公司章程绝对必要记载事项,而是章程的相对必要记载事项。

生效的股权转让合同仅产生转让方将其所持股权让渡给受让方的合同义务,并不导致股权的自动、当然的变动。股权转让合同生效后,股权转让人为履行合同将合同项下股权实际交付给受让人并办理股东变更登记,是履约行为,也是权利变动行为。交付股份不仅事关股权转让合同的履行,而且直接关乎股权的取得、变更或丧失,因而涉及公司。

股权变动又称股权权属变更、股权过户,是指转让人按照法定程序将股份过渡到受让人名下。依照《公司法》第32条、第73条等规定,这种权属变更是以股东名册的变更(生效效力)和工商变更(对抗效力)为准。

《公司法》第73条规定,依照本法第71条、第72条转让股权后,公司应当注销原股东的出资证明书,向新股东签发出资证明书,并相应修改公司章程和股东名册中有关股东及其出资额的记载。这是通常所称的公司内部股东变更登记。根据《公司法》第32条的规定,办理公司内部股东名册变更的直接后果是,导致股权的变动,即原股东股东权的消灭,以及新股东股东权的产生。除此之外,《公司法》对公司内部股东变更登记没有其他明确规定。

由于《公司法》第32条和第73条的规定比较原则、不具体,在实际执行中容易因理解不同产生争议。为减少及避免不必要的纷争,使法律得到更好遵照执行,公司章程可在法律规定的框架下补充和细化公司股权变更程序。

3. 公司章程可着重补充、完善公司内部股东变更登记程序

根据《公司法》第73条的规定,协助受让方办理完成公司内部的股东变更

登记,是股权转让所在公司的一项法定义务。同时,公司章程对公司及股东具有约束力,因此,公司在办理公司内部股东变更登记时,除应遵守法律规定,还应遵守公司章程的规定。

(1)股东变动登记的通知与申请

一般情况下,公司不是股权转让合同的当事人,该合同生效后,并不当然导致股权自动变更。并且,根据《公司法》第73条的规定,公司进行股东变更登记,是一种被动响应式行为,公司不能在没有任何通知与申请的情况下,自主地进行股东变更登记。而交付股份是股权转让人的合同义务,因此,转让股东负有将股权转让事实通知公司的义务,这如同债权人转让债权须通知债务人。转让方将股权转让事实通知公司时应一并将公司出具的出资证明书退回公司。

如果转让方没有将转让事实通知公司,公司是否可以仅仅根据受让人提供的股权转让合同就应当办理股东变更登记?笔者认为,这种情况下,公司有权予以拒绝,理由如下:①公司不是合同当事人,股权转让合同对公司没有约束力。②按照民法区分原则,股权转让合同与股权变动,虽然相互联系,但也相互区分。生效的股权转让合同仅产生转让方将其所持股权让渡给受让方的合同义务,并不导致股权自动和当然的变动。股权转让合同与股权变动的联结点在于:转让股东为履行合同而将股权交付给受让人。因此,没有转让方实际交付股份的履约行为,股权当然不发生变动。转让方将转让事实通知了公司,公司才能响应并启动变更登记程序。③公司拒绝登记的,受让人仍然有救济途径。若因转让方过错未通知或未申请而致未能办理公司内部股东变更登记的,则应由转让方依股权转让合同承担违约责任。

如果转让方仅将转让事实通知了公司,而没有将其出资证明书交回,公司能否拒绝办理股东变更登记呢?这时,公司不能拒绝办理。因为,一般情况下,股东记载于股东名册后,出资证明书证明股东身份的作用就减弱了,而让位于股东名册,根据《公司法》第32条的规定,记载于股东名册的股东,可以依股东名册主张行使股东权利。在转让方将转让事实通知公司后,公司将股东名册中的转让股东变更为受让股东时,转让方的股东身份即丧失,转让方无权以其应注销的出资证明书向公司主张任何权利。这时,公司无须就该转让的股权同时向转让方和受让方承担义务。

(2)审查股权转让是否符合《公司法》和公司章程的规定

由于公司章程于公司如同宪法之于国家，对于公司、股东、董事、监事、高级管理人员具有约束力，因此，公司在办理股东变更登记时除应审查股权转让是否符合《公司法》外，还应审查该转让是否符合公司章程。

如果股权转让不符合公司法及公司章程的规定，公司有权拒绝登记，公司不承担任何法律责任，转让方与受让方之间因此产生的纠纷依股权转让合同处理。

如股权转让符合公司法及公司章程的规定而公司拒绝变更登记，则公司侵犯了股东依法转让股权的权利，受让方有权依照《公司法》第73条及《公司法解释(三)》第23条的规定诉请法院要求公司履行办理股东变更登记的义务。

完成股东名册的变更登记是股份(权)交付完成的标志。

4. 公司章程可细化股东工商变更登记的内部程序

对于工商部门办理股东变更登记的工作程序，因其属于工商部门的职责，公司章程无权规定工商部门的工作程序，但公司章程可就办理该工商变更而需股权转让方和受让方协助的事项作出规定。

☞疑难释解

十三、股权转让合同的效力与股权变动效力的关系(总第55问)

(1)股权转让是引起股权变动的原因之一

股权转让是股东资格得失的重要原因。[1] 故股权转让是引起股权变动的原因之一。股权转让与股权变动是原因和结果的关系。

若股权转让合同被确认无效或撤销，应按照《合同法》第58条"合同无效或者被撤销后，因该合同取得的财产，应当予以返还；不能返还或者没有必要返还的，应当折价补偿。有过错的一方应当赔偿对方因此所受到的损失，双方都有过错的，应当各自承担相应的责任"之规定进行处理，即买方有义务将其依据无效或被撤销的股权转让合同所取得的股权返还给卖方，公司有义务协助卖方

〔1〕 关于股东资格的取得与丧失的原因，详见本书"股东身份的取得与丧失"部分相关内容。

办理股权回转的相关手续(如修改章程、变更股东名册、前往公司登记机关办理股权变更手续)。

(2)股权转让合同的效力与股权变动的效力,实行区分原则

如同原因行为与物权变动相互区分,股权转让合同效力与股权变动的效力,也实行区分原则。法院或仲裁机构不得以股权变动尚未发生为由否认股权转让合同的效力。生效的股权转让合同仅产生卖方将其所持股权让渡给买方的合同义务,而非导致股权的自动、当然的变动。股权转让合同生效后,若卖方拒绝或怠于协助买方将合同项下的股权过户给买方,股权仍属于卖方,只不过买方有权根据《合同法》有关规定追究卖方的违约责任。[1]

因此,股权转让合同的有效并不当然表明股份的实际交付或移转,而股权的变动无效也并不意味着转让合同本身的无效。因为法律对不同的行为可能规定有不同的生效要件和无效的原因。[2]

十四、未办理股权变更登记是否影响股权转让合同的效力?(总第56问)

根据民法上的"区分原则",必须区分登记的效力与合同的效力。未办理股权变更登记,不影响合同效力。除法律另有特别规定或者合同另有约定,股权转让合同一经成立,只要在内容上不违反法律的强行性规定和公序良俗,就可发生效力。易言之,无论是股权内部变更登记,还是外部的股权变更登记,都不是合同的生效要件。故根据《合同法》第44条的规定,未办理股权变更不影响股权转让合同的效力。

十五、股东出资瑕疵是否影响股权转让合同的效力?(总第57问)

股东出资充分与否对股东的权利义务必然产生影响,比如出资瑕疵的股东须承担出资差额补充责任,并可对其分红权、表决权等权利进行限制。由于卖方向买方转让的权利不能大于卖方自身拥有的权利,卖方出让的股东权利因出资瑕疵而存在瑕疵的,买方受让的股东权利也存在同样瑕疵。这时,如果卖方在签订股权转让合同时,将自己出资瑕疵的事实如实告知买方,买方知道或应

〔1〕 刘俊海:《公司法学》,北京大学出版社2008年版,第185页。
〔2〕 赵旭东:《公司法学》,高等教育出版社2006年版,第326页。

当知道这一事实,仍然受让卖方出让的股份(权),则股权转让合同有效。并且,根据最高人民法院《公司法解释(三)》第 18 条的规定,买方与卖应就瑕疵出资导致的民事责任承担连带责任。

如果卖方在签订股权转让合同时,隐瞒了自己出资瑕疵的事实,致使买方签订股权转让合同时不知道这一事实而受让股权的,则买方可根据《合同法》第 54 条的规定,以受欺诈为由请求法院或仲裁机构撤销或变更股权转让合同。

十六、如何确定股东优先购买权中的“同等条件”?(总第 58 问)

有限责任公司股权转让时,“同等条件”是股东行使优先购买权的前提条件,如非“同等条件”则股东没有优先购买权。股东优先购买权中的“同等条件”有利于保护出让股东利益免受不当损害,平衡出让股东与其他股东的利益诉求。

同等要件的“条件”,是指数量、价款、履行期限、地点、方式和违约责任等交易条件,而不仅仅是指转让价格。所谓同等条件,就是交易条件相同。

十七、股东对转让的股权是否可以部分行使优先购买权?(总第 59 问)

其一,“同等条件”是股东享有优先购买权的前提要件。非同等条件,股东自然不享有优先购买权。所谓同等条件,是指交易条件相同,而交易条件则是包括标的、数量、价款、履行期限、方式和违约责任等在内的多个条件的集合,而非仅仅限于价格条件。因此,其他股东若欲以同等条件行使优先购买权,不能仅仅在价格上达到“同等”,而必须同时在数量等交易条件达到“同等”。这才符合《公司法》规定优先购买权立法原意。

其二,交易数量往往影响交易价格甚至影响交易是否成功。如股东对转让股权部分行使优先购买权,就很可能导致现有股东以外的第三人放弃购买剩余部分股权,进而损害出让股东的正当利益。这与在股东优先购买权中设立“同等条件”保护出让股东利益不受实质损害的目的相悖。

综上,股东对于转让的股权不能部分行使优先购买权。

十八、侵犯其他股东优先购买权的股权转让合同是否有效?(总第 60 问)

如前所述,股权转让合同是引起股权变动(即股权发生移转)的原因行为。

从本质上看,对其他股东发生不利影响的是股权发生移转,而非引起股权发生移转的原因行为。按照区分原则,股权转让合同的效力与股权变动的效力相互区分。因此,侵犯其他股东优先购买权的股权转让合同一经依法成立即对合同当事人产生约束力。

虽然一般合同主要涉及双方当事人,但侵犯其他股东优先购买权的股权转让合同所作的利益安排会对外部产生消极影响,即损害到合同关系以外其他股东的合法利益,如不排除这种影响,将立即发生现实损害。这时,其他股东为维护自身合法权益,有权干预股权违法转让,主张优先购买权的股东有权撤销该股权转让合同。[1]

十九、股东转让股权过程中,应如何尊重其他股东的优先购买权?(总第61问)

如前所述,股东内部相互之间转让股权,其他股东不享有同意权和优先购买权。

股东向现有股东以外的第三人转让股权,则须尊重其他股东的优先购买权和同意权,否则,将对股权转让合同产生不利影响。可见,尊重其他股东的同意权和优先购买权,才能使股权转让顺利进行。根据《公司法》第71条的规定,应从以下几方面尊重其他股东的优先购买权:

(1)股东应书面通知其他股东行使优先购买权

股东可以在书面通知其他股东征求同意时一并通知其行使优先购买权,或者在征得其他股东过半数同意后另行通知其他股东行使优先购买权。

(2)该书面通知应说明该股东拟与第三人进行股权转让的交易条件

无论交易条件是由出让股东还是第三人提出,出让股东应将此条件事先告知其他股东,以确定其他股东是否购买,并明确规定不同意该交易条件的视为放弃优先购买权。

(3)等待其他股东在合理期限内答复

出让股东的书面通知中应明确规定其他股东的合理答复期限及优先购买

〔1〕 刘贵祥:《合同效力研究》,人民法院出版社2012年版,第373页。

权行使期限。

(4)与行使优先购买权的股东按照“同等条件”原则协商交易条件并达成协议

其他股东答复行使优先购买权的，应当与其协商交易条件并达成协议。如其不愿意按照书面通知中交易条件签订股权转让协议的，出让股东可以该条件或高于该条件与第三人签订股权转让协议，其他股东不得再主张优先购买权。

(5)其他股东未行使优先购买权的，与第三人签订股权转让协议

其他股东收到通知后表示放弃优先购买权或者在合理期限内未答复的，出让股东可以与第三人订立股权转让协议，其他股东不得再主张优先购买权。

最好请表示放弃优先购买权的股东签署放弃优先购买权的书面声明。

二十、公司章程限制条款对股权转让有哪些影响？（总第62问）

(1)基于公司自治和股东自治，《公司法》允许公司章程对股权转让进行限制

根据《公司法》第71条第4款“公司章程对股权转让另有规定的，从其规定”和第75条“自然人股东死亡后，其合法继承人可以继承股东资格；但是，公司章程另有规定的除外”等规定，法律允许有限责任公司章程对股权转让自由加以限制或鼓励。但公司章程的这种限制并非漫无边界，不得违反法律和行政法规的强制性规定，不得侵害股东的固有权，例如不得禁止股东转让股权，否则，这种限制性规定无效。

(2)有效的公司章程限制条款对股权转让合同效力的影响

如前所述，按照区分原则，股权转让合同的效力应根据法律规定和自身约定来判定。一般认为，如果公司章程对股权转让的限制将导致合同自始不能履行，合同应当认定为无效；如果这种限制只是导致嗣后履行不能，合同应当认定为有效，但会产生违约责任的问题。[1]

(3)有效的公司章程限制条款对股权变动的影响

如果股权转让合同违反有效的公司章程限制条款，虽然并不必然导致该股

〔1〕 虞政平：《公司法案例教学》，人民法院出版社2013年版，第927页。

权转让合同无效,但是公司有权以该股权转让违反公司章程为由拒绝在股东名册予以登记,因而导致股权不发生移转,即不发生股权变动的效力。

如果第三人符合善意取得的要件,则可善意取得该股权。[1]

二十一、公司章程可否限制或剥夺异议股东的股权回购请求权?(总第63问)

股权回购请求权是股东为了个人利益而单独行使的权利,是自益权。虽然学界通说认为自益权多为非固有权,[2]但并不能因此就认为股权回购请求权属于非固有权而可以由公司章程予以限制或剥夺。因为股权回购请求权是反对股东享有的权利,是少数股东的法定权利,它对于防止中小股东被公司控制者掠夺,优化公司治理具有重要作用,所以,股权回购请求权属于股东自益权和固有权,公司章程不能限制或剥夺。

二十二、公司章程可否扩大异议股东股权回购请求权的适用范围?(总第64问)

在实行严格法定资本制的国家,禁止股东退股是原则,允许公司回购自己股权是例外。我国现行《公司法》采用法定资本制,《公司法》第35条、第91条、第200条对"禁止股东抽回出资"作了明确规定,《公司法》第74条、第142条则对例外允许的情形作了明确规定。可见,在严格法定资本制下,《公司法》关于异议股东股权回购请求权适用条件及程序的规定属强制性法律规范,公司章程只能在法律规范的框架内作出细化规定,而不能扩大其适用范围。因为法律允许的例外必须有严格的适用范围,否则就无所谓例外。如果允许公司章程扩展适用,例外将成为普遍。

《公司法》之所以如此规定,是因为我国《公司法》中的法定资本建立在资本信用基础上,并基于以下假设:股东本已享受有限责任保护,若再允许其自由

---

〔1〕 虞政平:《公司法案例教学》,人民法院出版社2013年版,第927页。

〔2〕 柯芳枝:《公司法论》,台北,三民书局2005年版,第172页;刘清景主编:《公司法逐条整理》,台北,学知出版事业股份有限公司2000年版,第205页。转引自王保树、崔勤之:《中国公司法原理》,社会科学文献出版社2006年版,第158页;赵旭东:《公司法学》,高等教育出版社2006年版,第316页。

以回购股份的方式退股，则公司将难以维系，并将给公司债权人带来风险，故为平衡各方利益，原则上不允许股东退股，仅允许股东在特定情形下可以请求公司回购股份。

不过，笔者认为，在法定资本制日渐缓和及商事注册登记改革的今天，为了平衡保护公司债权人利益和中小股东的正当诉求，在不背离股权回购请求权立法宗旨的前提下，公司章程可以将各国公司法普遍规定的，对股东利益影响程度与《公司法》第 74 条规定相当，对股东利益产生重大影响的某些特定公司行为，规定为异议股东行使股权回购请求权的原因条件，并对因这些扩大适用范围而进行回购的收买程序及收买资金作出严格限制，以兼顾公司债权人的利益。其具体理由如下：

(1)适度允许公司回购股权并不必然危害公司债权人利益

在公司回购股权不动用公司资本而仅限于公司可分配利润时，回购股权后并不会减少公司注册资本，也就不会因此降低资本信用，也不会与资本维持原则冲突，并且公司在用可分配利润回购股份与派发股利在财务上对公司债权人的影响并无不同。公司将可分配利润派发股利是天经地义的，对公司资产和债权人的影响相同的回购股份自然同样具有正当性。因此，公司回购股权并不一定侵害公司债权人的正当利益。

(2)适度允许公司回购股权并不一定导致公司减资

如公司仅用可分配利润回购股权，则公司回购股权并不会导致公司减资。可见，公司减资可以是公司回购股份的理由，但回购股份并不一定导致减资。

(3)《公司法》规定公司可以减少注册资本

根据《公司法》第 177 条的规定，公司可以减少注册资本。而减资可以出于各种目的，包括回购公司股份，这种减资并不被公司所禁止。

综上，在公司仅仅用可分配利润回购股权的情况下，公司回购股权既不损害注册资本所能提供的资本信用，也不会对公司债权人的利益产生不当影响，法律自无干涉的必要。因此，在公司章程作出公司仅可用分配利润回购股权的限制性规定的同时，可以扩大异议股东股权回购请求权的适用范围，将"公司营业重大变更行为、公司组织形式变更、对股权产生重大影响的公司章程变更"等作为异议股东行使股权回购请求权的原因条件。

二十三、公司章程可否规定持股职工在离职时必须转让其职工股?(总第65问)

职工股又称岗位股并不是一个法律专业名词,而是在公司实践中产生的约定俗成的大众化的概念,泛指因任职而取得的所在公司的股份。职工股与职工身份相联系,设置职工股的目的主要在于彰显职工的企业主人翁地位,从而将职工的利益与公司的利益联系在一起,激励职工工作积极性,增强企业的凝聚力。

当职工股持有人因辞职、退休、辞退、与公司解除劳动合同、死亡等原因丧失职工身份后,职工股存在动因不复存在,公司章程可以规定持股职工在离职时必须转让其职工职。这样规定并不违反法律、行政法规的强制性规定和公平原则,应当认定为有效。职工股因任职而取得,因离职而丧失,自然而公平。

不过,需指出的是,如果职工取得股份时的章程或协议没有明确这是针对岗位设置的职工股而在离职后须强制转让,后来公司修改章程时才以"多数决"通过章程修正案加入强制转让条款但未获其本人同意的,则该新加入的强制转让条款对该职工没有约束力。因为这是对股东最初合意的根本性变更,该项变更只有得到所有受章程变更影响的股东一致同意方为有效。[1] 否则,容易在多数股东与少数股东之间产生"暴政",有失公允。

二十四、公司章程能否限制或取消股东优先购买权?(总第66问)

《公司法》第71条第4款规定,公司章程对股权转让另有规定的,从其规定。该项规定根据公司自治原则,赋予了公司股东自主决定股权转让事项的权利。结合《公司法》第71条第1款至第4款来看,经全体股东一致同意,公司章程可以排除其他股东的同意权和优先购买权。

二十五、公司章程能否规定股东对外转让股权须经董事会同意?(总第67问)

《公司法》第71条第4款规定,公司章程对股权转让另有规定的,从其规

〔1〕 王东光:《股东退出法律制度研究》,北京大学出版社2010年版,第256页。

定。根据该项规定，似乎公司章程可以规定股东对外转让股权须经董事会同意，而且国外也有需董事会同意的立法例。[1]

但是，如果把《公司法》第71条第1款至第4款条文作为一个整体来研究，恐怕不能简单地这么认为。权利与义务往往是一体两面，不能简单割裂，对股东转让股权的同意权也是如此。比如，根据《公司法》第71条第2款的规定，股东向股东以外的人转让股权，其他股东享有同意权并承担不同意时的购买义务。法律之所以如此规定，是因为股权转让自由是股东的基本权利，位阶上高于对股东转让股权的同意权，其他股东不能以行使同意权为由变相剥夺股东转让股权的自由。同理，如果公司章程只赋予董事会对股东转让股权行使同意权，而没有一并规定董事会决议不同意时由公司或其他股东承担按合理价格购买该转让股权的义务及不购买的视为同意转让的，这就实际上变相剥夺了股东转让股权的自由，这样的规定因违反《公司法》强制性规范而无效。

当然，公司章程在赋予董事会对股东转让股权行使同意权时一并规定董事会决议不同意时由公司按合理价格回购该转让股权，由于这种情况下公司回购股权不符合《公司法》第74条规定的异议股东行使股权回购请求权的条件，在现行《公司法》未修改之前，这样的规定也会遭遇较大的合法性挑战。

第二节　股份有限公司的股份转让

☞条款解读

一、股份转让的意义

股份转让，是指股份有限公司的股东将自己的股份让与受让人，转让人丧失股东资格，受让人取得股东资格的行为。[2] 股份转让的特征与股权转让基本相同。

---

〔1〕 王东光：《股东退出法律制度研究》，北京大学出版社2010年版，第65页。

〔2〕 王保树、崔勤之：《中国公司法原理》，社会科学文献出版社2006年版，第229页。这里所谓“股东资格”与“股东身份”同义。——笔者注

股份转让就是股东地位即股东权的转让，是继受取得股东权的一种方式，也是投资者回收投资的最基本的方式。

二、股份转让的原则

由于股份自由转让是资本市场的基础，股份自由转让有利于股东回收投资，有利于公司引入新的投资者，有利于完善公司治理结构从而提高公司经营绩效，有利于实现整个社会资源的优化配置，因此《公司法》第137条确认了股份自由转让原则。

所谓股份自由转让原则，是指股东有权自主决定是否转让其所持股份，何时转让，转让给何人，转让多少股份，转让价格几何。除非法律另有规定，任何人均不得强制股东转让其股权。[1]

《公司法》之所以规定股份有限公司股份转让实行自由原则，是基于股份有限公司的资合性。在我国公司法学理论界比较主流的观点认为，股份有限公司注重的是资本结合，而不注重持有股份的人是谁。股份的转让不影响公司的存续与运营，因而原则上是自由的。同时，《公司法》实行股份有限公司股东不得抽回股本的制度，股东大多数不参与具体的经营，当董事、高级管理人员的经营决策与管理走向不利于股东实现投资目的，甚至可能损害股东利益时，通过转让股份而退出公司不失为良策。所以股份有限公司实行股份转让自由原则。[2] 笔者认为，在我国公司实践中，上市公司具有公众性和开放性，确如该观点所言“注重的是资本结合，而不注重持有股份的人是谁”，但也有相当一部分股份有限公司采取发起设立而不是募集设立，股票没有公开发行，没有公众股东，因而此类股份有限公司也存在人合性，即非公众股份有限公司兼具资合性和人合性特点，并非不注重持有股份的人是谁。

三、股份转让的法定限制

虽然股份转让实行自由的原则，但为了防止过度投机，保护公司和投资者利益，《公司法》对股份转让作了必要的限制。主要是：

---

〔1〕 刘俊海：《公司法学》，北京大学出版社2008年版，第197页。
〔2〕 王保树、崔勤之：《中国公司法原理》，社会科学文献出版社2006年版，第230页。

1. 对股份转让场所的限制

《公司法》第138条规定,股东转让其股份,应当在依法设立的证券交易场所进行或者按照国务院规定的其他方式进行。

2. 对发起人持有本公司股份转让的限制

《公司法》第141条第1款规定,发起人持有的本公司股份,自公司成立之日起1年内不得转让。公司公开发行股份前已发行的股份,自公司股票在证券交易所上市交易之日起1年内不得转让。

3. 对董事、监事、高级管理人员持有本公司股份转让的限制

《公司法》第141条第2款规定,公司董事、监事、高级管理人员应当向公司申报所持有的本公司的股份及其变动情况,在任职期间每年转让的股份不得超过其所持有本公司股份总数的25%;所持本公司股份自公司股票上市交易之日起1年内不得转让。上述人员离职后半年内,不得转让其所持有的本公司股份。公司章程可以对公司董事、监事、高级管理人员转让其所持有的本公司股份作出其他限制性规定。

4. 对公司收购自己股份的限制

《公司法》第142条规定:"公司不得收购本公司股份。但是,有下列情形之一的除外……"

根据该规定,法律原则上禁止公司持有自身股份,但允许例外。具体而言,公司收购自身股份应遵守以下限制:

(1)公司因减少公司注册资本、与持有本公司股份的其他公司合并或将股份奖励给本公司职工的原因收购本公司股份的,应当经股东大会决议。

(2)公司按照前述(1)收购本公司股份后,属于减少公司注册资本的,应当自收购之日起10日内注销;属于与持有本公司股份的其他公司合并,或股东因对股东大会作出的公司合并、分立决议持异议,要求公司收购其股份的,应当在6个月内转让或者注销。

(3)公司因将股份奖励给本公司职工而收购的本公司股份,不得超过本公司已发行股份总额的5%;用于收购的资金应当从公司的税后利润中支出;所收购的股份应当在1年内转让给职工。

5. 对股票质押的限制

《公司法》第142条第4款规定,公司不得接受本公司的股票作为质押权的

标的。

6. 对上市公司股东转让股份的限制

为防止短线交易,《证券法》第47条规定,上市公司董事、监事、高级管理人员,持有上市公司股份与5%以上的股东,不得将其所持有的该公司的股票在买入后6个月内卖出,或者在卖出后6个月内又买入。否则,所得收益归该公司所有。

四、股份转让的方式

按照记名股票和无记名股票的不同,《公司法》对其转让分别作出了不同的规定。

1. 无记名股票的转让

《公司法》第140条规定,无记名股票的转让,由股东将该股票交付给受让人后即发生转让的效力。因此,股票的交付即移转股票的占有。股票的交付不是单纯的对抗要件,而是权利移转的生效要件。股票占有人可被推定为合法的股东。易言之,无记名股票只要交付便发生法律效力,不需要背书,也无须过户。

就上市公司股票而言,由于证券登记结算机构是法定的股票托管机构,当证券登记结算机构将转让人的股票划入受让人的账户之时,即应视为股票交付完毕。可见,上市公司股票的转让也无须背书。

2. 记名股票的转让

根据《公司法》第139条的规定,记名股票转让除了与无记名股票转让一样须有转让的意思表示和股票交付外,还须进行背书并办理股东名册变更手续。

所谓背书转让,是指记名股票上记载的股东或背书取得股票之人在股票上签章,并在股票背面或股票所黏附的粘单上记载受让人的姓名或名称,而后交付给受让人,记名背书转让完成即发生转让人与受让人之间股票移转的效力。

记名股票转让后由公司将受让人的姓名或名称及住所记载于股东名册。股东名册是确认记名股票股东资格的依据,从而也是记名股票股东向公司主张股东权利的依据。当记名股票与股东名册不一致的情况下,以股东名册的记载为依据。不过,股东名义过户手续仅为对抗公司要件,而非股份转让的生效要件。

五、记名股票被盗、遗失或者灭失的处理

依照《公司法》第 143 条之规定,记名股票被盗、遗失、灭失的,股东可以依照《民事诉讼法》规定之公示催告程序进行处理。

1. 依公示催告程序宣告股票无效

《民事诉讼法》规定的公示催告程序如下:

(1)向票据支付地的基层人民法院申请公示催告。

(2)法院决定受理申请,应当同时通知支付人停止支付,并在 3 日内发出公告,催促利害关系人申报权利。

(3)支付人收到人民法院停止支付的通知,应当停止支付,至公示催告程序终结。

(4)利害关系人应当在公示催告期间向人民法院申报。

(5)没有人申报的,人民法院应当根据申请人的申请,作出判决,宣告票据无效。判决应当公告,并通知支付人。自判决公告之日起,申请人有权向支付人请求支付。

(6)利害关系人因正当理由不能在判决前向人民法院申报的,自知道或者应当知道判决公告之日起 1 年内,可以向作出判决的人民法院起诉。

2. 申请补发股票

依照公示催告程序,法院宣告该股票无效后,股东可以向公司申请补发股票。

六、股份的回购

1.《公司法》对股份回购的立场

我国《公司法》对股份有限公司回购本公司发行在外的股份持"原则禁止,例外允许"的立场。[1]《公司法》第 142 条已对此明确规定。

---

〔1〕 王保树、崔勤之:《中国公司法原理》,社会科学文献出版社 2006 年版,第 236 页。

2.《公司法》允许公司股份回购的法定情形

根据《公司法》第142条的规定：允许公司股份回购的法定情形包括：

(1)减少公司注册资本；

(2)与持有本公司股份的其他公司合并；

(3)将股份奖励给本公司职工；

(4)股东因对股东大会作出的公司合并、分立决议持异议，要求公司收购其股份的。

3.公司收购本公司股份的程序

公司因上述(1)(2)或(3)情形收购本公司股份的，应当经股东大会决议。

4.公司持有本公司股份的地位

根据《公司法》第103条的规定，公司持有本公司股份没有表决权。

5.公司应如何处分所持的本公司股份

根据《公司法》第142条第2款的规定，公司因上述第(1)项至第(3)项的原因收购本公司股份的，应当经股东大会决议。公司依照前款规定收购本公司股份后，属于第(1)项情形的，应当自收购之日起10日内注销；属于第(2)项、第(4)项情形的，应当在6个月内转让或者注销。

公司依照上述第(3)项规定收购的本公司股份，不得超过本公司已发行股份总额的5%；用于收购的资金应当从公司的税后利润中支出；所收购的股份应当在1年内转让给职工。

6.公司回购本公司股份的资金的限制

根据《公司法》第142条第3款的规定，公司因将股份奖励给本公司职工收购本公司股份的，用于收购的资金应当从公司的税后利润中支出。

条款设计

七、股份转让条款的个性化设计

1.股份转让自由原则于不同类型的股份公司，其强制性及程序有所不同

属于公开公司类型的股份有限公司涉及公众股东和众多不参与公司经营管理的中小股东，具典型资合性，为保障这些股东对公司经营不满意而用“脚”

投票的权利，股份转让自由原则在此类公开型股份公司中属于强制性法律规范。

对于闭锁类型的股份有限公司而言，由于其股票未公开发行上市，也没有公开募集股份，其股东数量不多，基本上相互熟悉了解，有一定信任，且股东往往参与公司经营管理，事实上大多不亚于人合公司以人际纽带为基础的运营，因而兼具资合性和人合性。为保护此类闭锁型股份有限公司股东对人合性的期待利益，避免因股份随意转让冲击公司股权结构及新老股东摩擦而阻碍公司效率，股份转让自由原则在此类闭锁型公司中应受到一定限制，即包含“自愿性因素”的公司章程可以对股份转让进行合理限制。

不过，以上关于股份转让自由原则的适用应区分公开型股份公司和闭锁型股份公司的意见，属于学理分析，《公司法》对于闭锁型股份公司股份转让是否可以比照有限责任公司股权转让进行一定限制，目前尚无明确规定。

2. 股份公司章程可以就股份转让的法律限制进行补充

(1)公司章程可以就《公司法》对股份转让的限制性规定严格化

比如，《公司法》第141条第1款规定：“发起人持有的本公司股份，自公司成立之日起一年内不得转让。公司公开发行股份前已发行的股份，自公司股票在证券交易所上市交易之日起一年内不得转让。”公司章程可以作出比《公司法》更严格的规定，比如“两年内不得转让”。

(2)公司章程可以对《公司法》的限制性规定明细化

比如，公司章程可以根据《公司法》第141条第2款的授权，对公司董事、监事、高级管理人员转让其所持有的本公司股份作出其他限制性规定。

八、对公司董事、监事、高管等特殊身份人员持股条款的个性化设计

1.《公司法》对于公司董事、监事、高管等特殊身份人员持股的限制性规定属于强制性规范

由于公司董事、监事、高管担任有影响力的职务，掌握公司经营管理信息，比较强势，其行为对公司及一般股东的利益影响较大。为防止他们进行有损于公司及一般股东利益的股票交易，因而对他们持有及转让本公司股份进行一定限制。《公司法》的这种限制性规定因具有抑强扶弱性质而属于强制性法律规

范，不许公司章程排除或作出不利公司及一般股东利益的修改。

2. 公司章程可以对《公司法》的这类限制性规定进行补充

(1)公司章程可以作出比《公司法》中的限制性规定更严格的规定

比如，《公司法》规定他们所持本公司股份自公司股票上市交易之日起1年内不得转让。上述人员离职后半年内，不得转让其所持有的本公司股份。公司章程可根据实际情况需要，作出比《公司法》规定更严格的限制，如："在任职期间每年转让的股份不得超过其所持有的本公司股份总数的百分之二十。"

(2)公司章程还可以对上述人员作出法律限制以外的其他限制性措施

《公司法》第141条第2款明确允许公司章程可以对上述人员作出法律限制之外的其他限制性措施，比如强制性转让的规定。

3. 公司章程可对职工股的设置、取得及转让作出规定

公司通过将职工利益与公司利益联系一起的方式，激励职工为公司尽职尽力而设置职工股，并对此类职工股的取得、丧失及转让作出限制，有利于公司及一般股东利益，也体现了权利义务相一致原则和公平原则，是有效的。

4. 公司章程可以就股权激励计划作出安排

职工股的设置属股权激励方式之一。基于设置职工股的同样理由，公司章程可就股权激励计划作出更多安排，这不但不违反股份转让自由原则，而且成为《公司法》允许公司股份回购的法定理由之一。

九、股份交付与登记条款的个性化设计

1.《公司法》关于股份交付与登记的规定属于强制性规范

《公司法》第139条、第140条对股份的交付与登记进行了规定，这些规定是程序性规则，属于强制性规范。

2. 股份交付与登记条款的必要性

虽然股份交付与登记条款不是公司章程绝对必要记载事项，而是相对必要记载事项，但由于《公司法》关于股份交付与登记的规定比较原则，在实际执行中容易因理解不同而产生争议，为了减少和避免不必要的纷争，公司章程可在法律规定框架内补充、细化股份交付及登记程序。

3. 公司章程可以补充完善记名股票交付的程序

根据《公司法》第125条第2款的规定，公司的股份采取股票的形式。股票

是公司签发的证明股东所持股的凭证。股票与出资证明书不同,股票是表示股东权的要式有价证券。因此,股份公司的股份交付也可以称为股票交付。

随着计算机技术发展而出现“无纸化”现象,股票的形式可以分为实物纸质股票和无纸化股票。实物记名股票交付应按照《公司法》第139条第1款“记名股票,由股东以背书方式或者法律、行政法规规定的其他方式转让”之规定进行背书后交付给受让人。有价证券的背书即意味项下权利的转移。实物股票的交付即实物股票的占有权能的转移,自交付时发生效力。因此,实物股票实行背书交付,背书交付完成即发生转让人与受让人之间股票移转的效力。公司章程关于实物股票交付的规定,不能违反前述法律规定。

无纸化股票不存在实物形式,因而不存在背书转让的可能,而是通过证券登记结算机构或股票托管中心来进行。股票虽然不具有实物形态,但却具有完整的权利形态,即持券人对无纸化股票享有如同实物股票那样的“直接支配和排他的权利”。因此,无纸化股票的交付可视为权利交付,使持股人对股票享有的权利发生转移。根据《证券法》第160条第2款“证券登记结算机构应当根据证券登记结算的结果,确认证券持有人持有证券的事实”的规定,以及最高人民法院经济审判庭于1997年7月4日给中国证监会的答复中确立了“股份所有权的转移以办理过户登记手续为有效”的原则,证券登记结算机构办理登记过户的时间就是股票交付的时点标志,这可简称为登记交付。因此,无纸化股票的交付实行登记交付,登记过户一经完成即发生转让人与受让人之间股票转移的效力。公司章程关于无纸化股票交付的规定,不能违反前述法律规定。

对于大部分非上市的股份有限公司而言,其股票交易一般不通过合法证券登记结算机构来完成股票交付,而往往通过各地方政府设立的股票托管中心来进行股票转让。从目前情况来看,这样的股票托管中心基本上不具有如证券登记结算机构那样的合法地位,通过其登记过户并非《证券法》或《公司法》规定的法定必经程序,而是意思自治的结果。因此,公司章程一方面可以规定通过股票托管中心来完成股票交付,并具体规定股票托管中心资质条件或名称;另一方面也可以选择其他方式来完成股票交付。这时,在法律没有强行性规定的情况下,公司章程对此所作的规定具有优先适用的效力。

4.公司章程需着重细化完善记名股票转让后的公司内部股东名册变更登记程序

根据《公司法》第139条的规定,记名股票转让后由公司将受让人的姓名或者名称及住所记载于股东名册。这里的“记名股票转让后”是指记名股票背书交付后。股东名册是确认记名股票股东资格的依据,从而也是记名股票股东向公司主张股东权利的依据。[1] 如果记名股票背书交付后,没有通知公司将受让人的姓名或名称记载于股东名册,则受让人不得向公司主张其股东权利。记名股票的股东可以按照股票的记载享有股东权利,但是,这种权利的行使是以记名股票的记载与股东名册的记载相一致为前提的,在二者不一致的情况下,以股东名册的记载为依据。因此,记名股票转让后,必须将有关事项记载于股东名册。[2]

在股东名册由证券登记结算机构保管时,无纸化股票的过户登记与股东名册的变更均由证券登记结算机构一并完成。

股东名册由公司自行保管的,则由公司根据通知或申请及完成背书的记名股票进行股东名册的变更登记。公司章程需对该通知或申请的主体、形式及未履行通知或申请的后果等作出明确规定。

由于公司章程对公司、股东董事、监事、高管具有约束力,因此,公司在办理股东名册变更登记时除应审查股份转让是否符合《公司法》外,还应审查该转让是否符合公司章程的有关规定。

如果股份转让不符合《公司法》及公司章程的规定,公司有权拒绝登记,公司不承担任何法律责任,转让方与受让方之间产生的纠纷依其转让合同处理。

如果股份转让符合《公司法》及公司章程的规定,公司应办理股东名册变更登记,否则,受让人有权依照《公司法》第139条等规定诉请法院责令公司办理变更登记。

5. 公司章程可补充无记名股票交付与登记程序

《公司法》第140条规定:“无记名股票的转让,由股东将该股票交付给受让人后即发生转让的效力。”这就是说,无记名股票无须背书,由转让人将无记

〔1〕 王保树、崔勤之:《中国公司法原理》,社会科学文献出版社2006年版,第232页。

〔2〕 安健主编:《中华人民共和公司法释义》,法律出版社2005年版,第198页。

名股票实物移转给受让人即发生交付效力，也无须过户。如果转让人的无记名股票交由托管人保管的，则可不进行无记名股票实物的移转，转让合同生效后，转让人向托管人发出交付指示，使托管人确认被保管的无记名股票的所有权由转让人移转给受让人。

无纸化股票不存在实物，没有实物股票移转。几乎所有的无纸化股票（电子股票）都可以通过证券登记结算机构准确地查到持股人的姓名或名称、持有数额和购买日期等内容，对于无纸化股票来说，记名和无记名具有很大程度上的一致性。[1] 因此，无记名无纸化股票的交付实行登记交付，过户登记一经完成即发生股票所有权由转让人移转给受让人的效力。当证券登记结算机构将转让人的股票划入受让人的账户之时，即应视为股份交付之时。

股份有限公司，特别是募集设立的股份公司，股东众多，为了掌握股东的基本情况，保障股东的权益，各国或地区的公司立法一般都规定股份公司应置备股东名册。我国《公司法》也规定了股份公司应置备股东名册。

股东是特定公司的股东，股东名册是公司确认记名股票股东资格的依据。为便于公司确定股东权利的行使者，通知各股东行使股东股利，以保障股东的权益，无记名股票依法转让后，股票持有人应在公司公告的股权登记日申请股东名册登记。只有股权登记日登记在名册的股东，才享有股东大会出席权和表决权以及分红权。就此意义而言，无论是记名股票的受让人，还是无记名股票的受让人，如欲行使表决权、分红权等完整的股东权利，都应办理股东名册登记手续。故，公司章程可对无记名股票转让涉及的股东名册登记手续作出合理规定。

当然，记名股票与无记名股票转让后办理股东名册登记的法律意义有所不同，前者办理股东名册登记属于股东名义过户登记，是股票转让的对抗要件，属于权利转让范畴；后者办理股东名册登记不是股东名义过户登记，而是为了便于公司确定股东权利的行使者以利于公司履行义务，从而保障股东的权益，而非强制干预股份转让。这是《公司法》第 139 条、第 140 条对记名股票和无记名股票转让分别规范的原因之一。有的学者可能未注意到这点差异，因而提出

〔1〕 周友苏等：《公司法学理与判例研究》，法律出版社 2008 年版，第 146 页。

"无论是记名股票的受让人,抑或无记名股票的受让人,虽然可对抗第三人,但欲取得形式上的股东资格,从而据以对抗公司,均应办理股东名义过户手续。"[1]这种观点值得商榷,似乎不符合《公司法》第 139 条和第 140 条的立法本意。股份公司章程制订有关股东名册登记条款不应违反《公司法》第 139 条和第 140 条的规定。

值得注意的是,股份有限公司股份转让中的股东名册登记与有限责任公司股权转让中的股东名册登记的法律性质完全不同。如前所述,前者中的记名股票转让依法应办理股东名册变更登记,这是股东名义过户登记,是记名股票转让的对抗要件。[2] 而后者是有限责任公司股权转让的生效要件[3]。

为何前者是对抗要件,而后者是生效要件呢?《公司法》第 74 条与第 140 条及第 141 条为何作出不同规定呢? 这是因为股份有限公司的股份采取股票的形式,股票是一种有价证券,而有限责任公司只签发出资证明书,不发股票,出资证明书不是有价证券。记名股票的背书交付或登记交付以及无记名股票的实物交付或登记交付均意味着股票项下权利的移转,而出资证明书不是有价证券,出资证明书的实物交付并不发生权利转移的效力。通说认为股权转让合同的订立和生效并不导致股权的当然变动。因此股权转让合同的订立和生效肯定不能作为股份交付的履行标志,这时,如何确定股份交付的标志的焦点就集中到是以公司股东名册记载变更为准还是以工商登记变更为准的问题。由于《公司法》第 32 条第 3 款明确规定工商变更的对抗效力,故许多学者及司法实务者采用排除法,认为办理股东名册变更登记当然是确定有限责任公司股权交付的标志。该观点基本合理,但需注意:就转让人、受让人和公司而言,认定股权(份)交付应当以股东名册记载变更为标志,但股东名册记载变更效力不能及于第三人。股份公司章程制订有关股东名册登记规定,需注意它与有限责任公司股东名册登记法律性质的不同。这是由于股票与出资证明书的法律性质不同所致。

---

〔1〕 刘俊海:《公司法学》,北京大学出版社 2008 年版,第 199 页。

〔2〕 王保树、崔勤之:《中国公司法原理》,社会科学文献出版社 2006 年版,第 232 页;刘俊海:《公司法学》,北京大学出版社 2008 年版,第 199 页。

〔3〕 赵旭东:《公司法学》,高等教育出版社 2006 年版,第 326 页;刘俊海:《公司法学》,北京大学出版社 2008 年版,第 186 页。

也许，有的学者忽略了股票与出资证明书的不同法律性质，而提出“公司法对股份公司记名股票的转让采取的正是股东名册变更登记对抗主义，而股份公司和有限公司的股权转让程序基本相同，股东名册的设置目的也并无二致，可以推知《公司法》第74条（2013年修正的《公司法》为第73条。——笔者注）采纳的同样是股东名册变更登记对抗主义。”[1]该观点类比时只注意了两者的大同，而忽视了股票与出资证明书之间法律性质的不同，似乎立论不足，因为两者在这点上没有可比性。

6. 公司章程可细化股份转让涉及工商变更时的内部程序

根据《公司法》第129条的规定，公司向发起人发行的股票，应当为记名股票，又根据《公司登记管理条例》第9条的规定，股份有限公司发起人的姓名或者名称属于必须登记事项，这说明发起人持有的股票转让后还应当履行工商变更登记手续。

公司章程可就办理该项工商变更而需转让人和受让人协助的事项作出合理规定。

疑难释解

十、股份有限公司股东能否按照《公司法》第74条的规定行使股份回购请求权？（总第68问）

由于《公司法》第142条明确规定除本条规定的四种情形外，公司不得收购本公司股份，因此，股份有限公司股东不能按照《公司法》第74条的规定行使股份回购请求权，而只能按照该法第142条第1款第（4）项之规定行使股份回购请求权。

可见，股份有限公司股东与有限责任公司股东相比，在股份回购请求权适用条件方面更加严苛，其仅在股东对股东大会作出公司合并、分立决议时投反对票后才可行使股份回购请求权。之所以如此立法，是因为立法工作部门认

〔1〕 王林清、顾东伟：《新公司法实施以来热点问题适用研究》，人民法院出版社2009年版，第354页。

为,“股份有限公司的股份可以自由转让的,股东对公司经营情况不满,可以直接转让其股权而离开公司。”[1]但实际上未上市的股份有限公司的股份转让并不方便。因此,这样立法似有闭门造车之嫌。

十一、公司章程能否对股份转让进行限制?(总第69问)

这是一个有争议的问题,有肯定说和否定说。

否定说认为,公司章程不能在法律明确规定之外对股份转让进行限制,其理由主要在于《公司法》第137条“股东持有的股份可以依法转让”之规定,这包括两层意思:一是股东转让股份只要不违反强行性法律规定,就可以自由地进行,不受他人干涉;二是股东转让出资所涉及的是投资者之间的法律关系,公司章程不得规定对非在公司任职的股东禁止或限制股份转让。[2] 或者认为,股份转让自由原则是股份有限公司的本质要求,也是强行性法律规范中的效力规定。违反该原则,限制股份自由转让的公司章程条款、股东大会决议、董事会决议应归于无效。[3]

肯定说认为相当一部分股份有限公司的股票没有公开发行,没有公众股东,在家族性的股份公司中更为明显,因而股份公司也存在人合性,并且公司章程是全体股东意思自治的体现,因而非上市股份公司章程可以对记名的股票转让作出限制性规定。[4]

肯定说与否定说之间,争论的焦点可以归纳为两点:(1)股份有限公司是否一律不具有人合性;(2)权利是否可以处分。

关于股份有限公司是否具有人合性,传统的公司法理论认为股份有限公司是典型的资合公司,不具人合性。笔者认为不应一概而论。对于公开发行股票和股份公开募集这类属于公开公司类型的股份有限公司而言,股东数量众多,关系非常松散,大部分股东通常不参与公司的经营管理,资合性是其典型特征,为保护公众股东和中小投资者利益,股份转让自由原则自然属于强制性法律规

---

〔1〕 安建主编:《中华人民共和公司法释义》,法律出版社2005年版,第203页。

〔2〕 王保树、崔勤之:《中国公司法原理》,社会科学文献出版社2006年版,第230页。

〔3〕 刘俊海:《公司法学》,北京大学出版社2008年版,第197页。

〔4〕 赵旭东主编:《公司法学》,高等教育出版社2006年版,第358页;施天涛:《公司法》,法律出版社2006年版,第312页。

范。对于大部分非上市并发行记名股票的股份有限公司而言，其股东数量不多，股东相互熟悉信任，股东往往参与公司经营管理，事实上大多以不次于人合公司人际纽带关系为基础进行运营，这类闭锁型的股份有限公司具有人合性是不言而喻。这正是英美公司法将公司分为闭锁公司与公开（众）公司而未分为有限公司与股份公司的法理基础，[1]也是韩国和日本修法允许公司章程对股份公司股份转让进行限制的理由。[2]

关于权利是否可以处分，在公司法领域，权利人可以自由处分其权利是通说。股东个人的选择和行为方式得到宽容和尊重，这是股份转让自由原则的应有之义。如果股份公司全体股东认为，为了避免股份随意转让冲击公司现有股权结构，并避免新老股东之间摩擦而阻碍公司效率，而一致同意公司章程对股份转让进行一定限制，则公司法对此强加干预就失去了正当性。强制性法律规范存在的正当基础主要是基于：(1)第三人利益的保护及效率的考虑；(2)为满足各方面社会要求的公平的考虑；(3)纠正公司参与者由于法律地位上的不平等而作出的选择。[3] 全体股东本着自愿、平等原则进行协商并达成一致意见而通过公司章程对股份进行一定限制，这既不涉及第三人的利益，也没有不公平和被压制的问题，因为只要股东本人同意，原则上就没有什么不公正。当然，这种限制措施本身应当公平合理，不应导致股份事实上无法转让。否则，这种限制将因变相剥夺股东股权转让的固有权而无效。

综上所述，笔者赞同肯定说并认为，对于属于公开公司类型的股份有限公司股份转让，股份转让自由原则属于强制性规范，公司章程条款不能予以限制；对于属于闭锁公司类型的股份有限公司股份转让，经全体股东一致同意，公司章程原则上可以合理限制，但不能禁止或变相禁止股东转让其股份，并且公司章程不能限制无记名股票自由转让。公司法学与社会经济文化紧密结合，理论不能刻舟求剑，更不应削足适履，而应当回应公司实践，并顺应放松公司法严苛管制的历史趋势。修正否定说，是时候了。

---

〔1〕 王林清、顾东伟：《新公司法实施以来热点问题适用研究》，人民法院出版社2009年版，第348页。

〔2〕 [韩]李哲松：《韩国公司法》，吴日焕译，中国政法大学出版社2000年版，第264页。

〔3〕 董慧凝：《公司章程自由及其法律限制》，法律出版社2007年版，第236～239页。

十二、股份公司章程能否规定股东享有优先购买权?(总第70问)

《公司法》第71条仅规定有限责任公司股东享有优先购买权,而没有明确规定股份有限公司股东可以享有优先购买权。《公司法》之所以如此规定,是因为立法者认为资合性是股份有限公司的典型特征,而没有认识到闭锁型股份有限公司还具有人合性。

赋予股东享有优先购买权,也是对股份转让进行限制的措施之一。允许闭锁型股份公司章程对股份转让进行限制的情况下,该公司章程也就可以规定股东享有优先购买权。

十三、股份公司章程能否规定股东对股份对外转让享有同意权?(总第71问)

《公司法》第71条规定了有限责任公司股东对股权对外转让享有同意权,但没有规定股份有限公司股东可以同样享有同意权。

考虑到股东对股权对外转让享有优先购买权和同意权是对股份转让的双重限制,而且闭锁型股份公司中资合性力量与人合性力量对比,与有限责任公司中人合性力量与资合性力量对比有所减弱,故股份公司章程不宜规定股东对股份对外转让享有同意权。

十四、股份公司章程可否对职工股的转让进行限制?(总第72问)

基于公司的董事、监事、高级管理人员等管理层持有本公司股份不同于一般股东,他们既是股东又在公司担任有影响的职务,掌握公司经营信息与证券交易信息,为防止他们进行有损于公司及一般股东利益的股票交易,因而需对其作出不同于一般股东的股份转让限制。《公司法》第141条第2款因此授权公司章程可以对公司董事、监事、高级管理人员转让其所有的本公司股份作出限制性规定。

如果股份有限公司为了提高职工积极性,并将职工的利益与公司的利益紧密联系一起,从而激励职工为公司尽职尽力,增加企业的凝聚力而设置职工股,职工因任职而取得所在公司股份,并对此类职工股的转让进行限制的,这样的规定体现了权利义务相一致及公平原则,应当认定有效。

十五、股份公司章程能否扩大异议股东股份回购请求权适用范围?(总第73问)

这是一个有争议的问题。

在现行《公司法》框架下,股份公司章程不能扩大异议股东股份回购请求权适用范围。其理由主要是:《公司法》第142条已明确规定,除该条明定情形外,公司不得收购本公司股份。该条规定明确排除了股份公司章程扩大股份回购范围的可能性。《公司法》之所以如此严苛,是因为立法工作部门认为,股份有限公司的股份可以自由转让的,股东对公司营业情况不满,可以直接转让其股权而离开公司。

在理论讨论层面,学者对《公司法》第142条的规定持批评意见的也不少。批评者指出,在实践中,未上市的股份有限公司的股份转让并不方便,[1]认为有必要适应公司法发展趋势,进一步放宽公司回购股份事由。[2]

---

〔1〕 王保树、崔勤之:《中国公司法原理》,社会科学文献出版社2006年版,第238页。
〔2〕 王林清、顾东伟:《新公司法实施以来热点问题适用研究》,人民法院出版社2009年版,第369页。

第八章　股东(大)会

第一节　公司治理与公司组织机构

☞条款解读

一、公司治理的意义

公司治理又称公司治理结构、法人治理结构,泛指公司管理层对股东和利益相关者负责的一系列的制度安排和商业实践。[1] 公司治理的功能是配置权、责、利。

公司治理的实质意义在于通过分配公司的权力资源,不断完善公司运营管理与监督控制的权力配置,促进其良性运转,以实现公司的经营目标,进而实现股东利益的最大化,并兼顾各利益相关者利益。

二、公司组织机构的概念与特征

公司组织机构又称公司机关,泛指根据法律或公司章程的规定,对内经营管理公司事务,对外代表公司实施法律行为,行使权利、履行义务的个人和集体。它是公司维持其人格的组织基础,是公司得以存在与开展业务活动的保障。

---

〔1〕 刘俊海:《公司法学》,北京大学出版社 2008 年版,第 215 页。

公司机关具有以下特征：

(1)公司机关是替代公司作出并执行意思表示的机构。

公司机关是公司对内决策，对内监督和对外代表的机构。公司的一切活动都要通过公司机关来实现。

(2)公司机关的活动具有连续性。

我国《合同法》第76条规定："合同生效后，当事人不得因姓名、名称的变更或者法定代表人、负责人、承办人的变动而不履行合同义务。"

三、公司治理与公司组织机构

公司治理作为一系列的制度安排，与公司组织机构密不可分。公司组织机构是落实公司治理理念的载体，是公司治理的核心内容，在此意义，公司治理主要就是公司各组织机构在贯彻公司经营目标前提下的有效运行，公司的组织机构在行使各自职权时相互合作与制衡，最终在兼顾各利益相关者利益的基础上实现公司和股东的利益。

公司组织机构是特定公司治理理念的模式化、外在化。公司治理任何措施的实施，均起源于公司组织机构的改造，也完成于具有创新内容的公司组织机构的确立。

四、公司组织机构的设置及其原则

1. 公司组织机构设置的理念

效率、分权、制衡是设置公司组织机构的核心理念。营利是公司的根本目标，公司组织机构的设置应当考虑这一目标。以提高公司经营效率为目标，通过权力的分工与制衡，使公司各组织机构各司其职、各负其责又相互合作与制约，保证公司顺利运行，从而提高公司竞争力。

2. 公司组织机构设置的原则

虽然不同的国家因历史、文化、经济及公司实践的不同而形成了不尽相同的治理模式，但由于产生公司治理问题的基础基本相同，因而公司组织机构的设置原则也大体相同。

公司组织机构设置的主要原则包括：

(1)股东权力原则

这是指公司组织机构的设置应重视股东作为公司所有者的地位,使之能够确保股东充分行使权利。该原则具体可分解为:股东会为最高权力机构原则、股东平等对待原则和股东权利救济原则。

(2)激励与约束并举的权力制衡原则

一方面,良好的公司治理应充分重视激励机制,使公司的董事、监事、经理有动力积极履行其职责。另一方面,由于公司股东之间、股东与董事、经理之间利益并非完全一致,为了避免公司的各种利益主体在追求自己利益最大化时损害股东及利益相关者的利益,因而必须对其进行约束以达到权力的平衡。约束机制主要包括:对大股东的约束,对董事、董事会的约束以及对经理的约束。

(3)信息披露与透明原则

公司治理中出现问题的根源之一在于信息不对称,公司的股东作为委托人无法获得董事、经理等代理人行为的充分信息,从而无法对其行为进行及时、准确的绩效评价和监督。信息披露与透明原则有利于消除信息不对称现象。

(4)利益相关者参与公司治理原则

职工监事、职工董事就是该原则的体现。

此外公司组织机构的设置还应当贯彻经济民主等原则。[1]

五、公司组织机构的基本构成

根据我国《公司法》的规定,公司一般设立以下四类机关:(1)权力机构,一般为股东会;(2)决策机关,一般为董事会;(3)监督机关,一般为监事会;(4)执行机关,即经理。

由于公司治理模式的不同,公司组织机构的类型和具体权力职责不尽相同。此外,因公司性质的不同,公司基本组织机构的具体表现形式也会有所不同。例如,根据《公司法》第50条和第51条的规定,在规模较小的有限责任公司中,董事会和监事会不是必设机构,而由董事和监事行使职权。《公司法》第

〔1〕 赵旭东:《公司法学》,高等教育出版社2006年版,第365~367页。

66 条规定，在国有独资公司中，不设股东会，由国有资产管理机构行使股东会职权或由其授权公司董事会行使股东会部分职权。

☞条款设计

六、公司组织机构条款的个性化设计

1.《公司法》关于公司组织机构的规定，既有强制性规范，也有任意性规范

如上所述，《公司法》关于公司组织机构的规定，既有强制性规范，也有任意性规范，公司章程只能在《公司法》强制性规范的框架下选择设置公司组织机构。以下将进行具体分析。

2. 关于股东会的设置

根据《公司法》第 36 条、第 61 条、第 66 条、第 98 条等规定，除法律明确规定可不设股东会外，如一人有限公司、国有独资公司、外商投资企业，公司都应设立股东会或股东大会。易言之，除非法律有明确例外规定，公司章程应设置股东(大)会，不能不设。现代公司立法的一个显著特征是企业所有权与经营权相分离，设置股东(大)会有利于对董事及董事会进行制约。

3. 关于董事会的设置

根据《公司法》第 44 条、第 50 条、第 108 条等规定，除“股东人数较少或者规模较小的有限责任公司，可以设一名执行董事，不设董事会”外，公司应设置董事会。设置董事会或执行董事，有利于企业所有权与经营权相分离，提高公司经营管理水平和业绩。

4. 关于经理的设置

现行《公司法》第 49 条将原《公司法》“有限责任公司必须设经理”修改为“有限责任公司可以设经理”并规定“公司章程对经理职权另有规定的，从其规定”；“执行董事可以兼任公司经理”。据此，《公司法》关于有限责任公司经理设置的规定属于任意性规范。

《公司法》第 113 条规定：“股份有限公司设经理，由董事会决定聘任或者解聘。本法第五十条关于有限责任公司经理职权的规定，适用于股份有限公司经理。”按照该条规定，《公司法》关于股份有限公司经理职权的规定为任意性

规范,但关于股份有限公司需设置经理的规定属于强制性规定。

5. 关于监事会的设置

根据《公司法》第51条、第117条等规定,除股东人数较少或规模较小的有限责任公司以设1~2名监事,不设监事会外,公司应设置监事会。设置监事或监事会,在理论上可以对公司内部权力进行制约。

有限责任公司人数较少,公司股东或直接参与公司管理,或者间接监督公司经营,我国《公司法》因而在公司组织机构设置等方面赋予有限责任公司章程较大的自治空间,在坚持"三权"分立与制衡原则时,公司章程可以就决策权、执行权、监督权作出符合公司实际需要的或繁或简的设置,以提高公司经营、决策的效率。

股份有限公司特别是上市公司涉及社会公众,公众利益与安全是立法者所要考虑的一个重要问题,强制性规范在针对公司内部控制人制约方面应当起到比较大的作用,因此,我国《公司法》关于股份有限公司组织机构的规定属于结构性规则,原则上为强制性规范,公司章程只能在该强制性规范内按照《公司法》的授权设置公司组织机构。

对于大部分非上市的股份有限公司,其股东人数较少,不涉及公众股东,且股东多直接参与公司管理或间接监督公司经营,和有限责任公司同属于闭锁公司,其公司组织机构的设置理应参照有限责任公司。但我国《公司法》并没有将股份有限公司的类型区分为公开型和闭锁型,因此,目前的股份有限公司章程设置组织机构的自治空间基本相同,没有明显差异。但将来修法很可能有所区分。

☞疑难释解

七、公司章程能否根据股东意愿任意设置公司组织机构?(总第74问)

首先,按照利益相关者理论,公司是各种投入的组合,涉及公司职工、银行、供应商等各相关利益者的利益,而不仅仅涉及股东利益。为平衡各方利益,避免公司沦为股东个人为谋取非法利益而向社会任意转嫁风险的工具,《公司法》不允许公司章程任意设置公司组织机构。

其次，由于唯有公司自己，而非立法者，才最清楚什么公司治理结构模式适合本公司的实际情况，并且法律无法面面俱到地为公司组织与运行中的问题提供可行方案，因此，法律必须给予当事人以决策和选择的一定空间。

基于上述理由，《公司法》关于公司组织机构的规定，既有强制性规范，也有任意性规范，公司章程只能在《公司法》强制性规范的框架下选择设置公司组织机构。根据《公司法》的规定，不同类型的公司，其选择的空间大小有所不同。

第二节 股东(大)会概述

☞条款解读

一、股东会的概念及特征

股东会，又称股东大会，是依法由全体股东组成的公司权力机关。在我国《公司法》上，有限责任公司的权力机关称为股东会，股份有限公司的权力机关称为股东大会。虽然股东会与股东大会的称谓有所差异，但在本质及特征上是相同的。

股东会具有以下特征：[1]

1. 股东会是公司权力机关，即最高意思决定机关

股东会是众股东对公司重大事项作出意思决定的机关，并非公司的代表机关或业务执行机关。因此，股东会不能对外代表公司，也不能具体执行公司业务。

2. 股东会由全体股东组成

股东大会的设置是为了保障公司按照股东的意志和要求运营，因此股东会必须由全体股东组成，不应排除任何一个股东。

3. 股东会是必设机关

除法律另有特别规定的外，我国《公司法》要求公司必须设立股东会，这有

---

〔1〕 刘俊海：《公司法学》，北京大学出版社2008年版，第219页；朱慈蕴：《公司法原论》，清华大学出版社2011年版，第262～263页。

利于公司的运营和投资者合法权益的保护。

4. 股东会并非公司的临时机关

股东会虽然不处理日常事务，但董事会或执行董事、监事会或监事以及适格股东均可随时依法定条件与程序召集股东会就公司重大事项作出决议，因此，股东会不是临时机关。

5. 股东会是合议制议事机关

公司治理权的根基在于股东民主与股东权利。股东会是股东民主与股东权利得以发挥作用的主要议事平台。因此，股东会不能实行独任制。

二、股东会的职权

根据《公司法》第 37 条、第 99 条等规定，股东会享有以下职权：

1. 法定职权

(1)决定公司的经营方针和投资计划；

(2)选举和更换非由职工代表担任的董事、监事，决定有关董事、监事的报酬事项；

(3)审议批准董事会的报告；

(4)审议批准监事会或者监事的报告；

(5)审议批准公司的年度财务预算方案、决算方案；

(6)审议批准公司的利润分配方案和弥补亏损方案；

(7)对公司增加或者减少注册资本作出决议；

(8)对发行公司债券作出决议；

(9)对公司合并、分立、解散、清算或者变更公司形式作出决议；

(10)修改公司章程。

此外，根据《公司法》第 121 条的规定，上市公司股东大会专属享有对上市公司在 1 年内购买、出售重大资产或者担保金额超过公司资产总额 30% 的事项作出特别决议的职权。《公司法》第 133 条、第 142 条、第 148 条等还规定了股东会的其他特别职权。

2. 章定职权

这是股东会依照公司章程的规定而享有的职权，《公司法》第 37 条第(11)

项进行了确认。

三、股东会会议的种类

召开会议并作出决议是股东会行使职权的方式。根据《公司法》第 39 条、第 100 条等规定,股东会会议分为定期会议和临时会议两种。

1. 定期会议

定期会议,又称年会、股东常会,是指依据法律和公司章程的规定在一定时间内必须召开的股东会议。定期会议主要讨论决定股东会职权范围内的例行重大事项。

定期会议为年度会议。定期会议具体召开时间由公司章程进行规定。

2. 临时会议

临时会议,又称特别会议,是指在定期会议以外必要的时候,由于发生法定事由或根据适格主体提议而召开的股东会议。临时会议可以使股东会在公司发生重大事项或其他情形下能及时作出重大决策,发挥公司权力机关的作用,保障公司的正常运营。

《公司法》第39 条第2 款对此明确规定:“定期会议应当依照公司章程的规定按时召开。代表十分之一以上表决权的股东,三分之一以上的董事,监事会或者不设监事会的公司的监事提议召开临时会议的,应当召开临时会议。”

☞条款设计

四、股东会职权条款的个性化设计

1.《公司法》关于股东会职权条款的规定,有的强制、有的任意

由于立法工作部门认为,“股份有限公司的股份是可以自由转让的,股东对公司经营情况不满,可以直接转让其股权而离开公司”。[1] 其潜意识中把股份公司当作公开公司来规制。

公开公司的结构性规则以强制性规范为主基本上是国内外公司法学界的

---

〔1〕 安建主编:《中华人民共和国公司法释义》,法律出版社 2005 年版,第 203 页。

共识。故在这种立法态度下,我国现行《公司法》关于股份有限公司股东会职权的规定属于强制性规范,但在强制性规范之外,允许公司章程扩大股东会的其他职权,也就是说强行之下尚有自治空间。如前所述,实际上,股份有限公司中也存在大量闭锁型公司。

至于现行《公司法》关于有限责任公司股东会职权的规定,是属于强制性规范还是任意性规范? 多数学者持强行性规范的观点,也有部分学者持任意性规范为主的观点。[1] 笔者认为任意性规范为主观点更为可取,符合各国公司法改革潮流,更符合公司的本质特征。因为,决定公司经营活动的最原始的出发点是股东,这是公司形态的根本。[2]

2. 股东会职权条款是公司章程的绝对必要记载事项

根据《公司法》第 25 条等规定,股东会职权条款是公司章程的绝对必要记载事项,是必备条款。

3. 公司章程可根据公司实际适当扩大股东会的职权

根据《公司法》第 37 条第 1 款第(11)项"公司章程规定的其他职权"之规定,公司章程可规定《公司法》第 37 条第 1 款前 10 项职权以外的股东会其他职权。这类其他职权包括两类:

(1)《公司法》的相关条款中已经提及事项的决定权

如《公司法》第 16 条、第 121 条、第 124 条、第 133 条、第 142 条、第 148 条、第 169 条等条款中已经提及的事项。

(2)股东会认为需要由股东(大)会决策事项之决定权

这类公司股东认为需要由股东(大)会决策的事项,最好限定在对股东利益有重大影响的公司事务方面,因为召开股东会决定公司事务的运行成本较高,如果事无巨细都由股东会决策,不仅导致公司运营效率低下,可能延误商机,而且还使董事会的积极性受到消极影响。

---

〔1〕 李志刚:《公司股东大会决议问题研究:团体法视角》,中国法制出版社 2012 年版,第 112 页。其他学者观点,详见本节"公司章程能否缩减《公司法》规定的股东会的职权"部分相关内容。

〔2〕 [日]神田秀树:《公司法的理念》,朱大明译,法律出版社 2013 年版,第 11 页。

五、股东会议召开时间、地点条款的个性化设计

1. 公司关于股东会会议召开时间、地点的规定以任意性规范为主

由于各个公司情况不同,《公司法》既无必要也不能强行规定股东会会议召开时间、地点,这些宜由公司自行决定。因此《公司法》关于股东会会议召开时间、地点的规定基本上属于任意性规范。

2.股东会会议召开情形及召开时间、地点条件属于公司章程相对必要记载事项

所谓相对必要记载事项,是指《公司法》中规定的可以记载也可以不记载于公司章程的事项,这些事项记载与否,都不影响公司章程的效力。

3. 公司章程关于股东会议的召开时间及召开情形

(1)定期会议

公司股东会定期会议每两次会议之间的最长间隔期限,《公司法》规定为每年召开一次。定期会议具体召开时间由公司章程自行规定。有限责任公司股东会年会一般于会计年度结束之后1个月召开,股份有限公司的股东大会年会一般于会计年度终了后6个月内召开。

(2)临时会议

根据《公司法》第40条、第101条等规定,一般出现以下情况下应召开临时会议:

①持有一定比例股份的股东提议时;

②根据董事提议或董事会认为必要时;

③根据监事提议或监事会认为必要时;

④发生法定事由时,如董事人数不足本法规定人数或者公司章程所定人数的2/3时;公司未弥补的亏损达实收股本总额1/3时;

⑤公司章程或《公司法》规定的其他事项。

(3)可以不召开股东会议的特殊情形

《公司法》第37条第2款规定:“对前款所列事项股东以书面形式一致表示同意的,可以不召开股东会会议,直接作出决定,并由全体股东在决定文件上签名、盖章。”

☞疑难释解

六、公司章程能否缩减《公司法》规定的股东会的职权？（总第75问）

有学者认为，《公司法》规定股东会的职权是专属于公司股东会的，董事会不能擅自行使应由股东会行使的职权。《公司法》允许公司章程规定股东会职权，但不能就《公司法》第37条前10项的职权作出规定，而只能就上述前10项职权以外的职权作出规定。[1] 易言之，股东会的职权在《公司法》上属于强制性规范，当事人不得以意定的方式加以变更或取消。属于这一职权范围的事项，只能由股东会作出决定，其他公司机关不能越俎代庖，超越自己权限来决定股东会职权范围内的事项。董事会违反法律和章程的规定，擅自决定应由股东会决定的事项，隐瞒不报，越权经营，给公司造成损失的，应当承担相应的法律责任。[2]

也有学者认为，我国《公司法》明确允许公司章程对股东会、董事会与总经理之间的决策权限予以合理划分，酌情增减。第37条和第46条在分别列举股东会和董事会职权以外，还以兜底条款形式规定了"公司章程规定的其他职权"；第49条第1款在列举经理的七大职权外增加了"董事会授予的其他职权"；该条第2款还规定："公司章程对经理职权另有规定的，从其规定"，这意味着，公司章程可以将股东会的部分决策权移交董事会，也可以将总经理的部分决策权上收董事会。根据第99条、第108条与第113条等规定，上述规定既适用于有限责任公司，也适用于股份有限公司。[3] 实际上，《公司法》第66条已允许股东会部分法定职权授予国有独资公司董事会。

笔者认为，就解释论角度而言，现行《公司法》基本上没有摆脱股东(大)会中心主义的基调，尚未采行董事会中心主义的立法态度，按照这种立法取向及法律条文文义解释，《公司法》第37条前10项规定的职权属于股东会的法定职

---

〔1〕 王保树、崔勤之：《中国公司法原理》，社会科学文献出版社2006年版，第89页；朱慈蕴：《公司法原论》，清华大学出版社2011年版，第294页。

〔2〕 安建主编：《中华人民共和国公司法释义》，法律出版社2005年版，第67页；周友苏等：《公司法学理与判例研究》，法律出版社2008年版，第86页。

〔3〕 刘俊海：《公司法学》，北京大学出版社2008年版，第222页。

权。按照企业所有权与经营权相分离的原则，股东会只决定基本事项。何为基本事项？就是《公司法》第37条规定的股东会职权范围内的事项。

从应然角度来说，就不能一概而论，而应区别对待。首先，公开型的股份有限公司，其股票公开发行或公开募集，股东数量众多，多数股东不直接参与公司经营管理，为保护公众股东的利益，《公司法》关于股东会职权的规定属于强制性规范。而闭锁型的股份有限公司及有限责任公司，股东人数较少，多数股东直接参与公司管理或间接监督经营，利害关系人较少，所以法律介入的必要性也较小，公司机关设计几乎都是公司股东的自由。[1] 其次，按照爱森伯格教授观点，在闭锁公司，股东们通常以讨价还价的方式确定公司某些结构性和分配性规则，自己是自身利益的最佳法官，因此有关结构性的法律规则基本属于任意性规范；为解决内部的利益冲突，公开公司的结构性规范，应当如同受信规范，都是强行性的。[2] 最后，营利是公司的根本目标，而良好的公司治理会提升企业的业绩，最后会有助于国家的经济。闭锁公司按照自己的意愿治理公司，有利于灵活应对市场竞争，有利于降低治理成本，从而提高企业经营业绩。

因此，有关公开公司治理结构的法律规范应以强制性规范为原则，以任意性规范为例外；有关闭锁公司治理结构的法律规范应以任意性规范为原则，以强制性为例外。在公司章程经全体股东一致同意，体现全体股东意志的前提下，公司章程可以适当缩减股东会的部分法定职权，这有利于公司治理的创新，有利于提升企业竞争力。在现行《公司法》修改前，司法解释可适度解释，认可初始公司章程可以将股东会的部分法定职权授予董事会行使。而且，《公司法》第66条已允许代行股东会职权的国有资产管理机构可以授权国有独资公司董事会行使股东会的部分职权。

七、公司章程能否扩大《公司法》规定以外的股东会职权？（总第76问）

根据《公司法》第37条第1款第(11)项关于股东会可以行使“公司章程规定的其他职权”之规定，有限责任公司和股份有限公司的公司章程均可根据实际需要扩大公司法规定以外的股东会职权。

---

〔1〕［日］神田秀树：《公司法的理念》，朱大明译，法律出版社2013年版，第68页。

〔2〕胡田野：《公司法任意性与强行性规范研究》，法律出版社2012年版，第212～213页。

八、公司章程能否将《公司法》规定的董事会的部分职权上收股东会?(总第77问)

如果认为《公司法》关于公司组织机构的法律规定属于强行性规范,则公司章程不能将《公司法》规定的董事会的部分职权上收股东会。而如果认为《公司法》关于公司组织机构的法律规定属于任意性规范,则公司章程可以将《公司法》规定的董事会的部分职权上收于股东会。

有学者认为,公司章程无权改变《公司法》对股东(大)会和董事会进行的权力配置结构,不可以将属于股东(大)会的权力通过公司章程转移给董事会。相反,也不可以通过公司章程随意剥夺董事会的权力,因为这是《公司法》所做出的符合股东利益的一般规定。[1]

如果公司法采行"董事会中心主义",按照董事会中心主义观点,董事在经营管理方面享有法定的"专属权限",凡属"专属权限"范围内的事务,董事均有作出决定的全权,即董事会拥有法定经营管理公司事务的权力,董事会的权力一经法律规定或公司章程确认就是一种独立、排他的权力,股东会无权予以剥夺。[2] 这时,公司章程就不能将董事会的部分法定职权上收于股东会。

但是,我国现行《公司法》基本上采行"股东会中心主义"。按照股东会中心主义,在法律结构上,股东会与董事会是上下关系,董事会由股东会选举产生,并对股东会负责。董事会的权力来源于股东会的授权,并且受到股东会的监督和限制。由于股东会部分法定职权与董事会部分法定职权存在类似之处,比如《公司法》第37条第1款第(1)项股东会"决定公司的经营方针和投资计划"之职权,与第46条第(3)项董事会"决定公司的经营计划和投资方案"之职权,为避免两机关职权上的冲突,董事会此类职权可以通过公司章程上收于股东会。

另外,《公司法》干涉公司治理的理由,简单来说就是为了保护股东利益。[3] 股东是自身利益的最佳法官。经股东讨价还价达成的公司章程应该比《公司法》的同类规定更符合股东利益,法律自无干预必要。因此,公司章程可

---

[1] 朱慈蕴:《公司法原论》,清华大学出版社2011年版,第294页。

[2] 王毓莹:《公司章程自治研究》,法律出版社2013年版,第217页。

[3] [日]神田秀树:《公司法的理念》,法律出版社2013年版,第57页。

以将《公司法》规定的董事会的部分职权上收于股东会。

第三节　股东(大)会的召集与通知

☞条款解读

一、股东会会议的召集

1. 股东会会议的召集权人

股东会会议的召集权人,是指依照《公司法》规定,有权召集股东(大)会会议的人。根据《公司法》第38条、第40条、第53条、第101条等规定,股东(大)会会议的召集权人包括以下几类:

(1)董事会或执行董事

股份有限公司股东大会会议由董事会召集,董事长主持。

有限责任公司设立董事会的,股东会会议由董事会召集,董事长主持;董事长不能履行职务或者不履行职务的,由副董事长主持;副董事长不能履行职务或者不履行职务的,由半数以上董事共同推举一名董事主持。

有限责任公司不设董事会的,股东会会议由执行董事召集和主持。

(2)监事会或监事

董事会或者执行董事不能履行或者不履行召集股东会会议职责的,由监事会或者不设监事会的公司的监事召集和主持。

(3)适格股东

首次股东会会议由出资最多的股东召集和主持。

监事会不召集和主持的,有限责任公司代表1/10以上表决权的股东及股份有限公司连续90日以上单独或者合计持有公司10%以上股份的股东可以自行召集和主持。

(4)清算组

清算组是公司处于清算状态时的临时公司机关。在履行清算职责的规范内,清算组亦可召集股东会。如《公司法》第186条规定,清算组在清理公司财产、编制资产负债表和财产清单后,应当制定清算方案,并报股东会、股东大会或者人民法院确认。

2. 股东会会议召集请求权人

所谓召集请求权人,是指有权请求召开临时股东(大)会会议的人。召集权人与召集请求权人有以下几点区别:

(1)召集请求人行使的是请求召开临时股东(大)会会议的权利。召集权人行使的是召集股东(大)会会议(既包括临时会议也包括定期会议)的权利。召集请求权人并不一定具有召集临时股东(大)会会议的权利,其请求能否满足,取决于召集权人是否行使其召集权(召集请求权人同时具有召集权时除外)。

(2)召集请求权人的范围与召集权人的范围有所不同。前者包括代表1/10以上的表决权股东或者单独或者合计持有公司10%以上股份的股东、1/3以上的董事或董事会,监事会或监事;后者包括出资最多的股东、董事会或者执行董事、监事会或者监事,代表1/10以上表决权股东或者单独或者合计持有公司10%以上股份的股东。显然,召集请求权人的范围与召集权人的范围有些是交叉的。

(3)代表1/10以上表决权的股东或者单独或合计持有公司10%以上股份的股东只有在董事或执行董事、监事会或监事不能履行或不履行召集股东(大)会会议职责时才享有召集权。

二、股东会会议提案

1. 提案主体

(1)适格股东

依照《公司法》第102条第2款规定,单独或者合计持有公司3%以上股份的股东,可以在股东大会召开10日前提出临时提案并书面提交董事会。

(2)监事会或监事

依照《公司法》第53条第(5)项规定,监事会、不设监事会的公司的监事有权向股东会会议提出提案。

2. 提案的内容

依照《公司法》第102条第2款规定,临时提案的内容应当属于股东大会职权范围,并有明确议题和具体决议事项。

3. 提案的时间

在股东会召开10日前,以免由于股东提案的拖沓而影响股东大会的效率。

4. 提案的效力

依照《公司法》第102条第2款规定，董事会应在收到提案后2日内通知其他股东并将该临时提案提交股东大会审议。可见，董事会无权过滤股东的提案，必须毫无条件地将股东提案提交股东大会审议。

三、股东会会议的通知

1. 会议通知人、通知对象及方式

会议通知人是有权召集和实际召集股东会会议的召集权人，如董事会。

通知对象为公司的全体股东，而无论股东持股多少，均应被通知，《公司法》第139条规定，股东大会召开前20日内，不得进行股东名册的变更登记，以便公司确定股东。会议通知方式，《公司法》对此未作详细规定，可以理解为足以使股东得到股东会议召开信息的任何方式，如口头、书面、电邮、公告等。

2. 通知的时间

依照《公司法》第41条第1款规定，有限责任公司召开股东会会议，应当于会议召开15日前通知全体股东；但是，公司章程另有规定或者全体股东另有约定的除外。依照《公司法》第102条第1款规定，股份有限公司召开股东大会会议，应当将会议召开的时间、地点和审议的事项于会议召开20日前通知各股东；临时股东大会应当于会议召开15日前通知各股东；发行无记名股票的，应当于会议召开30日前公告会议召开的时间、地点和审议事项。

3. 通知的内容

根据《公司法》第102条的规定，通知内容包括会议召开的时间、地点和审议事项。

4. 通知的生效

关于通知于何时生效，理论上有发信主义和到达主义之争，通说为发信主义，即只要公司按照《公司法》的相关规定发出通知即可，接受通知的股东是否受到或何时收到在所不问。[1]

---

〔1〕 朱慈蕴：《公司法原论》，清华大学出版社2011年版，第267页；王德山：《公司法学》，中国政法大学出版社2008年版，第199页。

☞条款设计

四、股东会会议召集程序条款的个性化设计

1.《公司法》关于股东会的会议召集程序的规定属于强制性规范

根据《公司法》第22条第2款的规定，股东会或者股东大会、董事会的会议召集程序、表决方式违反法律、行政法规或者公司章程，或者决议内容违反公司章程的，股东可以自决议作出之日起60日内，请求人民法院撤销。根据该条规定可知，《公司法》关于股东会的会议召集程序的规定，除非有但书条款规定“公司章程另有规定或全体股东另有约定的除外”外，属于强制性规范。

2.公司章程可明确界定何谓“不能履行或者不履行”职责

在这方面可细化什么情况下属于不能履行或者不履行召集股东会会议职责之类的具有可操作性的规定。比如：

监事会有权向董事会提议召开临时股东会，并应当以书面形式向董事会提出。董事会应当根据法律、行政法规和本章程的规定，在收到提案后10日内提出同意或不同意召开临时股东会的书面反馈意见。

董事会同意召开临时股东会的，将在作出董事会决议后的5日内发出召开股东会的通知，通知中对原提议的变更，应征得监事会的同意。

董事会不同意召开临时股东会，或者在收到提案后10日内未作出反馈的，视为董事会不能履行或者不履行召集股东会会议职责，监事会可以自行召集和主持。

3.公司章程可细化临时提案之提出条件、主体及内容

提案旨在维护少数股东的权益，但为了预防持股甚微的小股东滥用提案权，可在法律规定的框架下细化提出提案的条件、主体及内容。

4.公司章程可细化会议通知人、通知时间、方式及内容

为避免及减少纠纷，公司章程应对会议通知人、通知时间、方式及内容作出明确规定，当然这些规定不得违反法律法规的规定。

☞疑难释解

五、由于《公司法》未规定，召集人是否可以自行决定有限责任公司股东会会议通知的内容？（总第78问）

《公司法》对股份有限公司股东会会议通知的内容范围作了规定。《公司法》对有限责任公司股东会会议通知的内容虽然未作规定，但应作相同理解，以满足股东对自己股东会会议的最基本的了解，保证股东更好地行使表决权，防止董事会或控股股东在股东会上利用突袭手段控制股东会决议。

六、股东会召集程序瑕疵对股东会决议效力有无影响？（总第79问）

所谓召集程序瑕疵，是指股东会会议的召集程序违反法律、法规或公司章程的规定。主要包括：股东会的召集人瑕疵、通知方式、通知时间、通知对象、通知内容等存在瑕疵。

根据《公司法》第22条第2款的规定，股东会或者股东大会、董事会的会议召集程序、表决方式违反法律、行政法规或者公司章程，或者决议内容违反公司章程的，股东可以自决议作出之日起60日内，请求人民法院撤销。也就是说，召集程序的瑕疵可以导致股东会决议被撤销。

从法理上来看，程序正义的意义在于正当程序能维护实体权利、保障实体正义的实现，但有时对程序的违反并不必然导致实体权利受损及实体正义的落空，而且有些程序与实体正义并无联系。因此，应当根据程序上的瑕疵是否对公司实体决议产生实质影响来确定决议的效力，如果对实体决议并不产生实质影响则不宜使该决议无效或被撤销。如尽管应书面通知而只是口头通知，应提前15天通知而只提前了5天，但股东均出席了会议并进行了表决，则不宜否定会议和决议的效力。[1]《公司法解释（四）》第4条采纳了该意见。

---

〔1〕 赵旭东：《公司法学》，高等教育出版社2006年版，第382页。

第四节 股东会的召开与决议

☞条款解读

一、股东会会议的出席和主持

1. 股东会会议的出席

股东会会议因股东出席而得出进行，这是股东进行表决，形成股东会决议的前提条件。一般来说，股东收到会议通知后应亲自出席股东会会议，但根据《公司法》第106条的规定，股东也可以委托代理人出席股东会会议。

对于无记名股票持有者而言，《公司法》第102条第4款规定，无记名股票持有人出席股东大会会议的，应当于会议召开5日前至股东大会闭会时将股票交存于公司。

在股票被质押的情况下，如果为记名股票股东，股东可以出席股东会会议；如果为无记名股票，参照《公司法》第102条第4款的规定，需征得质权人同意并应当于会议召开5日前至股东大会闭会时将股票交存于公司后才能出席。

2. 股东会会议的法定出席比例

这是指召开合法有效的股东会会议，出席会议的股东们所代表的公司有表决权的股份应达到法定比例，否则股东会会议及其决议无效。

我国《公司法》没有规定股东会的法定出席比例。国务院《关于股份有限公司境外募集股份及上市的特别规定》中规定，到境外上市的股份公司，召开股东大会时应有代表有表决权的股份总数1/2以上的股东出席，达不到的由公司在5日内将会议拟审议的事项、开会日期和地点以公告形式再次通知股东，届时可召开股东大会。

《公司法》第43条第1款规定，股东会的议事方式和表决程序，除本法另有规定的外，由公司章程规定。对此，可以理解为公司章程可以对出席股东会的法定比例作出规定。

根据《公司法解释(四)》第5条第(4)项的规定，出席股东会或股东大会的人数或者股东所持表决权不符合公司法或公司章程规定，当事人主张决议不成立，法院应当予以支持。

3. 股东会会议的主持

《公司法》第38条、第40条、第102条对此作了规定，其内容如下：

(1)有限责任公司首次股东会会议由出资最多的股东召集和主持；

(2)股份有限公司和设立董事会的有限责任公司，股东会会议由董事长主持；董事长不能履行职务或者不履行职务的，由副董事长主持；副董事长不能履行职务或者不履行职务的，由半数以上董事共同推举一名董事主持；有限责任公司不设董事会的，股东会会议由执行董事主持；

(3)董事会或者执行董事不能履行或者不履行召集股东会会议职责的，由监事会或者不设监事会的公司的监事主持；

(4)监事会或者监事不召集和主持的，由代表1/10以上表决权的股东或连续90日以上单独或者合计持有公司10%以上股份的股东主持。

会议主持人的具体任务是：

(1)维持股东会会议秩序，包括执行会议纪律、禁止妨碍会议的行为。

(2)确定会议程序，依照《公司法》和章程的规定进行。

(3)以公正和认真的态度听取股东对各项议程的意见。

(4)达到会议的预期目的。

二、股东表决权的行使

1. 股东表决权行使的一般原则

股东表决权行使的一般原则可以概括为“一股一票”原则和“资本多数决”原则。

所谓一股一票，是指所持每一股份有一表决权，即股东会会议表决时，股东按其出资比例或持股比例表决。就有限责任公司而言，根据《公司法》第42条“股东会会议由股东按照出资比例行使表决权；但是，公司章程另有规定的除外”之规定及第43条第1款“股东会的议事方式和表决程序，除本法有规定的外，由公司章程规定”之规定，有限责任公司章程可以规定股东表决时不实行按出资比例表决，而实行一人一票的规则，也可以规定股东的表决比例与其出资比例不一致。就股份有限公司而言，根据《公司法》第103条第1款的规定，所持每一股份有一表决权。

所谓资本多数决原则,是指股东会会议原则上由出资比例或持股比例达到多数以上的股东们的赞同才能作出决议,多数表决权支持的决议即为公司之决定,且该决定不仅对赞同者有效也对反对者同样有效,多数决又分为简单多数决、绝对多数决、加重多数决、双重多数决、一致决。

2. 股东表决权行使的要件

根据《公司法》第 32 条、第 130 条等规定,只有在股东名册上记载的股东才能行使表决权,没有在股东名册上记载的受益所有人不能行使表决权。

对于无记名股股东,根据《公司法》第 102 条第 4 款的规定,只有在会议召开 5 日前至股东大会闭会时将股票交存于公司的情况下才能行使表决权。

3. 表决权行使的限制

原则上,所有股东都享有表决权,但在特殊情形下,某些股东的表决权是受限制的,主要限制情形如下:

(1)持有无表决权股份的股东不享有表决权

《公司法》第 103 条规定,公司持有的本公司股份没有表决权。

公司章程可以规定持有特定类别的股份不享有表决权。

(2)关联股东应回避时不享有表决权

这是指按照《公司法》或公司章程的规定,与股东会表决事项存在关联关系的股东不得参与该事项的表决。只要某股东与股东会的决议事项存在关联关系,无论是大股东,还是小股东;也不问其在表决时如何投票,一律剥夺其表决权;违反者的投票一律无效。这有利于事先堵塞控制股股东滥用表决权的漏洞。

《公司法》仅在第 16 条第 3 款规定了关联股东应回避的一种法定情形:公司向其他企业投资或者为他人提供担保,依照公司章程的规定,由董事会或者股东会、股东大会决议;公司章程对投资或者担保的总额及单项投资或者担保的数额有限额规定的,不得超过规定的限额。公司为公司股东或者实际控制人提供担保的,必须经股东会或者股东大会决议。前款规定的股东或者受前款规定的实际控制人支配的股东,不得参加前款规定事项的表决。该项表决由出席会议的其他股东所持表决权的过半数通过。

当然,公司章程可自行规定关联股东应回避的其他情形。

4. 公司章程对表决权行使进行的其他限制

(1)公司章程对表决权量上的限制

这是指一个股东拥有超过一定比例的公司股份,如10%,其超过部分在计算表决权时须打一定折扣,如按八折或八五折计算。

(2)对表决权代理的限制

这是指一个受托人代理的表决权不得超过公司股份总数表决权的一定比例,比如5%,超过部分不予计算表决权数。

以上限制须符合平等原则,对所有股东的表决权进行同等程度的限制。

5. 股东表决权的行使方式

(1)本人投票制与委托投票制

委托投票制,是指股东委托代理人出席股东会会议并进行投票。我国《公司法》确认股东表决权的代理行使制,但没有明确规定代理的条件、程序等,公司章程可对此作出明确规定。

为避免股东表决权代理行使制的异化,公司章程可对其作出如下设限制:①对委托的效力期限实施限制;②对代理的表决权总量进行限制;③对表决权代理的征集招揽进行限制。

我国《公司法》没有对表决权信托表决权作出规定。

(2)现场投票制与非现场投票制

现场投票制是指股东在股东会会议现场进行投票。

非现场投票制是指股东不在股东会会议现场投票而通过通讯投票(书面投票)以及网络投票等方式行使表决权。我国《公司法》没有对非现场投票制作出明确规定,但公司章程可对此作出符合公司实际情况的规定。

(3)直接投票与累积投票制

所谓直接投票制,是指在行使表决权时,针对一项议案,股东只能将表决权票数一次性直接投在该议案上。

所谓累积投票,是指股东大会选举董事或者监事时,每一股份拥有与应选董事或者监事人数相同的表决权,股东拥有的表决权可以集中使用。《公司法》第105条对累积投票制作了明确规定。显然,我国采取的累积投票制是一项选择性制度,公司章程可选择适用。

三、股东表决权的计算

1. 股东表决权计算的基准

股东表决权计算的法理基础是股东平等原则。由于资合性是公司的普遍性特征,股东平等原则主要是指“股份平等”“同股同权,同股同利”,因此在一般情况下股东会形成各项决议时,不是依“一人一票”的原则进行,而是依“一股一票”原则进行。当公司具有一定人合性,如有限责任公司兼具资合性和人合性特点,允许其通过公司章程选择适用“一股一票”或“一人一票”或其他表决权制。

就股份有限公司而言,《公司法》第 103 条关于股份公司的表决权计算基准,强调所持每一股份有一表决权,即“一股一票”。

就有限责公司而言,从《公司法》第 42 条、第 43 条第 2 款、第 71 条等规定来看,其一,《公司法》允许通过公司章程选择适用“一股一票”或“一人一票”或其他表决机制来计算表决权;其二,公司关于特别决议事项的绝对多数决,并没有强调是股东所持公司股份的 2/3,因此,也可以表现为“一人一票”表决的 2/3;其三,如公司章程没有排除适用《公司法》第 71 条第 2 款的股东同意权,则股东向股东以外的人转让股权,应当经其他股东过半数同意,此处明确规定是按“一人一票”来计算表决权,即不问出资多少,每个股东仅享有一个表决权。

2. 股东表决权计算的规则

(1)计算基数

形成股东会决议是以出席股东会会议的股东所持表决权为基数,还是以全体股东所持表决权为基数来计算表决权,结果很可能大不相同。

就股份有限公司而言,《公司法》第 103 条第 2 款明确规定,股东大会形成各项决议应以“出席会议的股东所持表决权”为基数。

就有限责任公司而言,《公司法》第 43 条第 2 款没有指明通过特别决议时,是以“出席会议的股东所持表决权”为基数,还是以“全体股东所持表决权”为基数,这在实践中容易引发争议,故公司章程应予以明确以免发生争议。

(2)累积投票的计算

根据《公司法》第 105 条的规定,股东大会选举董事或者监事时,每一股份拥有与应选董事或者监事人数相同的表决权,股东拥有的表决权可以集中使用。此时,股东可以行使的表决权总数等于应选董事(监事)人数与股东所持股份数的乘积,股东拥有的表决权可以集中使用。如某股份公司有表决权股份10万股,大股东持有7万股,其他中小股东共持有3万股。公司要增选3名董事,则大股东的表决权总数为7万×3=21万个,中小股东的表决权总数为3万×3=9万个。中小股东将9万个表决权集中投给一个董事候选人,该候选人必获当选。如果大股东意图使他提名的3名候选人都当选,则必须超过27万个表决权,这显然不可能。也就是说,在累积投票的情况下,大股东最多可以选中2名董事。

四、股东会决议的种类及其效力

1.股东会决议的种类

股东会决议是股东会就提请股东会会议审议的事项依照法律或章程规定的程序表决形成的公司意思,这是股东会行使其职权的法定方式。根据决议事项及通过的法定标准的不同,股东会决议分为普通决议和特别决议:

(1)普通决议

股东会在决议公司的普通事项时,获得简单多数赞成即可通过的决议,为普通决议。所谓“简单多数”,在有限责任公司,是代表过半数表决权的股东;在股份有限公司,是指代表出席会议股东持有的过半数表决权的股东。[1] 除法律或公司章程明确规定应以特别决议决定的事项外,其他事项多属普通决议。

(2)特别决议

股东会在议决公司的特别事项时,获得绝对多数赞成方可通过的决议,为特别决议。何为“绝对多数”,根据我国《公司法》第43条和第103条第2款之规定,是指2/3以上的表决权。

法定的必须特别决议的事项,根据《公司法》第43条和第103条第2款的规定,包括:作出修改公司章程、增加或者减少注册资本的决议,以及公司合并、

〔1〕 范健、王建文:《公司法》,法律出版社2011年版,第386页。

分立、解散或者变更公司形式的决议。《公司法》关于特别决议适用范围的规定，属于强制性规范，公司章程不得缩减。

2. 股东会决议的效力

根据《公司法》第 36 条、第 98 条等规定，股东(大)会是公司的权力机关。股东(大)会对公司的重大事项作出的决议即为公司的意志，对公司、股东和其他公司机关产生约束力。[1]

五、股东会决议的无效、撤销与决议不成立

股东会的决议是根据“多数决”的原则作出的，实行少数服从多数，对公司股东和公司其他机关具有约束力。根据《公司法》第 22 条的规定，如果股东会决议违反《公司法》或公司章程的规定，其效力就会受到影响。也就是说，如果股东会决议在程序上存在瑕疵或在内容上存在瑕疵，则该决议的效力将受到影响：或者无效或者被撤销或者被确认决议不成立。

1. 股东会决议的无效

根据《公司法》第 22 条第 1 款的规定，公司股东会决议内容违反法律、行政法规的无效。从解释论来说，此处违反的法律、行政法规是指违反法律、行政法规的强制性规定，违反法律、行政法规规定的股东会决议从决议作出之时即为无效。此种无效属于绝对无效、确定无效、自始无效、当然无效，具有绝对的溯及力。[2]

2. 股东会决议的撤销

《公司法》第 22 条第 2 款规定了股东会决议的撤销。股东会或者股东大会、董事会的会议召集程序、表决方式违反法律、行政法规或者公司章程，或者决议内容违反公司章程的，股东可以自决议作出之日起 60 日内，请求人民法院撤销。

---

〔1〕 王保树、崔勤之：《中国公司法原理》，社会科学文献出版社 2006 年版，第 93 页；朱慈蕴：《公司法原论》，清华大学出版社 2011 年版，第 262 页；王德山：《公司法学》，中国政法学出版社 2008 年版，第 196 页。

〔2〕 范健、王建文：《公司法》，法律出版社 2011 年版，第 387 页；赵旭东主编：《公司法学》，高等教育出版社 2006 年版，第 379 页。

3. 决议不成立

根据《公司法解释(四)》第5条的规定,股东会或者股东大会、董事会决议存在下列情形之一,当事人主张决议不成立的,人民法院应当予以支持:

(1)公司未召开会议的,但依据《公司法》第37条第2款或者公司章程规定可以不召开股东会或者股东大会而直接作出决定,并由全体股东在决定文件上签名、盖章的除外;

(2)会议未对决议事项进行表决的;

(3)出席会议的人数或者股东所持表决权不符合《公司法》或者公司章程规定的;

(4)会议的表决结果未达到《公司法》或者公司章程规定的通过比例的;

(5)导致决议不成立的其他情形。

4. 股东会决议无效、撤销及不成立之诉

(1)诉讼主体

根据《公司法》第22条的规定,提起无效和撤销之诉的原告是股东。

通说认为,股东会决议无效之诉和撤销之诉的被告应是公司。这是因为多数决原则将股东的意思拟制为公司的意思,既然决议体现了公司的意思,自然应将公司列为决议无效之诉和撤销之诉的被告。[1]

根据《公司法解释(四)》第1条的规定,公司股东、董事、监事可以请求确认股东会或者股东大会、董事会决议无效或者不成立。该解释第3条规定,原告请求确认股东会或者股东大会、董事会决议不成立、无效或者撤销决议的案件,应当列公司为被告。对决议涉及的其他利害关系人,可以依法列为第三人。

(2)提起无效、撤销、不成立之诉的条件

《公司法》没有设置决议必须侵犯了股东的合法权益之起诉的前提条件,因此,不论股东会决议是否侵害股东合法权益,只要决议违反了法律、行政法规或公司章程,股东就有权相应提起决议无效、撤销或不成立之诉。

(3)决议无效之诉判决的效力

通说认为,股东会决议无效的确认之诉的判决效力具有对世性,即其效力

---

〔1〕 赵旭东主编:《公司法学》,高等教育出版社2006年版,第380页。

及于第三人,且具有绝对的溯及力。[1]

(4)决议撤销之诉判决的效力

对公司及内部人而言,法院作出的撤销判决具有溯及力,决议对公司及股东、董事、监事和高级管理人员自始无效。就公司外部人而言,决议经撤销而归于无效的,属于相对无效,不得对抗善意第三人;或者说为维持交易安全,对善意第三人该撤销判决的效力被阻断。[2]

根据《公司法》第22条第4款的规定,公司根据股东会或者股东大会、董事会决议已办理变更登记的,人民法院宣告该决议无效或者撤销该决议后,公司应当向公司登记机关申请撤销变更登记。

我国《民法总则》第85条规定,营利法人的权力机构、执行机构作出决议的会议召集程序、表决方式违反法律、行政法规、法人章程,或者决议内容违反法人章程的,营利法人的出资人可以请求人民法院撤销该决议,但是营利法人依据该决议与善意相对人形成的民事法律关系不受影响。《公司法解释(四)》第6条规定,股东会或者股东大会、董事会决议被人民法院判决确认无效或者撤销的,公司依据该决议与善意相对人形成的民事法律关系不受影响。

☞条款设计

六、股东会会议出席条款的个性化设计

1.《公司法》关于股东会会议出席的规定属于强制性规范

股东会由股东组成,股东出席股东会是股东的一项基本权利,受《公司法》保护,公司章程不得予以剥夺;否则,可根据《公司法》第22条第2款的规定撤销该决议。因此,《公司法》关于股东会会议出席的规定属于强制性规范。

2.公司章程可以细化股东委托代理人出席股东会会议的授权内容

为避免因代理人的代理权限不清而引起对代理瑕疵的质疑,导致股东会决

---

〔1〕 赵旭东主编:《公司法学》,高等教育出版社2006年版,第379页;朱慈蕴著:《公司法原论》,清华大学出版社2011年版,第278页。

〔2〕 赵旭东主编:《公司法学》,高等教育出版社2006年版,第380~381页;朱慈蕴:《公司法原论》,清华大学出版社2011年版,第280页。

议程序瑕疵,公司章程可以明确规定出具的委托他人出席股东大会的授权委托书应当载明的具体内容。

3. 公司章程可以自行规定股东大会会议的法定出席比例

我国《公司法》没有规定股东会的法定出席比例,这是一种缺失,不利于健全公司治理结构。因为如果参加股东会会议的股东很少,则不利于公司集思广益地决策,还可能出现少数股东操纵股东会甚至损害其他股东利益的情形。故公司章程可以规定出席股东会会议的股东必须达到法定人数或法定股东表决权比例,股东会才能合法召开,通过的决议才有效。

七、股东会会议主持人条款的个性化设计

1.《公司法》关于股东会会议主持人的规定属于强制性规范

《公司法》关于股东会会议主持人的规定是程序性规则,因而属于强制性规范。

2. 公司章程可以就《公司法》规定的三种顺位主持人有序替代的细则作出规定

《公司法》第 40 条、第 101 条规定了会议主持人替补的顺位,并原则规定了后一顺位会议主持人替补前一位主持人的条件是前一顺位主持人"不能履行或者不履行"会议主持职责,但这些规定操作性不强,故公司章程可细化会议主持人替补条件,使之具体可操作。

3. 公司章程可以补充规定会议主持人的职责

《公司法》没有规定股东会会议主持人的职责,公司章程可以补充规定会议主持人的职责,有利于保障股东会会议的顺利进行。

八、决议事项表决前审议与质询条款的个性化设计

1. 决议事项表决前审议、说明、质询条款的必要性

除了《公司法》第 150 条第 1 款规定:"股东会或者股东大会要求董事、监事、高级管理人员列席会议的,董事、监事、高级管理人员应当列席并接受股东的质询"而间接认可股东的质询权外,《公司法》没有规定决议事项表决前审议、说明、质询的程序性规则。公司作出重大决策前就相关决策事项进行充分说明、辩论,将有利于全面听取各种不同意见,集思广益,这不但可以增强重大

决策的科学性,而且有利于保障所有参与股东的知情权,有利于为其提供更为全面的决策信息,更加清晰地认识到决议执行的实际后果,而这些因素将对股东会决议结果产生影响,甚至是决定性的影响。因此,大多数国家都规定了股东在股东会上的质询权。[1] 在股东会会议中,每个股东都可以就有关议题的相关事项要求公司、提案人、董事、监事和高级管理人员提供信息和接受质询。只有在可以进行实质性答辩及讨论等合法议事程序下所产生的多数决结果,才具有作为团队统一意思的价值。[2]

2. 决议事项审议与质询条款的设计

公司章程可根据公司实际情况就股东会决议事项的审议与质询作出以下规定:

(1)要求所有提案均有书面说明及理由;

(2)要求列入股东会议题事项的说明及理由应在会议召开前三天送达全体股东;

(3)股东有权就相关议题要求提案人、董事、监事和高级管理人员提供相关信息;

(4)股东会审议决议事项时,每个股东均有权就该议题提出质询,提案人及相关董事、监事和高级管理人员应接受质询并作出说明及答复。

以上规定体现了罗伯特议事规则的基本原则:多数作出决定,但应当听取少数人的意见并且保护出席成员的利益。

九、股东表决权行使及其限制条款的个性化设计

1.《公司法》关于股东表决权行使及限制的规定有的属于强制性规范,有的属于任意性规范

《公司法》关于股份有限公司股东表决权行使及限制的规定,属于强制性规范,而关于累积投票制的规定属于任意性规范。

《公司法》第 42 条规定:“股东会会议由股东按照出资比例行使表决权;但

---

〔1〕 李志刚:《公司股东大会决议问题研究:团体法的视角》,中国法制出版社 2012 年版,第 98 页。

〔2〕 张凝:《日本股东大会制度的立法、理论与实践》,法律出版社 2009 年版,第 202 页。

是，公司章程另有规定的除外。”第43条规定：“股东会的议事方式和表决程序，除本法有规定的外，由公司章程规定。”前述规定授权公司章程可另行规定股东表决权行使及限制，因此《公司法》关于有限责任公司表决权行使及限制属于任意性规范。

2. 有限责任公司可自行设计股东表决机制

根据《公司法》第42条“股东会会议由股东按照出资比例行使表决权；但是，公司章程另有规定的除外”及第43条第1款“股东会的议事方式和表决程序，除本法有规定的外，由公司章程规定”之规定，有限责任公司章程可以规定股东表决时不实行按出资比例表决，而实行一人一票的规则，也可以规定股东的表决比例与其出资比例不一致，或其他表决机制。

3. 有限责任公司可根据实际情况对股东表决权的行使进行限制

（1）公司章程可以规定持有特定类别的股份不享有表决权；

（2）公司章程可对表决权进行量上的限制；

这是指一个股东拥有超过一定比例的公司股份，如10%，其超过部分在计算表决权时须打一定折扣，如按八折或八五折计算。

（3）公司章程可对表决权代理的进行限制；

这是指一个受托人代理的表决权不得超过公司股份总数表决权的一定比例，比如5%，超过部分不予计算表决权数。

以上限制须符合平等原则，对所有股东的表决权进行同等程度的限制。

4. 公司章程可对瑕疵出资股东的表决权进行限制

按照权利义务相一致原则，根据最高人民法院《公司法解释（三）》第16条“股东未履行或者未全面履行出资义务或者抽逃出资，公司根据公司章程或者股东会决议对其利润分配请求权、新股优先认购权、剩余财产分配请求权等股东权利作出相应的合理限制，该股东请求认定该限制无效的，人民法院不予支持”之规定，公司章程可对瑕疵出资股东的表决权进行限制。

5. 公司章程可规定关联股东回避制度

公司章程可规定，与股东会表决事项存在关联关系的股东不得参与该事项的表决。只要某股东与股东会的决议事项存在关联关系，无论是大股东还是小股东，也不问其在表决时如何投票，一律剥夺其表决权，违反者的投票一律无效。这有利于事先堵塞控制股股东滥用表决权的漏洞。

公司章程可根据实际情况自行规定关联股东应回避的情形。

6.公司章程可规定累积投票制

累积投票制有利于保护中小股东利益,《公司法》第105条规定了累积投票制。我国采取的累积投票制是一项选择性制度,公司章程可选择适用。

7.公司章程应细化表决权的行使方式

公司章程可根据实际情况自行规定本人投票制与委托投票制、现场投票制与非现场投票制等表决权的行使方式。

十、股东会决议种类及其通过条款的个性化设计

1.《公司法》关于特别决议事项的规定属于强制性规范

根据《公司法》第43条第2款及第103条第2款的规定,公司章程不能把法定的特别决议事调整为普通决议事,但可以增加特别决议事项。因此,公司章程可以根据公司实际情况扩大股东会特别决议事项的范围。

2.《公司法》关于普通决议事项的规定属于任意性规范

《公司法》并没有列明哪些事项由股东会以普通决议通过。按照排除法,股东会职权范围内除《公司法》和章程明确规定应以特别决议通过的事项外,均为普通决议事项。

3.公司章程宜明确规定股东会决议通过的表决权的法定比例及计算基数

(1)关于表决权计算基数

形成股东会决议是以出席股东会会议的股东所持表决权为基数,还是以全体股东所持表决权为基数来计算表决权,结果很可能大不相同。

就股份有限公司而言,《公司法》第103条第2款明确规定,股东大会形成各项决议应以"出席会议的股东所持表决权"为基数。

就有限责任公司而言,《公司法》第43条第2款没有指明通过特别决议时,是以"出席会议的股东所持表决权"为基数,还是以"全体股东所持表决权"为基数,这在实践中容易引发争议,故公司章程应予以明确以免发生争议。

(2)区分多数决中"简单多数"和"绝对多数"的标准

股东会在决议公司的普通事项,获得简单多数赞成即可通过的决议为普通

决议。所谓“简单多数”，在有限责任公司，是代表过半数表决权的股东；在股份有限公司，是指代表出席会议股东持有的过半数表决权的股东。

股东会在议决公司的特别事项时，获得绝对多数赞成方可通过的决议为特别决议。何为“绝对多数”，根据我国《公司法》第 43 条和第 103 条第 2 款的规定，是指 2/3 以上的表决权。

法定的必须特别决议事项，根据《公司法》第 43 条和第 103 条第 2 款的规定，包括：出修改公司章程、增加或者减少注册资本的决议，以及公司合并、分立、解散或者变更公司形式的决议。《公司法》关于特别决议适用范围的规定，属于强制性规范，公司章程不得缩减，但可以扩大。

根据《公司法》第 43 条第 2 款的规定，通过特别决议的表决权绝对多数为 2/3“以上”表决权。这里的“以上”并无上限的限制，而提高上限有利于保护中小股东利益，符合《公司法》着重中小股东保护的精神。故公司章程可要求通过某类特别决议须经代表 3/4 以上表决权股东通过。

十一、股东会决议效力条款的个性化设计

1.《公司法》关于股东会决议效力的规定属于强制性规范

《公司法》关于股东会决议效力的规定是法律对决议所作的价值判断，任何人无权改变，否则法律将毫无意义。故《公司法》关于股东会决议效力的规定属于强制性规范。

2. 公司章程可细化股东会决议撤销的提起条件

比如，《公司法》对于“已出席股东会会议而对会议的程序瑕疵没有当场表示异议的，能否提起决议撤销之诉”没有明确规定。因而在理论界和实务界中存在不同意见。为避免不必要争议，公司章程可补充规定：已出席股东会会议而对会议的程序瑕疵没有当场表示异议的，无权提起决议撤销之诉。这样既可防止部分股东投机取巧，又可督促股东对股东会会议的程序瑕疵当场提出异议，使会议及时修正瑕疵，保证决议的有效性。

疑难释解

十二、已出席股东会会议而对会议的程序瑕疵没有当场表示异议的,能否提起决议撤销之诉?(总第80问)

《公司法》对此没有明确规定。学者有的持肯定说,有的持否定说。

从公司的安定和法律秩序的稳定性来看,应以否定说为宜,这样既可防止部分股东投机取巧,又可督促股东对股东会会议的程序瑕疵当场提出异议,使会议及时修正瑕疵,保证决议的有效性。[1]

十三、未出席股东会会议的股东能否提起决议撤销之诉?(总第81问)

通说认为,缺席股东会的股东、无表决权的股东、决议后取得股东资格的股东均不妨碍其成为适格原告。[2]

十四、对决议投赞成票的股东能否提起撤销之诉?(总第82问)

由于该股东出席会议并投赞成票的行为本身表明其合法权益并未受到该决议的不当侵害,根据诚信原则及禁反言原则,该股东不能提起撤销之诉。

十五、对决议投赞成票的股东能否提起决议无效之诉?(总第83问)

由于股东会决议内容违反法律、行政法规强制性规定,属于绝对无效、确定无效,故所有股东包括对决议投赞成票的股东均可提起决议无效之诉。[3] 这是因为,法律规定公司决议无效之诉制度的立法价值除保护公司股东利益外,还存在保护社会公共利益的考量,并且该种决议的违法性不能因股东的同意而修复,因此对决议投赞成票的股东可以提起无效之诉。

---

〔1〕 刘俊海:《股份有限公司股东权的保护》(修订本),法律出版社2004年版,第305页;范健、王建文:《公司法》,法律出版社2011年版,第390页。

〔2〕 范健、王建文:《公司法》,法律出版社2011年版,第389~390页;朱慈蕴:《公司法原论》,清华大学出版社2011年版,第280页。

〔3〕 范健、王建文:《公司法》,法律出版社2011年版,第389页。

十六、公司章程能否规定公司重大决策须经全体股东一致通过？（总第84问）

由于公开公司的股票公开发行或公开募集，股东数量众多，多数股东不参与公司经营管理，故要求公司重大决策须经全体股东一致通过无异于天方夜谭。

而闭锁公司的股份采发起人认购，其股东人数较少，多数股东参与公司经营管理，如公司股东们要求公司重大决策须经全体股东一致通过，这并没有违反《公司法》强制性规定，因此公司章程作出如此规定并不违法。其理由如下：

（1）按照美国爱森伯格教授对公司法规范分类的观点，公司法的结构性规则主要规范公司权力在不同机关的分配以及各机关行使这些权力的要件，以形成运作有序的公司治理架构。这类规则因为只涉及公司内部的权力分配，宜为任意性规范。〔1〕

（2）由于闭锁公司股东人数较少，股东往往兼任公司高管，他们通过谈判达成合意的可能性较大，因此应赋予该类公司更大的自治空间，公司法对该类公司的弹性和任意性应较强。这正如日本神田秀树教授所指出：闭锁公司股东人数较少，利害关系人较少，所以法律介入的必要性也较少，公司机关设计几乎都是公司股东的自由。〔2〕

（3）根据《公司法》第43条“股东会的议事方式和表决程序，除本法有规定的外，由公司章程规定。股东会会议作出修改公司章程、增加或者减少注册资本的决议，以及公司合并、分立、解散或者变更公司形式的决议，必须经代表三分之二以上表决权的股东通过”之规定，公司章程可以规定股东会对公司重大决策事项须作出特别决议。股东会决议分为普通决议和特别决议，公司章程除不能缩减法定的特别决议事项或者把法定的特别决议事项以普通决议方式通过外，但公司章程可根据公司实际情况增加特别决议事项的范围。这也符合《公司法》第37条第（11）项的规定。

（4）根据《公司法》第43条第2款的规定，通过特别决议的表决权绝对多

〔1〕 罗培新等：《公司法的法律经济学研究》，北京大学出版社2008年版，第94～95页。

〔2〕 ［日］神田秀树：《公司法的理念》，朱大明译，法律出版社2013年版，第68页。

数为2/3"以上"表决权。这里的"以上"并无上限的限制，而提高上限有利于保护中小股东利益，符合《公司法》着重中小股东保护的精神。故公司章程要求通过某类特别决议须经全体股东一致通过，并不违反该款规定。

(5)股东自己是自身利益的最佳法官，如果股东们要求某类重大决策事项须经全体股东一致通过自然有其特殊考量。当实际经营时，如该类重大决策事项不能获得全体股东一致通过，则可能产生以下后果：不执行该事项也无伤大雅，或因不能执行该事项影响公司利益进而影响股东利益，或因不能执行该事项导致出现公司僵局，股东们在讨价还价式的磋商中自然明白将会产生这样的后果，由他们自负其果或在法律框架内解决，比如，因此产生公司僵局时依照《公司法》第182条的规定提起公司解散之诉，并无不妥。

综上，一致决并无违反法律强制性规范，但不利于公司经营效率，故不宜提倡。

第九章　董事及董事会

第一节　董　　事

条款解读

一、董事的意义

董事是公司董事会的组成人员，是董事会职权的实际执行者。董事一般是自然人。

董事随企业所有权与经营权分离而诞生。出于对公司经营专业化的考虑，各国公司法无不将公司日常经营委诸董事及公司高管。

二、董事的种类

1. 内部董事和外部董事

内部董事通常是指来自于公司内部并在公司中有实质性岗位的董事。兼任公司高管职务的董事属于内部董事。

外部董事，是指在公司中没有担任实质性岗位的董事。外部董事包括两种：一种是有关联关系的外部董事（亦称为"灰色董事"），是指与公司存在实质性利害关系的外部董事，如公司股东及其亲朋好友，公司已退休的高管以及他们亲朋好友、公司律师、供应商的总裁等；另一种是没有关联关系的外部董事，即独立董事。

2. 职工董事和非职工董事

职工董事,是指具有职工身份并从公司中的职工大会、职工代表大会或其他形式选举产生的董事。职工董事不能由股东会选举产生。职工董事是劳动者参与公司民主管理的方式之一,有利于对职工利益进行维护。《公司法》第44条第2款规定:“两个以上的国有企业或者两个以上的其他国有投资主体投资设立的有限责任公司,其董事会成员中应当有公司职工代表;其他有限责任公司董事会成员中可以有公司职工代表。董事会中的职工代表由公司职工通过职工代表大会、职工大会或者其他形式民主选举产生。”第67条规定:“国有独资公司设董事会,依照本法第四十六条、第六十六条的规定行使职权。董事每届任期不得超过三年。董事会成员中应当有公司职工代表。董事会成员由国有资产监督管理机构委派;但是,董事会成员中的职工代表由公司职工代表大会选举产生。”第108条第2款规定:“董事会成员中可以有公司职工代表。董事会中的职工代表由公司职工通过职工代表大会、职工大会或者其他形式民主选举产生。”可见,除国有企业必须设置职工董事外,一般的有限责任公司和股份有限公司都没有强制要求设置职工董事。

非职工董事,是指由股东会选举产生且不具普通职工身份的董事。

3. 持股董事和非持股董事

持股董事,是指持有公司股份的董事。

非持股董事,是指不持有公司股份的董事。

4. 正式董事、事实董事、影子董事

正式董事,是指经法定程序选任并记载于公司章程中的董事。

事实董事,是指虽未经过法定程序选任,但可以通过其外在行为表象被视同经过法定程序正式选任出来的董事。例如,某人虽未经过法定程序被正式选任为董事,但却经常参加董事会议并积极参与公司决策,或者自称董事并以董事身份签字,这可以被视为事实董事。

影子(隐名)董事与事实董事类似,但不同之处在于影子董事并不一定具备事实董事的表征,如不一定参加董事会或不一定参与董事会的日常活动,但对公司具有实际控制力。

无论是事实董事还是影子董事，都应当承担与正式董事一样的法定义务和责任。这样有助于防止事实董事和影子董事实际控制公司运营，但又逃避法定的董事义务的现象发生。[1]

三、董事的选任

根据我国《公司法》的规定，董事的选举机关一般为股东会。《公司法》第37条第1款第(2)项规定股东会有权“选举和更换非由职工代表担任的董事、监事，决定有关董事、监事的报酬事项”；第67条第2款规定：“董事会成员由国有资产监督管理机构委派；但是，董事会成员中的职工代表由公司职工代表大会选举产生。”

职工董事有其特殊性，《公司法》第44条、第67条及第108条都规定，董事会成员中的职工代表由公司职工通过职工代表大会、职工大会或者其他形式民主选举产生。

根据《公司法》第105条的规定，股东大会选举董事、监事，可以依照公司章程的规定或者股东大会的决议，实行累积投票制。

四、董事会组成人数及任期

1. 董事会组成人数

对于有限责任公司，《公司法》第44条第1款规定：“有限责任公司设董事会，其成员为三人至十三人；但是，本法第五十条另有规定的除外”，第50条第1款规定：“股东人数较少或者规模较小的有限责任公司，可以设一名执行董事，不设董事会。执行董事可以兼任公司经理”。

对于股份有限公司，《公司法》第108条规定，股份有限公司设董事会，其成员为5人至19人。

董事人数原则上应当为奇数，以避免董事会表决僵局。董事会董事人数必须维持在法定人数以内，一旦董事人数低于法定人数，股东会需召开临时会议补选。

---

〔1〕 朱慈蕴：《公司法原论》，清华大学出版社2011年版，第286页。

2. 董事任期

根据《公司法》第 45 条第 1 款、第 108 条第 3 款、第 67 条等规定，董事任期由公司章程规定，但每届任期不得超过 3 年。董事任期届满，连选可以连任。

五、董事职务的解除

董事职务的解除是指董事在任期内被解除职务，而非任期届满后的改选。由于董事是由股东会选任，其职务的解除当然也属于股东会的固有权力。

六、董事的辞职及补选

根据《公司法》第 45 条第 2 款的规定，允许董事在任期内提出辞职。但董事在任期内辞职导致董事会成员低于法定人数的，在改选出的董事就任前，原董事仍应当依照法律、行政法规和公司章程的规定，履行董事职务。

☞条款设计

七、董事选任条款的个性化设计

1.《公司法》关于董事选任机关的规定属于强制性法律规范

根据《公司法》第 4 条的规定，公司股东享有选举管理者的权利，董事的选任系选择管理者权利的重要内容之一，是股东的固有权利。根据该法第 37 条第 1 款第(2)项的规定，选任董事是股东会的固有权力。因此，《公司法》关于董事选任机关的规定是强制性规定。[1] 公司章程不得对于事关公司兴衰的管理者选任权予以限制或剥夺，也不得规定董事选任机关(一般为股东会)选任董事决议之效力须取决于公司第三人同意。

2. 公司章程可以规定本公司董事的选任方式

对于股份有限公司，《公司法》第 105 条规定，股东大会选举董事、监事，可以依照公司章程的规定或者股东大会的决议，实行累积投票制。故股份有限公司章程可根据公司实际规定公司选任董事实行累积投票制，或实行直接投票

〔1〕 范健、王建文:《公司法》，法律出版社 2011 年版，第 395 页。

制。同理，有限责任公司章程也可根据公司实际，自行规定选任董事实行累积投票制，或实行直接投票制。

八、董事任期条款的个性化设计

1.《公司法》关于董事任期的规定不属于典型强制性法律规范

《公司法》第45条第1款规定："董事任期由公司章程规定，但每届任期不得超过三年。董事任期届满，连选可以连任。"

这表明：《公司法》关于董事任期的规定不属于典型强制性规范，公司章程可自行规定。《公司法》仅规定每届任期最高为3年，至于公司章程规定任期低于3年，不受限制。《公司法》也不限制任期的届数。

2.公司章程可以自行规定董事任期及任期的届数

根据《公司法》第45条、第108条的规定，股份有限公司和有限责任公司章程均可根据公司实际自行规定董事任期长短，但每届任期不得超过3年。对于董事的任期届数，公司章程可以不限制董事任期的届数，也可以限制董事任期的届数。

九、董事解职、辞职条款的个性化设计

1.《公司法》关于董事解职、辞职的规定属于强制性法律规范

根据《公司法》第37条、第99条的规定，股东会有更换董事的职权，因此，股东会可以决议更换或解除董事的职务。根据《公司法》第45条、第108条的规定，董事可在任期内提出辞职，但董事辞职导致董事会成员低于法定人数的，在改选出的董事就任前，原董事仍应当依照法律、行政法规和公司章程的规定履行董事职务。

《公司法》的上述规定属于强制性规范。

2.公司章程可自行规定解除董事职务的条件和程序

由于累积投票有利中小股东选任董事，而中小股东选任的董事未必合大股东之意。为避免大股东利用其控制股东的优势通过股东会普通决议简单多数轻易解除中小股东选任的董事职务，公司章程可以有针对性地规定此种情况下解除董事职务的条件和程序，比如规定：如果董事是通过累积投票选举产生，或

是由持有某类股票的股东推选的，无故罢免的程序必须与该董事当选时采用的程序相同。

在一般情况下，公司章程也可以规定，如果董事存在怠于履行职务，明显缺乏能力、行为不端或严重违反公司规章制度等过错，公司有权解除其职务。

当然，如果公司章程规定了解除董事职务的条件和程序，则公司不得无故解除董事的职务，对公司而言就是自我设限。

3. 公司章程可规定董事离职的移交手续

公司章程可规定董事因被解职、任期届满、辞职等原因离职时，应向董事会办妥所有移交手续，其对公司和股东承担的忠实和保密义务，在任期结束后并不当然解除。

☞疑难释解

十、董事与公司之间关系的法律性质是什么？（总第 85 问）

英美法上的董事既是公司的代理人，也是公司的受信托人。[1] 在大陆法上，通说将公司与其董事的关系定义为"委任关系"。[2] 我国《公司法》对此没有明文规定，在理论上众说纷纭，倾向性的观点是委任关系。[3]

十一、股东会是否可以随时解除董事职务？（总第 86 问）

1993 年的《公司法》规定，股份有限公司的董事在任期届满前，股东大会不得无故解除其职务，而现行《公司法》已经将此规定删除，这意味着股东大会可以随时解除董事的职务。当然，如果公司章程已规定"董事在任期届满前，股东会不得无故解除其职务"的，则股东会不得随意解除董事职务。

---

〔1〕 胡田野：《公司法任意性与强行性规范研究》，法律出版社 2012 年版，第 276 页；罗培新等：《公司法的法律经济学研究》，北京大学出版社 2008 年版，第 155 页；黄辉：《现代公司法比较研究——国际经验及对中国的启示》，清华大学出版社 2011 年版，第 188 页。

〔2〕 朱慈蕴：《公司法原论》，清华大学出版社 2011 年版，第 284 页；[日]神田秀树：《公司法的理念》，法律出版社 2013 年版，第 79 页。

〔3〕 罗培新等：《公司法的法律经济学研究》，北京大学出版社 2008 年版，第 156 页；赵旭东主编：《公司法学》，高等教育出版社 2006 年版，第 408 页。

十二、股东会解除董事职务，公司应否对解除职务的董事进行补偿？（总第87问）

如上所述，股东会有权依照公司章程的规定解除董事职务。从法理上讲，董事与公司之间除了是委任关系、受信关系外，还是一种合同关系，其合同关系的效力也应得到尊重。因此，公司通过股东会决议解除董事职务时，如被解除职务的董事不存在行为不端、怠于履行职务或明显缺乏能力等过错的，则该被解职的董事可以依据合同关系寻求违约责任的法律救济。

十三、《公司法》规定的董事"每届任期"是就个别董事而言还是全体董事而言？（总第88问）

《公司法》第45条第1款规定，董事任期由公司章程规定，各个公司可以有所不同，但每届任期不得超过3年。董事任期届满，连选可以连任。这里所谓"每届任期"，是就组成董事会的全体董事而言，不是就个别董事而言。首届董事会应从股东会首次会议选出之日起至公司章程规定的任期完结作为一届。以后，各届依此循环。每个董事不论是届期之初任职还是因被补选而届中任职，每届董事会任期完结之时，均应视为任期届满。[1]

第二节　董事会及其运作

☞条款解读

一、董事会的法律地位

董事会是依法由股东会选举产生的成员所组成的执行公司业务和日常经营决策的常设机关。董事会的法律地位体现在以下几个方面：

1. 董事会对股东会负责

董事会成员一般由股东会选举产生，对股东会负责并报告工作。

〔1〕 王保树、崔勤之：《中国公司法原理》，社会科学文献出版社2006年版，第103页。

2. 董事会是公司业务执行机构

股东会是公司的最高权力机关,其所作出的决议由董事会负责执行,故董事会是股东会的执行机关。执行股东会决议既是董事会的权利,也是其义务。

3. 董事会是公司的日常经营决策机关

在现代各国公司法中,股东会的职权已仅限于公司的根本事项,公司的日常经营决策权已全部或绝大部分归董事会行使。

4. 董事会是公司的常设机关

董事会自公司成立之日起一直存在,虽然它的成员可依法随时更换,但董事会本身作为一个机关始终存在,不能撤销。否则,公司的日常经营及管理活动难以正常进行。

作为公司的日常经营决策机关,是否必须设立董事会,通常区分不同公司类型作出不同的规定。对于股份有限公司,《公司法》第 108 条规定,必须设立董事会。对于有限责任公司,根据《公司法》第 40 条和第 50 条的规定,有限责任公司一般设立董事会,而规模较小或股东人数较少的有限责任公司可以不设董事会,只设一名执行董事,执行董事的职权由公司章程规定。

二、董事会的职权

董事会的职权既是董事会的权力也是董事会的职责。我国《公司法》第 46 条和第 108 条第 4 款规定的董事会职权包括:

(1)召集股东会会议,并向股东会报告工作;

(2)执行股东会的决议;

(3)决定公司的经营计划和投资方案;

(4)制订公司的年度财务预算方案、决算方案;

(5)制订公司的利润分配方案和弥补亏损方案;

(6)制订公司增加或者减少注册资本以及发行公司债券的方案;

(7)制订公司合并、分立、解散或者变更公司形式的方案;

(8)决定公司内部管理机构的设置;

(9)决定聘任或者解聘公司经理及其报酬事项,并根据经理的提名决定聘任或者解聘公司副经理、财务负责人及其报酬事项；

(10)制定公司的基本管理制度；

(11)公司章程规定的其他职权。

三、董事长及其职权

1.董事长的意义

根据《公司法》第13条、第40条、第44条、第50条、第108条等规定，除了股东人数较少或规模较小的有限责任公司，不设董事会因而不设董事长外，股份有限公司和有限责任公司的董事会均须设董事长一人。董事长是股东会主持人、董事会的召集人和主持人。董事长依公司章程规定，可以担任公司法定代表人。

2.董事长的职权

1993年的《公司法》曾专门规定董事长的职权，但现行《公司法》未再专门规定董事长的具体职权。根据《公司法》第13条、第40条、第47条、第101条、第109条等规定，董事长行使以下职权：

(1)主持股东会会议；

(2)召集和主持董事会会议；

(3)检查董事会决议的实施情况；

(4)在公司章程规定担任法定代表人的情况下，对外代表公司；

(5)公司章程规定的其他职权。

3.董事长的任免

根据《公司法》第44条第3款的规定，有限责任公司的董事长、副董事长的产生办法由公司章程规定；根据《公司法》第109条第1款的规定，股份有限公司的董事长和副董事长由董事会以全体董事的过半数选举产生。

如果担任董事长的董事职务被股东会解职，董事长当然也被解任。即使其董事职务未被解任，但作为董事长如不称职，董事会也可罢免其董事长职务。

四、董事会专门委员会

专门委员会是指行使董事会部分职权或为董事会行使职权提供帮助的董

事会内设机构。[1]

我国现行《公司法》未规定专门委员会制度，故股份有限公司若设置专门委员会也不能改变监事会的设置，因而该专门委员会实际上不同于英美法系及日本公司法典所规定的专门委员会。

在中国证监会的推动下，我国上市公司已普遍设置了专门委员会，各专门委员会对董事会负责，其提案应提交董事会审查决定。2002 年《上市公司治理准则》第三章第六节对董事会专门委员会作了专门规定。

五、董事会秘书

《公司法》第 123 条规定，上市公司设董事会秘书，负责公司股东大会和董事会会议的筹备、文件保管以及公司股东资料的管理，办理信息披露事务等事宜。2002 年《上市公司治理准则》规定了董事会秘书的法律地位及职责。可见，上市公司必须设置董事会秘书，而非上市公司则自行决定是否设置董事会秘书。

六、董事会会议类型

董事会会议一般可以分为普通会议和临时会议。

1. 普通会议

普通会议又称定期会议、常会，是在公司章程规定的时间召开的例会。我国《公司法》未对有限责任公司董事会会议召开的次数进行规定，但规定股份有限公司每年度至少召开两次董事会会议。

2. 临时会议

临时会议又称特别会议，是在公司经营中遇到需要董事会及时决策的必要事项时召开的不定期会议。

对于股份有限公司，《公司法》第 110 条第 2 款规定，代表 1/10 以上表决权的股东、1/3 以上董事或者监事会，可以提议召开董事会临时会议。董事长应当自接到提议后 10 日内，召集和主持董事会会议。

〔1〕 范健、王建文：《公司法》，法律出版社 2011 年版，第 400 页。

对于有限责任公司,《公司法》未规定如何提议召开董事会会议,因此有限责任公司可以根据需要召开董事会临时会议。

七、董事会会议的召集与通知

1. 会议召集和主持

根据《公司法》第 47 条及第 109 条的规定,董事会会议由董事长召集和主持;董事长不能履行职务或者不履行职务的,由副董事长召集和主持;副董事长不能履行职务或者不履行职务的,由半数以上董事共同推举一名董事召集和主持。

2. 会议通知

对于股份有限公司,《公司法》第 110 条规定,董事会每年度至少召开两次会议,每次会议应当于会议召开 10 日前通知全体董事和监事。董事会召开临时会议,可以另定召集董事会的通知方式和通知时限。

《公司法》对有限责任公司召开董事会会议的通知未作规定,故公司章程可自行规定董事会的通知方式和召集期限。

八、董事会会议的出席与列席

1. 出席董事定足数

出席董事定足数,是指出席董事会会议的董事须达到法定最低人数,董事会会议方可进行,通过的董事会决议才有效。这可以保障多数董事参与董事会决议的表决,使董事会的决议能够更好地凝聚董事会的集体智慧。

域外公司立法对此均有规定。如《日本公司法》第 369 条第(1)项规定:"董事会的决议,以可参加决议的董事的过半数(章程规定高于此比例以上的,为该比例以上)出席,其过半数(章程规定高于此比例的,为该比例以上)作出。"[1]《法国商法典》第 100 条第 1 款规定:"只有半数以上董事出席时,董事

〔1〕 [日]前田庸:《公司法入门》(第 12 版),王作全译,北京大学出版社 2012 年版,第 349 页;[日]神田秀树:《公司法的理念》,朱大明译,法律出版社 2013 年版,第 78 页;王保树主编:《最新日本公司法》,法律出版社 2006 年版,第 219 页。

会才能有效地进行审议，任何相反的条款均视为未作订立。”[1]《美国示范商事公司法》8.24（C）明确规定：“如果投票表决时与会董事人数达到法定人数，且半数以上的与会董事就决议投了赞成票，则视为董事会通过了该项决议，除非公司章程或章程细则中规定通过需要更高数量的赞成票。”[2]

我国《公司法》第111条规定，股份有限公司董事会会议应有过半数的董事出席方可举行。董事会作出决议，必须经全体董事的过半数通过。对于有限责任公司，《公司法》没有明确规定，授权公司章程规定。根据《公司法解释（四）》第5条第（3）项的规定，未达法定出席定足数要求的，当事人主张决议不成立的，法院应当予以支持。

从我国立法传统来看，使用“应”“必须”这样字眼的法条通常可以理解为强制性规定，因此，解释论上应该认为公司章程不能降低《公司法》规定的董事会决议定足数基准。而降低董事会决议定足数基准，可能导致由于太少董事决定董事会决议，或影响董事会决议的质量，或被大股东或个别董事操纵公司，侵害小股东的利益。

从定足数要求“过半数”的法律文本来看，“过半数”通常可理解为超过半数，因此，解释论上应该认为，《公司法》允许公司章程提高定足数要求，如规定出上通过。而提高董事会决议定足数，因权属性、公司经营管理模式等特性不同，各个公司董事会决议定足数要求也可能有所不同。因此，在法定定足数最低标准的基础上，《公司法》尊重公司自治，上不封顶。

当然，要求全体或过多的董事出席董事会会议，或者要求全体或过多的董事赞同才能通过董事会决议，会导致董事会决议难以及时作出，不但会降低董事会的工作效率，影响公司的正常运营，而且由于董事会决议经常难以及时作出，容易积累公司管理中的难题，进而激化不同利益主体之间的矛盾，发生公司僵局。这是公司在公司章程中提高董事会决议定足数标准时需特别注意的。

2. 董事会会议的出席与列席

根据《公司法》第112条第1款的规定，董事会会议，应由董事本人出席；董事因故不能出席，可以书面委托其他董事代为出席，委托书中应载明授权范围。

---

〔1〕《法国商法典》，金邦贵译，中国法制出版社2000年版，第127页。

〔2〕虞政平编译：《美国公司法规精选》，商务印书馆2004年版，第73页。

根据《公司法》第 49 条第 2 款及第 54 条第 1 款的规定，监事、经理可以列席董事会会议。监事可以对董事会决议事项提出质询或建议。

九、董事会的表决

1. 董事会的表决规则

(1)一人一票

一人一票，即每名董事都有一个表决权，各表决权平等。董事表决权平等是私法中平等原则在《公司法》上的体现。

域外几乎所有公司立法都规定，每名董事会成员均拥有平等的表决权，即一人一票。我国《公司法》第 48 条和第 111 条均规定“董事会决议的表决，实行一人一票”。

(2)多数决

“多数决规则”是团体在决定意思时所遵守的经验性法则，是决定团体意思的方法。在公司中，多数决在股东会常表现为“资本多数决”，在董事会表现为“人数多数决”。公司决议的形成是以表决权数为基础的多数决定。

与股东会决议一样，董事会决议也可分为普通决议和特别决议。普通决议用于决定一般事项，特别决议适用于决定特别事项。

普通决议，获得简单多数赞成即可通过。所谓“简单多数”，在我国是指董事会决议必须经全体有表决权的董事过半数通过。

特别决议，获得绝对多数赞成方可通过。所谓“绝对多数”，在我国是指董事会决议必须经全体有表决权的董事的 2/3 以上通过。我国《公司法》第 111 条第 1 款规定“董事会作出决议，必须经全体董事的过半数通过”。这里的“过半数”并无上限的限制，而提高上限有利于保护中小股东利益，符合《公司法》着重保护中小股东的精神。故公司章程可规定特别决议须经全体董事 2/3 以上通过。

《公司法》第 111 条第 1 款规定，股份有限公司董事会决议必须经全体董事过半数通过。但《公司法》未对有限责任公司董事会决议的通过规则作统一要求，授权公司章程自行决定。

2. 董事会表决权的回避

表决权回避又称为表决权排除，是指董事在董事会决议表决的过程中，不得对与其有利害关系的事项进行表决,也不得就此事项代理其他董事行使表决权,以保证决议的公正客观性,避免关联董事因为一己私利而损害公司或股东利益。

为确保董事会决议的公正性,英美、日韩等域外公司法都规定,对于董事会决议有利害关系的董事不得行使表决权,计算出席和表决的法定人数不得计算在内,该董事既不算入作为法定基准的全体董事数中,也不算入出席的董事数中。[1] 简言之,该董事不计入多数决分数的分子和分母。

我国《公司法》第124条规定了上市公司利害关系董事表决权排除规则:上市公司董事与董事会会议决议事项所涉及的企业有关联关系的,不得对该项决议行使表决权,也不得代理其他董事行使表决权。该董事会会议由过半数的无关联关系董事出席即可举行,董事会会议所作决议须经无关联关系董事过半数通过。出席董事会的无关联关系董事人数不足3人的,应将该事项提交上市公司股东大会审议。归纳起来,我国《公司法》规定的董事表决权排除规则包括以下两点内容:

第一,对于董事会决议有关联关系的董事不得行使表决权(即该董事不计入多数决分数的分子),也不得代理其他董事行使表决权,这一点与英美、日韩等域外公司法的规定相同。这是强制性规定,公司章程不得改变。

第二,有关联关系的董事既不能计入出席的人数,也不计入多数决分数的分母(相当于降低了《公司法》第111条第1款规定的定足数基准),这一点也与英美、日韩等域外公司法的规定相同。这是强制性规定,不能降低出席定足数和表决定足数基准,但允许公司章程提高定足数基准。

如果上市公司章程将关联关系的董事算入多数决分数的分母,是否违反《公司法》第124条之规定呢?笔者认为,这相当于提高了表决定足数基准,符合《公司法》立法宗旨,并不违法。

至于关联董事应回避表决的情形及回避程序,公司章程可自行规定。

对于非上市公司,公司章程可自行决定是否规定关联董事表决回避制。

---

〔1〕 张民安:《现代英美董事法律地位研究》,法律出版社2007年版,第107页;[日]前田庸:《公司法入门》(第12版),王作全译,北京大学出版社2012年版,第351页。

3. 董事会表决权的计算

董事会表决权数的计算，主要是对董事会按照一人一票和表决权排除规则进行表决的结果进行计算，比较表决权数是否达到公司章程规定的表决定足数（即多数决通过标准）。多数决类似于数学上一个分数，其分子应为在董事会决议表决中投赞成票的表决权数。简单多数决，需获得过半数的赞成票。绝对多数决，需获得赞成票达到2/3、3/4或更高的比例。

多数决分数的分母，需根据公司章程或《公司法》的规定来确定。其分母是出席董事数，还是全体董事数，结果可能大不相同。

国外公司立法多以出席董事会的人数为计算基数，即出席董事会的人数作为多数决分数的分母。如《韩国商法》第391条第1款规定：除非公司章程规定了更高的比例，以出席会议的董事过半通过视为决议通过。[1]《美国示范商事公司法》8.24（C）、《法国商法典》第100条第2款也有类似规定。

我国《公司法》第111条第1款规定，股份有限公司董事会表决权的计算基数为“全体董事”。这里“全体董事”究竟是指董事会的全体成员，还是出席董事会的全体董事？有的学者认为应当解释为出席董事会的全体董事，[2]有的学者则认为应当解释为董事会的全体成员。[3] 笔者认为，《公司法》第103条第2款规定：“股东大会作出决议，必须经出席会议的股东所持表决权过半数通过。但是，股东大会作出修改公司章程、增加或者减少注册资本的决议，以及公司合并、分立、解散或者变更公司形式的决议，必须经出席会议的股东所持表决权的三分之二以上通过。”该条明确规定股份有限公司股东会表决权计算基数为“出席”会议的股东所持表决权，也就是说，《公司法》对何为“出席”、何为“全体”是严格区分的，故从《公司法》立法用语习惯来看，“全体董事的过半数通过”应当理解为董事会的全体成员，而不是指出席会议的全体董事。不然，《公司法》第111条第1款按照该法第103条第2款用语习惯规定董事会决议“必须经出席会议的董事过半数通过”即可，又何必规定“必须经全体董事的过

〔1〕［韩］李哲松：《韩国公司法》，吴日焕译，中国政法大学出版社2000年版，第452页。

〔2〕刘俊海：《公司法学》，北京大学出版社2008年版，第236页；范健、蒋大兴：《公司法论》，南京大学出版社1999年版，第717页。

〔3〕王德山：《公司法学》，中国政法大学出版社2008年版，第210页。

半数通过”呢？

根据我国《公司法》第 111 条和第 124 条的规定，一般情况下，多数决分数的分母为董事会的全体成员。关联董事回避表决的情况下，多数决分数的分母等于董事会全体成员数减去应回避董事数。

《公司法》没有规定有限责任公司董事会表决权的计算基数，这意味有限责任公司章程可自行作出清晰的规定。

根据《公司法解释（四）》第 5 条第（4）项的规定，董事会会议的表决结果未达到《公司法》或者公司章程规定的通过比例的，当事人主张决议不成立的，法院应当予以支持。

十、董事会决议

1. 董事会决议的种类

董事会决议是董事会就提请董事会决议审议的事项，依法律或章程规定的程序表决形成的决议，是董事会集体意志的体现。

与股东会决议一样，董事会决议也可分为普通决议和特别决议。普通决议用于决定一般事项，特别决议适用于决定特别事项。《公司法》未对特别决议事项进行规定，这可理解为《公司法》授权公司章程可对董事会特别决议事项的范围自行作出规定。

2. 董事会会议记录

《公司法》第 48 条第 2 款和第 112 条第 2 款均明确规定，董事会应当对会议所议事项的决定作成会议记录，出席会议的董事应当在会议记录上签名。

3. 决议的瑕疵

董事会会议的决议无论在程序上和内容上都必须符合法律和公司章程的规定，否则该决议将被认定为无效或被撤销。

《公司法》第 22 条规定，公司股东会或者股东大会、董事会的决议内容违反法律、行政法规的无效。股东会或者股东大会、董事会的会议召集程序、表决方式违反法律、行政法规或者公司章程，或者决议内容违反公司章程的，股东可以自决议作出之日起 60 日内，请求人民法院撤销。

4. 决议不成立

根据《公司法解释（四）》第 5 条的规定，股东会或者股东大会、董事会决议存在下列情形之一，当事人可向人民法院主张决议不成立，人民法院应当予以支持：

(1)公司未召开会议的，但依据《公司法》第37条第2款或者公司章程规定可以不召开股东会或者股东大会而直接作出决定，并由全体股东在决定文件上签名、盖章的除外；

(2)会议未对决议事项进行表决的；

(3)出席会议的人数或者股东所持表决不符合《公司法》或者公司章程规定的；

(4)会议的表决结果未达到《公司法》或者公司章程规定的通过比例的；

(5)导致决议不成立的其他情形。

十一、董事对董事会决议的责任

《公司法》第112条第3款规定了股份有限公司董事的决策责任：董事应当对董事会的决议承担责任。董事会的决议违反法律、行政法规或者公司章程、股东大会决议，致使公司遭受严重损失的，参与决议的董事对公司负赔偿责任。但经证明在表决时曾表明异议并记载于会议记录的，该董事可以免除责任。

十二、执行董事及其职权

根据《公司法》第50条的规定，股东人数较少或者规模较小的公司，可以不设董事会，而设执行董事。同样，设董事会的公司不设执行董事。

执行董事的职权主要包括：

1.具有相当于董事会的职权

执行董事和设董事会的公司的董事会同为公司的业务执行和经营意思决定机关，其职权理应相同。[1] 但董事会是合议制机关，执行董事是独任机关，两者不完全一样。因此，执行董事可以参照《公司法》关于有限责任公司董事会的职权执行，而不是完全按照《公司法》关于有限责任公司董事会的职权执行。

根据《公司法》第50条的规定，执行董事的职权由公司章程规定。

---

〔1〕 王保树、崔勤之：《中国公司法原理》，社会科学文献出版社2006年版，第108页。

2. 具有相当于董事长的职权

根据《公司法》第40条第2款的规定，有限责任公司不设董事会的，股东会会议由执行董事召集和主持。《公司法》第13条规定，执行董事可以依照公司章程规定担任公司法定代表人。

3. 可以兼任公司经理

《公司法》第50条第1款规定，执行董事可以兼任公司经理。兼任公司经理的执行董事，具有《公司法》第49条规定的公司经理的职权。当然，《公司法》只是允许执行董事兼任公司经理。它并不意味着所有公司的执行董事都应兼任经理。兼任与否，由公司章程自行规定。

条款设计

十三、董事会职权条款的个性化设计

1.《公司法》关于董事会职权条款的规定，有的强制，有的任意

由于立法工作部门认为，"股份有限公司的股份是可以自由转让的，股东对公司经营情况不满，可以直接转让其股权而离开公司。"[1] 其潜意识中把股份公司当作公开公司来规制。

公开公司的结构性规则以强制性规范为主，基本上是国内外公司法学界的共识。故在这种立法态度下，我国现行《公司法》关于股份有限公司董事会职权的规定属于强制性规范，但在强制之外，允许公司章程扩大董事会的其他职权，也就是说，强制之下尚有自治空间。如前所述，实际上股份有限公司中也存在大量闭锁型公司。

至于现行《公司法》关于有限责任公司董事会职权的规定，是属于强制性规范还是任意性规范？多数学者持强制性规范的观点，也有部分学者持任意性规范为主的观点。[2] 笔者认为，任意性规范为主观点更为可取，符合各国公司法改革潮流，更符合公司的本质特征。因为，决定公司经营活动的最原始的出

---

〔1〕 安建主编：《中华人民共和国公司法释义》，法律出版社2005年版，第203页。

〔2〕 李志刚：《公司股东大会决议问题研究：团体法视角》，中国法制出版社2012年版，第112页。其他学者观点，详见本书"公司章程能否缩减《公司法》规定的股东会的职权"部分相关内容。

发点是股东，这是公司形态的根本。[1]

2. 董事会职权条款是公司章程的绝对必要记载事项

根据《公司法》第25条、第81条等规定，董事会职权条款是公司章程的绝对必要记载事项，是必备条款。

3. 公司章程可根据公司实际适当扩大董事会的职权

根据《公司法》第46条第(11)项董事会可行使“公司章程规定的其他职权”之规定，公司章程可按照公司实际情况自行规定该条第1款前10项职权以外的董事会其他职权。不过，需注意与股东会职权的协调性，避免相互冲突。

十四、董事会召集程序条款的个性化设计

1.《公司法》关于董事会的会议召集程序的规定属于强制性规范

根据《公司法》第22条第2款的规定，董事会的会议召集程序、表决方式违反法律、行政法规或者公司章程，或者决议内容违反公司章程的，股东可以自决议作出之日起60日内，请求人民法院撤销。根据该条规定可知，《公司法》关于董事会的会议召集程序的规定，除非有但书条款规定“公司章程另有规定或全体股东另有约定的除外”之外，属于强制性规范。

2. 公司章程可明确界定何谓“不能履行或者不履行”职责

这方面可细化什么情况下属于“不能履行或者不履行”职责之类的具有可操作性的规定，以避免争议。

3. 公司章程可细化会议通知人、通知时间、方式及内容

为避免及减少纠纷，公司章程应对董事会会议通知人、通知时间、方式及内容作出明确规定，当然这些规定不得违反法律法规的强制性规定。

十五、董事会会议出席条款的个性化设计

1.《公司法》关于董事会会议出席的规定属于强制性规范

《公司法》关于董事会会议出席的规定是程序性规则，不得违反，否则可根据《公司法》第22条第2款的规定撤销该决议。因此，这些程序性规则属于强

[1] [日]神田秀树：《公司法的理念》，朱大明译，法律出版社2013年版，第11页。

制性规范。

2. 公司章程可以细化董事请假及委托代理人出席董事会会议的规定

为强化董事责任，公司章程可细化董事请假制度，规定无正当理由缺席董事会会议几次视为工作不尽责，可予以解聘。

为避免因代理人的代理权限不清而引起对代理瑕疵的质疑，导致董事会决议程序瑕疵，公司章程可以明确规定出具的委托他人出席董事会的授权委托书应当载明的具体内容。

十六、董事会决议种类及其通过条款的个性化设计

1.《公司法》未对董事会决议种类进行规定，公司章程可自行规定

董事会决议是董事会就提请董事会决议审议的事项，依法律或章程规定的程序表决形成的决议，是董事会集体意志的体现。与规定会决议一样，董事会决议也可分为普通决议和特别决议。普通决议用于决定一般事项，特别决议适用于决定特别事项。

《公司法》未对董事会决议种类进行规定，这可理解为《公司法》授权公司章程可对董事会决议种类自行作出规定。

2. 公司章程宜明确规定董事会决议通过的表决权的法定比例及计算基数

(1)关于表决权计算基数

形成董事会决议是以出席董事所持表决权为计算基数，还是以全体董事所持表决权为基数，结果可能大不相同。

根据《公司法》第111条第1款的规定，股份有限公司董事会表决权的计算基数为“全体董事”。这里“全体董事”究竟是指董事会的全体成员，还是出席董事会的全体董事，这在实践中容易引发争议，故公司章程应予以明确以免发生争议。

《公司法》没有规定有限责任公司董事会表决权的计算基数，这意味着有限责任公司章程可自行作出清晰的规定。

(2)区分多数决中“简单多数”和“绝对多数”的标准

董事会在决议公司的普通事项，获得简单多数赞成即可通过的决议，为普通决议。所谓“简单多数”，是指董事会决议必须经全体董事过半数通过。

董事会在议决公司的特别事项时，获得绝对多数赞成方可通过的决议，为特别决议。何为“绝对多数”，是指董事会决议必须经全体董事中的2/3以上董事通过。根据《公司法》第111条第1款“董事会作出决议，必须经全体董事的过半数通过”之规定，这里的“过半数”并无上限的限制，而提高上限有利于保护中小股东利益，符合《公司法》着重中小股东保护的精神。故公司章程可要求通过某类特别决议须经全体董事中的2/3以上董事通过。

十七、董事会表决规则条款的个性化设计

1.《公司法》关于董事会表决权行使及限制的规定属于强制性规范

《公司法》第48条第1款规定，董事会的议事方式和表决程序，除本法有规定的外，由公司章程规定。这表明：公司章程关于董事会的议事方式和表决程序的规定不得与《公司法》相冲突，《公司法》关于董事会表决规则的规定，属于强制性规范。

2.公司章程可根据实际情况在不违反法律规定的前提下规定董事会的议事方式和表决程序

根据《公司法》第48条第1款的规定，公司章程可根据实际情况在不违反法律规定的前提下规定董事会的议事方式和表决程序。

3.公司章程可规定关联董事回避制度

公司章程可规定，与董事会表决事项存在关联关系的董事不得参与该事项的表决。只要某董事与董事会的决议事项存在关联关系，一律剥夺其表决权；违反者的投票一律无效。这有利于事先堵塞董事滥用表决权的漏洞。

公司章程可根据实际情况自行规定关联董事应回避的情形。

4.公司章程应细化董事会表决的方式

公司章程可根据实际情况自行规定本人投票制与委托投票制、现场投票制与非现场投票制等表决方式。

十八、董事会决议撤销条款的个性化设计

1.《公司法》关于董事会决议效力的规定属于强制性规范

《公司法》关于董事会决议效力的规定是法律对决议所作的价值判断，任

何人无权改变,否则法律将毫无意义。故《公司法》关于董事会决议效力的规定属于强制性规范。

2. 公司章程可细化董事会决议撤销的提起条件

比如,《公司法》对于“已出席董事会会议而对会议的程序瑕疵没有当场表示异议的,能否提起决议撤销之诉”没有明确规定,这在理论界和实务界中存在不同意见。为避免不必要争议,公司章程可补充规定:已出席董事会会议而对会议的程序瑕疵没有当场表示异议的,无权提起决议撤销之诉。这样既可防止部分董事投机取巧,又可督促董事对董事会会议的程序瑕疵当场提出异议,使会议及时修正瑕疵,保证决议的有效性。

☞疑难释解

十九、《公司法》和公司章程都未明确规定的权力应归属于股东会还是董事会?(总第89问)

这是一个有争议的问题。主要有两种观点:股东会说和董事会说。

股东会说认为,立法者没有明确列举的剩余权力由谁行使是区分股东会中心主义与董事会中心主义的标准之一,剩余权力由股东会行使属于股东会中心主义,剩余权力由董事会行使者属于董事会中心主义。我国《公司法》并未明确规定股东会依本法或章程行使的决策权之外的其他权力皆由董事会行使,且学界多认为我国《公司法》基本上采行股东中心主义。在这种情况下,既然股东并不信赖董事会,并未明确将某一事项的决策权移交董事会,则可以解释为该事项的决策权仍然操诸股东会之手。[1] 因此,应将《公司法》和公司章程没有明确列举的剩余权力归属股东会。

董事会说认为,既然是《公司法》和章程都未提及的公司权力,应当不属于公司的重大权力,不会对公司产生重大影响。所以,从公司运行效率的角度考虑,这些剩余权力应当归属于董事会,这不仅不会对公司产生重大影响,而且也不会对股东利益造成重大影响,更不会构成重大的不公平发生,反而有利于董

〔1〕 刘俊海:《公司法学》,北京大学出版社2008年版,第221~222页。

事会快速决策，抓住商机。[1]

笔者认为，以上观点似乎有失偏颇。我国现行《公司法》虽然持股东中心主义，但并非传统上的典型股东中心主义，而是处于向董事会中心主义过渡阶段的股东中心主义，即现行《公司法》的股东中心主义色彩较淡，因而不能完全按照典型股东中心主义的标准将这些剩余权力一律划归股东会。《公司法》和公司章程未明确的剩余决策事项，立法者和股东们之所以没有加以明确，并非都是无足轻重的小事，而是由于社会经济生活极其丰富和复杂，难免挂一漏万。因此，不宜笼统认为这些剩余决策事项，一律不属于公司的重大决策事项，不会对公司和股东利益产生重大影响。所以，将这些剩余权力不加区分一律归属股东会或董事会，都显得不够妥当，而是应具体情况具体分析，分析具体个案中《公司法》和公司章程都未明确的决策事项对公司的影响程度是否重大，其对公司和股东的重大影响是否与已明确规定的股东会职权范围的决策事项相当？其对公司和股东的利益的影响程度与股东会职权范围的决策事项相当的，则应当归属于股东会，并不相当者则归属于董事会。

比如，公司进行重大营业转让，它与财产转让不同，其转让的不仅仅是财产，而是还包括各种具有财产价值的事实关系和营业活动。股东加入公司的目的在于以公司的营业事业为载体实现营利的目的，但营业转让意味着股东所加入的营业事业的一部分或者整体都要被对外转让，其以公司现行事业为载体进行营利的目的可能无以为继，这是股东所没有预想到的重大变化。因此，营业转让对公司和股东的影响不亚于公司的合并、分立，应被视为公司的基本变更事项。其对股东的重要性与一般财产转移不可同日而语。然而，我国现行《公司法》第 121 条除有规定上市公司出售重大资产超过资产总额 30% 的，应履行股东大会特别决议程序，并经出席股东大会的股东所持表决权的 2/3 以上通过外，对于营业转让及数量庞大的非上市公司，则没有明文规定。法律没有明确营业转让，并非营业转让无足轻重，而实际上重大的营业转让对公司及股东的利益有根本性影响，因此，重大营业转让的决策权归属股东会比较适宜。

---

〔1〕 朱慈蕴：《公司法原论》，清华大学出版社 2011 年版，第 294 ~ 295 页。

二十、公司章程能否授予公司董事会法律规定之外的其他职权？（总第90问）

根据《公司法》第46条第（11）项、第108条第4款等规定，公司董事会可以行使“公司章程规定的其他职权”，故有限责任公司和股份有限公司的公司章程均可根据公司实际规定法律规定之外的其他职权。但不得违反法律、行政法规强制性规定。

二十一、公司章程能否将《公司法》规定的公司经理部分职权上收董事会？（总第91问）

目前绝大多数国家和地区的公司法，原则上都将经理的设置及经理权的授予纳入公司自治权范围，立法不作过度干预，即采经理立法任意主义模式。[1]

也有学者认为，我国《公司法》第49条第1款规定的经理职权中，前7项是法定的职权。经理行使法定职权，非法律规定不得剥夺。[2]

笔者认为，根据《公司法》第49条第2款“公司章程对经理职权另有规定的，从其规定”之规定，《公司法》第49条第1款关于经理职权的规定成为填补公司章程空白的任意性规定。也就是说，公司章程可以规定与《公司法》列举完全不同的经理职权，公司章程可以缩减《公司法》规定的经理职权并将部分经理职权上收于董事会。

二十二、股东选举董事的权利能否通过公司章程授予董事会行使？（总第92问）

这是一个有争议的问题。主张“公司法规定股东会的职权是专属于公司股东会的，董事会不能擅自行使应由股东会行使的职权”的学者，[3]自然不赞同公司章程将股东选举董事的权利授予董事会行使。

笔者认为，从解释论角度而言，现行《公司法》基本上采股东会中心主义。

---

〔1〕 范健、王建文：《公司法》，法律出版社2011年版，第403页。

〔2〕 王保树、崔勤之：《中国公司法原理》，社会科学文献出版社2006年版，第183页。

〔3〕 王保树、崔勤之：《中国公司法原理》，社会科学文献出版社2006年版，第89页；朱慈蕴：《公司法原论》，清华大学出版社2011年版，第294页。

按照这种立法取向和法律条文文义解释,《公司法》第37条前10项规定的职权属于股东会的法定职权,选举和更换董事属于股东会的法定职权,董事会不能擅自行使该职权。

公开公司股票公开发行或公开募集,股东数量众多,为保护公众股东的利益,《公司法》关于公开公司股东会职权的规定属于强制性规定,因此,公开公司的章程不能把股东选举董事的权利授予董事会。

按爱森伯格教授观点,闭锁公司如有限责任公司,股东人数较小,具有人合性特点,故《公司法》有关结构性的法律规则以任意性规范为主。[1] 虽然法律在调整闭锁公司的结构性和分配性要素方面的规则应当以赋权型和补充型规则为主,但是《公司法》还应当提供强制性规则,以防止机会主义和保护有根据的公正预期。[2] 具体到《公司法》关于股东会职权的规定,其中股东享有选任董事的权力则是核心结构性规则,应属于强制性规定,公司章程不能将股东会选任董事的权力授予董事会行使。其理由如下:

首先,依据《公司法》第4条的规定,股东享有选择管理者的权利,选任董事是选择管理者权利的重要内容之一,是股东固有的权利,股东作为公司资产终极意义上的所有者,对于事关公司兴衰存亡的管理者选任权自不应被限制和剥夺,而将股东选任董事的权利授予董事会行使,是变相剥夺股东选任管理者的权利。

其次,对于大股东控制的董事会(一般而言,代表大股东的董事占多数)而言,将股东选任董事的权利授予董事会行使,可能成为其以简单多数决原则压制和排除代表中小股东的董事意见的绝好掩饰。[3]

二十三、股东会能否随意推翻董事会的决议?(总第93问)

这是一个有争议的问题。有肯定说和否定说。

肯定说的理由是,股东会是公司的最高决策机构,董事会成员由股东会任

〔1〕 爱森伯格:"公司法的结构",张开平译,载王保树主编:《商事法论集》(第3卷),法律出版社1999年版,第393页。

〔2〕 曹富国:《少数股东保护与公司治理》,社会科学文献出版社2006年版,第102页。

〔3〕 宋从文:"公司章程的合同解读",载《法律适用》2007年第2期。

免，而且都对股东会负责并报告工作。实际上，英国的成文法默认规则允许适格的大股东推翻董事会在其职权范围内做出的任何决议。[1]

否定说的理由是：(1)董事会的权限来自于立法者的授予；(2)股东会有权任免董事，并不意味着董事会权限由股东会一一授予；(3)既然董事会代表公司所作的决策经常涉及第三人的利益，倘若允许股东会随意否决董事会决议，将会损害公司信誉。[2]

笔者认为，董事会依照《公司法》和公司章程的规定在其职权范围内做出的决议，股东会一般不能予以推翻，这是由董事会独立法律地位所决定的，即使是实行股东中心主义，基于所有权与经营权的分离，董事会也具有一定的独立性。但董事会毕竟对股东会负责，是一种上下级关系，股东会纠正董事会所做出的不适当决议，未必会从实质性上动摇董事会的独立性。这如同实行司法独立甚至法官独立的国家，上一级法院推翻下级法院判决，无损司法独立。

值得研究的是，股东会在什么情形下可以推翻董事会决议？笔者认为，至少在以下两种情形下，股东会可以推翻董事会决议：

其一，在股东会职权范围的决策事项，董事会即使作出相关决议，股东会自然有权作出决议予以推翻。这也许没有争议。有问题的是，由于法律规定的股东会职权与董事会职权，存在一定重叠或者界限不明，比如股东会“决定公司的经营方针和投资计划”的职权与董事会“决定公司的经营计划和投资方案”的职权，董事会行使该决定权作出的决议，股东会能否推翻？答案是肯定，因为这些重叠职权表明，股东会并没有将该类事项决策权完全授予董事会，而是有所保留，而股东会是公司最高意思决定机关，对该类事项拥有最后决定权。

其二，股东会已经就某决策事项作出决议，而董事会却做出相反的决议。因为董事会对股东会负责，并负责执行股东会决议。股东会既已作出决议，董事会就应不折不扣执行而不应公然违抗。

当然，基于交易安全和善意第三人的保护，股东会所做出的推翻董事会决议的决议，对善意第三人没有拘束力。

---

〔1〕［美］莱纳·克拉克曼、亨利·汉斯曼等：《公司法剖析：比较与功能的视角》(第2版)，罗培新译，法律出版社2012年版，第75页。

〔2〕刘俊海：《公司法学》，北京大学出版社2008年版，第222页。

二十四、董事会召集程序瑕疵对董事会决议效力有什么影响？（总第94问）

所谓召集程序瑕疵，是指董事会会议的召集程序违反法律、行政法规或公司章程的规定，主要包括董事会的召集人、通知方式、通知时间、通知对象等存在瑕疵。

根据《公司法》第22条的规定，董事会召集程序瑕疵将导致董事会决议被撤销。

从法理上来看，程序正义的意义在于正当程序能维护实体权利、保障实体正义的实现。但有时对程序的违反并不必然导致实体权利受损及实体正义的落空，而且有些程序与实体正义并无联系。因此，应当根据程序上的瑕疵是否对公司实体决议产生实质影响来确定决议的效力，如果对实体决议并不产生实质影响则不宜使该决议无效或被撤销。如尽管应书面通知而只是口头通知，应提前15天通知而只提前了5天，但董事均出席了会议并进行了表决，则不宜否定会议和决议的效力。[1] 如《澳大利亚公司法》第1322条就作出如此类似规定。[2]《公司法解释(四)》第4条采纳了该意见。

〔1〕 赵旭东:《公司法学》,高等教育出版社2006年版,第382页。

〔2〕 黄辉:《现代公司法比较研究——国际经验及对中国的启示》,清华大学出版社2011年版,第174页。

第十章　公司经理及其他高管

第一节　公 司 经 理

☞条款解读

一、经理的概念和地位

经理，又称总经理、总裁，是由董事会聘任的，负责组织日常经营管理活动的公司业务执行机关。

我国《公司法》将公司经理确立为公司的机关，并又将其界定为公司高级管理人员之一。根据我国《公司法》的规定，公司经理的法律地位体现为以下几方面：

1. 经理由董事会聘任并对董事会负责

董事会往往负责业务经营的决策，而经理则负责业务经营的执行并向董事会报告工作。

2. 经理是公司日常经营管理的总负责人

负责公司日常经营管理的人员可以有数人，经理是这数人中的负责人，有别于公司的其他高级管理人员，经公司章程规定，还可以成为公司的法定代表人。

3. 经理是公司的代理人〔1〕

经理享有《公司法》规定的法定代理权限和公司章程规定的委托代理权限。

4. 经理是公司高级雇员

经理不同于董事,不是通过股东会选举产生,而是由董事会聘任,因此是公司雇员。

二、经理的设立

根据《公司法》第 49 条的规定,有限责任公司可以设立经理,也可以不设立经理。设经理的,经理由董事会聘任或解聘。

根据《公司法》第 113 条的规定,股份有限公司必须设经理,由董事会聘任或解聘。

三、经理的职权

根据《公司法》第 49 条、第 113 条的规定,经理行使下列职权:

(1)主持公司的生产经营管理工作,组织实施董事会决议;

(2)组织实施公司年度经营计划和投资方案;

(3)拟订公司内部管理机构设置方案;

(4)拟订公司的基本管理制度;

(5)制定公司的具体规章;

(6)提请聘任或者解聘公司副经理、财务负责人;

(7)决定聘任或者解聘除应由董事会决定聘任或者解聘以外的负责管理人员;

(8)董事会授予的其他职权。

经理有权列席董事会会议。此外,公司章程还可以对经理职权另行作出其规定。

---

〔1〕 王保树、崔勤之:《中国公司法原理》,社会科学文献出版社 2006 年版,第 182 页;刘俊海:《公司法学》,北京大学出版社 2008 年版,第 245 页;范健、王建文:《公司法》,法律出版社 2011 年版,第 405 页;赵旭东:《公司法学》,高等教育出版社 2006 年版,第 402 ~ 403 页。

☞条款设计

四、经理任免条款的个性设计

1.《公司法》关于经理由董事会聘任或解聘的规定属于强制性规范

《公司法》第49条、第113条规定,经理由董事会聘任或解聘。按照公司所有权与经营权相分离以及分权与制衡等治理原理,《公司法》关于经理由董事会聘任或解聘的规定属于强制性规范。

2. 公司章程应明确经理的任免办法及任期

设董事会的公司的经理由董事会聘任或解聘。公司章程可自行规定董事会作出任免经理决议通过的规则。

不设董事会仅设执行董事的有限责任公司,其人合性较强,公司治理方面具有较强的自治空间,故《公司法》未对此类公司经理产生办法进行规定,其公司章程可根据实际情况自行规定经理的任免办法,这有利于提高公司经营效率。

由于《公司法》没有明确规定不设董事会仅设执行董事的公司的经理的任免办法,为避免争议,公司章程应明确经理的任免办法:由执行董事,或股东会聘任或解聘。

无论经理由谁任免,公司章程可规定经理的任期。公司章程也可以规定如果经理存在怠于履行职责、明显缺乏能力、严重违反公司规章制度、股东决议或董事决议等过错,公司有权解除其职务。

3. 公司章程可规定经理离职及移交手续

公司章程可规定经理因任期届满,被解职、辞职等原因离职时,应向公司办妥所有移交手续,其对公司和股东承担的忠实和保密义务,在任期结束后并不当然解除。

五、经理职权条款的个性化设计

1.《公司法》关于经理职权的规定属于任意性规范

《公司法》第49条第2款规定:“公司章程对经理职权另有规定的,从其规定。”这表明《公司法》关于经理职权的规定是任意性规范,公司章程可作出与公司法不同的规定，当然，公司章程的这种规定不得违反法律、行政法规定的强制性规定。

2. 公司章程既可扩充也可限缩经理的职权

由于《公司法》第 49 条第 2 款明确授权公司章程可对经理职权另行规定，并优先适用公司章程关于经理职权的规定，因此，公司章程既可扩充也可限缩经理的职权。

3. 公司章程也可对经理的职权进行限制

由于公司章程是公司内部自治性规章，故公司章程对经理职权的限制不能对抗善意第三人。当然，如果经理逾越这些限制造成公司经济损失的，公司可追究经理的越权责任。

4. 公司章程关于经理职权的规定应与董事会职权及股东会职权相协调

这三者之间职权应尽量保持协调，既要避免董事长与总经理之间的权责发生冲突，又要避免规定经理过多实权使董事会论为虚设，导致公司的实际负责人难以确定。

六、经理工作细则条款的个性化设计

1. 经理工作细则条款属于公司章程的任意记载事项

由于经营属于公司自治范畴，故《公司法》没有对公司日常经营作出规定，也未规定总经理工作细则条款是公司章程的绝对记载事项。公司章程是否规定总经理工作细则，这完全由公司自行决定。

2. 设置总经理工作细则条款的必要性

虽然经理相对董事会而言，董事会是决策机关，经理是执行机关，但是经理在执行公司业务过程中仍然需在其职权范围内作出程度不一的决定，这些决定对于经理下属而言则属于决策。因此，经理在负责和处理公司日常经营活动中，需要在其职权范围内根据不同情况作出某种决策性决定。

然而与股东会、董事会、监事会采行合议制不同，经理机关实行独任负责制。虽然公司也设副经理，但其只是由经理提名并协助经理工作的辅助人员。由于市场竞争激烈、社会经济复杂，公司章程可视情况需要规定经理工作细则及经理经营会议制度，以提高经理决策性决定的科学性并避免经理专横。

3. 公司章程可就总经理工作细则及经营会议制度作出原则规定

公司章程可原则规定总经理工作细则的制订、修改程序，以及总经理工作细则应包括的主要内容，经理经营会议召开的条件、程序和参加人员等基本内容，具体内容授权董事会或执行董事进行审核批准。

疑难释解

七、经理职权的授予及限制有哪些？（总第 95 问）

获得公司经理身份即当然获得由法律或公司章程确认的经理的职权，当然公司也可以通过与经理签订协议的方式对经理的职权作出规定。因此，一般而言，公司的职权无须特别授予，在公司董事会任命经理之时，即意味着授予其相应的经理职权。如果公司事先没有通过章程或股东决议、董事会决议等对经理职权予以确认，或者将既有授权规定予以调整，也可以通过与经理订立协议的方式具体授予经理，但该协议应当由董事会或股东会以公司名义订立。

公司也可以通过公司章程、股东会决议、协议等方式对经理职权进行特别限制。但这种限制往往仅具有内部效力，不能对抗善意第三人。因为在公司的对外关系上，为维护交易安全和善意第三人的利益，只要经理获得任命，即使尚未获得授权或其经理职权受到特别限制，也同样享有“表见代理权”，公司不得以其内部约定对抗善意第三人。

八、经理的越权行为有何效力？（总第 96 问）

经理在其权限内实施的法律行为，依照《民法总则》《合同法》等有关法律规定，对公司产生约束力，由此产生的法律后果由公司承受。

由于公司章程的备案和公示本身不足以构成“相对人知道和应当知道”的证据，因此，公司章程及股东会或董事会决议对经理职权的限制不得对抗善意第三人。经理超越其权限实施的行为，属于越权行为和无权代理行为，如构成表见代理，依照《合同法》第 49 条之规定，则对公司具有约束力并由公司承受由此产生的法律后果；如不构成表见代理，依照《合同法》第 48 条之规定，未经公司追认，对公司没有约束力。

九、公司章程能否扩充或压缩经理职权?(总第97问)

根据《公司法》第49条第2款“公司章程对经理职权另有规定的,从其规定”之规定,公司章程既可以扩充经理的职权,也可以压缩经理的职权。

十、执行董事能否解除总经理职务?(总第98问)

根据《公司法》第49条、第113条的规定,在公司设董事会情形下,总经理由董事会聘任或解聘。

在公司不设董事会仅设执行董事的情形下,总经理是由股东会还是由董事会聘任或解聘?法律没有明确规定,公司章程应对此作出明确规定。

若公司章程规定由执行董事聘任或解聘总经理,则执行董事可依照公司章程规定解除总经理职务。若公司章程规定由股东会聘任或解聘总经理,则执行董事无权解除总经理职务。

在公司仅设执行董事的情形下,如果公司章程也没有明确规定总经理的产生办法,则应参照设董事会的有限公司的董事会职权办理而由执行董事聘任或解聘总经理,因为在不设董事会的公司中的执行董事和设董事会的公司的董事会同为公司的业务执行和经营意思决定机关,其职权理应相同。[1] 这更符合公司治理原理以及现行《公司法》的立法精神。

第二节 公司其他高管

☞条款解读

一、高管的概念

所谓高管,是公司高级管理人员的简称,是指公司的经理、副经理、财务负责人、上市公司董事会秘书和公司章程规定的其他人员。高管是公司高级雇员。

〔1〕 王保树、崔勤之:《中国公司法原理》,社会科学文献出版社2006年版,第108页。

二、其他高管的设立与任免

1. 其他高管职位的设立

根据《公司法》第49条的规定，有限责任公司可以设立经理，也可以不设立经理。按照举重以明轻的法律解释规则，公司既可以设立经理之外的其他高管，也可以不设立其他高管。

2. 其他高管的任免

根据《公司法》第46条第(9)项和第(11)项的规定，董事会有权任免经理、副经理及财务负责人，公司章程也可赋予董事会任免其他高管的职权。

根据《公司法》第49条第(7)项和第(8)项的规定，经理有权任免副经理和财务负责人以外的其他高管人员。

三、其他高管的职权

除公司经理外，《公司法》没有对其他高管的职权作出规定。这意味着，公司章程可自行对其他高管的职权作出规定。

☞条款设计

四、其他高管任免条款的个性化设计

1.《公司法》关于部分高管的规定属于任意性规范

如上所述，公司既可设立经理以外的其他高管，也可不设立经理以外的其他高管。故《公司法》关于部分高管的规定属于任意性规范。

2. 公司章程可自行规定其他高管的任免程序

公司章程可以根据自身特点和实际情况将其他高管的任免权上收董事会，或下放总经理。

五、其他高管职权条款的个性化设计

1.《公司法》对其他高管的职权没有明确规定

公司章程对此可根据实际情况自行规定其他高管的职权。

2. 公司章程关于其他高管任免及职权的条款属于任意记载事项

即只要不违背强制性法律规范和公序良俗，公司可根据实际需要载入章程。

☞疑难释解

六、其他高管的越权行为是否有效？（总第99问）

其他高管在其权限内实施的法律行为，依照《民法总则》《合同法》等有关法律规定，对公司产生约束力，由此产生的法律后果由公司承受。

其他高管超越其权限实施的行为，属于越权行为和无权代理行为，如构成表见代理，依照《合同法》第49条之规定，则对公司具有约束力并由公司承受由此产生的法律后果；如不构成表见代理，依照《合同法》第48条之规定，未经公司追认，对公司没有约束力。

第十一章　监事及监事会

第一节　监　　事

☞条款解读

一、监事的意义

监事是监事会的组成人员，是监事会职权的实际执行者。监事一般为自然人。

现代公司特别是公开公司中，股东并不直接管理和控制公司，而委托董事和高管进行经营管理又不可避免地产生代理成本和道德风险。为了维护股东和公司利益，对董事和高管应当实施必要的监督和制衡，因此在现代公司制度中，在股东会和董事会之外，专门设立监事会或监事，专司监督之职，或者在董事会中设立独立董事，以行使监督之职为主，从而形成公司内部的相互制约的公司治理架构。可见，监事是现代公司监督专门化的产物。

二、监事的选任

在不实行职工参与制的国家，监事会代表股东利益，监事一般由股东会选任，其选任方式与董事相同。

在实行职工参与制的国家，监事会同时代表资方利益和劳方利益，监事分别由股东会、职工和工会选任。

我国《公司法》规定，监事会中的股东代表由股东会选任，职工监事由公司职工民主选任。

根据《公司法》第105条的规定，股份有限公司可以依照公司章程的规定或股东大会的决议，以累积投票的方式选任监事。

董事、高级管理人员不得兼任监事。

三、监事的任期

根据我国《公司法》第52条、第117条的规定，监事的任期每届为3年。监事任期届满，连选可以连任。这一规定与董事任期的规定有所不同：董事任期由公司章程规定，但最长不超过3年，而监事任期必须是3年，公司章程不能另行规定。

四、监事的解任

监事的解任与董事基本相同，即因任期届满，本人辞职、原选任机关罢免等原因而丧失职务。

监事任期届满未及时改选，或者监事在任期内辞职导致监事会成员低于法定人数的，在改选出的监事就任前，原监事仍应当依照法律、行政法规和公司章程的规定，履行监事职务。

☞条款设计

五、监事选任条款的个性化设计

1.《公司法》关于选任监事的规定属于强制性规范

由于监事及监事会的有效运作直接关系公司治理的完善与否，对公司、股东及其他利益相关者都利益攸关，因此《公司法》第37条、第51条、第99条、第117条等关于监事选任的规定属于强行性规范。

2. 章程可以规定监事选任的方式

对于股份有限公司，《公司法》第105条规定，股东大会选举监事、监事，可以依照公司章程的规定或者股东大会的决议,实行累积投票制。故股份有限公司章程可根据公司实际规定公司选任监事实行累积投票制,或实行直接投票制。

同样,有限责任公司章程也可根据公司实际自行规定选任监事实行累积投票制,或实行直接投票制。

六、监事解任条款的个性化设计

1.《公司法》关于监事解任的规定属于强制性规范

如同选任监事,《公司法》关于监事解任的规定也属于强制性规范。

2. 公司章程可自行规定监事解任的条件和程序

由于累积投票有利中小股东选任监事,而中小股东选任的监事未必合大股东之意。为避免大股东利用其控制股东的优势通过股东会普通决议简单多数轻易解除中小股东选任的监事职务,公司章程可以有针对性地规定此种情况下解除监事职务的条件和程序,比如规定:如果监事是通过累积投票选举产生,或是由持有某类股票的股东推选的,无故罢免的程序必须与该监事当选时采用的程序相同。

在一般情况下,公司章程也可以规定,如果监事存在怠于履行职务、明显缺乏能力、行为不端或严重违反公司规章制度等过错,公司有权解除其职务。

当然,如果公司章程规定了解除监事职务的条件和程序,则公司不得无故解除监事的职务,对公司而言就是自我设限。

3. 公司章程可规定监事离职及移交手续

公司章程可规定监事因被解职、任期届满、辞职等原因离职时,应向监事会办妥所有移交手续,其对公司和股东承担的忠实和保密义务,在任期结束后并不当然解除。

☞疑难释解

七、监事与公司之间关系的法律性质是什么?(总第100问)

股东作为委托人将公司的经营管理权委托给共同选定的代理人行使,从而在股东和管理者之间建立了委托—代理关系,同时也产生对管理者行为进行监督之必要,由股东将一部分监督权委托给监事专门行使。这样监事与股东之间建立了以委托专门行使监督权为目的委托—代理关系,而职工监事则被认为是公司利益相关者行使监督权的受托人。[1] 可见,公司与监事之间属于委托代理关系。

八、股东会能否更换职工监事?(总第101问)

根据《公司法》第37条第1款第(2)项关于股东会享有"选举和更换非由职工代表担任的董事、监事,决定有关董事、监事的报酬事项"职权之规定,股东会无权更换职工监事。而只能依照《公司法》第51条第2款之规定,由公司职工通过职工代表大会、职工大会或者其他民主形成式更换职工监事。也就是说,监事只能由原选任机关以原选任相同的程序予以罢免,非原选任机关无权罢免非经其选任的监事。

第二节 监事会及其运作

☞条款解读

一、监事会的法律地位

监事会是由股东会选举的监事以及由公司职工民主选举的监事组成的,对公司业务活动进行监督和检查的法定监督机关。监事会的法律地位主要体现在以下几方面:

1. 监事会为公司的监督机关

监事会同董事会不同,专司监督职能,并且仅有监督职能。其中,包括检查公司财务和对公司董事、高级管理人员执行职务的行为进行监督等。

2. 监事会为公司的必设和常设机关

根据《公司法》第51条及第117条的规定,除股东人数较少或规模较小的

[1] 朱慈蕴:《公司法原论》,清华大学出版社2011年版,第301页。

有限责任公司可以设1~2名监事而不设监事会外，有限责任公司和股份有限公司必须设监事会。并且不设监事会的中小公司的监事也承担与监事会相同的职责。

3. 监事会是由全体监事组成的机关

《公司法》规定监事会由股东代表和适当比例的公司职工代表组成。

4. 监事会是与董事会平行的机关

我国《公司法》将监事会规定为与董事会平行的机关，监事会与董事会互不隶属，分别直接向股东会负责并报告工作。

二、监事会的组成

根据《公司法》第51条及第117条的规定，监事会成员不得少于3人。监事会应当包括股东代表和适当比例的公司职工代表，其中职工代表的比例不得低于三分之一，具体比例由公司章程规定。监事会中的职工代表由公司职工通过职工代表大会、职工大会或者其他形式民主选举产生。

三、监事会的职权

根据《公司法》第53条、第54条及第118条的规定，监事会的职权包括：

（一）检查公司财务；

（二）对董事、高级管理人员执行公司职务的行为进行监督，对违反法律、行政法规、公司章程或者股东会决议的董事、高级管理人员提出罢免的建议；

（三）当董事、高级管理人员的行为损害公司的利益时，要求董事、高级管理人员予以纠正；

（四）提议召开临时股东会会议，在董事会不履行本法规定的召集和主持股东会会议职责时召集和主持股东会会议；

（五）向股东会会议提出提案；

（六）依照本法第151条的规定，对董事、高级管理人员提起诉讼；

（七）公司章程规定的其他职权。

监事可以列席董事会会议，并对董事会决议事项提出质询或者建议。

监事会、不设监事会的公司的监事发现公司经营情况异常，可以进行调查；

必要时,可以聘请会计师事务所等协助其工作,费用由公司承担。

四、监事会主席及其职权

1. 监事会主席的产生

根据《公司法》第 51 条及第 117 条的规定,监事会主席、副主席由全体监事过半数选举产生。这与董事长和副董事长的产生方式有所不同,《公司法》第 44 条第 3 款规定,有限责任公司的董事长、副董事长的产生办法可由公司章程规定。

2. 监事会主席的任务

我国《公司法》第 51 条及第 117 条规定监事会主席的任务是召集和主持监事会会议。

五、监事会行使职权的保障措施

现行《公司法》主要规定了以下保障措施:

1. 质询董事

根据《公司法》第 54 条及第 118 条的规定,监事可以列席董事会会议,并对董事会决议事项提出质询或者建议。

2. 调查经营的异常情况

根据《公司法》第 54 条及第 118 条的规定,监事会、不设监事会的公司的监事发现公司经营情况异常,可以进行调查。

3. 聘请会计师事务所协助调查

根据《公司法》第 54 条及第 118 条的规定,监事会、不设监事会的公司的监事必要时,可以聘请会计师事务所等协助其工作,费用由公司承担。

4. 明确监事会所需费用由公司承担

根据《公司法》第 54 条及第 118 条的规定,监事会所需费用由公司承担。

5. 保障监事会知情权

根据《公司法》第 150 条的规定,股东会或者股东大会要求董事、监事、高级管理人员列席会议的,董事、监事、高级管理人员应当列席并接受股东的质询。董事、高级管理人员应当如实向监事会或者不设监事会的有限责任公司的监事提供有关情况和资料，不得妨碍监事会或者监事行使职权。

六、监事会会议类型

监事会会议与董事会会议一样分为定期会议与临时会议。

《公司法》第55条规定，有限责任公司监事会每年度至少召开一次会议，监事可以提议召开临时监事会会议。

《公司法》第119条规定，股份有限公司监事会每6个月至少召开一次会议。监事可以提议召开临时监事会会议。

七、不设监事会的公司的监事

根据《公司法》第51条及第53条的规定，股东人数较少或者规模较小的有限责任公司，可以设1～2名监事，不设监事会。不设监事会的公司的监事行使的职权与监事会相同。

☞条款设计

八、监事会职权条款的个性化设计

1.《公司法》关于监事会职权条款的规定属于强制性规范

由于监事会的职权大小强弱攸关监事会能否充分发挥监督职能，影响监事会的有效运作，这直接关系公司治理的完善与否，对公司、股东及其他利益相关者都利益攸关，因此，《公司法》关于监事会职权的规定属于强行性规范。

2.监事会职权条款是公司章程的绝对必要记载事项

根据《公司法》第25条、第81条等规定，监事会职权条款是公司章程的绝对必要记载事项，是必备条款。

3.公司章程可根据公司实际适当扩大监事会的职权

根据《公司法》第53条第（7）项“公司章程规定的其他职权”之规定，公司章程可按照公司实际情况自行规定《公司法》第53条前6项职权以外的监事会其他职权。

4.公司章程可授权监事单独行使《公司法》第53条规定的部分职权

为尽量防止公司经营违法、违规以及损害公司、股东利益的行为，公司章程可授权监事单独行使《公司法》第53条规定的部分职权。

九、监事会议事方式条款的个性化设计

1.《公司法》关于监事会议事方式的规定属于强制性规范

《公司法》第48条第1款规定:“监事会的议事方式和表决程序,除本法有规定的外,由公司章程规定。”这表明:公司章程关于监事会的议事方式的规定不得与《公司法》相冲突。故《公司法》关于监事会议事方式的规定属于强制性规范。

2. 公司章程可明确监事会会议通知人、通知时间、方式及内容

为避免及减少纠纷,公司章程应对监事会会议通知人、通知时间、方式及内容作出明确规定,当然这些规定不得违反法律法规的规定。

3. 公司章程可以细化监事请假及委托代理人出席监事会会议的规定

为强化监事责任,公司章程可细化监事请假制度,规定无正当理由缺席监事会会议几次视为工作不尽责,可予以解聘。

为避免因代理人的代理权限不清而引起对代理瑕疵的质疑,导致监事会决议程序瑕疵,公司章程可以明确规定委托他人出席监事会的授权委托书应当载明的具体内容。

十、监事会表决程序条款的个性化设计

1.《公司法》关于监事会表决权行使及限制的规定属于强制性规范

《公司法》第55条第2款及第119条第2款均规定:“监事会的议事方式和表决程序,除本法有规定的外,由公司章程规定。”这表明:公司章程关于监事会的议事方式和表决程序的规定不得与《公司法》相冲突。《公司法》关于监事会表决规则的规定,属于强制性规范。

2.公司章程可根据实际情况在不违反法律规定前提下规定监事会的表决程序

根据《公司法》第55条第2款及第119条第2款的规定,公司章程可根据实际情况在不违反法律规定前提下规定监事会表决程序。

《公司法》第55条第3款及第119条第3款均规定:“监事会决议应当经半数以上监事通过”,形成监事会决议是以出席监事所持表决权为计算基数,还是

以全体监事所持表决权为基数，结果可能大不相同。这里“半数以上监事”究竟是指监事会全体成员的半数以上，还是出席监事会的监事半数以上？法律没有明确，这在实践中容易引发争议，故公司章程应予以明确以免发生争议。

3. 公司章程可规定关联监事回避制度

公司章程可规定，与监事会表决事项存在关联关系的监事不得参与该事项的表决。只要某监事与监事会的决议事项存在关联关系，一律剥夺其表决权；违反者的投票一律无效。这有利于事先堵塞监事滥用表决权的漏洞。

公司章程可根据实际情况自行规定关联监事应回避的情形。

4. 公司章程应细化监事会表决的方式

公司章程可根据实际情况细化监事会决议的表决方式，对本人投票制与委托投票制、现场投票制与非现场投票制等表决方式作出规定。

☞疑难释解

十一、监事会提案的范围是否仅限于与监督有关的事项？（总第102问）

有学者认为监事会提案权的内容原则上应限于监事会或者监事职权范围内的事项。[1] 但笔者认为，法律没有明确限定的情况下，不应作限缩性解释，理由如下：

《公司法》第53条第（5）项规定监事会有权向股东会会议提出提案。虽然监事会是公司监督机关，但《公司法》对该提案权未作任何限定，因此监事有权向股东会提出与公司事务有关的议案，这有利于监事会由事后监督转变为事前预防性监督和事后监督并举。因为监事会在履行监督职能时，很容易发现公司治理中存在的问题，有些甚至可能涉及公司内部基础性制度的构建和完善，所以监事会对公司有关事务提出建议，事前预防性监督和事后监督并举，有利监事会充分发挥监督职能。实际上，《公司法》第54条第1款和第118条第1款赋予了监事进行事前预防性监督的权力。因此，公司章程不应对监事会提案权进行限定。

[1] 王德山：《公司法学》，中国政法大学出版社2008年版，第214页。

十二、监事可否单独行使监事会的职权?(总第 103 问)

对于监事可否单独行使监事会的职权,境外立法例存在不同规定。德国采集体行为模式,我国台湾地区则采单独行为模式。[1]

对于《公司法》第 53 条规定的监事会职权,除不设董事会的监事可单独行使外,并未规定设监事会的监事可单独行使监事会的职权。

董事会是公司经营决策机构,需要形成统一的意志,因而采取召开会议集体议事并作出决议的方式来履行其职权。

与董事会不同,监事会的职责是尽量防止公司经营违法、违规以及损害公司、股东利益的行为,因此《公司法》第 54 条第 1 款规定:"监事可以列席董事会会议,并对董事会决议事项提出质询或者建议。"可见,监事可单独行使《公司法》第 54 条第 1 款规定的职权。经公司章程授权,监事也可单独行使《公司法》第 53 条规定的部分职权。

十三、公司章程能否限缩监事会的法定职权?(总第 104 问)

由于监事会的职权大小强弱攸关监事会能否充分发挥监督职能,影响监事会的有效运作,这直接关系公司治理的完善与否,对公司、股东及其他利益相关者都利益攸关,因此,《公司法》关于监事会职权的规定属于强制性规范。易言之,《公司法》关于监事会职权的规定,是公司内部监控的最低标准,公司章程不得限缩法律规定的监事会的职权。

十四、公司章程能否扩充监事会的法定职权?(总第 105 问)

如上所述,《公司法》规定的监事会的职权是公司内部监控的最低标准,故《公司法》第 53 条第(7)项授权公司章程可以规定监事会享有法定职权之外的其他职权。

---

〔1〕 王林清、顾东伟:《新公司法实施以来热点问题适用研究》,人民法院出版社 2009 年版,第 313 页。

第十二章　董事、监事及高级管理人员的资格和义务

第一节　董事、监事及高管的任职资格

☞条款解读

一、任职资格的意义

所谓任职资格，是指一定主体担任特定职务所必须具备的条件。任职资格一般可以分为积极资格和消极资格。

公司董事、监事、高级管理人员作为公司的经营管理者和监督者，对公司、股东及利益相关者负有重要责任。公司经营如何、效益如何，能否维护公司以及全体股东的权益，取决于他们的领导管理能力和综合素质。因此，各国公司法均对董事、监事等任职人员的任职资格作出规定。

二、积极任职资格

所谓积极任职资格，是指任职人必须具备的条件。这是从正面界定某一职位所需要的个人条件，大致包括以下几个方面：

1. 是否必须具有本国国籍

多数国家或地区的公司法不规定董事、高管必须具有本国国籍。

2. 是否必须是自然人

多数国家和地区的公司法要求董事、监事必须是自然人，不过，也有的国家和地区（比如法国）的公司法规定董事可以是自然人或者是法人。

3. 是否必须是本公司股东

有的国家的公司法不规定董事必须是本公司股东。也有的国家要求董事必须具有本公司股东身份，比如法国。[1]

我国《公司法》没有对董事、监事、高级管理人员的积极任职资格作出规定，这意味着公司章程可根据实际需要对此自行作出相关规定。

三、消极任职资格

所谓消极任职资格，是指法律规定的不得担任董事、监事、高级管理人员的情形。这是从反面规定具有哪些情形的人不能担任某一职位。

我国《公司法》第 146 条规定了董事、监事、高级管理人员的消极任职资格：

（1）无民事行为能力或者限制民事行为能力；

（2）因贪污、贿赂、侵占财产、挪用财产或者破坏社会主义市场经济秩序，被判处刑罚，执行期满未逾 5 年，或者因犯罪被剥夺政治权利，执行期满未逾 5 年；

（3）担任破产清算的公司、企业的董事或者厂长、经理，对该公司、企业的破产负有个人责任的，自该公司、企业破产清算完结之日起未逾 3 年；

（4）担任因违法被吊销营业执照、责令关闭的公司、企业的法定代表人，并负有个人责任的，自该公司、企业被吊销营业执照之日起未逾 3 年；

（5）个人所负数额较大的债务到期未清偿。

公司违反前款规定选举、委派董事、监事或者聘任高级管理人员的，该选举、委派或者聘任无效。

董事、监事、高级管理人员在任职期间出现本条第 1 款所列情形的，公司应当解除其职务。

此外，其他法律、法规、规章中对董事、监事、高级管理人员任职资格的限制

---

〔1〕［法］伊夫·居荣：《法国商法》（第 1 卷），罗结珍、赵海峰译，法律出版社 2004 年版，第 338 页。

性规定，也必须遵守。比如：

(1)《公务员法》第53条规定，国家公务员不得“从事或参与营利性活动，在企业或者其他营利性组织中兼任职务”。据此可以认为，除了国家依照法定程序要派到国有企业外，公务员不得兼任公司董事等职务。

(2)《证券法》第131条第2款规定，有《公司法》第147条(2013年修正的《公司法》为第146条。——笔者注)规定的情形或者下列情形之一的，不得担任证券公司的董事、监事、高级管理人员：①因违法行为或者违纪行为被解除职务的证券交易所、证券登记结算机构的负责人或者证券公司的董事、监事、高级管理人员，自被解除职务之日起未逾5年；②因违法行为或者违纪行为被撤销资格的律师、注册会计师或者投资咨询机构、财务顾问机构、资信评级机构、资产评估机构、验证机构的专业人员，自被撤销资格之日起未逾5年。

(3)中国证监会发布的《证券市场禁入暂行规定》等对证券市场及上市公司的董事、监事、高级管理人员的任职资格所作的规定也必须遵守。

四、兼职限制

我国《公司法》对于董事、监事、高管的兼任限制，主要有：

(1)《公司法》第51条、第117条规定，董事、高级管理人员不得兼任监事，以防自己监督自己。

(2)《公司法》第69条规定，国有独资公司的董事长、副董事长、董事、高级管理人员，未经国有资产监督管理机构同意，不得在其他有限责任公司、股份有限公司或者其他经济组织兼职。

至于一般公司董事、监事和高管可否在其他公司兼职，《公司法》并未绝对禁止。公司章程可以对董事、监事和高管的兼职行为作出一定的限制。

☞条款设计

五、董事、监事、高管任职资格条款的个性化设计

1. 法律关于董事、监事、高管任职资格的规定属于强制性规范

《公司法》及其他相关法规关于董事、监事、高管的任职资格的规定是一种

最低程度的限制，如违反该限制，根据《公司法》第 146 条第 2 款、第 3 款的规定，公司违反前款规定选举、委派董事、监事或者聘任高级管理人员的，该选举、委派或者聘任无效。董事、监事、高级管理人员在任职期间出现本条第 1 款所列情形的，公司应当解除其职务。因此，法律关于董事、监事、高管任职资格的规定属于强制性规定。

2. 公司章程可以就积极任职资格作出规定

法律没有对积极任职资格作出规定，因此，公司章程可以对此自行予以规制。比如就担任本公司董事、监事、高管是否应具有我国国籍，是否应具有股东身份等予以明确，同时对所需特殊资格、资历等作出规定。

3. 公司章程可以就消极任职资格作出规定

公司章程不得降低法定的消极任职资格标准，但可以进行补充，甚至作出比法律规定更严格的要求。比如对董事、监事、高管的兼职行为作出进一步限制。

☞疑难释解

六、法人能否出任董事、监事？（总第 106 问）

法人既无四肢又无大脑，需要由自然人代表其进行意思表示，若由法人出任董事或者监事，还需要通过法人的授权代表人代表法人履行董事或者监事职务，徒增一层代理关系。因此在一般场合下，不宜由法人出任董事或者监事。

我国《公司法》虽然没有明确规定董事、监事、高管人员必须是自然人，但是《公司法》在董事、监事和高管的消极任职资格中明确了“无民事行为能力和限制民事行为能力”者不得担任董事、监事、高管职务，而依民法原理，一般自然人才划分完全民事行为能力，限制民事行为能力和无民事行为能力，法人则不如此划分，[1] 并且《公司法》第 146 条关于董事、监事任职资格的规定全部是针

---

〔1〕 梁慧星：《民法总论》，法律出版社 2011 年版，第 104 页、第 129 页；魏振瀛：《民法》，北京大学出版社、高等教育出版社 2000 年版，第 54 页、第 81 ~ 82 页；《民法总则》第 18 条、第 19 条及第 20 条等规定。

对自然人而言，由此可以推断，我国《公司法》不赞同法人董事、监事。在实务上都是有行为能力的自然人。

七、公司章程能否对董事、监事、高管的任职资格作出比法律更严格的规定？（总第107问）

《公司法》及其他相关法规关于董事、监事、高管的任职资格的规定是一种最低程度的限制，因此，公司章程不得降低法定最低标准，但可以在此标准的基础上作出比法律更严格的规定。

第二节　董事、监事、高级管理人员的义务

☞条款解读

一、忠实义务的含义及其内容

1. 忠实义务的概念

忠实义务，又称忠诚义务、信义义务，是指董事、监事、高级管理人员在执行公司职务时，应最大限度地为公司最佳利益努力工作，当其自身利益与公司整体利益发生冲突时，应以公司利益为先。该项义务是董事、监事、高管不损害公司利益的消极作为义务，它是解决董事、监事、高管与公司利益冲突的基本依据。

董事、监事、高管的忠实义务源自于其与公司之间的委托（委任）关系，同时也是民法中诚信原则在公司法领域中的具体体现。

2. 忠实义务的基本内容

（1）董事、监事、高管均须履行的忠实义务

《公司法》第147条第2款规定，董事、监事、高级管理人员不得利用职权收受贿赂或者其他非法收入，不得侵占公司的财产。

（2）董事、监事须履行的忠实义务

《公司法》第148条规定，董事、高级管理人员不得有下列行为：

①挪用公司资金；

②将公司资金以其个人名义或者以其他个人名义开立账户存储；

③违反公司章程的规定，未经股东会、股东大会或者董事会同意，将公司资金借贷给他人或者以公司财产为他人提供担保；

④违反公司章程的规定或者未经股东会、股东大会同意，与本公司订立合同或者进行交易；

⑤未经股东会或者股东大会同意，利用职务便利为自己或者他人谋取属于公司的商业机会，自营或者为他人经营与所任职公司同类的业务；

⑥接受他人与公司交易的佣金归为己有；

⑦擅自披露公司秘密；

⑧违反对公司忠实义务的其他行为。

董事、高级管理人员违反前款规定所得的收入应当归公司所有。

二、勤勉义务的含义及其内容

1. 勤勉义务的含义

勤勉义务，又称为善管义务（善良管理人的注意义务的简称）、注意义务，是指董事、监事、高管在执行公司职务时，应以一个善良管理人在相似情形下所应表现的谨慎、勤勉和技能履行其职责，若其履行职责时未尽合理的谨慎，则应对公司承担赔偿责任。勤勉义务的核心是善意、尽责，为了公司的最大利益而积极作为。

2. 勤勉义务的基本内容

我国《公司法》第 48 条、第 49 条、第 55 条、第 112 条、第 119 条、第 147 条、第 150 条等和《上市公司治理规则》第 34 条、第 35 条、第 59 条、第 60 条等规定了董事、监事、高管勤勉义务主要内容。

三、忠实义务与勤勉义务的联系与区别

1. 忠实义务与勤勉义务的联系

公司的董事、监事、高级管理人员（为叙述方便，以下统称高管）基于其与公司之间的委托（委任）关系，应对公司负有一定的信义义务或受信义务，具体包括忠实义务和勤勉义务。易言之，忠实义务与勤勉义务统一构成公司高管信义义务的全部内容。勤勉义务将约束公司高管的偷懒和玩忽职守的行为，使之

以适当的注意管理公司，以免损害公司利益；忠实义务则约束高管职业操守，克制其牟求私利的贪欲，使之将公司的利益置于自己的利益之上。两者结合有利于促使高管为公司利益最大化努力工作。

2. 忠实义务与勤勉义务的区别

首先，两者的侧重点不同。忠实义务强调高管职业操守，要求高管始终为公司利益行事，因而与高管个人品德有关。而勤勉义务强调高管努力和善意管理，要求高管在执行公司职务时最大限度地施展其个人的聪明才智，因而与高管个人能力有关。

其次，两者的责任形式不同。高管违反忠实义务，公司享有归入权和损害赔偿请求权；高管违反勤勉义务，公司主要享有损害赔偿请求权。

最后，高管承担的举证责任存在差异。高管违反忠实义务的诉讼，高管如要免责，应承担更重的举证责任；而高管被指控违反勤勉义务的场合，高管可以商业判断规则进行免责抗辩，有些公司还会通过对高管进行投保，进而转移赔偿责任主体。

四、公司高管的问责机制

1. 公司对失信公司高管的归入权与损害赔偿请求权

公司高管违反其对公司所负的忠诚义务和勤勉义务（以下简称失信行为），则应对公司承担相应的法律责任。具体而言，公司对失信高管享有归入权与损害赔偿请求权。

所谓归入权，是指公司对失信公司高管取得的收入享有所有权。《公司法》第 148 条第 2 款对归入权进行了规定：董事、高级管理人员违反前款规定所得的收入应当归公司所有。

《公司法》第 149 条规定了损害赔偿请求权：董事、监事、高级管理人员执行公司职务时违反法律、行政法规或者公司章程的规定，给公司造成损失的，应当承担赔偿责任。

2. 追究失信高管民事责任的法律程序

（1）股东代表诉讼

《公司法》第 151 条对此规定：

董事、高级管理人员有本法第149条规定的情形的，有限责任公司的股东、股份有限公司连续180日以上单独或者合计持有公司10%以上股份的股东，可以书面请求监事会或者不设监事会的有限责任公司的监事向人民法院提起诉讼；监事有本法第149条规定的情形的，前述股东可以书面请求董事会或者不设董事会的有限责任公司的执行董事向人民法院提起诉讼。

监事会、不设监事会的有限责任公司的监事，或者董事会、执行董事收到前款规定的股东书面请求后拒绝提起诉讼，或者自收到请求之日起30日内未提起诉讼，或者情况紧急、不立即提起诉讼将会使公司利益受到难以弥补的损害的，前款规定的股东有权为了公司的利益以自己的名义直接向人民法院提起诉讼。

(2)股东直接诉讼

《公司法》第152条对此规定：董事、高级管理人员违反法律、行政法规或者公司章程的规定，损害股东利益的，股东可以向人民法院提起诉讼。

五、经营判断规则

经营判断规则，是为解决高管责任的判断标准问题，从美国判例法发展出来的，免除董事就合理经营失误承担责任的一项法律制度。

美国法学会《公司治理原则》第4.01条将经营判断规则表述为“如果作出经营判断的董事或经理符合下述3项条件，就应被认为诚实地履行了本节规定的义务：(1)该当事人与所作经营判断的内容没有利害关系；(2)该当事人有正当理由相信其在当时情形下掌握的有关经营判断信息充分、妥当、可靠；(3)该当事人有理由认为他的经营判断符合公司最佳利益”。[1] 易言之，公司高管本着善意(即没有损害公司的意图)作出的商业决策，可以有效免受法律的责难。

经营判断规则实际上是一种经营者责任的豁免机制，[2] 使符合这一标准的经营者可以迅速地被排除个人责任——从整个社会的角度来看，这是在“鼓励那些拥有技能和信息的商人们按照他们对经济风险的评估进行资源配置，具

〔1〕 刘俊海：《公司法学》，北京大学出版社2008年版，第263页。

〔2〕 黄辉：《现代公司法比较研究——国际经验及对中国的启示》，清华大学出版社2011年版，第200页。

有巨大的社会效用”。[1]

☞条款设计

六、高管忠实义务条款的个性化设计

1.《公司法》关于高管忠实义务的规定属于强制性规范

从我国《公司法》第147条第2款和第148条中“不得”一词可以看出。《公司法》关于高管忠实义务的规定，属于强制性规范，公司章程不得免除高管的忠实义务。

2.公司章程可以细化高管忠实义务的内容

由于《公司法》关于高管忠实义务的规定比较原则，公司章程可以细化忠实义务的有关内容，如下：

(1)明确公司商业机会的范围；

(2)明确竞业禁止期限；

(3)完善自我交易的审查机制。

3.公司章程可以扩大忠实义务的范围

(1)可以将《公司法》第148条的适用对象扩展至监事；

(2)可以将高管的竞业禁止扩展至高管以他人名义经营的情形。

七、高管勤勉义务条款的个性化设计

1.《公司法》关于高管勤勉义务的规定属于强制性规范

勤勉义务与忠实义务一样，是法律规范的底线，可以确保公司高管能够诚实和勤勉地行事，因此，《公司法》关于高管勤勉义务的规定属于强制性规范，公司章程不得免除高管的勤勉义务。

2.公司章程可以补充高管勤勉义务的内容

《公司法》第148条集中规定了高管忠实义务的基本内容，但没有集中规定高管勤勉义务的主要内容。为便于公司高管理解、执行，公司章程可以将散见

[1] 张开平:《英美公司董事法律制度研究》，法律出版社1998年版，第192页。

于《公司法》的关于高管勤勉义务的规定以及根据公司实际补充的对高管勤勉的要求集中在本条款中予以规定。

3. 公司章程可以细化高管违反勤勉义务的认定标准

勤勉义务的认定标准包括两个方面：一是主观方面，高管必须善意且以合理地相信符合公司最大利益的方式行事。二是客观方面，高管应当以一名在类似情况下普通审慎的人所应有的谨慎履行职责。所谓普通审慎人，是指有能力完成公司分派的一个特定任务的"通才"。一般而言，履行高管职责，不要求有特别的专门技术或技能，除非具有特别的技能或专门技术是担任特定公司职务的先决条件（如财务总监或法务总监）。

公司章程也可以将经营判断规则导入公司章程，有益于公司发展。

4. 公司章程可以在一定程度上对高管违反勤勉义务的赔偿责任进行限制

如上所述由于高管所承担的风险责任与其任职报酬不对称，基于公平及有利公司发展考虑，应当对高管违反勤勉义务即因高管能力问题及疏忽给公司造成的损失而承担的赔偿责任进行适当限制。

这里可以参照美国法学会《公司治理原则》（1994 年版）所提出的思路：（1）董事违反勤勉义务的责任不得依章程完全免除。（2）董事承担个人赔偿必须有强行性的最低额规定。（3）超过最低额的部分可由董事会决定免除。

这种的最低责任限度额的标准，可以参照日本商法有关规定，按照高管从公司所得到的报酬等的年数来计算。[1] 内部董事、总经理的最低责任限度额相当于其 6 年的报酬数额，其他高级管理人员的最低责任限度额相当于其 4 年的报酬数额，外部董事、监事的最低责任限度额相当其 2 年报酬数额。

☞疑难释解

八、免除高管违反勤勉义务或忠实义务赔偿责任的免责条款或决议是否有效？（总第 108 问）

笔者认为，该免责条款或决议因违反强制性法律规范而无效。理由如下：

---

〔1〕［日］神田秀树：《公司法的理念》，朱大明译，法律出版社 2013 年版，第 93 页。

首先,信义义务的规范是防止公司高管滥用权力、损害公司利益的重要保障,也是对高管的道德要求,因此,法律关于高管忠实义务和勤勉义务的规范属于强制性规范。

其次,从《公司法》第147条第2款和第148条的规定来看,《公司法》使用“不得”一词,因此,《公司法》对违反信义义务行为的规定属于强制性规范。

最后,法律具有引导人们为良好行为的指引功能,如果完全免除高管违反忠实义务或勤勉义务的责任,董事的行为将完全不受拘束,从而极易作出有违职业道德的行为。

九、公司章程能否对高管违反勤勉义务产生的赔偿责任进行限制?(总第109问)

笔者认为,公司章程可以对高管违反勤勉义务产生的赔偿责任进行适当限制。理由如下:

首先,不像违反忠实义务伴随谋取私利,高管违反勤勉义务并没有从中获得收益,公司高管在执行职务因为疏忽虽然给公司或股东造成了一定的损失,但董事自身并非一定是这一行为的受益者。相反,该失误将会降低社会对高管的评价,高管有时也是这种失误行为的受害者。

其次,在公司盈利时,股东取得大部利润,而高管只是根据合同取得报酬;在公司经营失败时,股东受有限责任原则的保护,而高管却要对经营失败承担无限责任。易言之,高管的收益与风险巨大反差,显失公平。

再次,如果不合理限制高管违反勤勉义务的赔偿责任,公司将难以吸引优秀人才加盟,并影响现有人才大胆工作、合理进行风险经营,从而也不利于公司及股东。

最后,《公司法》为私法,意思自治原则是其主要原则。在不涉及第三人利益,不影响社会公共利益的情况下,对高管违反勤勉义务之责任进行适当限制,是私法自治原则的体现。[1]

综上,公司章程可以在一定程度上对高管违反勤勉义务之赔偿责任进行

〔1〕 罗培新等:《公司法的法律经济学研究》,北京大学出版社2008年版,第188~189页。

限制。

十、没有参加董事会决议的董事应否承担赔偿责任？（总第110问）

《公司法》第112条第3款规定，董事应当对董事会的决议承担责任。董事会的决议违反法律、行政法规或者公司章程、股东大会决议，致使公司遭受严重损失的，参与决议的董事对公司负赔偿责任。但经证明在表决时曾表明异议并记载于会议记录的，该董事可以免除责任。

由于未出席的董事对于违法董事会决议的形成并无过错，因此，没有参加董事会会议的董事对董事会的违法决议不负赔偿责任。当然，公司章程可以规定，董事连续两次未能亲自出席，也不委托其他董事出席董事会会议，视为不能履行职责，董事会应当建议股东会予以撤换。

十一、监事是否负有竞业禁止义务？（总第111问）

《公司法》第148条将竞业禁止义务施加于董事和高级管理人员，并未直接加诸于监事，这是因为监事并不直接参与公司经营，不存在侵夺公司商业机会的可能。并且竞业禁止不同于披露公司商业秘密。因此，在公司章程没有另外规定情形下，公司监事不承担竞业禁止义务。

第十三章　财务会计制度与利润分配

第一节　财务会计制度

☞条款解读

一、公司财务会计制度的意义

1. 公司财务会计制度的含义

公司财务会计制度是公司财务制度和会计制度的合称，是指法律、行政法规，部门规章以及公司章程中确立的公司财务会计规则。它是公司利用货币形式组织、记录和规范其商事活动的法律规则。

公司财务会计制度既是《会计法》的重要内容，也是《公司法》的重要内容。《公司法》第 163 条规定，公司应当依照法律、行政法规和国务院财政部门的规定建立本公司的财务、会计制度。

2. 公司财务会计制度的法律意义

公司运营不仅关系到公司自身利益，而且关系到公司债权人、股东、潜在投资者、潜在交易相对人以及其他利益相关者的利益，而这些主体利益的维护都受到公司财务会计制度所提供的公司财务信息的影响。因此，公司财务、会计制度具有以下重要意义。

(1) 有利于提高公司的经营业绩

财务会计报告是评价公司经营管理水平的可信指标，这就促使公司经营管理人员谨慎行事,并积极探寻提高公司经济效益的途径和方法,从而有利于提高公司业绩。

(2)有利于保护股东的利益

完善、规范的公司财务会计制度有利于股东了解公司运营状况,并有效监督董事、经理等高管妥善履行职责,从而维护股东利益。

(3)有利于保护债权人利益

公司财产的增减直接关系到公司债权人的利益。完善、规范的公司财务会计制度有利于债权人了解公司的财务状况,也有利于交易相对人对交易风险进行必要评估。

(4)有利于保护国家的税收债权

许多公司的偷税漏税活动的主要手段是"造假账"。税务部门就是通过公司的财务会计报表监督和检查公司的运营状况,确保国家税收的及时、足额征缴。[1]

二、公司财务会计报告

财务会计报告是公司对外提供的反映企业某一特定日期的财务状况和某一会计期间的经营成果、现金流量等会计信息的文件。

关于财务会计报告的组成,《会计法》第20条第2款规定,财务会计报告由会计报表、会计报表附注和财务情况说明书组成。根据《企业会计准则——基本准则》有关规定,会计报表至少应当包括资产负债表、利润表、现金流量表、所有者权益变动表、附注等报表。小企业编制的会计报表可以不包括现金流量表。

关于财务会计报告的制作及审计,《公司法》第164条规定,公司应当在每一会计年度终了时编制财务会计报告,并依法经会计师事务所审计。财务会计报告应当依照法律、行政法规和国务院财政部门的规定制作。

关于财务会计报告的送交及公开,《公司法》第165条规定,有限责任公司应当依照公司章程规定的期限将财务会计报告送交各股东。股份有限公司的

〔1〕 赵旭东:《公司法学》,高等教育出版社2006年版,第450页;范健、王建文:《公司法》,法律出版社2011年版,第436~437页。

财务会计报告应当在召开股东大会年会的20日前置备于本公司，供股东查阅；公开发行股票的股份有限公司必须公告其财务会计报告。

三、会计师事务所的聘用

《公司法》第164条规定，公司应当在每一会计年度终了时编制财务会计报告，并依法经会计师事务所审计。因此，聘用会计师事务所是公司财务、会计活动的重要环节。

为保障会计师事务所的独立性，发挥外部审计的监督作用，《公司法》第169条规定，公司聘用、解聘承办公司审计业务的会计师事务所，依照公司章程的规定，由股东会、股东大会或者董事会决定。公司股东会、股东大会或者董事会就解聘会计师事务所进行表决时，应当允许会计师事务所陈述意见。

为确保财务会计报告的真实性，《公司法》第170条规定，公司应当向聘用的会计师事务所提供真实、完整的会计凭证、会计账簿、财务会计报告及其他会计资料，不得拒绝、隐匿、谎报。

四、公司账簿与账户管理

《公司法》第171条规定，公司除法定的会计账簿外，不得另立会计账簿。对公司资产，不得以任何个人名义开立账户存储。

☞条款设计

五、财务会计报告条款的个性化设计

1. 法律关于财务会计报告的规定是强制性规范

由于财务会计报告关系到公司债权人、股东、潜在投资者、潜在交易相对人以及其他利益相关者的利益，故法律关于财务会计报告的规定属于强制性规范。

2. 公司章程应明确规定财务会计报告的制作主体

我国《公司法》未明确规定财务会计报告的制作主体。从公司财务会计报告的使用者的角度看，公司是编制财务会计报告的义务主体和行为主体。而就

公司内部的机构和人员而言，按照《企业会计准则》和《企业会计制度》的规定，编制财务报表是公司管理层包括董事会成员的责任。我国通说认为，制作财务会计报告属于业务执行范围的事项，董事会是公司的业务执行机关，因而可以认为董事会是财务会计报告的制作人，董事会成员应对财务会计报告的真实性、准确性、全面性负责。由于董事会可以授予公司经理其他职权，因此，经理经董事会授权，可以作为财务会计报告制作人的代理人。[1]

3. 公司章程应明确规定财务会计报告的编制期限

编制公司年度财务会计报告要和年度股东会召开日期相协调。此外，公司章程可视实际需要规定编制中期财务会计报告的期限。

4. 公司章程应明确规定监事会(或监事)对财务会计报告的审核

财务会计报告制作完毕后，一般应由公司监事会(或监事)进行审核。监事会的审核主要涉及会计报告是否遗漏重大事实；会计表册与会计账簿是否相符，编制方法是否得当；编制时是否有违反法律或公司章程的行为等。

董事会应将财务会计报告和监事会的审核报告一并交股东会审议。

5. 公司章程应明确规定财务会计报告的送交与置备

《公司法》第165条规定，有限责任公司应当依照公司章程规定的期限将财务会计报告送交各股东。股份有限公司的财务会计报告应当在召开股东大会年会的20日前置备于本公司，供股东查阅；公开发行股票的股份有限公司必须公告其财务会计报告。

鉴于召集有限责任公司股东会应当于会议召开15天前通知全体股东，为方便股东查阅财务会计报告并减少不必要的烦琐程序，财务会计报告可与股东会会议召集通知一同送达股东。

6. 公司章程应明确规定财务会计报告的审议与批准

根据《公司法》的规定，批准董事会报告应采用普通决议程序。因此，可以认为对财务会计报告的审议与批准应采用普通决议程序。公司章程可对此予以明确规定。

---

〔1〕 刘俊海:《公司法学》,北京大学出版社2008年版,第396页;王保树、崔勤之:《中国公司法原理》,社会科学文献出版社2006年版,第267页;赵旭东:《公司法学》,高等教育出版社2006年版,第459页;朱慈蕴:《公司法原论》,清华大学出版社2011年版,第231页。

7. 公司章程可以就财务会计报告的审计作出规定

《公司法》第164条第1款规定，公司应当在每一会计年度终了时编制财务会计报告，并依法经会计师事务所审计。但这条规定不应当被理解为确立了全面审计制度，这里“依法”是指法律法规明确规定必须审计的公司财务会计报告须依照该法律法规的规定经会计师事务所审计。但是，相关法律未明确要求必须审计的，该公司的财务会计报告是否审计，由公司自己决定。

六、会计师事务所聘用程序条款的个性化设计

1.《公司法》关于聘用和解聘会计师事务所的决定机关的规定属于任意性规范

《公司法》第169条规定，公司聘用、解聘承办公司审计业务的会计师事务所，依照公司章程的规定，由股东会、股东大会或者董事会决定。依此，《公司法》授权公司章程自行规定决定聘用和解聘承办公司审计业务的会计师事务所的机关。

2. 公司章程可根据公司实际情况规定聘用和解聘会计师事务所的决定机关

公司章程可以根据公司实际情况规定由股东(大)会或者为董事会决定聘用和解聘承办公司审计业务的会计师事务所，并且，在解聘会计师事务所时，应当给予会计师事务所陈述意见的权利，目的是为了防止公司高级管理人员对于会计师事务所的报复性解聘。

疑难释解

七、公司财务会计报告在提交股东会审议前应否由监事会进行审核？（总第112问）

我国《公司法》对此没有明确规定，但《公司法》规定的监事会法定职权中包括“检查公司财务”。因此，应该认为，公司财务会计报告在提交股东会审议前应由监事会审核。董事会应将会计报告和监事会的审核报告一并交股东会审议批准。[1]

---

〔1〕 王保树、崔勤之：《中国公司法原理》，社会科学文献出版社2006年版，第270页；朱慈蕴：《公司法原论》，清华大学出版社2011年版，第231页。

八、财务会计报告的承认是怎么回事?(总第113问)

各国公司法大都规定,公司财务会计报告须提交股东会审议承认。我国《公司法》没有明确规定财务会计报告的承认。但通说认为,根据《公司法》第37条、第99条规定,股东会的职权之一是“审议批准董事会的报告”,而董事会的报告应以“业务执行”为主要内容,其中包括公司财务会计报告。因此批准董事会报告应当包括承认财务会计报告。

根据《公司法》第37条、第43条、第99条、第103条的规定,批准董事会报告应当采普通决议程序。因此,可以理解为财务会计报告承认采用普通决议程序。承认董事会的财务会计报告,就表明股东会对财务会计报告所记载事项表示同意,也就是在公司内部范围内免除了董事会和监事会对该财务会计报告的责任,就董事会而言,是业务执行责任的解除,就监事会而言,是对业务执行的监督责任的解除。但是,如果董事会在制作财务会计报告中有违法行为,董事会仍应就该违法行为对公司负责。[1]

第二节　利润分配

☞条款解读

一、税后利润分配的法定顺序

依照《公司法》第166条和《企业财务通则》第50条的规定,企业年度税后净利润除法律、行政法规另有规定外,按以下顺序分配:

(1)弥补以前年度亏损;

(2)提取法定公积金;

(3)经股东会决议提取任意公积金;

(4)向股东分配利润。

---

〔1〕 王保树、崔勤之:《中国公司法原理》,社会科学文献出版社2006年版,第270页;朱慈蕴:《公司法原论》,清华大学出版社2011年版,第232页。

二、税后利润分配的决定机关

依照《公司法》第 37 条、第 46 条、第 99 条、第 108 条等规定，由董事会制订公司的利润分配方案和弥补亏损方案，报股东（大）会审议批准。

三、股利分配的前提要件

分享股利是股东投资的主要目的。而股利分配不仅涉及股东分红的实现问题，也涉及债权人及其他利益相关者的利益保护问题。妥善解决前述两问题的平衡点是必须确保股利源于公司的分配利润。易言之，无盈不分。故股利分配的前提要件，从根本上说就是要有盈余。否则，公司将滥用公司资本向股东分配股利，便意味着向股东返还了出资，违反了资本维持原则。

四、股利分配的标准

对于有限责任公司，《公司法》第 34 条规定：股东按照实缴的出资比例分取红利，但是，全体股东约定不按照出资比例分取红利的除外。

对于股份有限公司，《公司法》第 166 条第 4 款规定：股份有限公司按照股东持有的股份比例分配，但股份有限公司章程规定不按持股比例分配的除外。

五、股利分配的形式

从各国公司实践来看，公司分派股利的形式主要有四种：

1. 现金股利

这是指公司分红时向股东分派现金。它可以使股东获得直接的现金收益，方法简便，是最普遍的一种分红形式。

2. 财产股利

这是指公司以其持有的财产代替现金作为股利向股东分配的一种形式。财产股利属于非货币资产的转移。

3. 股份股利

这是指公司以配送股份（或称额外股份）的方式向股东支付股利。从而代替现金或财产支付股东收益的分配方式，俗称送股。股份股利在上市公司被广泛采用。股份股利的账面处理是将可分配利润进一步资本化,转变为股本。

4. 负债股利

这是指公司用债券或应付票据代替现金作为股利向股东分配的一种形式。

我国《公司法》未对财产股利和负债股利作出规定,也未要求股利必须用现金支付,因此,现金股利和股份股利都是允许的。[1]

六、违法分配股利及其后果

所谓违法分配股利,是指违反《公司法》第 166 条规定而分配股利给股东,违法分配股利实质上违反了利润依法定顺序分配原则和无盈不分原则,同时又违反了资本维持原则,损害公司债权人和公司的合法权益。因此,《公司法》第 166 条第 5 款规定违法分配股利的责任是,股东必须将违反规定分配的利润退还公司。根据该规定,无论股东对该分配的违法性是否知情,即无论是否具有主观恶意,都应承担返还责任。

七、公积金的种类及其用途

1. 公积金的概念及种类

公积金是指依照法律、公司章程或股东会决议而从公司税后利润或者其他收入中提取的储备金。

以提取行为是否源于法律的强制性规定为准,公积金分为法定公积金和任意公积金。前者基于法律的强制性规定,如法定盈余公积金和资本公积金;后者基于公司的自由,如根据公司章程或者股东会决议提列。

以公积金的来源为准,公积金可分为盈余公积金和资本公积金。

盈余公积金源自公司税后利润。

资金公积金来源于公司盈余之外的其他财源收入,包括:

(1)股东实际缴付的出资超出注册资本的差额。《公司法》第 167 条规定,股份有限公司以超过股票票面金额的发行价格发行股份所得的溢价款以及国务院财政部门规定列入资本公积金的其他收入,应当列为公司资本公积金。

---

〔1〕 赵旭东:《公司法学》,高等教育出版社 2006 年版,第 464 ~ 465 页;朱慈蕴:《公司法原论》,清华大学出版社 2011 年版,第 233 ~ 234 页。

（2）国务院财政部门规定列入资本公积金的其他收入，例如，根据《企业会计准则第12号——债务重组》第6条等规定，列入资本公积金的其他收入主要有：①处置公司资产所得的收入；②资产重估价值与账面净值的差额；③接受捐赠。

2. 公积金的用途

根据《公司法》第168条、《企业财务通则》及其他有关法规的规定，公积金的主要用途有：

（1）弥补亏损。

当公司出现亏损，首先应用公积金弥补。但是，资本公积金不得用于弥补公司的亏损。

（2）扩大公司生产经营。

（3）增加公司注册资本。

但以法定公积金转增资本时，所留存的该项公积金不得少于注册资本的25%。

☞条款设计

八、利润分配顺序条款的个性化设计

1. 法律关于利润分配顺序的规定属于强制性规范

《公司法》第166条第5款规定，违反法律关于利润分配顺序的规定而分配股利的，股东必须将违反规定分配的利润退还公司。故，法律关于利润分配顺序的规定属于强制性规范。

2. 公司章程可就提取任意公积金进行规定

公司章程虽然不能改变法定的分配顺序，但根据《公司法》第166条第3款的规定，公司章程可就任意公积金是否提取及其提取比例等进行规定。

九、分红标准条款的个性化设计

1.《公司法》关于分红标准的规定属于任意性规范

公司盈利时，公司按照何种比例标准进行利润分配，没有任何人比公司股

东更能够作出合理安排，并且不损害第三人的合法权益，因此，应当尊重公司股东的意愿。故《公司法》第34条、第166条允许公司章程就分红标准作出与《公司法》不同的规定。可见，《公司法》关于利润分配标准的规定属于任意性规范。

2. 公司章程可视实际情况对分红比例作出灵活规定

对于有限责任公司，《公司法》第34条规定：股东按照实缴的出资比例分取红利，但是，全体股东约定不按照出资比例分取红利的除外。

对于股份有限公司，《公司法》第166条第4款规定：股份有限公司按照股东持有的股份比例分配，但股份有限公司章程规定不按持股比例分配的除外。

3. 公司章程可允许股东以外的人参与利润分配

公司章程允许股东以外的人比如董事、经理分享利润，并不违反《公司法》第34条、第166条等规定，这为公司将来进行各种形式的股权激励提供制度上的支持。

4. 公司章程关于分红比例的规定不得违反股东平等原则

股东平等原则是指在公司中基于股东资格而产生的每个股东的权利和义务应当是平等的，各股东依其所持有的股权比例或股份比例享有平等的权利，负有同等的义务，不得对任何股东予以歧视。[1] 简言之，所谓股东平等，即按照同等条件平等对待股东。

公司法学界通说认为，股东平等原则是一种比例平等原则，[2] 其适用的基准是股份，它以每一股东所持有的股权或股份的比例作为衡量标准。

股东平等原则是公平正义理念在公司法领域的体现，也是各国公司法理论及实践所确立的基本原则。股东平等原则是维系公司内部关系的主要原则。股东平等原则对于维护股东利益，防止大股东的专横和独断，都具有重要意义。因此，股东平等原则是《公司法》的强制性规定，公司章程关于利润分配的规定及股东会关于利润分配的决议均不得违反该原则。否则，自始无效。

将公司全部利润给予某个股东，或将某个股东的利润减少到不成比例的程度，都违反了股东平等原则，自始无效。

---

〔1〕 赵旭东：《公司法学》，高等教育出版社2006年版，第300页。

〔2〕 赵旭东：《公司法学》，高等教育出版社2006年版，第300页；王保树、崔勤之：《中国公司法原理》，社会科学文献出版社2006年版，第156页。

十、股利分配形式及期限条款的个性化设计

1.《公司法》未明确规定股利分配的形式，公司章程应予以明确

从各国公司实践来看，公司分派股利的形式主要有：现金股利、财产股利、股份股利和负债股利。我国《公司法》未明确规定股利分派的形式，也未要求股利必须用现金支付，而上市公司多采用现金股利和股份股利。因此，公司章程应明确规定股利分派的形式。

2.《公司法》未明确规定股利分配的期限，公司章程应予以明确

我国《公司法》未明确规定股利分派的期限，为避免争议，利于执行，公司章程应予以明确。

☞疑难释解

十一、股东之间约定保底分红，对公司是否有效？（总第 114 问）

在实践中，一方股东负责公司实际经营，另一方股东不参与公司经营管理，双方于是就公司利益分配签订协议，约定负责公司实际经营的股东保证给予不参与公司经营管理的股东不低于某种比例或某个数额的分红。股东之间约定的这种保底分红条款，是否有效？

笔者认为，根据《公司法》第 166 条关于股利分配的规定，公司分红不仅要以存在公司利润为前提，而且要严格按照法定的分配顺序进行。显然，这种保底分红条款违反了《公司法》关于利润分配的基本原则，对公司没有约束力。

十二、诉请分配利润是否应受诉讼时效的限制？（总第 115 问）

股东的利润分配请求权可以分为已确定的利润分配请求权和未确定的利润分配请求权，两者的性质有所不同，故应区别对待：

已确定的利润分配请求权其实质为债权，故应受诉讼时效的限制，而且其诉讼时效期间应适用普通债权 2 年诉讼时效之限制。

未确定的利润分配请求权，其法律性质为期待权。期待权虽然具备一定的权利要件和法律保护之效力，但其并不包括实际的给付请求权，故未确定的利

润分配请求权不应受诉讼时效的限制。[1]

十三、公司股东会能否撤销该股东会之前作出的股利分配决议?(总第116问)

《公司法》没有明确股东(大)会能否撤销之前股东(大)会作出的决议。根据公司自治的原则,以及股东(大)会在公司治理中的地位,一般的关于公司治理方面的决议,通过一定的表决程序,显然可以通过召开新的股东(大)会予以撤销。只要撤销之前决议的股东(大)会的"撤销决议"不违反法律、法规的强制性规定,不对第三人利益造成威胁(或者得到了特定第三人的特殊许可),这种撤销并无不可,不应对此过多的予以约束。

但是,股东会作出的利润分配决议与一般决议有所不同,因为股东利润分配决议涉及众多股东尤其是中小股东的利益,获取利润分配是股东投资或出资公司的终极目标,这一权利应受到更加严格的法律保护。所以,关于利润分配的决议一般不能随意撤销,对利润分配决议的撤销亦应区分情形、保持慎之又慎的态度。

如果股东(大)会的利润分配违反了法律规定的顺序,在弥补亏损、提取法定公积金之前即确定了股东分配的利润,这样的分配决议因为违反法律的强制性规定原本是无效的。公司召开新的股东(大)会撤销这样的分配决议,是对错误分配方案的纠正,并无不可。

如果股东(大)会的利润分配方案并没有违背法定顺序,撤销利润分配方案则涉嫌损害已经获得分配股东之利益,此时则不应允许撤销。即便要撤销,亦不应以简单的所谓多数决的形式来否认已确定的分配方案,因为利润分配涉及每一股东的切身利益,应该采取全体一致同意的、最为严格的表决比例来决定是否撤销。否则,将会对中小股东利益保护极为不利,使中小股东的利益时刻处于不确定的状态,进而打击中小投资者的信心,不利于市场秩序的稳定,也不利于市场经济的发展。特别是,当部分利润已经分配的情形下,撤销前面的分配决议就更为荒唐。从已确定的利润分配请求权的性质角度讲,自股东

---

〔1〕 虞政平:《公司法案例教学》,人民法院出版社2012年版,第744页。

(大)会作出利润分配决议确定了利润分配数额之日起,股东已成为向公司请求支付特定利润的债权人,允许公司通过某种方式撤销分配决议,无异于允许债务人撤销债权,显然不合逻辑。北京市高级人民法院在《关于审理公司纠纷案件若干问题的指导意见之二》中就曾规定,有限责任公司非经全体股东一致同意,不得变更《公司法》第 34 条、第 42 条规定的或者公司章程规定的利润分配方式、新股认缴方式和表决权行使方式。这无疑体现了对中小股东利益分配请求权、表决权等权利的特殊保护,值得肯定并予推广。[1]

十四、隐名股东能否请求公司分配股利?(总第 117 问)

享有分红权是股东的固有权。隐名股东作为实际出资人如尚未取得公司股东身份,则无权请求公司分红。根据《公司法解释(三)》第 24 条第 3 款的规定,实际出资人要获得股东身份并取得股权必须获得公司其他股东过半数同意。因此,隐名股东要享有股利分配请求权,同样应获得公司其他股东过半数同意。否则,隐名股东无权请求公司分红。

十五、公司章程或股东会决议能否规定将公司全部利润给予某个股东?(总第 118 问)

笔者认为,《公司法》第 34 条、第 166 条虽然允许公司章程可不按出资比例或不按持股比例分取红利,但不应当视为授权剥夺其他股东的分红权。非经全体股东一致同意,将公司全部利润给予某个股东实际上剥夺了其他股东的分红权,违反了股东平等原则等法律强制性规定。因此,公司章程或股东会决议不能规定将公司全部利润给予某个股东。如全体股东欲将所分配的利润全部赠与某个股东,应在利润分配后将所得分红进行赠与,这属于权利人对其权利的自由处分,法律并不禁止。

---

〔1〕 虞政平:《公司法案例教学》,人民法院出版社 2012 年版,第 745 页。

第十四章　公司合并、分立与组织变更

第一节　公司合并

☞条款解读

一、公司合并的概念及特征

1. 公司合并的概念及特征

公司合并，是指两个或两个以上的公司依法达成合意，归并为一个公司或创设一个新的公司的法律行为。它具有以下特征：

(1)除在吸收合并中吸收公司存续外，其他公司的法人资格均归于消灭；

(2)因合并而被消灭了的公司的财产及债权债务，均为存续公司或新设公司所概括承受；

(3)因合并而被消灭了的公司的股东，均被存续公司或新设公司所接收；[1]

(4)公司合并是公司之间的合同行为。公司合并的主体是公司，而非股东，合并的意思表示由合并各方公司股东会分别作出。

---

〔1〕 范健、王建文：《公司法》，法律出版社2011年版，第442页。

2. 公司合并与相近概念

(1)公司合并与公司兼并

公司合并与公司兼并是两个既有联系又有区别的概念。

根据《关于企业兼并的暂行办法》第 4 条的规定,企业兼并的形式包括:①承担债务式,即在资产与债务等价的情况下,兼并方以承担被兼并方债务为条件接收其资产。②购买式,即兼并方出资购买被兼并方企业的资产。③吸收股份式,即被兼并企业的所有者将被兼并企业的净资产作为股金投入兼并方,成为兼并方企业的一个股东。④控股式,即一个企业通过购买其他企业的股权,达到控股,实现兼并。

由于可知,兼并的结果有两种;一是被兼并公司的法人资格终止;二是被兼并公司的法人资格仍然存续。而合并的结果只有一种,即被吸收合并方的法人资格必然终止。

由此可见,兼并与合并存在相重合之处,但《公司法》规定的合并并不包括后一种兼并行为。

(2)公司合并与收购

《证券法》所规定的收购属于股权收购,收购公司从被收购公司的股东那里直接购买股份,以取得被收购公司的控制权。公司合并与股权收购的主体、内容、法律后果等方面均不同。

(3)公司合并与公司并购

公司并购是指一切涉及公司控制权转移与合并的行为,它包括资产收购(营业转让)、股权收购和公司合并等方式。[1] 公司并购因而通常被认为是公司兼并和收购的合称。

二、公司合并的类型

1. 吸收合并与新设合并

以合并前后公司的组织形态变化为准,公司合并分为吸收合并和新设合并。吸收合并是指一个公司吸收其他公司,吸收公司存续,被吸收公司解散的

〔1〕 赵旭东:《公司法学》,高等教育出版社 2006 年版,第 470 页。

合并。新设合并，是指两个以上公司合并设立一个新的公司，合并各方解散的合并。

根据《公司法》第172条的规定，公司合并可以采取吸收合并或者新设合并。

2. 同类公司合并与不同类公司合并

以合并各方公司的组织形式是否相同为准，公司合并可以分为同类公司合并和不同类公司合并。所谓同类公司合并是指组织形式相同的公司之间的合并，如有限责任公司之间合并，股份有限公司之间合并、上市公司之间合并。不同类公司合并，是指组织形式不同的公司之间的合并，如有限责任公司与股份有限公司之间合并，非上市公司与上市公司之间合并，一人公司与股东多元化公司之间合并。〔1〕

我国《公司法》并未禁止不同类型组织形式的公司合并。至于合并后的公司组织形式，要由各合并公司根据吸收合并或新设合并的不同特点以及合并后公司是否满足特定公司组织形式的法定门槛而定。

三、公司合并的程序

根据《公司法》第173条及公司实践，公司合并的程序主要有：

1. 提出合并方案，草签合并协议

公司合并方案由参与合并的公司的董事会或执行董事提出。参加合并的各方公司应当在平等协商的基础上，就合并的有关事项达成合并协议并草签。

2. 作出公司合并的特别决议

我国《公司法》第43条、第103条均规定，公司合并应由股东（大）会作出特别决议。可见，公司合并的决定权不在董事会，而在股东会。特别决议的内容应至少包括两个不可或缺的重要内容：一是批准合并协议；二是为履行合并计划而修改公司章程。

3. 正式签订合并协议

合并公司股东会批准合并协议后，参与合并的公司可以签订正式合并协议。

---

〔1〕 刘俊海：《公司法学》，北京大学出版社2008年版，第310页。

4. 编制资产负债表和财产清单

公司合并,应编制财产负债表和财产清单。一方面为合并各方提供准确的资产及债权债务依据,决定合并各方的权利和义务;另一方面供债权人查询,维护债权人的利益。

5. 通知债权人和公告

《公司法》第 173 条规定,公司应当自作出合并决议之日起 10 日内通知债权人,并于 30 日内在报纸上公告。债权人自接到通知书之日起 30 日内,未接到通知书的自公告之日起 45 日内,可以要求公司清偿债务或者提供相应的担保。

6. 进行资本合并及财产的移转

完成催告债权人的程序后,合并的公司可以进行资本合并及财产的移转。

7. 办理有关工商登记

合并后存续的公司应依法办理变更登记,因合并而消灭的公司应办理注销登记,因合并而新设的公司应依法办理设立登记。

四、公司合并时利益相关人的法律保护措施

1. 异议股东的股份回购请求权

对于有限责任公司,《公司法》第 74 条规定:“有下列情形之一的,对股东会该项决议投反对票的股东可以请求公司按照合理的价格收购其股权:……(二)公司合并、分立、转让主要财产的……”

对于股份有限公司,《公司法》第 142 条规定:“公司不得收购本公司股份。但是,有下列情形之一的除外:……(四)股东因对股东大会作出的公司合并、分立决议持异议,要求公司收购其股份的……”

2. 对债权人的保护措施

1993 年的《公司法》第 184 条第 3 款规定:……债权人自接到通知书之日起 30 日内,未接到通知书的自公告之日起 45 日内,可以要求公司清偿债务或者提供相应的担保。不清偿债务或者不提供相应的担保的,公司不得合并。

现行《公司法》第 173 条规定:……债权人自接到通知书之日起 30 日内,未接到通知书的自公告之日起 45 日内,可以要求公司清偿债务或者提供相应的

担保。

可见,现行《公司法》删除了“不清偿债务或者不提供相应的担保的,公司不得合并”的规定,这表明,即使公司未对债权人提供上述保护措施,也不影响公司合并,履行法定保护债权人的程序只是公司合并的对抗要件,非合并的生效要件,即不能以此对抗债权人。

现行《公司法》之所以删除“不清偿债务或者不提供相应的担保的,公司不得合并”的规定,是基于前述因企业合并导致的债权债务关系的概括承继属于法定转移,无须债权人同意的原理。

五、公司合并程序中的反垄断审查

为保护市场竞争,维护市场优化资源配置的功能,《反垄断法》对公司合并中的垄断问题进行了法律规制。《反垄断法》规定的垄断行为包括经营者集中,所谓经营者集中,根据该法第20条的规定,是指下列情形:“(一)经营者合并;(二)经营者通过取得股权或者资产的方式取得对其他经营者的控制权;(三)经营者通过合同等方式取得对其他经营者的控制权或者能够对其他经营者施加决定性影响。”因此,公司合并必须遵守《反垄断法》的相关规定,尤其是事前报批的规定。

根据《反垄断法》第20条和第21条的规定,经营者集中达到国务院规定的申报标准的,经营者应当事先向国务院反垄断执法机构申报,未申报的不得实施集中。

六、外资并购程序中的安全审查

为维护国家安全,引导外国投资者并购境内企业有序发展,自2011年3月3日起,我国实施外资并购境内企业安全审查制度。外资并购中的安全审查的主要内容有:

1. 并购安全审查的范围

根据国务院办公厅《关于建立外国投资者并购境内企业安全审查制度的通知》(国办发〔2011〕6号文,以下简称《通知》)第1条的规定,并购安全审查范围包括:

（1）并购安全审查的范围为：外国投资者并购境内军工及军工配套企业，重点、敏感军事设施周边企业，以及关系国防安全的其他单位；外国投资者并购境内关系国家安全的重要农产品、重要能源和资源、重要基础设施、重要运输服务、关键技术、重大装备制造等企业，且实际控制权可能被外国投资者取得。

（2）外国投资者并购境内企业，是指下列情形：

①外国投资者购买境内非外商投资企业的股权或认购境内非外商投资企业增资，使该境内企业变更设立为外商投资企业。

②外国投资者购买境内外商投资企业中方股东的股权，或认购境内外商投资企业增资。

③外国投资者设立外商投资企业，并通过该外商投资企业协议购买境内企业资产并且运营该资产，或通过该外商投资企业购买境内企业股权。

④外国投资者直接购买境内企业资产，并以该资产投资设立外商投资企业运营该资产。

（3）外国投资者取得实际控制权，是指外国投资者通过并购成为境内企业的控股股东或实际控制人。包括下列情形：

①外国投资者及其控股母公司、控股子公司在并购后持有的股份总额在50%以上。

②数个外国投资者在并购后持有的股份总额合计在50%以上。

③外国投资者在并购后所持有的股份总额不足50%，但依其持有的股份所享有的表决权已足以对股东会或股东大会、董事会的决议产生重大影响。

④其他导致境内企业的经营决策、财务、人事、技术等实际控制权转移给外国投资者的情形。

2. 并购安全审查的内容

根据《通知》第2条的规定，并购安全审查内容包括：

（1）并购交易对国防安全，包括对国防需要的国内产品生产能力、国内服务提供能力和有关设备设施的影响。

（2）并购交易对国家经济稳定运行的影响。

（3）并购交易对社会基本生活秩序的影响。

（4）并购交易对涉及国家安全关键技术研发能力的影响。

3.并购安全审查的程序

根据《通知》第 4 条的规定，并购安全审查程序主要有：

(1)外国投资者并购境内企业，应按照本通知规定，由投资者向商务部提出申请。对属于安全审查范围内的并购交易，商务部应在 5 个工作日内提请联席会议进行审查。

(2)外国投资者并购境内企业，国务院有关部门、全国性行业协会、同业企业及上下游企业认为需要进行并购安全审查的，可以通过商务部提出进行并购安全审查的建议。联席会议认为确有必要进行并购安全审查的，可以决定进行审查。

(3)联席会议对商务部提请安全审查的并购交易，首先进行一般性审查，对未能通过一般性审查的，进行特别审查。并购交易当事人应配合联席会议的安全审查工作，提供安全审查需要的材料、信息，接受有关询问。

一般性审查采取书面征求意见的方式进行。联席会议收到商务部提请安全审查的并购交易申请后，在 5 个工作日内，书面征求有关部门的意见。有关部门在收到书面征求意见函后，应在 20 个工作日内提出书面意见。如有关部门均认为并购交易不影响国家安全，则不再进行特别审查，由联席会议在收到全部书面意见后 5 个工作日内提出审查意见，并书面通知商务部。

如有部门认为并购交易可能对国家安全造成影响，联席会议应在收到书面意见后 5 个工作日内启动特别审查程序。启动特别审查程序后，联席会议组织对并购交易的安全评估，并结合评估意见对并购交易进行审查，意见基本一致的，由联席会议提出审查意见；存在重大分歧的，由联席会议报请国务院决定。联席会议自启动特别审查程序之日起 60 个工作日内完成特别审查，或报请国务院决定。审查意见由联席会议书面通知商务部。

(4)在并购安全审查过程中，申请人可向商务部申请修改交易方案或撤销并购交易。

(5)并购安全审查意见由商务部书面通知申请人。

(6)外国投资者并购境内企业行为对国家安全已经造成或可能造成重大影响的，联席会议应要求商务部会同有关部门终止当事人的交易，或采取转让相关股权、资产或其他有效措施，消除该并购行为对国家安全的影响。

七、公司合并的法律效果

1. 合并公司存在状态发生变化

《公司法》第 179 条对此作了规定，公司合并，登记事项发生变更的，应当依法向公司登记机关办理变更登记；公司解散的，应当依法办理公司注销登记；设立新公司的，应当依法办理公司设立登记。

2. 合并公司权利义务的概括承继

《公司法》第 174 条对此作了规定，公司合并时，合并各方的债权、债务，应当由合并后存续的公司或者新设的公司承继。《合同法》第 90 条也对此作了规定，当事人订立合同后合并的，由合并后的法人或者其他组织行使合同权利，履行合同义务。

权利义务的概括承继不仅包括实体法上的权利义务，也包括程序法上的权利义务。

☞条款设计

八、公司合并条款的个性化设计

1.《公司法》关于公司合并的规定属于强制性规范

由于公司合并关系到公司、股东、债权人及其他利益相关者的利益，《公司法》关于公司合并的规定属于强制性规范。

2. 公司章程可以设置公司合并信息披露条款

由于公司合并将会影响股东权益，因此，公司应将合并信息充分向股东披露，以利股东权衡利弊行使表决权。公司章程可以就合并决议表决前应向股东披露的合并信息的范围和内容作出详细规定。

3. 公司章程可以提高作出合并决议所需的表决权比例

根据《公司法》第 43 条、第 103 条的规定，合并决议须以特别决议方式表决通过，公司章程不得降低通过特别决议的表决权比例，但可以提高该表决权比例。

特别决议内容包括：一是批准合并方案；二是为履行合并方案而修改公司章程。

九、反并购条款的个性化设计

1. 建立“合理”持股结构

主要采取：①自我控股；②交叉持股、相互持股；③代持；④员工持股计划；⑤管理层持股等方式建立合理股权结构，使收购者难以收购到“足量”的股份来控制公司。

2. 在章程中设置驱鲨剂条款

即公司出于反收购的目的修改公司章程，设置一些成为收购障碍的条款。比如董事轮选制，绝对多数条款。

3. 在章程中规定公正价格条款

即要求收购人对所有股权支付相同的价格。这可以避免收购人分化目标公司股东，使股东在出售股票时享受“同股同价”的好处。

我国《证券法》第92条规定，收购要约提出的各项收购条件，适用于被收购公司的所有股东。第93条规定，采取要约收购方式的，收购人在收购期限内，不得卖出被收购公司的股票，也不得采取要约规定以外的形式和超出要约的条件买入被收购公司的股票。这些规定旨在让目标公司的所有股东受到公平对待。

4. 在章程中规定限制董事资格条款

即在公司章程中规定公司董事的任职条件，未具备某些特定条件者不得担任公司董事；具备某些特定情节者也不得进入公司董事会。这就加大了收购者选择适合人选出任公司董事的难度。

5. 在公司章程中规定股东(大)会拥有反并购的决定权

反并购的根本原则在于公司股东利益的最大化。为避免公司管理层为谋取个人的利益而擅自采取反并购措施，可在章程在规定未经股东(大)会授权，董事会不得采取反并购措施。这是“不挫败”规则在公司章程中的导入。

☞疑难释解

十、公司合并的利害关系人能否提起公司合并无效之诉？(总第119问)

现行《公司法》没有规定公司合并的无效之诉，但依据《公司法》第22条第

1款的规定，公司股东会或者股东大会、董事会的决议内容违反法律、行政法规的无效。因此，合并公司的股东等利害关系人可依据该条规定提起合并决议无效之诉。但是，由于该规定没有对提出无效之诉的主体的范围作出明确规定，对于公司债权人是否可以依据该条规定提起合并决议无效之诉，目前没有定论。

同时，由于公司合并是参与合并的公司基于合并协议而进行的法律行为，如果合并行为存在违反法律和行政法规的强制性规定的情形，利害关系人可以此为由提起请求确认合并合同无效之诉，其法律效果相当于其他国家公司法规定的合并无效之诉。[1]

十一、反并购策略的运用及其特殊法律问题有哪些？（总第120问）

公司并购有善意收购与敌意收购之分。为防止敌意收购，可以采取相关反并购措施。并购实践中的主要反并购策略有：

(1)收购要约前的反并购策略

①董事轮换制

这是指在公司章程中规定每年或每次只能更换1/3甚至1/5的董事，并规定修改该项规定需通过特别决议。这意味着即使收购者获得了被收购公司的多数股权也不能一次更换全体董事，使其难以在短期获得被收购公司董事会的控制权，从而降低收购者的收购意愿。这种策略是否违反我国《公司法》关于董事及董事会任期规定，目前在理论界和实务界存在争议。

②绝对多数条款

这是指在公司章程中规定涉及修改章程、公司合并、分立、解散清算、出售重大资产等重大事项的特别决议必须经过绝大多数表决权同意才能通过，比如必须经全体股东所持表决权的4/5以上通过。这就增加了收购者接管、改组被收购公司的难度和成本，从而降低收购者的收购意愿。这项策略并不违反我国《公司法》的规定。

③双重资本结构

双重资本结构下，将公司股票按投票权划分为高级和低级两等，低级股票

---

〔1〕 赵旭东：《公司法学》，高等教育出版社2006年版，第477页。

每股拥有一个投票权,高级股票每一股拥有数倍的投票权,但高级股票股息较低,低级股票的股息较高。高级股票可以按一定的条件转换为低级股票。这时,即使收购者获得了大量的低级股票,也难以取得公司的控制权。《公司法》对此尚未明确规定。

④"毒丸"计划

这是指在公司章程中预先制定一些对袭击者极为不利的规定,这些规定就是"毒丸"。它在平时可能安然无事,但一旦目标公司被收购者收购,这些"毒丸"的"毒性"马上起作用:a.稀释袭击者手中的股份;b.增加袭击者的收购成本;c.目标公司自我伤害。

⑤构建防鲨网

这是指建立适当的股权结构使公司股权难以足量的转移到收购者手上,从而成功地反对敌意收购。这种股权结构可以是以下几种策略的组合:a.自我控股;b.交叉持股或相互持股,即关联公司或关系友好公司之间相互持有对方股权,在其中一方受到威胁时,另一方给予支援;c.员工持股计划。

(2)收购要约后的反并购策略

①股票回购

这是在公司受到并购威胁时购回发行在外的股份,减少在外流通的股份,使收购者难以收到足够的股份。

我国现行《公司法》仅允许股份有限公司在特定四种情形下回购本公司股份,但反并购不在其列,故该策略目前尚不可直接适用。不过,这可以转化适用:a.股东收购;b.由成立的关联公或友好公司出面收购;c.注册离岸公司收购。

②资产剥离

这是指在面对敌意收购时,出售自身最有价值的资产或收购者最感兴趣的资产,减少自身价值从而降低收购者的并购意愿。

③邀请"白衣骑士"

这是指面对敌意收购时,主动寻找第三方以更高的价格来对付敌意收购,从而出现竞价收购局面。面对"白衣骑士"的挑战,收购者要么支付更昂贵的收购成本,要么放弃。

我国法律规定"白衣骑士"最迟应在收购人要约收购期限届满前15日发出

竞争性要约，并且被收购公司不得利用资源向收购人提供任何形式的财务资助。

④反向并购(帕克曼防御)

这是指目标公司面对敌意收购时，不是消极防守，而是积极进攻，向收购者发出反向收购要约以收购对方。

⑤降落伞计划

降落伞计划包括金色降落伞、灰色降落伞和锡降落伞。

金色降落伞是指目标公司董事会通过决议，由公司董事及高层管理人员与公司签订聘用合同，一旦目标公司被并购，其董事及高层管理人员被解雇，则目标公司必须一次性支付巨额的解职费、股票选择权收入或额外津贴。

灰色降落伞主要是向中层管理人员提供较为逊色的同类被解雇保护。

锡降落伞是指目标公司的普通员工在公司被并购后一段时间内被解雇时，可领取员工遣散费。

⑥诉诸法律

主要以反垄断、披露不充分、收购人不具备相关条件等为由向法院起诉收购方或向相关机关举报请求查处，从而达到阻止或延缓被收购或提高收购价的目的。

十二、公司并购中如何进行税收筹划?(总第121问)

企业进行并购时应当考虑税收筹划，这可以使企业在法律允许的前提下应纳税额最小化，从而使企业及股东财富最大化。合理的税收筹划可以使并购双方减少税收的支出负担，有效地降低企业并购的成本，从而获得最大的并购收益。而且，企业在并购后也可以长期从纳税模式中收益。反之，如果没有事先进行适当的税收筹划，就会增加企业的并购成本，甚至有时会导致并购的失败。[1]

企业计划、制定并购方案进行税收筹划，主要应考虑以下几方面:

(1)并购方式的税收筹划

并购方式主要包括资产收购、股权收购和公司合并等方式。而资产收购又

〔1〕 任淮秀:《兼并与收购》，中国人民大学出版社2004年版，第196页。

分资产整体转让和非整体转让。

并购方式的不同，其适用的税法依据不同，会产生不同的税收负担。公司在设计、制定并购方案时，应根据不同并购方式进行各种税收负担的测算，比较不同方案的总税负进行并购方式优劣的判断取舍，达到并购双方共赢的目的。

(2)并购筹资方式的税收筹划

企业并购中的主要筹资方式和途径有：内部留存收益、增资扩股、股权置换、金融机构信贷、发行债券、卖方融资和杠杆收购。其税收筹划效果由好到差依次为：杠杆收购、发行债券、信贷融资、增资扩股、股权置换、内部留存收益。

企业并购中考虑筹资方式，税收筹划是考虑的因素之一，但不是决定性因素。究竟选择何种筹资方式，关键要看企业目前的资产结构和将来的资产结构，过多的债务会加大企业的财务风险，债务利息的抵税利益可能会被财务风险成本所抵销，有时反而得不偿失。

(3)并购支付方式的税收筹划

取得控股的并购中，股权交易或转让是否立即确认所得或享受税收递延的待遇而不计算缴纳所得税，与支付的手段、方式及其比例有关。企业并购时，用股权支付并符合财政部、国家税务总局《关于企业重组业务企业所得税处理若干问题的通知》(以下根据文号称其为财税〔2009〕59 号文)及《关于促进企业重组有关企业所得税处理问题的通知》(以下根据文号称其为财税〔2014〕109 号文)中相关规定的，可以采用特殊性税务处理并享受相关的税收待遇。否则，只能适用一般性税务处理。

(4)并购对象选择的税收筹划

公司的并购动机不同，选择并购对象的方法也不同。就税收筹划的角度而言，选择并购对象可以从以下几方面加以考虑：①利用不同地区之间的税收政策；②利用并购对象的亏损达到节税；③利用并购对象享有的特殊的税收政策。

当然，税收筹划是设计、制定并购方案时应当考虑的因素之一，公司在并购时还要考虑其他因素，具体并购交易方案是整体综合考量的结果。

十三、公司合并的税法实务如何处理？(总第 122 问)

(1)企业所得税处理

财税〔2009〕59 号文中的“合并”在本质上和《公司法》上的合并一致，不过是从税务角度将资产的转移视同转让处理。会计准则强调是否为同一控制的主要目的是合理定价,控股合并在法律主体数量上不发生增减变化。

根据财税〔2009〕59 号文及财税〔2014〕109 号文,公司合并的税务处理区分不同条件分别适用一般性税务处理规定和特殊性税务处理规定。

①企业合并的一般性税务处理

根据财税〔2009〕59 号文第 4 条第 4 款规定,企业合并,除符合本通知规定适用特殊性税务处理规定的以外,按以下规定进行税务处理:

a. 合并企业应按公允价值确定接受被合并企业各项资产和负债的计税基础。

b. 被合并企业及其股东都应按清算进行所得税处理。

c. 被合并企业的亏损不得在合并企业结转弥补。

以上处理,即一般性税务处理。

从税收角度分析,对于合并方来说,主要是一种支付行为,所以一般不涉及税收问题(非货币性资产支付一般需要视同销售);对于被合并方来说,企业被合并注销后,企业资产被兼并转移,企业股东获得收入,因此,被合并企业涉及资产转移的税收问题。

②企业合并的特殊性税务处理

根据财税〔2009〕59 号文第 5 条、财税〔2014〕109 号文第 1 条规定,企业合并同时符合下列条件的,适用特殊性税务处理规定:

a. 具有合理的商业目的,且不以减少、免除或者推迟缴纳税款为主要目的;

b. 被收购、合并或分立部分的资产或股权比例符合通知规定的比例(其中,股权收购时,收购企业购买的股权不低于被收购企业全部股权的 50%);

c. 企业重组后的连续 12 个月内不改变重组资产原来的实质性经营活动;

d. 重组交易对价中涉及股权支付金额符合本通知规定比例;

e. 企业重组中取得股权支付的原主要股东,在重组后连续 12 个月内,不得转让所取得的股权。

根据财税〔2009〕59 号文第 6 条、财税〔2014〕109 号文第 1 条的规定,企业合并符合上述规定条件的,交易各方对其交易中的股权支付部分,可以进行特殊性税务处理。再根据该条第 4 款的规定,企业合并,企业股东在该企业合并发生时取得的股权支付金额不低于其交易支付总额的85%[根据国务院《关于进一步优化企业兼并重组市场环境的意见》(国发〔2014〕14号)第4条第7款“修订完善兼并重组企业所得税特殊性税务处理的政策,降低收购股权(资产)占被收购企业全部股权(资产)的比例限制,扩大特殊性税务处理政策的适用范围”之规定(该“85%”的比例将会适当降低,具体比例敬请关注财税部门此后发出的有关通知。——笔者注)],以及同一控制下且不需要支付对价的企业合并,可以选择按以下规定处理:

a. 合并企业接受被合并企业资产和负债的计税基础,以被合并企业的原有计税基础确定。

b. 被合并企业合并前的相关所得税事项由合并企业承继。

c. 可由合并企业弥补的被合并企业亏损的限额=被合并企业净资产公允价值×截至合并业务发生当年年末国家发行的最长期限的国债利率。

d. 被合并企业股东取得合并企业股权的计税基础,以其原持有的被合并企业股权的计税基础确定。

企业合并各方按上述规定对交易中股权支付暂不确认有关资产的转让所得或损失的,其非股权支付仍应在交易当期确认相应的资产转让所得或损失,并调整相应资产的计税基础。

非股权支付对应的资产转让所得或损失=(被转让资产的公允价值-被转让资产的计税基础)×(非股权支付金额÷被转让资产的公允价值)

(2)流转税处理

根据国家税务总局《关于纳税人资产重组有关增值税问题的公告》(国家税务总局公告2011年第13号)、《关于纳税人资产重组有关增值税问题的公告》(国家税务总局公告2013年第66号),纳税人在资产重组过程中,通过合并、分立、出售、置换等方式,将全部或者部分实物资产以及与其相关联的债权、负债和劳动力一并转让给其他单位和个人,不属于增值税的征税范围,其中涉及的货物转让,不征收增值税。这是因为在合并和分立过程中,并不发生资产本身的交易行为,是企业股东层面的资本运作,一般情况下不会直接导致营业税和增资税税负。

根据国务院《关于进一步优化企业兼并重组市场环境的意见》(国发

〔2014〕14 号）第 4 条第 8 款的规定，企业通过合并、分立、出售、置换等方式，转让全部或者部分实物资产以及与其相关联的债权、债务和劳动力的，不属于增值税和营业税征收范围，不应视同销售而征收增值税和营业税。

（3）土地增值税处理

根据财政部、国家税务总局《关于企业改制重组有关土地增值税政策的通知》（财税〔2015〕5 号）第 2 条的规定，按照法律规定或者合同约定，两个或两个以上企业合并为一个企业，且原企业投资主体存续的，对原企业将国有土地、房屋权属转移、变更到合并后的企业，暂不征土地增值税。这是因为这种所谓的转让本质上是股东层面的交易，不宜认定为相关房地产的直接销售行为。

（4）契税处理

根据财政部、国家税务总局《关于进一步支持企业事业单位改制重组有关契税政策的通知》（财税〔2015〕37 号）第 3 条的规定，两个或两个以上的公司，依据法律规定、合同约定，合并为一个公司，且原投资主体存续的，对其合并后的公司承受原合并各方的土地、房屋权属，免征契税。

（5）印花税处理

根据国家税务总局《关于印花税若干具体问题的解释和规定的通知》（国税发〔1991〕155 号）第 9 条的规定，企业发生分立、合并和联营等变更后，凡依照有关规定办理法人登记的新企业所设立的资金账簿，应于应用时按规定计税贴花；凡无须重新进行法人登记的企业原有的资金账簿，已贴印花继续有效。

根据国家税务总局《关于印花税若干具体问题的规定》（国税地字〔1988〕第 25 号）第 19 条的规定，经企业主管部门批准的国营、集体企业兼并，对并入单位的资产，凡已按资金总额贴花的，接收单位对并入的资金不再补贴印花。

再根据财政部、国家税务总局《关于企业改制过程中有关印花税政策的通知》（财税〔2003〕183 号）的规定，以合并或分立方式成立的新企业，其新启用的资金账簿记载的资金，凡原已贴花的部分可不再贴花，未贴花的部分和以后新增加的资金按规定贴花。

可见，以合并方式成立的新企业，其新启用的资金账簿记载的资金，凡原已贴花的部分不再贴花，未贴花的部分和以后新增加的资金按规定贴花。

第二节　公司分立

条款解读

一、公司分立的概念及特征

1. 公司分立的概念及特征

公司分立又称公司分割、公司拆分，是一家公司不经过清算程序，分设为两家以上公司的法律行为，它具有以下特征：

(1)公司分立是根据分立前公司的单方意思表示即可生效的法律行为

公司分立的主体是公司，分立的意思表示由分立前的股东会作出。当然，为了贯彻反垄断法，政府亦有权依据法律授权采取强制拆分的反垄断措施。

(2)公司分立前原公司的股东资格原则上并不消失

不管分立前的公司是否解散，分立前公司的股东仍享有在存续公司或新设公司中的股东资格。当然，如异议股东在公司分立时依法行使股份回购请求权，将脱离公司。

(3)公司分立导致既有公司数量的增加

公司分立往往一分为二、一分为多，因而公司分立后公司数量增加，而公司合并导致既有公司数量减少。[1] 公司资本重组既包括扩张型的公司合并，也包括收缩型的公司分立。

2. 公司分立与相近概念辨析

(1)公司分立与营业转让(资产转让、资产剥离)的区别

①内容不同：虽然两者存在共同点，即原公司都要将一部分资产分离出去，但是，在资产转让中，虽然转让方公司要将一部分资产转让分离出去，但是，转让方将因此获得对价，所以，转让方的资产总额不变，公司资产负债表中的所有者权益(包括股本)也不因此而变动，只是资产内部的科目发生变动；而在公司分立中，原公司分离一部分资产后，不会获得对价，资产总额因此减少，所有者

〔1〕 刘俊海：《公司法学》，北京大学出版社2008年版，第315页。

权益(包括股本)也因此减少。

②对股东地位的影响不同:资产转让不会影响股东地位,影响的只是买卖双方公司的资产形态,而公司分立直接影响股东的地位;在派生分立中,原公司的股东对原公司的股权将减少,但是,相应地获得分立出来的公司的股权;在新设分立中,原公司的股东对原公司的股权因原公司的消灭而消灭,但是,相应地获得分立出来的公司的股权。

③法律性质不同:公司分立的本质是公司的人格的变化,而资产转让的本质是买卖合同。

(2)公司派生分立与转投资的区别

为清晰地说明问题,我们假设:A 公司以 500 万元现金转投资出资设立 B 公司。A 公司派生分立出 B 公司,B 公司股本 500 万元。

两者的差别在于:

①对资产负债表的影响不同:在转投资中,A 公司的资产总额不变,变化的只是资产的形态,即资产科目内的现金科目减少,而长期投资增加;而在公司派生分立中,A 不仅资产总额减少,并且所有者权益(包括股本)也相应减少。

②对股东地位的影响:转投资对于 A 公司的股东没有任何影响,但 A 公司则成为 B 公司的股东;而在公司派生分立中,原公司的股东对原公司的股权减少,但是,相应地获得分立出来的公司的股权。[1]

二、公司分立的类型

1. 新设分立与存续分立

以公司分立前后的组织形态变化为准,公司分立分为新设分立和存续分立。新设分立,又称解散分立,是指公司全部资产分别划归两个或两个以上的新公司,原公司解散。新设分立实质上是对新设合并的逆向操作。如 A 公司分立为 B 公司和 C 公司,A 公司消灭。存续分立,又称派生分立,指公司以其部分资产另设一家或数家新公司,原公司存续。存续分立实质是对吸收合并的逆向操作。如 A 公司分立为 A 公司与 B 公司,原来 A 公司的法人资格依然保留。

---

〔1〕 赵旭东:《公司法学》,高等教育出版社 2006 年版,第 478 ~ 479 页。

2. 自愿分立与非自愿分立

以其发生原因为准,公司分立可分为自愿分立与非自愿分立。

自愿分立基于公司意愿而进行;非自愿分立是因其违反反垄断法或政府基于政策因素而被强制分拆。

三、公司分立的法律程序

公司分立是公司合并的逆向操作,故两者的操作程序基本相同:

1. 制订分立方案

制订分立方案是公司董事会的职权之一。

2. 通过分立决议

公司分立应由股东会作出特别决议。对于有限责任公司分立,《公司法》第 43 条第 2 款规定,股东会作出公司分立的决议,必须经代表 2/3 以上表决权的股东通过;对于股份有限公司,《公司法》第 103 条第 2 款规定,股东大会作出公司分立的决议,必须经出席会议的股东所持表决权的 2/3 以上通过。

3. 签订分立协议

公司分立,涉及多方当事人的利益,如分立前公司的股东、公司债权人、债务人,还涉及公司资产的分割、债权债务清理等。为避免争议,有关各方应订立分立协议。

对于分立协议的内容,《公司法》没有规定,可以参考《关于外商投资企业合并与分立的规定》第 24 条的规定,公司分立协议应包括下列主要内容:(1)分立协议各方拟足的名称、住所、法定代表人;(2)分立后公司的投资总额和注册资本;(3)分立形式;(4)分立协议各方对拟分立公司财产的分割方案;(5)分立协议各方对拟分立公司债权、债务的承继方案;(6)职工安置办法;(7)违约责任;(8)解决争议的方式;(9)签约日期、地点;(10)分立协议各方认为需要规定的其他事项。

4. 编制资产负债表及财产清单

如同公司合并,公司分立时,也应编制资产负债表及财产清单,以清资核产。

5. 通知债权人

《公司法》第 175 条第 2 款规定,公司应当自作出分立决议之日起 10 日内通知债权人,并于30日内在报纸上公告。

6. 进行资产分割和财产移转

通知债权人并履行债权人保护程序后,分立的公司可以进行资产分割和财产移转。

7. 办理工商登记

新设分立的,新设立的公司要办理设立登记,原公司办理注销登记;存续分立的,派生的公司办理设立登记,原公司办理变更登记。

四、公司分立时利益相关人的法律保护措施

公司分立时,对债权人和股东的保护措施与公司合并时基本相同:

1. 异议股东的股份回购请求权

对于有限责任公司,《公司法》第74条规定:“有下列情形之一的,对股东会该项决议投反对票的股东可以请求公司按照合理的价格收购其股权:……(二)公司合并、分立、转让主要财产的……”

对于股份有限公司,《公司法》第142条规定:“公司不得收购本公司股份。但是,有下列情形之一的除外:……(四)股东因对股东大会作出的公司合并、分立决议持异议,要求公司收购其股份的……”

2. 对债权人的保护措施

现行《公司法》第175条规定,公司分立,其财产作相应的分割。公司分立,应当编制资产负债表及财产清单。公司应当自作出分立决议之日起10日内通知债权人,并于30日内在报纸上公告。

这表明,即使公司未对债权人提供上述保护措施,也不影响公司分立,履行法定保护债权人的程序只是公司分立的对抗要件,非分立的生效要件,即不能以此对抗债权人。

五、公司分立的法律效果

1. 分立公司存在状态发生变化

在派生分立中,原公司的股东可以从原公司中分立出来,成为新公司的股东,也可以减少对原公司的股权比例,而相应获得对新公司的股权;在新设分立

中，股东对原公司的股权因原公司消灭而消灭，但相应获得对新公司的股权。

2. 分立前的债务由分立后的公司承担连带责任

《公司法》第176条规定，公司分立前的债务由分立后的公司承担连带责任。但是，公司在分立前与债权人就债务清偿达成的书面协议另有约定的除外。《合同法》第90条也作了类似规定：当事人订立合同后分立的，除债权人和债务人另有约定的以外，由分立的法人或者其他组织对合同的权利和义务享有连带债权，承担连带债务。

☞条款设计

六、公司分立条款的个性化设计

1.《公司法》关于公司分立的规定属于强制性规范

由于公司分立关系到公司、股东、债权人及其他利益相关者的利益，《公司法》关于公司分立的规定属于强制性规范。

2. 公司章程可以设置公司分立信息披露条款

由于公司分立将会影响股东权益，因此，公司应将分立信息充分向股东披露，以利股东权衡利弊行使表决权。公司章程可以就分立决议表决前应向股东披露的分立信息的范围和内容作出详细规定。

3. 公司章程可以提高提高分立决议所需的表决权比例

根据《公司法》第43条、第103条的规定，分立决议须以特别决议方式表决通过，公司章程不得降低通过特别决议的表决权比例，但可以提高该表决权比例。

特别决议内容包括：一是批准分立方案，二是为履行分立方案而修改公司章程。

☞疑难释解

七、公司分立的利害关系人能否提起公司分立无效之诉？（总第123问）

现行《公司法》没有规定公司分立的无效之诉，但依据《公司法》第22条第1款的规定，公司股东会或者股东大会、董事会的决议内容违反法律、行政法规的无效。因此，原公司的股东等利害关系人可依据该条规定提起分立决议无效之诉。但是，由于该规定没有对提出无效之诉的主体的范围作出明确规定，对于公司债权人是否可以依据该条规定提起分立决议无效之诉，目前没有定论。

八、公司分立的税法实务如何处理？（总第124问）

(1)所得税处理

财政部、国家税务总局《关于企业重组业务企业所得税处理若干问题的通知》（以下根据文号称其为财税〔2009〕59号文）文中的"分立"在本质上和《公司法》上的分立一致，不过是从税务角度将资产的转移视同转让处理。

根据财税〔2009〕59号文，公司分立的税务处理区分不同条件分别适用一般性税务处理规定和特殊性税务处理规定。

①企业分立所得税的一般性税务处理

根据财税〔2009〕59号文第4条第5款的规定，企业分立，除符合本通知规定适用特殊性税务处理规定的以外，按以下规定进行税务处理：

a. 被分立企业对分立出去的资产应按公允价值确认资产转让所得或损失。

b. 分立企业应按公允价值确认接受资产的计税基础。

c. 被分立企业继续存在时，其股东取得的对价应视同被分立企业分配进行处理。

d. 被分立企业不再继续存在时，被分立企业及其股东都应按清算进行所得税处理。

e. 企业分立相关企业的亏损不得相互结转弥补。

②企业分立所得税的特殊性税务处理

根据财税〔2009〕59号文第5条的规定，公司分立同时符合下列条件的，适用特殊性税务处理规定：

a. 具有合理的商业目的，且不以减少、免除或者推迟缴纳税款为主要目的。

b. 被收购、合并或分立部分的资产或股权比例符合本通知规定的比例。

c. 企业重组后的连续12个月内不改变重组资产原来的实质性经营活动。

d. 重组交易对价中涉及股权支付金额符合本通知规定比例。

e. 企业重组中取得股权支付的原主要股东，在重组后连续 12 个月内，不得转让所取得的股权。

根据财税〔2009〕59 号文第 6 条的规定，企业分立符合上述规定条件的，交易各方对其交易中的股权支付部分，可以进行特殊性税务处理。再根据该条第 5 款的规定，企业分立，被分立企业所有股东按原持股比例取得分立企业的股权，分立企业和被分立企业均不改变原来的实质经营活动，且被分立企业股东在该企业分立发生时取得的股权支付金额不低于其交易支付总额的 85%［根据国务院《关于进一步优化企业兼并重组市场环境的意见》（国发〔2014〕14 号）第 4 条第 7 款"修订完善兼并重组企业所得税特殊性税务处理的政策，降低收购股权（资产）占被收购企业全部股权（资产）的比例限制，扩大特殊性税务处理政策的适用范围"之规定，该"85%"的比例将会适当降低，具体比例敬请关注财税部门此后发出的有关通知。——笔者注］，可以选择按以下规定处理：

a. 分立企业接受被分立企业资产和负债的计税基础，以被分立企业的原有计税基础确定。

b. 被分立企业已分立出去资产相应的所得税事项由分立企业承继。

c. 被分立企业未超过法定弥补期限的亏损额可按分立资产占全部资产的比例进行分配，由分立企业继续弥补。

d. 被分立企业的股东取得分立企业的股权（以下简称"新股"），如需部分或全部放弃原持有的被分立企业的股权（以下简称"旧股"），"新股"的计税基础应以放弃"旧股"的计税基础确定。如不需放弃"旧股"，则其取得"新股"的计税基础可从以下两种方法中选择确定：直接将"新股"的计税基础确定为零；或者以被分立企业分立出去的净资产占被分立企业全部净资产的比例先调减原持有的"旧股"的计税基础，再将调减的计税基础平均分配到"新股"上。

企业分立各方按上述规定对交易中股权支付暂不确认有关资产的转让所得或损失的，其非股权支付仍应在交易当期确认相应的资产转让所得或损失，并调整相应资产的计税基础。

非股权支付对应的资产转让所得或损失 =（被转让资产的公允价值 - 被转让资产的计税基础）×（非股权支付金额 ÷ 被转让资产的公允价值）

(2)流转税处理

根据国家税务总局《关于纳税人资产重组有关增值税问题的公告》(国家税务总局公告2011年第13号)、《关于纳税人资产重组有关增值税问题的公告》(国家税务总局公告2013年第66号),纳税人在资产重组过程中,通过合并、分立、出售、置换等方式,将全部或者部分实物资产以及与其相关联的债权、负债和劳动力一并转让给其他单位和个人,不属于增值税的征税范围,其中涉及的货物转让,不征收增值税。这是因为在合并和分立过程中,并不发生资产本身的交易行为,是企业股东层面的资本运作,一般情况下不会直接导致营业税和增资税税负。

根据国务院《关于进一步优化企业兼并重组市场环境的意见》(国发〔2014〕14号)第4条第8款规定,企业通过合并、分立、出售、置换等方式,转让全部或者部分实物资产以及与其相关联的债权、债务和劳动力的,不属于增值税和营业税征收范围,不应视同销售而征收增值税和营业税。

(3)土地增值税处理

根据财政部、国家税务总局《关于企业改制重组有关土地增值税政策的通知》(财税〔2015〕5号)第3条的规定,按照法律规定或者合同约定,企业分设为两个或两个以上与原企业投资主体相同的企业,对原企业将国有土地、房屋权属转移、变更到分立后的企业,暂不征土地增值税。这是因为公司分立本质上是股东层面的交易,不宜认定为相关房地产的直接销售行为。

(4)契税处理

根据财政部、国家税务总局《关于进一步支持企业事业单位改制重组有关契税政策的通知》(财税〔2015〕37号)第4条的规定,公司依照法律规定、合同约定分立为两个或两个以上与原公司投资主体相同的公司,对分立后公司承受原公司土地、房屋权属,免征契税。

(5)印花税处理

根据国家税务总局《关于印花税若干具体问题的解释和规定的通知》(国税发〔1991〕155号)第9条的规定,企业发生分立、合并和联营等变更后,凡依照有关规定办理法人登记的新企业所设立的资金账簿,应于应用时按规定计税贴花;凡无须重新进行法人登记的企业原有的资金账簿,已贴印花继续有效。

根据国家税务总局《关于印花税若干具体问题的规定》(国税地字〔1988〕第25号)第19条的规定,经企业主管部门批准的国营、集体企业兼并,对并入单位的资产,凡已按资金总额贴花的,接收单位对并入的资金不再补贴印花。

再根据财政部、国家税务总局《关于企业改制过程中有关印花税政策的通知》(财税〔2003〕183号)的规定,以合并或分立方式成立的新企业,其新启用的资金账簿记载的资金,凡原已贴花的部分可不再贴花,未贴花的部分和以后新增加的资金按规定贴花。

可见,以分立方式成立的新企业,其新启用的资金账簿记载的资金,凡原已贴花的部分可不再贴花,未贴花的部分和以后新增加的资金按规定贴花。

第三节 组织形式变更

☞条款解读

一、公司组织形式变更的含义及类型

1. 公司组织形式变更的含义

公司组织形式的变更,是指在保持公司法人人格持续性的前提下,依法将公司从一种形态(类型)转变为另一种形态(类型)的行为。公司组织形式变更是公司变更的一种重要形式。

公司组织形式变更时,公司无须经过解散程序,仅通过变更登记,即可变更为其他形态的公司,公司的经营也不因此中断。

2. 公司组织形式变更的类型

我国《公司法》只规定了有限责任公司和股份有限公司,因此,我国公司组织形式变更的类型包括以下两类:

(1)有限责任公司变更为股份有限公司

我国《公司法》第9条及第95条的规定,有限责任公司可变更为股份有限公司。

(2)股份有限公司变更为有限责任公司

根据《公司法》第9条的规定,股份有限公司可变更为有限责任公司。

二、公司组织形式变更的条件

1. 有限责任公司变更为股份有限公司的条件

根据《公司法》第9条、第95条的规定，有限责任公司变更为股份有限公司应当符合以下条件：

（1）符合《公司法》规定的股份有限公司的条件；

（2）折合的股份总额应当等于公司的净资产额；

（3）为增加资本公开发行股份时，应当依法办理。

2. 股份有限公司变更为有限责任公司的条件

根据《公司法》第9条等规定，股份有限公司变更为有限责任公司，应当符合《公司法》规定的有限责任公司的条件。

三、公司组织形式变更的程序

1. 有限责任公司变更为股份有限公司的程序

根据《公司法》及相关法规的规定，有限责任公司变更为股份有限责任公司的主要程序有：

（1）制订组织形式变更的方案

拟订变更公司形式的方案是董事会的职权之一。

（2）作出组织形式变更的决议

《公司法》第43条规定，股东会作出变更公司形式的决议，必须经代表2/3以上表决权的股东通过。

（3）订立股东协议

有限责任公司作为发起人订立《股东协议》，约定有关设立股份有限公司的事项及股东的权利义务等内容。

（4）中介机构出具相关报告及意见

中介机构出具《审计报告》《法律意见书》《验资报告》等文件。

（5）筹备并召开股份有限公司第一次股东大会

本次股东大会应作出通过股份有限公司章程、选举董事会成员、选举监事会成员等决议。

(6)办理变更登记

有限责任公司变更为股份有限公司,除公司形式变更外,公司注册资本、股东、章程等事项也应相应变更,公司应当依法向原登记机关办理变更登记。

上述程序与股份有限公司的一般设立程序基本相同。

2.股份有限公司变更为有限责任公司的程序

(1)董事会拟订公司形式变更方案;

(2)股东大会作出变更公司形式的决议;

(3)办理变更登记。

上述程序与有限责任公司设立程序基本相同,即股份有限公司股东大会作出变更公司形式的决议后,按照有限责任公司的一般设立程序办理。

四、公司组织形式变更的法律效果

公司组织形式的变更只是公司形式的变化,而非新设公司,公司法人人格保持同一性,不存在债的更新问题,因此,《公司法》第9条第2款规定,有限责任公司变更为股份有限公司的,或者股份有限公司变更为有限责任公司的,公司变更前的债权、债务由变更后的公司承继。

☞条款设计

五、公司组织形式变更条款的个性化设计

1.《公司法》关于公司组织形式变更的规定属于强制性规范

由于公司组织形式变更关系到公司、股东、债权人及其他利益相关者的利益,《公司法》关于公司组织形式变更的规定属于强制性规范。

2.公司章程可以设置公司组织形式变更信息披露条款

由于公司组织形式变更可能会影响股东权益,因此,公司应将组织形式变更信息充分向股东披露,以利股东权衡利弊行使表决权。公司章程可以就组织形式变更决议表决前应向股东披露的组织形式变更信息的范围和内容作出详细规定。

3.公司章程可以提高公司组织形式变更决议所需的表决权比例

根据《公司法》第43条、第103条的规定,组织形式变更决议须以特别决议

方式表决通过,公司章程不得降低通过特别决议的表决权比例,但可以提高该表决权比例。

☞疑难释解

六、对公司形式变更决议持有异议的股东,能否行使股份回购请求权?(总第125问)

有学者认为,对公司形式变更决议持有异议的股东可以行使股份回购请求权。[1] 然而,《公司法》第74条、第142条并没有将对公司形式变更决议持有异议列为异议股东可以行使股份回购请求权的法定情形。因此,在这种情况下,异议股东行使股份回购请求权缺乏法律依据。这是因为公司形式的变更只是公司形态的变化,公司法人人格保持同一性,公司及股东、债权人等不会因为公司组织形态变化而遭受损失。

七、有限责任公司变更为股份有限公司后,是否可以连续计算营业记录?(总第126问)

因为公司形式的变更只是公司形态的变化,不是新设公司,公司法人人格保持同一性,所以有限责任公司变更为股份有限公司后,其营业记录应当连续计算。[2]

---

〔1〕 朱慈蕴:《公司法原论》,清华大学出版社2011年版,第359页。

〔2〕 赵旭东:《公司法学》,高等教育出版社2006年版,第485页。

第十五章　公司解散和清算

第一节　公司解散

☞条款解读

一、公司终止概述

1. 公司终止的概念

所谓公司终止，又称公司的消灭，是指公司法人人格的绝对消灭。公司终止以后，公司丧失民事主体资格，不再具有民事权利能力和民事行为能力，以公司为中心发生的法律关系原则上亦归消灭。[1]

公司终止（法律人格的消灭）以清算程序与公司注销登记手续的完成为标志，易言之，办理清算程序和公司注销登记手续是公司法律人格消灭的前置程序。而自然人一旦死亡（含自然死亡和宣告死亡），民事权利能力和行为能力均告终止，其法律人格的消灭不以清算程序之完结作为前置程序。公司如没有完成清算程序并办理注销登记，就不能顺利了结公司与其他利害关系人之间的法律关系。这是因为公司是法人企业，而法人是法律拟制的"人"，其主体能力是由法律赋予，因此其产生和消灭需依法定程序进行并以法律规定的事由为标志。

〔1〕 刘俊海：《公司法学》，北京大学出版社2008年版，第437页。

2. 公司终止的原因

根据《公司法》及《证券法》的有关规定，公司终止的原因主要包括：(1)破产；(2)解散。

3. 公司终止的法律效果

根据《公司登记管理条例》第44条等规定，经公司登记机关注销登记，公司终止。可见，公司终止之日即为公司法人人格消灭之日。

公司终止后，不仅公司的债务清偿责任得以解除，投资者的责任亦予以解除。这是法人终止与非法人终止的根本区别。如《合伙企业法》第91条规定："合伙企业注销后，原普通合伙人对合伙企业存续期间的债务仍应承担无限连带责任。"第92条规定："合伙企业不能清偿到期债务的，债权人可以依法向人民法院提出破产清算申请，也可以要求普通合伙人清偿。合伙企业依法被宣告破产的，普通合伙人对合伙企业债务仍应承担无限连带责任。"又如《个人独资企业法》第28条规定："个人独资企业解散后，原投资人对个人独资企业存续期间的债务仍应承担偿还责任，但债权人在五年内未向债务人提出偿债请求的，该责任消灭。"

二、公司解散的概念及类型

1. 公司解散的概念与特征

所谓公司解散，是指已成立的公司，因发生法律或章程规定的解散事由而停止营业活动，开始处理未了结的事务，并逐步终止其法人资格的行为。[1] 它具有以下特征：[2]

(1)公司解散的目的和结果是消灭公司法人人格；

(2)公司解散后，公司并未立即终止，其法人资格仍然存在，一直到公司清算完毕并注销后才消灭其主体资格；

(3)公司解散必须经过法定清算程序，但公司因合并、分立而解散时，不必清算。

〔1〕 范健、王建文：《公司法》，法律出版社2011年版，第450页。

〔2〕 赵旭东：《公司法学》，高等教育出版社2006年版，第498～499页。

2. 公司解散的类型

因解散原因的不同,解散可以分为自愿解散和强制解散。

自愿解散,又称任意解散,是指依照公司章程或股东决议而解散。这种解散与外在意志无关,而取决于公司股东的意志,股东可以选择解散或者不解散公司,因而称为任意解散。

强制解散,又称非自愿解散,是非因公司自身意思,而是因行政机关决定或法院判决而解散公司。它包括行政解散和司法解散。

三、公司解散的法律后果

公司进入解散程序后,即出现以下法律后果:

1. 进入清算程序,成立清算组织

《公司法》第183条对此作了规定:"公司因本法第一百八十条第(一)项、第(二)项、第(四)项、第(五)项规定而解散的,应当在解散事由出现之日起十五日内成立清算组,开始清算。有限责任公司的清算组由股东组成,股份有限公司的清算组由董事或者股东大会确定的人员组成。逾期不成立清算组进行清算的,债权人可以申请人民法院指定有关人员组成清算组进行清算。人民法院应当受理该申请,并及时组织清算组进行清算。"

2. 公司执行机关易位

公司解散时,由清算人代替董事会执行公司的清算事务,并成为代表公司的机关。[1] 我国《公司法》第184条对此作了规定。

3. 限制权利能力,停止营业活动

《公司法》第186条第3款对此规定,清算期间,公司存续,但不得开展与清算无关的经营活动。公司财产在未依照前款规定清偿前,不得分配给股东。

四、自愿解散及其事由

1. 自愿解散的事由

根据《公司法》第180条的规定,公司自愿解散的事由有:

〔1〕[韩]李哲松:《韩国公司法》,吴日焕译,中国政法大学出版社2000年版,第690页。

（1）公司章程规定的营业期限届满；

（2）公司章程规定的解散事由出现；

（3）股东（大）会决议解散；

（4）因公司合并或者分立需要解散。

公司因合并和分立而解散，其债权债务依法由合并或分立后的公司承受，故依照《公司法》第 183 条规定无须进行清算。

2. 应解散公司的继续制度

应解散公司的继续制度，是指当公司因章程规定的解散事由出现而需解散时，依照股东意愿并通过法定程序涤除原来章程规定的解散事由，以维持公司法人人格的继续存在和同一性。依照股东们的意愿，允许公司存续，符合企业维持的理念。[1]

《公司法》第 181 条对此规定，公司有本法第 180 条第（1）项情形的，可以通过修改公司章程而存续。依照前款规定修改公司章程，有限责任公司须经持有 2/3 以上表决权的股东通过，股份有限公司须经出席股东大会会议的股东所持表决权的 2/3 以上通过。

这项制度虽然符合公司维持原则，但可能违背对此持有异议的股东在作出投资决策时形成的预期。为保护这种预期利益，《公司法》第 74 条规定："有下列情形之一的，对股东会该项决议投反对票的股东可以请求公司按照合理的价格收购其股权：……（三）公司章程规定的营业期限届满或者章程规定的其他解散事由出现，股东会会议通过决议修改章程使公司存续的。"因此，对公司继续存续持有异议的股东可以行使股份回购请求权。

五、行政强制解散及其情形

行政强制解散，简称行政解散，这是公司因违反法律法规，严重损害国家或社会公共利益，被行政主管机关依法吊销营业执照、责令关闭、被撤销而解散。

行政主管机关对违法企业依法作出的吊销营业执照、责令关闭或者撤销的行政处罚决定生效后将导致公司被解散的法律后果，公司应当按照行政处罚决

〔1〕［韩］李哲松：《韩国公司法》，吴日焕译，中国政法大学出版社 2000 年版，第 110 页。

定的内容进入到公司解散的法律程序。

六、司法解散与公司僵局

1. 司法解散的概念

在我国,司法解散特指判决解散,是指法院在法律规定的特定情形下,依申请判决解散公司。司法解散主要是为了解决公司僵局问题。《公司法》第 182 条对此作了规定,法定情形发生后,适格的股东可以向法院提起公司解散之诉。

2. 公司僵局的概念

所谓公司僵局,是指公司在存续运行中由于股东或董事之间发生分歧或纠纷,且彼此不愿妥协而处于僵持状况,导致公司机构不能按照法定程序作出决策,从而使公司陷于无法正常运转,甚至瘫痪的事实状态。[1]

公司僵局多发生在封闭型公司中,而公司决策所实行的多数表决制度和否决权的控制安排是造成公司僵局的主要症结。为有效预防和化解公司僵局,最好事先在公司章程中就日后僵局制定处理方法。

3. 司法解散的条件

根据《公司法》第 182 条及《公司法解释(二)》第 1 条第 1 款的规定,公司股东行使公司解散请求权,应当满足以下四个条件:

(1)请求解散的主体必须为适格股东

即行使公司解散请求权的主体必须是持有公司全部股东表决权 10% 以上的股东。

(2)公司必须陷入僵局

这是指公司客观上存在经营管理的严重困难情形,即具备《公司法解释(二)》第 1 条列举的以下四种情形之一:

①公司持续 2 年以上无法召开股东会或者股东大会,公司经营管理发生严重困难的;

②股东表决时无法达到法定或者公司章程规定的比例,持续 2 年以上不能做出有效的股东会或者股东大会决议,公司经营管理发生严重困难的;

---

〔1〕 朱慈蕴:《公司法原论》,清华大学出版社 2011 年版,第 365 页。

③公司董事长期冲突，且无法通过股东会或者股东大会解决，公司经营管理发生严重困难的；

④经营管理发生其他严重困难，公司继续存续会使股东利益受到重大损失的情形。

(3)公司僵局的继续存在将使股东利益受到重大损失

公司在经营过程中，股东之间或者董事之间对某一决议事项发生分歧是正常情形，如果分歧仅仅是暂时的，或者虽然时间较长但对公司经营影响不大，特别是对公司利益并无影响，没有必要也不能请求解散公司。

(4)公司僵局不能通过其他途径予以解决

司法解散是在不能通过其他途径予以解决的情形下，如股东不能通过股权转让、公司分立等形式打破公司僵局，不得已而为之的解决僵局的最后选择。

七、公司解散相关法律责任

根据《公司法解释(二)》的有关规定，股东或董事在解散事由出现后实施某些特定行为的，应承担以下相应法律责任：

(1)有限责任公司的股东、股份有限公司的董事和控股股东未在法定期限内成立清算组开始清算，导致公司财产贬值、流失、毁损或者灭失，债权人主张其在造成损失范围内对公司债务承担赔偿责任的，人民法院应依法予以支持。上述情形系实际控制人原因造成，债权人主张实际控制人对公司债务承担相应民事责任的，人民法院应依法予以支持。

(2)有限责任公司的股东、股份有限公司的董事和控股股东因怠于履行义务，导致公司主要财产、账册、重要文件等灭失，无法进行清算，债权人主张其对公司债务承担连带清偿责任的，人民法院应依法予以支持。上述情形系实际控制人原因造成，债权人主张实际控制人对公司债务承担相应民事责任的，人民法院应依法予以支持。

(3)公司解散应当在依法清算完毕后，申请办理注销登记。公司未经清算即办理注销登记，导致公司无法进行清算，债权人主张有限责任公司的股东、股份有限公司的董事和控股股东，以及公司的实际控制人对公司债务承担清偿责任的，人民法院应依法予以支持。

(4)公司未经依法清算即办理注销登记,股东或者第三人在公司登记机关办理注销登记时承诺对公司债务承担责任,债权人主张其对公司债务承担相应民事责任的,人民法院应依法予以支持。

(5)有限责任公司的股东、股份有限公司的董事和控股股东,以及公司的实际控制人为二人以上的,其中一人或者数人按照《公司法解释(二)》第18条和第20条第1款的规定承担民事责任后,主张其他人员按照过错大小分担责任的,人民法院应依法予以支持。

(6)公司解散时,股东尚未缴纳的出资均应作为清算财产。股东尚未缴纳的出资,包括到期应缴未缴的出资,以及依照公司章程的规定分期缴纳尚未届满缴纳期限的出资。

☞条款设计

八、自愿解散条款的个性化设计

1.《公司法》关于公司自愿解散的规定属于任意性规范

《公司法》第180条规定:"公司因下列原因解散:(一)公司章程规定的营业期限届满或者公司章程规定的其他解散事由出现……"第181条规定:"公司有本法第一百八十条第(一)项情形的,可以通过修改公司章程而存续……"分析这两个条款后可知,《公司法》关于公司自愿解散的规定属于任意性规范,公司章程可自行规定自愿解散的事由,并可由股东会以特别决议予以修改。

2.公司章程可自行规定公司自愿解散的事由

常见的自愿解散的事由有:公司资金严重匮乏、亏损达到一定时间或一定数额,利润分配没有达到公司章程规定的最低数额;也可以约定一个确定的公司目的无法达到,或某个股东丧失完全民事行为能力等作为解散事由。

3.公司章程可以就公司应解散时允许继续存续的条件作出规定

根据《公司法》第181条的规定,经股东会特别决议通过,公司可以通过修改章程中自愿解散事由而存续。为此,公司章程可以规定这种情况下公司继续存续的条件:一是可以约定实体条件;二是约定程序条件,规定通过此类决议所需的表决权比例。

九、强制解散条款的个性化设计

1.《公司法》关于公司强制解散的规定属于强制性规范

强制解散中行政强制解散是公司违反法律法规、严重损害国家和社会公共利益而依法所应承受的法律制裁，公司章程自然无权改变，司法解散则是公司陷入僵局后的最后解决途径，公司章程也无权改变司法解散。故《公司法》关于公司强制解散的规定属于强制性规范。

2. 公司章程可以作出事先预防和化解公司僵局安排，以避免司法解散

由于公司僵局损害公司和股东的利益，公司章程可以事先从股权结构，治理结构、董事会及监事会人员构成等方面，在章程上作出相应的制度安排，避免司法解散：

（1）对表决权的行使进行限制，即由公司章程规定，一个股东持有的股份达到一定比例时，减少其投票权的数额。对控股股东的表决权加以限制，防止其利用资本多数决制度，侵害少数股东的合法权益。

（2）规定交付股东会表决的特定事项必须经特定的类别股东同意方可通过。

（3）规定关联回避制度，即股东会或董事会进行表决时，与决议事项有特别的利害关系的股东及董事应当回避，不得就该决议事项行使表决权，也不能由他人代理其行使表决权。

（4）约定股东之间分享公司的控制权，以避免僵局的发生。例如，股东可以在章程中约定：一方担任董事长的，另一方委派的董事可以占多数；双方担任董事人数相等时可以以公司的名义聘请中介机构出面委派独立董事；一方担任执行董事的，另一方担任总经理，并明确执行董事无权聘任或解聘总经理，等等。

（5）对自愿解散进行明确约定。股东决议解散不能达成时，约定解散显得十分重要。股东可在章程中规定法定事由以外的其他解散事由，该事由一旦出现，公司即归于解散，而无须另行作出解散决议。

（6）约定出现公司僵局时解散公司，无须召开股东会作出解散决议就进入清算。

(7)合理收买相对方股份。股东们可以在章程中约定,公司经营管理出现严重困难时,由控制一方股东以合理的价格购买对方股东的股权或股份,从而让弱势一方股东退出公司,依此达到解决僵局的目的,或约定:在僵局中对峙的股份持有股东分别提出购买对方股份的要约,由出价高的一方要约人取得受让股权。如果一方股东不愿出价,使竞价购买不可能的,可委托评估方来确定股价。

(8)为避免因投资方案发生异议而出现僵局,可在章程中约定:在一方提出的投资方案存在投资额15%以上利润的情况下,另一方不得以其他任何理由否决;当两方以上均提出投资方案时,应该选择利润空间较大的项目进行投资,任何一方不得以不是自己提供的项目而在表决时加以否决。

由此可见,事先作出预防安排,就能够提前防范公司僵局,从而有利于公司及股东的利益最大化,有利于公司的永续经营及僵局的化解。

十、公司解散后相关责任条款的个性化设计

1. 法律关于公司解散后相关法律责任的规定属于强制性规范

《公司法解释(二)》第18条对股东或董事在解散事由出现后实施某些特定行为而应承担的相应法律责任作了规定。法律责任是违法行为人依法所应承担的法律制裁,未经法定程序不得变更,否则法律将成为一纸空文。故法律关于公司解散后相关法律责任的规定属于强制性规范。

2. 公司章程可以补充规定对公司被行政解散负有责任人员的追责条款

如果公司因违法经营而被强制解散,公司章程规定可以追究对此负有责任者的赔偿责任,公司章程可以详细规定责任主体的范围及赔偿范围、赔偿金额的计算方法。

☞疑难释解

十一、企业被依法吊销营业执照是否表明该企业已不具备法人资格?(总第127问)

根据《公司法》第180条的规定,企业被依法吊销营业执照是公司解散的原因之一。第183条规定,公司应当在被依法吊销营业执照之日起15日内成立

清算组，开始清算。第186条第3款规定，清算期间，公司存续，但不得开展与清算无关的经营活动。第188条规定，公司清算结束后，清算组应当制作清算报告，报股东会、股东大会或者人民法院确认，并报送公司登记机关，申请注销公司登记，公告公司终止。由此可见，企业法人被吊销营业执照后至其被注销登记前，该企业法人资格存续，可以自己名义进行诉讼活动。

司法实务中也是按照以上精神进行处理：最高人民法院则一直认为《企业法人营业执照》不具有绝对确立或者消灭企业法人资格的效力。最高人民法院《关于企业开办的其他企业被撤销或者歇业后民事责任承担的批复》第2条规定，人民法院在审理案件中，对虽然领取了企业法人营业执照，但实际上并不具备企业法人资格的企业，应当根据已查明的事实，提请核准登记该企业为企业法人的工商行政管理部门，吊销其企业法人营业执照。工商行政管理不予吊销的，人民法院对该企业的法人资格不予认定。最高人民法院原经济庭2000年7月11日庭务会会议精神《关于企业歇业、撤销或被吊销营业执照后清算主体的法律责任问题》、最高人民法院《关于企业法人营业执照被吊销后，其民事诉讼地位如何确定的函》（法经〔2000〕23号）和法经〔2000〕24号答复函均认为企业法人出现上述情况的，企业法人仍具备民事诉讼主体资格，可以自己名义参加诉讼。北京市高级人民法院审判委员会于2001年10月9日通过的北京市高级人民法院《关于企业下落不明、歇业、撤销、被吊销营业执照、注销后诉讼主体及民事责任承担若干问题的处理意见（试行）》第15条规定："吊销企业法人营业执照，是工商行政管理部门依照国家工商行政管理法规对违法的企业法人作出的一种行政处罚。企业法人在被吊销营业执照后未注销登记前，虽然丧失经营资格，但其法人资格依然存续。"

十二、公司解散后法人资格是否存续？（总第128问）

《公司法》第186条第3款规定，清算期间，公司存续，但不得开展与清算无关的经营活动。第188条规定，公司清算结束后，清算组应当制作清算报告，报股东会、股东大会或者人民法院确认，并报送公司登记机关，申请注销公司登记，公告公司终止。据此，应认为公司解散后到公司注销登记完毕前，公司法人资格仍然存续。

第二节 公司清算

☞条款解读

一、公司清算的概念

公司清算是指公司解散后，按照一定程序，处理公司财产，了结各种法律关系并最终使公司人格归于消灭的过程。[1] 这是基于“先散后算”立法例所作的界定。可以说，解散是清算的前提，清算是解散的结果。公司现存的法律关系通常不因其出现解散事由而改变，只有在解散公司经过清算程序后才能终结。[2]

公司清算完毕，向公司登记机关办理注销登记，公司法人资格从此消灭。因此，清算是公司终止的必经程序。因公司终止的原因不同，公司清算的程序、要求也有所不同。公司被宣告破产，适用破产清算，依据《企业破产法》及相关法规进行清算；公司被解散的，依据《公司法》的规定对公司进行清算。

二、公司清算的种类

1. 任意清算与法定清算

根据公司清算所适用的程序与方式的不同，可以分为任意清算与法定清算。

任意清算，是指按照章程规定或股东决定的清算方法进行的清算。任意清算只适用于人合公司；但任意清算并非人合公司唯一的清算方式。

法定清算，是指按法律规定的清算程序进行的清算。法定清算适用于任何公司，特别是资合公司只能进行法定清算，不能进行任意清算。我国因只承认有限责任公司和股份有限公司，故公司清算只能实行法定清算。

2. 普通清算与特别清算

法定清算可以分为普通清算和特别清算。

---

〔1〕 朱慈蕴：《公司法原论》，清华大学出版社2011年版，第372页。

〔2〕 王保树、崔勤之：《中国公司法原理》，社会科学文献出版社2006年版，第301页。

普通清算，是指由公司依法定程序自行组织清算机构所进行的清算。在公司实践中，自愿清算和强制清算均可适用普通清算，但一般适用于那些资产能够抵偿债务，并且公司机关能够自行组织清算工作的情形。对此，我国《公司法》第 183 条前半部分规定了普通清算："公司因本法第一百八十条第（一）项、第（二）项、第（四）项、第（五）项规定而解散的，应当在解散事由出现之日起十五日内成立清算组，开始清算。有限责任公司的清算组由股东组成，股份有限公司的清算组由董事或者股东大会确定的人员组成……"据此，因公司解散而导致的清算均适用普通清算程序。

特别清算，是指公司解散时不能由公司自行组织清算，或者在进行普通清算时发生显著障碍，由法院介入而强制进行的清算。特别清算是为维护公司债权人的利益，依法院的命令而开始，并在法院严格监督下进行。特别清算是介于普通清算与破产清算之间的一种程序，是一种破产预防制度。[1] 我国《公司法》第 183 条后半部分规定了特别清算："……逾期不成立清算组进行清算的，债权人可以申请人民法院指定有关人员组成清算组进行清算。人民法院应当受理该申请，并及时组织清算组进行清算。"

《公司法解释（二）》第 7 条第 2 款和第 3 款对特别清算启动程序作了规定，有下列情形之一，债权人申请法院指定清算组进行清算的，法院应予受理：（1）公司解散逾期不成立清算组进行清算的；（2）虽然成立清算组但故意拖延清算的；（3）违法清算可能严重损害债权人或者股东利益的。具有前述所列情形，而债权人未提起清算申请，公司股东申请法院指定清算组对公司进行清算的，法院应予受理。

3. 自行清算、指定清算、破产清算

这是我国《公司法》上的对清算的分类。所谓自行清算，是指公司自己组织的清算。所谓指定清算，是指经利害关系人申请，由法院指定清算人进行的清算。所谓破产清算，是指依破产法进行的清算。

---

〔1〕 范健、王建文：《公司法》，法律出版社 2011 年版，第 458 页。

三、公司清算组织

1.清算组织的概念

清算组织又称清算机构、清算人,是公司清算事务的执行人。

我国法律对清算组织有不同称谓,如在《合伙企业法》《个人独资企业法》《信托法》中称为“清算人”;在《民法通则》《民事诉讼法》中称为“清算组织”;在《公司法》《保险法》中称为“清算组”;在《企业破产法》中则称为“破产管理人”。

2.清算人的资格

公司清算人并非任意选任,而是有一定的资格限制,包括积极资格和消极资格。

(1)积极资格

这是指作为清算人应当具备的条件,主要包括:

①具备完全行为能力;

②具备进行清算事务的专业能力;

③品行良好。

《公司法解释(二)》第8条规定,清算组成员可以从下列人员或者机构中产生:①公司股东、董事、监事、高级管理人员;②依法设立的律师事务所、会计师事务所、破产清算事务所等社会中介机构;③依法设立的律师事务所、会计师事务所、破产清算事务所等社会中介机构中具备相关专业知识并取得执业资格的人员。

(2)消极资格

这是指具有某些特定情形的人不能成为清算人。《公司法解释(二)》第9条对此规定:人民法院指定的清算组成员有下列情形之一的,人民法院可以根据债权人、股东的申请,或者依职权更换清算组成员:①有违反法律或者行政法规的行为;②丧失执业能力或者民事行为能力;③有严重损害公司或者债权人利益的行为。

3.清算组成员的选任与组成

(1)普通清算清算组的成立与组成

《公司法》第183条前半部分对此作了规定,公司因公司章程规定的营业期限届满或者公司章程规定的其他解散事由出现、股东会或者股东大会决议解散、依法被吊销营业执照、责令关闭或者被撤销、法院判决而解散的，应当在解散事由出现之日起15日内成立清算组，开始清算。有限责任公司的清算组由股东组成，股份有限公司的清算组由董事或者股东大会确定的人员组成。

(2)特别清算组的成立与组成

公司解散事由出现后，未在法定期限内依法组成清算组进行清算，或者普通清算发生困难或者有其他不法情形时，利害关系人（包括股东和债权人）可以申请法院指定有关人员组成清算组进行清算。

《公司法》第183条后半部分对此作了规定，公司逾期不成立清算组进行清算的，债权人可以申请人民法院指定有关人员组成清算组进行清算。人民法院应当受理该申请，并及时组织清算组进行清算。

《公司法解释（二）》第7条规定，有下列情形之一，债权人申请法院指定清算组进行清算的，法院应予受理：①公司解散逾期不成立清算组进行清算的；②虽然成立清算组但故意拖延清算的；③违法清算可能严重损害债权人或者股东利益的。具有前述所列情形，而债权人未提起清算申请，公司股东申请法院指定清算组对公司进行清算的，法院应予受理。

(3)破产清算清算组的组成

公司因破产而清算的，由法院依照《企业破产法》组织清算组进行清算。

4. 清算组的法律地位

大陆法系国家一般认为清算组织是公司的代表。公司因合并及破产以外的事由解散时，由清算人代替董事会执行公司的清算事务，并成为代表公司的机关。[1]

我国《公司法》也作出类似规定。根据《公司法》第186条第4款"清算期间，公司不得开展与清算无关的经营活动"的规定以及第184条关于清算组职权的规定，表明清算组在清算期间，代替公司董事会（执行董事）对内履行清算职权、对外代表公司。

5. 清算组的职权

根据《公司法》第184条及《公司法解释（二）》有关规定，清算组在清算期

〔1〕［韩］李哲松：《韩国公司法》，中国政法大学出版社2000年版，第690页。

间行使以下职权：

(1)清理公司财产，分别编制资产负债表和财产清单；

(2)通知、公告债权人；

(3)处理与清算有关的公司未了结的业务；

(4)清缴所欠税款以及清算过程中产生的税款；

(5)清理债权、债务；

(6)处理公司清偿债务后的剩余财产；

(7)代表公司参与民事诉讼活动。

四、清算程序

1.一般清算程序

(1)成立清算组，开始清算

《公司法》第183条规定，公司应当在解散事由出现之日起15日内成立清算组，开始清算。有限责任公司的清算组由股东组成，股份有限公司的清算组由董事或者股东大会确定的人员组成。逾期不成立清算组进行清算的，债权人可以申请人民法院指定有关人员组成清算组进行清算。人民法院应当受理该申请，并及时组织清算组进行清算。

(2)通知、公告债权人

清算组应当自成立之日起10日内通知债权人，并于60日内在报纸上公告。

(3)申报债权

《公司法》第185条第1款后半部规定，债权人应当自接到通知书之日起30日内，未接到通知书的自公告之日起45日内，向清算组申报其债权。债权人申报债权，应当说明债权的有关事项，并提供证明材料。清算组应当对债权进行登记。在申报债权期间，清算组不得对债权人进行清偿。

(4)制定清算方案

《公司法》第186条第1款规定，清算组在清理公司财产、编制资产负债表和财产清单后，应当制定清算方案，并报股东会、股东大会或者人民法院确认。

(5)清偿与分配

《公司法》第186条第2款规定，公司财产在分别支付清算费用、职工的工资、社会保险费用和法定补偿金，缴纳所欠税款，清偿公司债务后的剩余财产，有限责任公司按照股东的出资比例分配，股份有限公司按照股东持有的股份比例分配。

(6)确认清算报告

《公司法》第188条规定，公司清算结束后，清算组应当制作清算报告，报股东会、股东大会或者人民法院确认。

(7)办理注销登记

根据《公司法》第188条的规定，清算结束后，清算组应将清算报告送公司登记机关，并办理注销登记，公告公司终止。至此，公司人格彻底消灭，公司终止程序结束。

2. 解散清算程序与破产清算程序的衔接

(1)普通清算中发现公司资不抵债时，应向法院申请破产。

对此，《公司法》第187条规定，清算组在清理公司财产、编制资产负债表和财产清单后，发现公司财产不足以清偿债务的，应当依法向人民法院申请宣告破产。公司经人民法院裁定宣告破产后，清算组应当将清算事务移交给人民法院。

(2)特别清算中发现公司资不抵债时，先协商；协商不成的，向法院申请破产。

对此，《公司法解释(二)》第17条规定，人民法院指定的清算组在清理公司财产、编制资产负债表和财产清单时，发现公司财产不足以清偿债务的，可以与债权人协商制作有关债务清偿方案。债务清偿方案经全体债权人确认且不损害其他利害关系人利益的，人民法院可依清算组的申请裁定予以认可。清算组依据该清偿方案清偿债务后，应当向人民法院申请裁定终结清算程序。债权人对债务清偿方案不予确认或者人民法院不予认可的，清算组应当依法向人民法院申请宣告破产。

☞条款设计

五、清算组织条款的个性化设计

1.《公司法》关于清算组织的规定属于强制性规范

清算程序的核心原则是保护公司债权人的利益，而清算组织的成立与运作涉及债权人利益，故《公司法》关于清算组织的规定属于强制性规范。

2. 公司章程可对控制股东充任或选任清算人作出限制

限制控制股东充任或选任清算人，有利于保护中小股东和债权人，因此，公司章程可对控制股东充任或选任清算人进行限制。

六、清算程序条款的个性化设计

1.《公司法》关于清算程序的规定属于强制性规范

清算程序涉及债权人利益，故《公司法》关于清算程序的规定属于强制性规范，公司不得通过章程予以改变。

2.公司章程应明确公司在清算阶段董事会、高级管理人员和清算组的工作交接

为使清算组顺利接管公司，避免及减少公司财物不必要的损失，公司章程应明确公司进入清算程序后，公司董事等高管人员应向清算组进行工作移交的程序及内容。

3. 公司章程可以赋予股东竞价购买公司的权利

公司自愿解散事由及公司僵局发生后，为避免公司解散终止，公司章程可以赋予股东在公司进入清算状态后，竞价购买公司的权利，以避免社会财富的损失。

☞疑难释解

七、清算组应以自己名义还是公司名义活动?（总第129问）

对此，最高人民法院以往的司法解释，如《关于贯彻执行〈中华人民共和国民法通则〉若干问题的意见》第60条第2款，《关于适用〈中华人民共和国民事诉讼法〉若干问题的意见》（现已废止）第51条等规定清算组应以自己的名义进行诉讼活动。这些规定与清算中公司的法律属性不相符合，也与《公司法》第184条、第186条、第188条等规定相冲突。

《公司法》第186条第3款规定“清算期间，公司存续，但不得开展与清算无关的经营活动”。即清算中的公司仍然是企业法人，与清算前的公司是同

一法人。

《公司法》第184条第(7)项规定清算组“代表公司参与民事诉讼活动”,该规定清楚表明清算组只能以公司名义参与民事诉讼活动。

综上,清算组应以公司名义活动。

八、如何确定公司终止(法律人格消灭)的时间?(总第130问)

根据《公司法》第188条“公司清算结束后,清算组应当制作清算报告,报股东会、股东大会或者人民法院确认,并报送公司登记机关,申请注销公司登记,公告公司终止”之规定,公司终止以清算程序与公司注销登记手续的完成为标志。《公司登记管理条例》第44条规定,“经公司登记机关注销登记,公司终止”。因此,公司注销登记之日即为公司终止之日。

九、公司解散后订立的与清算无关的合同是否有效?(总第131问)

有学者认为,《公司法》第186条第3款“清算期间,公司存续,但不得开展与清算无关的经营活动”之规定属于强制性规定,故应依据《合同法》第52条规定认定与清算无关的合同无效。[1] 笔者赞同该观点。此时不能适用《合同法》第50条“法人或者其他组织的法定代表人、负责人超越权限订立的合同,除相对人知道或者应当知道其超越权限的以外,该代表行为有效”之规定,而主张依据交易相对人是否善意而决定该合同效力,这是因为《合同法》第50条是针对法人有相应的行为能力且法律并不禁止其从事某种行为但其负责人越权的情形,易言之,是针对未超越法人自身行为能力的情形,而清算中的公司签订与清算无关的合同则超越了清算法人自身的行为能力,违反了法律的效力性规范。

十、公司章程规定的自愿解散事由已出现而尚未进入清算程序的公司能否对外提供担保?(总第132问)

首先,根据《公司法》第181条的规定,公司章程规定的自愿解散事由出现

〔1〕 王林清、顾东伟:《新公司法实施以来热点问题适用研究》,人民法院出版社2009年版,第491页;朱慈蕴:《公司法原论》,清华大学出版社2011年版,第375页。

后,公司并不当然进入解散清算程序,公司可以通过修改公司章程而存续。

其次,根据《公司法》第183条的规定,解散事由出现后并不立即进入清算程序,清算组成立后,公司清算才正式开始。清算开始后,公司的能力即受到法律限制。易言之,公司的能力在清算前并未受到限制。

因此,公司章程规定的自愿解散事由已出现而尚未入清算状态的公司所提供的担保不应仅仅因自愿解散事由已出现而认定无效,因为公司的能力在清算前并未因此受到限制,并且有利于保护善意第三人和维护交易安全。

十一、如何确定公司清算期间的起、止日?(总第133问)

根据《公司法》第183条的规定,清算组成立后,公司清算正式开始。这也是我国公司法学界的通说。[1] 故清算组成立之日是公司清算期间的起算之日。

根据《公司法》第188条的规定,公司清算结束后,清算组应当制作清算报告,报股东会、股东大会或者人民法院确认,并报送公司登记机关,申请注销公司登记,公告公司终止。故公司注销登记之日为清算期间截止之日。

十二、股东未尽清算义务应承担什么责任?(总第134问)

根据《公司法解释(二)》第18条及第20条的规定,股东未尽清算义务应以下责任:

(1)有限责任公司的股东、股份有限公司的董事和控股股东未在法定期限内成立清算组开始清算,导致公司财产贬值、流失、毁损或者灭失,债权人主张其在造成损失范围内对公司债务承担赔偿责任的,人民法院应依法予以支持。

(2)公司解散应当在依法清算完毕后,申请办理注销登记。公司未经清算即办理注销登记,导致公司无法进行清算,债权人主张有限责任公司的股东、股份有限公司的董事和控股股东,以及公司的实际控制人对公司债务承担清偿责任的,人民法院应依法予以支持。

---

〔1〕 赵旭东:《公司法学》,高等教育出版社2006年版,第506页;范健、王建文:《公司法》,法律出版社2011年版,第461页;王保树、崔勤之:《中国公司法原理》,社会科学文献出版2006年版,第302页。

十三、清算权利能否转让？（总第135问）

一方面，清算对股东而言是一项权利，根据《公司法》第183条、第186条、第188条等规定，股东不仅可充任普通清算清算人也可选任普通清算清算人，并对清算方案及清算报告享有知情权和表决权，这有利于剩余财产分配请求权的行使。另一方面，根据《公司法》第183条、《公司法解释（二）》第18条的规定，清算对股东而言更是一项义务。

按照法理，权利可以依主体的意思进行转让，但是义务却不能放弃或转让，尤其具有身份特性的义务更不得放弃或转让，而清算的义务往往重于清算的权利成分。故清算权利不能随意转让，以防止股东逃避清算责任。

十四、公司清算的税收筹划包括哪些内容？（总第136问）

企业清算中的税收筹划主要包括：

(1)调整清算所得与正常经营所得

所谓清算所得是指纳税人清算时的全部资产或者财产扣除清算费用、损失、负债、企业未分配利润、公益金和公积金后的余额，超过实缴资本的部分。具体计算公式如下：

纳税人的清算所得＝企业的净资产或剩余财产－企业累计未分配利润－税后利润提取的各项基金结余－企业的资本公积金－企业的盈余公积金＋企业法定财产重估增值＋企业接受捐赠的财产价值－企业的注册资本金

调整清算所得与正常经营所得的方法主要有：

①调整存货、设备资产、呆滞物品

清算前后存货、设备资产、呆滞物品等的合理变动，将直接影响企业的净资产或剩余财产数额及应纳税额。

②调整企业清算日期，进行税收筹划

根据税法规定，纳税人清算时，应当以清算期间作为一个纳税年度，其清算终了之后的清算所得，应按照规定缴纳所得税。企业在清算年度，应划分为两个纳税年度，从1月1日到清算开始日为一个生产经营纳税年度，从清算开始日到清算结束日的清算期间为一个清算纳税年度。企业的清算日期不同，对两个纳税年度应税所得的影响不同。企业通过改变企业清算日期，可以减少企业清算期间的应税所得数额，实现税收筹划的目的。

(2)重新设立新的企业继续享受有关优惠政策

当前我国内外资企业所得税，都规定有定期减免税优惠政策。虽然新的税法通过后，企业税收优惠有所调整，但原来享有税收优惠的企业有过渡期，而且新税法仍规定有优惠政策。

针对一些定期减免税优惠，我们可以通过适时进行企业清算，重新设立新的企业进行税收筹划。例如，对利用“三废”等废弃物为主要原料进行生产的企业，当其享受5年减征或免征所得税期满后，适时安排将该企业解散，通过清算结束企业的原有业务，另行注册一个新的企业继续享受税收优惠政策。由于企业的机器设备与员工，甚至厂房都可通过清算转让给即将设立的新企业，故原企业所有者的持续经营不会受到影响。

不过，在某些税收优惠政策中，有企业最短经营期的规定。例如，有些新办生产性外商投资企业享受所得税“免二减三”优惠政策的条件之一，就是企业经营期在10年以上；投资于沿海港口城市从事机场、港口、铁路、电站等基础设施项目的外商投资企业享受所得税“五免五减半”优惠政策的，要求其经营期在15年以上。否则，要求其补缴减免的税收。

当然，在采用这种两家企业交替经营的税收筹划策略时，必须保证原企业的“名存实亡”与新企业对原企业经营范围的合法接替，要考虑企业商誉的损失，并符合有关法律、法规的规定。

(3)比较公司清算与股权转让税负

由于公司清算会发生应税义务，而股权转让则不需缴纳营业税等税种，因此可测算公司清算与股权转让税负，进行税收筹划。

第十六章　公司章程的修改

第一节　公司章程的修改程序

☞条款解读

一、公司章程修改的意义

公司章程的修改，即公司章程的变更，包括增加新的规定、变更已设置的规定或删除相关规定。[1]

公司为了更好地适应经营环境的变化，需要适时地修改章程的内容。在不违反法律、行政法规强制性规范的前提下，公司可以修改包括绝对必要记载事项、相对必要记载事项和任意记载事项在内的所有内容。

二、修改公司章程的权限

《公司法》第 37 条规定，有限责任公司章程的修改，属于股东会的职权范围。《公司法》第 99 条规定，股份有限公司章程的修改，属于股东大会的职权范围。

根据《公司法》第 217 条的规定，"外商投资的有限责任公司和股份有限公司适用本法；有关外商投资的法律另有规定的，适用其规定。"再根据《中外合

〔1〕［日］前田庸：《公司法入门》（第 12 版），王作全译，北京大学出版社 2012 年版，第 519 页。

资经营企业法》第6条的规定，中外合资经营企业不设股东会，合营企业的董事会的职权是按合营企业章程规定，讨论决定合营企业的一切重大问题，故合营企业公司章程的修改，属于董事会的职权范围。

又根据《中外合作经营企业法》第12条的规定，合作企业应当设立董事会或者联合管理机构，依照合作企业合同或者章程的规定，决定合作企业的重大问题，故合作企业章程的修改，属于董事会的职权范围。

《外资企业法》并无有关股东会、董事会的规定，具体操作时，应当按照新《公司法》的相关规定执行。又根据《外资企业法》第11条的规定，外资企业依照经批准的章程进行经营管理活动，不受干涉。据此，如外商独资企业经审查批准机关批准的章程不设股东会，只设董事会并授予董事会修改章程的权限，则该董事会可按经批准的章程规定修改章程。

综上，修改公司章程的权限专属于公司的权力机构。

三、修改公司章程的程序

1. 提出章程修正案

根据《公司法》第39条、第40条、第100条、第101条、第102条等规定，适格股东、董事会或执行董事及监事会或监事可以提出修改公司章程的提案。

2. 修改公司章程须经特别决议表决通过

由于公司章程的修改涉及公司组织及活动的根本规则的变更，对股东产生重要影响，[1]而且还可能关系到其他主体的切身利益，因此，《公司法》将公司章程的修改规定为特别决议事项。

根据《公司法》第43条的规定，有限责任公司修改章程的决议，必须经代表2/3以上表决权的股东通过。

根据《公司法》第103条的规定，股份有限公司修改章程的决议，必须经出席股东大会的股东所持表决权的2/3以上通过。

至于中外合资经营企业、中外合作经营企业、外商独资企业修改章程的表决方式，应依照经批准的章程进行表决，作出决议。

---

〔1〕［日］落合诚一：《公司法概论》，申昌国等译，法律出版社2011年版，第219页。

3. 修改公司章程应依法办理登记、备案或审批手续

根据《公司登记管理条例》第 26 条、第 35 条、第 36 条等规定，公司章程修改涉及登记事项，应当向原公司登记机关申请变更登记；变更登记事项依照法律、行政法规或者国务院决定规定在登记前须经批准，还应向公司登记机关提交有关批准文件；公司章程修改未涉及登记事项的，公司应当将修改后的公司章程或者公司章程修正案送原公司登记机关备案。

根据《中外合资经营企业法》第 3 条、《中外合作经营企业法》第 5 条、《外资企业法》第 6 条、第 11 条等规定，合营企业、合作企业、外资企业章程修改后均须报法定审查批准机关批准，再持批准文件向原公司登记机关办理登记备案手续。

☞条款设计

四、公司章程修改程序条款的个性化设计

1.《公司法》关于公司章程修改程序的规定属于强制性规范

由于公司章程往往涉及多数股东与少数股东、管理者与股东之间利益博弈和利益关系调整，且修改公司章程是公司意思的形成，因此《公司法》关于公司章程修改程序的规定属于强制性规范。

2. 公司章程可以规定应当修改公司章程的情形

这些具体情形可由公司根据实际情况自行规定。当公司章程规定的公司章程修改情形发生后，公司应当对公司章程作相应修改。

3. 公司章程可以明确有权提出章程修正案的主体

公司章程可以明确股东、董事会或执行董事及监事会或监事等主体可以提出修改公司章程的提案。

☞疑难释解

五、哪些主体可以依法提出公司章程修正案？（总第 137 问）

《公司法》第 46 条、第 108 条均没有把“制订公司章程修正案”列为董事会

的职权，《公司法》的其他条款也没有对章程修正案的提案权人的范围作出明确规定。

由于股东（大）会定期会议和临时会议均可依法修改公司章程，因此，召集与提议召开股东（大）会的组织机构或人员即为修改公司章程的提案权人[1]。此外，《公司法》或公司章程规定的可以在股东（大）会召开前提出临时提案的适格股东也是修改公司章程的提案权人，因为临时提案可以包括章程修正案。故，以下主体可以依法提出公司章程修正案：

（1）董事会或执行董事

根据《公司法》第40条的规定，有限责任公司的股东会会议由董事会或执行董事召集；第101条规定，股份有限公司的股东大会会议由董事会召集。

（2）适格股东

①依法有权提议、召集股东（大）会临时会议的适格股东

根据《公司法》第39条第2款、第40条第3款的规定，有限责任公司代表10%以上表决权的股东是适格股东；根据该法第100条第（3）项、第101条第2款的规定，股份有限公司单独或合计持有公司股份10%以上的股东是适格股东。

②依法有权向股东大会提出临时提案的适格股东

根据《公司法》第102条第2款的规定，单独或合计持有公司3%以上股份的股东是适格的公司章程修正案的提案权人。

（3）监事会或监事

根据《公司法》第39条第2款、第40条第3款，第100条第（5）项，第101条第2款等规定，监事会（不设监事会的监事）不仅有权提议召开股东（大）会临时会议，也有权在法定条件成就时召集和主持股东（大）会临时会议。

六、经股东会表决通过的章程修正案是否经公司登记机关变更登记后生效？（总第138问）

虽然《公司法》对此没有直接规定，但是《公司法》第32条第3款规定："公司应当将股东的姓名或者名称向公司登记机关登记；登记事项发生变更的，应

---

〔1〕 范健、王建文：《公司法》，法律出版社2011年版，第213页。

当办理变更登记。未经登记或者变更登记的，不得对抗第三人。”股权变更是章程变更的内容之一，既然工商变更登记是股权变更的对抗要件，因此应该认为工商变更登记是章程变更的对抗要件，即未经变更登记不得对抗第三人，而不是章程变更的生效要件。

另外，按照公司法理论，工商变更登记不是章程变更的生效要件，[1]而是对抗要件。[2]

因此，章程修正案自股东会议通过之日起生效。

七、对公司章程变更持异议的股东能否行使股份回购请求权？（总第139问）

意大利和美国的绝大多数州（不包括特拉华州）规定，在章程对异议股东权利构成重大不利影响时，异议股东享有股份回购请求权。[3] 日本公司法也规定了反对章程变更的股东享有股份回购请求权。[4]

对于有限责任公司，我国《公司法》第74条第1款第（2）项和第（3）项规定，对“公司合并、分立、转让主要财产的；公司章程规定的营业期限届满或者章程规定的其他解散事由出现，股东会会议通过决议修改章程使公司存续的”决议投反对票的股东可以请求公司按照合理的价格收购其股权。

对于股份有限公司，《公司法》第142条第1款仅规定对“股东大会作出的公司合并、分立决议”持异议的股东有权要求公司收购其股份，未规定对“公司转让主要财产的；公司章程规定的营业期限届满或者章程规定的其他解散事由出现，股东会会议通过决议修改章程使公司存续的”决议投反对票的股东可以请求公司按照合理的价格收购其股权。

---

〔1〕［韩］李哲松：《韩国公司法》，吴日焕译，中国政法大学出版社2000年版，第596页。

〔2〕王保树、崔勤之：《中国公司法原理》，社会科学文献出版社2006年版，第285页。

〔3〕［美］莱纳·克拉克曼、亨利·汉斯曼等：《公司法培析：比较与功能的视角》（第2版），罗培新译，法律出版社2012年版，第199～200页。

〔4〕［日］前田庸：《公司法入门》（第12版），王作全译，北京大学出版社2012年版，第521页。

第二节　公司章程变更的限制

☞条款解读

一、对公司章程变更限制的意义

公司章程作为"公司根本规则的变更会对股东产生重大影响",[1]而公司控制人一方在修订公司章程时具有"为其个人目的而行使(本应)本着所有股东的共同利益而赋予其的权力"[2]之机会主义倾向。易言之,公司章程修改容易被多数股东控制,明显地改变或取消少数股东的权利或者无表决权的类别股股东或优先股股东的权利。[3] 为防范和矫正公司章程修订中的机会主义行为,同时基于维护公司章程的稳定性考虑,《公司法》从程序和内容方面对公司章程的修改进行了严格限制。

可见,对公司章程变更的限制包括对公司章程修改程序和内容的限制。前一节介绍了公司章程修改的程序,本节着重介绍对公司章程修改内容的限制。

二、修改公司章程要受到比制订章程更严格的法律限制

公司成立之初,市场机制的作用发挥得比较充分,公司参与方通过权衡和博弈、自主商定章程条款,最终达成最优选择,体现了股东利益最大化。而公司成立后修改章程,公司参与方的合意却远不够充分,产生了股东被盘剥的可能。[4] 故与制订章程相比,修改章程要受到更严格的法律限制。

三、法律法规强制性规定对公司章程变更的限制

如同公司章程的制定,公司章程的变更不得违反法律法规的强制性规范,

---

〔1〕［日］落合诚一:《公司法概论》,申昌国等译,法律出版社 2011 年版,第 219 页。

〔2〕［美］罗伯塔·罗曼诺:《公司法基础》(第 2 版),罗培新译,北京大学出版社 2013 年版,第 176 页。

〔3〕［美］罗伯特·W. 汉密尔顿:《公司法概要》,李存捧译,中国社会科学出版社 1999 年版,第 351 页。

〔4〕罗培新等:《公司法的经济学研究》,北京大学出版社 2008 年版,第 96 页。

否则无效。国内外学者已经从投资者保护假说、不确定性假说、公共产品假说、创新假说、机会主义的修订假说等方面对此作了详细论证,[1]而实际上现代合同本身也在一定程度上包含了重要的强制性因素。此处不再赘述。

四、公司法基本原则对公司章程变更的限制

1. 概说

公司法的基本原则,是公司法调整公司关系的基本准则,是公司立法的基本理念和指导思想,也是公司法律制度设计的立法目标和价值取向。[2] 因此公司法的许多基本原则是公司法强制性规范的组成部分。

公司法的基本原则是在公司法律制度长期的发展中逐步形成和不断调整的,并为各国公司法不同程度地接受和体现。这些原则或被直接规定为法律条款,或体现在具体的制度和规则之中。

各国公司法基本上认可的基本原则主要有:公司自治原则(章程自治原则)、股东平等原则和股东有限责任原则等。

2. 公司章程的变更不得违背股东平等原则

股东在基于股东资格的公司法律关系中,原则上根据其持有股份的内容及数量平等地享受待遇,这被称为股东平等原则。股东平等原则具有从公司的多数决定的滥用中保护少数股东的功能。[3] 也就是说,股东平等原则是保护少数股东的手段。[4]

3. 公司章程变更不得违背股东有限责任原则

在英美法系,股东有限责任被视为是一个默认条款,因此,债权人的请求权仅及于以公司自身名义("由其所有")的资产,而不及于公司股东以其名义持

〔1〕［美］罗伯塔·罗曼诺:《公司法基础》(第2版),罗培新译,北京大学出版社2013年版,第167~174页。

〔2〕赵旭东:《公司法学》,高等教育出版社2006年版,第46页。

〔3〕［日］前田庸:《公司法入门》(第12版),王作全译,北京大学出版社2012年版,第68页。

〔4〕［美］莱纳·克拉克曼、亨利·汉斯曼等:《公司法剖析:比较与功能的视角》(第2版),罗培新译,法律出版社2012年版,第110页。

有的资产。[1] 股东有限责任已经几乎成为所有公司形式的共同特点。在大陆法系，股东有限责任原则是指股东作为公司的出资人，以其对公司的出资额(股份认缴总额)为限，就公司债务对公司债权人承担责任，对于超过的部分不承担任何责任(即使是间接性的)，[2]即股东对超出出资额范围的公司债务，不对公司的债权人承担责任。[3] 易言之，股东仅以其股份的认购额为限，对公司承担出资义务，不对公司债务承担任何责任。[4]

我国《公司法》第3条规定："公司是企业法人，有独立的法人财产，享有法人财产权。公司以其全部财产对公司的债务承担责任。有限责任公司的股东以其认缴的出资额为限对公司承担责任；股份有限公司的股东以其认购的股份为限对公司承担责任。"由此可见，我国《公司法》确认了股东有限责任原则。股东有限责任是一种强式的"所有者保护"形式，成为《公司法》的强制性规定，故公司章程的变更不得违背股东有限责任原则。当然如果股东自愿对公司多承担责任或者对公司债务承担连带责任，则属于股东对自己权利的处分，法律不予干涉。

4. 公司章程变更与公司自治原则

公司自治就是允许公司在法律规定的范围内自主决定公司的一切事务，法律只对某些涉及他人和社会利益的事项强制干预。[5] 我国现行《公司法》与旧《公司法》相比，彰显了公司自治精神。股东协商制定和修改公司章程本身就是公司自治的体现。

然而，在公司章程修改过程中，无论是有限责任公司，还是股份有限公司都面临管理层与股东、大股东与小股东之间的博弈，由于利益和控制能力的背离，或者往往处于被动地位，章程修改与初始章程相比，参与方的合意远不够充分，这时公司章程自治受到蒙蔽即天子被挟以令诸侯，法律应视蒙蔽程度进行相应干预。

---

〔1〕［美］莱纳·克拉克曼、亨利·汉斯曼等：《公司法剖析：比较与功能的视角》(第2版)，罗培新译，法律出版社2012年版，第9~10页。

〔2〕［日］落合诚一：《公司法概论》，申昌国等译，法律出版社2011年版，第65页。

〔3〕［日］神田秀树：《公司法的理念》，朱大明译，法律出版社2013年版，第7页。

〔4〕［韩］李哲松：《韩国公司法》，吴日焕译，中国政法大学出版社2000年版，第151页。

〔5〕赵旭东：《公司法学》，高等教育出版社2006年版，第47页。

☞条款设计

五、限制章程变更条款的个性化设计

1.《公司法》限制章程变更条款的规定属于强制性规范

章程的变更涉及公司多数派股东与少数派股东，管理层与股东之间利益博弈以及其他利益相关者的利益，为防止章程修改中的机会主义和维护章程稳定性，《公司法》从程序和内容两方面对公司章程的修改进行了限制。这些限制性规定属于强制性规范，公司章程不得改变。

2. 公司章程可以补充对章程变更进行限制的规定

比如将“非经股东同意或者有正当理由，公司章程修正案不得变更该股东既得权或为其设定新义务”写入公司章程中，这有利于保护中小股东利益。

此外，有限责任公司章程可以规定对某些章程修正案持异议的股东可以行使股份回购权，或有权要求多数派股东按公正合理价格收购其股权等。

☞疑难释解

六、公司章程修正案能否以公司自治为由自由变更股东的权利义务？（总第 140 问）

如上所述，初始章程是股东协商一致的结果，体现了股东利益的最大化，只要不违反法律强制性规范，一般应受到法律的尊重。这是因为当事人最清楚自己的利益所在，他们协商一致的结果不仅满足了自身的需要，也使社会效益得到增加。[1] 而公司章程修改体现合意远不如初始章程充分，这时公司自治受到蒙蔽，因此公司章程修正案不能仅以公司自治为由变更股东的权利义务，还应遵守以下具体规则：

首先，公司章程修正案要遵守《公司法》的强制性规范，包括《公司法》明确

---

〔1〕［美］亚当·斯密：《国民财富的性质和原因的研究》（上册），商务印书馆 1972 年版，第 12 ~ 16 页。

的强制性规定和《公司法》的基本原则。比如,非经股东一致同意,公司章程的修正案不得为部分股东设定新权利,否则将因与股东平等原则相悖而无效。如股东一致同意为部分股东设定新权利,可视为其他股东对权利的自由处分,这时如果不违反其他强制性法律规范,法律就予以尊重。

其次,非经股东同意或者有正当理由,公司章程修正案不得变更该股东既得权或为其设定新义务。股东同意变更其既得权利或设定新义务,是股东对其权利的自由处分,法律一般予以尊重;有正当理由,比如,股东未履行或者未全面履行出资义务或者抽逃出资,公司章程修正案对其利润分配请求权、新股优先认购权、剩余财产分配请求权等股东权利作出相应的合理限制,这符合权利义务相一致原则和公平正义的理念,法律也应予以尊重。而没有正当理由或者未经股东本人同意,公司章程修正案擅自取消该股东既有权利或者为该股东增设义务,这不仅违反股东平等原则,而且违背该股东加入公司之初对公司和其他股东的合理期待,并且多数一方股东背弃了信义义务。为保护股东合理期待利益及正当权益,应该认定此修正案对该股东没有拘束力。因为"资本多数决的逻辑本身即隐含着少数股东对多数股东将其意志拟制为公司意志的正当性和合理性期望。没有对少数股东对多数股东这种合理期待的保护,就没有多数治理"。[1] 故法律必须保护股东的这种合理期待,以维持公司股东之间的信任关系和公司的存续。[2]

综上所述,公司章程修正案变更股东的权利义务必须符合以上两规则,否则将被认定为无效或对未同意的股东没有约束力。

---

〔1〕 曹富国:《少数股东保护与公司治理》,社会科学文献出版社2006年版,第98页。
〔2〕 张学文:《有限责任公司股东压制问题研究》,法律出版社2011年版,第51页。

第十七章　章程附则

第一节　通知与公告

☞条款解读

一、公司通知的内容及形式

公司通知是公司对其成员、雇员等特定受信对象告知或转达有关事项，以让特定对象知道或执行的信息载体。公司通知按其形式，可以分为书面通知和口头通知两大类，其中书面通知包括信函、传真、文字性电子邮件、登报公告等，口头通知包括当面口述，电话口述、录音口述等。通知的格式一般包括标题、受文对象、正文和落款等。

由于公司通知主要用于将特别事项或重要信息正式告知他人，故一般限于采用书面形式的通知，一是便于接收者全面了解通知所要传达的信息，利于正确作出分析判断，二是便于日后发生争议时举证。

二、公司通知的发出方式

通知发出的方式，也就是将有关信息转送至特定接收对象的途径。发出通知的方式主要有：专人送达、信函快递、电子邮件、局域网站公告、登报公告等。实践中，除上市公司外，较少采用公告方式。

三、公司通知的期限及送达时间

对于会议通知,《公司法》一般规定应于会议召开的一定期限之前通知全体会议参加人。如《公司法》第102条规定,召开股东大会会议,应当将会议召开的时间、地点和审议的事项于会议召开20日前通知各股东;临时股东大会应当于会议召开15日前通知各股东;发行无记名股票的,应当于会议召开30日前公告会议召开的时间、地点和审议事项。如《公司法》没有明确规定,公司章程可根据实际情况规定一个合理的通知期限。

对于通知的送达时间,《公司法》没有明确,公司章程可规定一个合理的送达时间。

☞条款设计

四、公司通知与公告条款的个性化设计

1.《公司法》关于公司通知与公告的规定属于强制性规范

公司通知不仅涉及公司信息披露,有的还属会议召集程序,事关相关权利的行使,因此《公司法》关于公司通知与公告的规定属于强制性规范,公司章程不得改变。当然,《公司法》没有明确的,章程可以根据实际情况作出合理规定。

2. 公司章程可就《公司法》不够明确之处补充规定

比如,公司章程可以就通知的发出主体、接受主体、发送方式、发送期限及送达时间等方面进行规定。在实践中,除上市公司外,一般较少采用公告送达方式。

☞疑难释解

五、会议召集人未按公司章程规定的期限提前通知股东或董事,因此作出的股东会或董事会决议是否有效?(总第141问)

根据《公司法》第22条的规定,股东会或者股东大会、董事会的会议召集程序、表决方式违反法律、行政法规或者公司章程,或者决议内容违反公司章程的,股东可以自决议作出之日起60日内,请求人民法院撤销。会议召集人未按公司章程规定的期限提前通知股东或董事,可能导致股东会或董事会决议被撤销。

不过，如果会议召集人虽然未按公司章程规定的期限提前通知，但股东或董事均出席了会议并进行表决，由于该通知的瑕疵对公司实体决议并没有产生实质性影响，故不宜因此否定该决议的效力。〔1〕

第二节　章程附则

☞条款解读

一、公司章程附则概述

公司章程附则就是章程的杂项、拾遗事项规定，一般是在逻辑上与其他章节关联不大，但又需要作出规定的事项，包括章程生效时间、争议解决方式、章程的解释、释义等。

二、公司章程词语释义

这是指对章程中名词概念进行定义、说明并界定其范围。对章程中的用语予以释明，利于执行，也有利于避免不必要的争议。

三、公司章程的解释

这是指公司有权机关在公司章程实施过程中对有关章程条款所作具有约束力的解释。

我国《公司法》对公司章程的解释机关没有明确规定。由于股东会是会议体机关，会议召集成本较高，如不时召集股东会会议专门就公司章程的解释作出决议，不符合效率原则，且章程的解释多属于执行层面，故宜由公司董事会负责章程的解释工作。

四、争议的解决方式

这是指因章程产生的或与章程有关的争议，选择采用何种法律途径解决。

〔1〕 赵旭东：《公司法学》，高等教育出版社2006年版，第382页。

目前我国解决民事法律争议的途径主要有:调解、仲裁、诉讼三种途径。

☞条款设计

五、公司章程附则条款的个性设计

1.《公司法》对章程附则部分的内容多无明确规定,章程可自主设计

由于《公司法》对此多无明确规定,章程可根据实际需要对附则内容进行设计。当然章程对附则部分的规定不得违反强行性法律规范。

2.公司章程可对章程的解释作出规定

基于效率和成本考虑,可以规定由董事会或执行董事负责章程的解释。为避免董事会或执行董事所作解释违背章程本意、引起争议,可进一步规定:股东或监事对董事会解释有异议的,可以提请股东会作出最终解释。

3.公司章程词语释义不得与有关法律规定相冲突

除非法律有明确授权,否则章程词语的释义不得与有关法律规定相冲突,以免导致该词语释义无效,有关词语解释应以法律规定为准。因为法律用语应保持统一性,以利于法律的统一执行。

☞疑难释解

六、公司章程何时生效?(总第142问)

公司章程何时生效?《公司法》对此没有明确规定。公司法理论界对此有不同意见。

根据公司章程需要调整公司成立前后两个阶段的民事关系及公司章程制定行为的性质和程序的不同,应当认为,章程中调整发起设立公司的投资内容,相当于公司设立协议,可以适用《合同法》的一般规则,签字盖章时成立并生效。发起设立公司的投资者均自章程成立时受其约束。章程中调整公司及董事、监事、高级管理人员的部分内容,自公司成立时生效。[1]

---

〔1〕 赵旭东:《公司法学》,高等教育出版社2006年版,第185页。

下篇
特殊类型公司章程个性化设计及实务处理

第十八章　外商投资企业公司章程

第一节　外资企业公司章程

☞条款解读

一、《公司法》与外商投资企业法的关系

1. 外商投资企业法的含义

在我国，外商投资企业法是指《中外合作经营企业法》《中外合资经营企业法》《外资企业法》及与之配套的行政法规和部门规章。

2.《公司法》与外商投资企业法的关系

根据《公司法》第217条“外商投资的有限责任公司和股份有限公司适用本法；有关外商投资的法律另有规定的，适用其规定”之规定，《公司法》与外商投资企业法是一般法与特别法的关系。《公司法》与外商投资企业法就同一事项有不同规定的，优先适用外商投资企业法；外商投资企业法有规定而《公司法》没有规定的，适用外商投资企业法；外商投资企业法没有规定，而《公司法》有规定的，补充适用《公司法》。

国家工商行政管理总局、商务部、国家外汇管理局、海关总署于2006年4月联合发布的《关于外商投资的公司审批登记管理法律适用若干问题的执行意见》（工商外企字〔2006〕81号）第1条规定：“外商投资的公司的登记管理适用

《公司法》和《公司登记管理条例》;有关外商投资企业的法律另有规定的,适用其规定;《公司法》、《公司登记管理条例》、有关外商投资企业的法律没有规定的,适用有关外商投资企业的行政法规、国务院决定和国家有关外商投资的其他规定。"

二、外商投资企业与外国公司分支机构的区别

外商投资企业与外国公司分支机构主要存在以下区别:

1. 两者国籍不同

外商投资企业是依照中国法律在中国境内设立,具有中国国籍,属于中国企业。

外国公司分支机构本身是外国公司的组成部分,具有外国国籍,属于外国企业。

2. 两者法律地位不同

外商投资企业具有独立的法律地位,能够以自己的名义对外进行活动,其中绝大部分依法取得中国法人资格。

外国公司分支机构不具有独立法律地位。《公司法》第 195 条对此明确规定:"外国公司在中国境内设立的分支机构不具有中国法人资格。外国公司对其分支机构在中国境内进行经营活动承担民事责任。"

三、外资企业概述

1. 外资企业的概念

外资企业是指依照中国有关法律在中国境内设立的全部资本由外国投资者投资的企业,不包括外国的企业和其他经济组织在中国境内的分支机构,包括外商独资、合资企业。

中国香港、澳门、台湾地区的公司、企业和其他经济组织或者个人以及在国外居住的中国公民在大陆设立全部资本为其所有的企业,参照外资企业办理。

2. 外资企业的法律地位

外资企业符合中国法律关于法人条件的规定的,依法取得中国法人资格。

外资企业在批准的经营范围内,自主经营管理,不受干涉。

3. 外资企业的组织形式

外资企业的组织形式为有限责任公司。经批准也可以为其他责任形式。

外资企业为有限责任公司的，外国投资者对企业的责任以其认缴的出资额为限。

外资企业为其他责任形式的，外国投资者对企业的责任适用中国法律、法规的规定。

四、外资企业的设立

1. 设立条件

根据《外资企业法》及其实施细则的有关规定，设立外资企业，必须有利于中国国民经济的发展。国家鼓励举办产品出口或者技术先进的外资企业。国家鼓励外资企业采用先进技术和设备，从事新产品开发，实现产品升级换代，节约能源和原材料，并鼓励举办产品出口的外资企业。禁止或者限制设立外资企业的行业，按照国家指导外商投资方向的规定及外商投资产业指导目录执行。

根据《外资企业法实施细则》第 5 条的规定，申请设立外资企业，有下列情况之一的，不予批准：

（1）有损中国主权或者社会公共利益的；

（2）危及中国国家安全的；

（3）违反中国法律、法规的；

（4）不符合中国国民经济发展要求的；

（5）可能造成环境污染的。

2. 设立程序

（1）提交报告

根据《外资企业法实施细则》第 9 条的规定，外国投资者在提出设立外资企业的申请前，应当就下列事项向拟设立外资企业所在地的县级或者县级以上地方人民政府提交报告。报告内容包括：设立外资企业的宗旨；经营范围、规模；生产产品；使用的技术设备；用地面积及要求；需要用水、电、煤、煤气或者其他能源的条件及数量；对公共设施的要求等。县级或者县级以上地方人民政府应当在收到外国投资者提交的报告之日起 30 天内以书面形式答复外国投资者。

(2)申请

根据《外资企业法实施细则》第10条的规定,外国投资者设立外资企业,应当通过拟设立外资企业所在地的县级或者县级以上地方人民政府向审批机关提出申请,并报送下列文件:

①设立外资企业申请书;

②可行性研究报告;

③外资企业章程;

④外资企业法定代表人(或者董事会人选)名单;

⑤外国投资者的法律证明文件和资信证明文件;

⑥拟设立外资企业所在地的县级或者县级以上地方人民政府的书面答复;

⑦需要进口的物资清单;

⑧其他需要报送的文件。

前款①、③项文件必须用中文书写;②、④、⑤项文件可以用外文书写,但应当附中文译文。

两个或者两个以上外国投资者共同申请设立外资企业,应当将其签订的合同副本报送审批机关备案。

(3)备案、审批

根据《外资企业法》第23条的规定,举办外资企业不涉及国家规定实施准入特别管理措施的,适用备案管理。

根据《外资企业法实施细则》第11条的规定,审批机关应当在收到申请设立外资企业的全部文件之日起90天内决定批准或者不批准。审批机关如果发现上述文件不齐备或者有不当之处,可以要求限期补报或者修改。

(4)颁发备案批准证书

根据《外资企业法》第23条的规定,举办外资企业不涉及国家规定实施准入特别管理措施的,适用备案管理。

根据《外资企业法实施细则》第7条的规定,设立外资企业的申请,由国务院对外贸易经济合作主管部门或其授权机构审查批准后,发给批准证书。

(5)办理设立登记

根据《外资企业法实施细则》第12条的规定,设立外资企业的申请经审批机关批准后，外国投资者应当在收到备案或批准证书之日起30天内向工商行政管理机关申请登记，领取营业执照。外资企业的营业执照签发日期，为该企业成立日期。外国投资者在收到批准证书之日起满30天未向工商行政管理机关申请登记的，外资企业批准证书自动失效。外资企业应当在企业成立之日起30天内向税务机关办理税务登记。

五、外资企业公司章程的内容及备案、审批

1. 章程的内容

根据《外资企业法实施细则》第15条的规定，外资企业的章程应当包括下列内容：

（1）名称及住所；

（2）宗旨、经营范围；

（3）投资总额、注册资本、认缴出资额、出资方式、出资期限；

（4）组织形式；

（5）内部组织机构及其职权和议事规则，法定代表人以及总经理、总工程师、总会计师等人员的职责、权限；

（6）财务、会计及审计的原则和制度；

（7）劳动管理；

（8）经营期限、终止及清算；

（9）章程的修改程序。

2. 章程的备案、审批

根据《外资企业法实施细则》第16条的规定，外资企业的章程经审批机关批准后生效，修改时亦同。

根据《外资企业法》第23条的规定，举办外资企业不涉及国家规定实施准入特别管理措施的，适用备案管理。这种情况下，外资企业的章程并非经批准后生效。

六、外资企业的注册资本与投资总额

1. 注册资本及投资总额的含义

外资企业的注册资本，是指为设立外资企业在工商行政管理机关登记的资

本总额,即外国投资者认缴的全部出资额。

外资企业的投资总额,是指开办外资企业所需资金总额,即按其生产规模需要投入的基本建设资金和生产流动资金的总和。

2. 注册资本与投资总额的比例

外资企业的注册资本要与其经营规模相适应,注册资本与投资总额的比例应当符合中国有关规定。根据国家工商行政管理局《关于中外合资经营企业注册资本与投资总额比例的暂行规定》第6条及第3条的规定,外资企业的注册资本与投资总额的比例,应当遵守如下规定:

(1)投资总额在300万美元以下(含300万美元)的,其注册资本至少应占投资总额的7/10。

(2)投资总额在300万美元以上至1000万美元(含1000万美元)的,其注册资本至少应占投资总额的1/2,其中投资总额在420万美元以下的,注册资本不得低于210万美元。

(3)投资总额在1000万美元以上至3000万美元(含3000万美元)的,其注册资本至少应占投资总额的2/5,其中投资总额在1250万美元以下的,注册资本不得低于500万美元。

(4)投资总额在3000万美元以上的,其注册资本至少应占投资总额的1/3,其中投资总额在3600万美元以下的,注册资本不得低于1200万美元。

3. 注册资本的变更

根据《外资企业法实施细则》第21条的规定,外资企业在经营期内不得减少其注册资本。但是,因投资总额和生产经营规模等发生变化,确需减少的,须经审批机关批准。

根据《外资企业法实施细则》第22条的规定,外资企业注册资本的增加、转让,须经审批机关批准,并向工商行政管理机关办理变更登记手续。对于涉及国家规定实施准入特别管理措施的,适用备案管理。

七、外资企业的出资方式及期限

1. 出资形式

根据《外资企业法实施细则》第25条的规定,外国投资者可以用可自由兑换的外币出资，也可以用机器设备、工业产权、专有技术等作价出资。经审批机关批准，外国投资者也可以用其从中国境内举办的其他外商投资企业获得的人民币利润出资。

2. 出资比例结构

原《外资企业法实施细则》第27条第2款规定，工业产权、专有技术的作价应当与国际上通常的作价原则相一致，其作价金额不得超过外资企业注册资本的20%。而2014年修订的《外资企业法实施细则》已删去该规定，使之与2013年修正的《公司法》一致。这意味外资企业与内资企业一样，可自行决定其出资比例结构。

3. 出资的期限

2014年修订的《外资企业法实施细则》第30条规定，外国投资者缴付出资的期限应当在设立外资企业申请书和外资企业章程中载明。这意味外资企业与内资企业一样，可自行决定其出资缴纳期限，或一次性缴清出资，或在若干年内分期缴纳。

八、外资企业财产的转让及抵押

对于涉及国家规定实施准入特别管理措施的外资企业，根据《外资企业法实施细则》第23条的规定，外资企业将其财产或者权益对外抵押、转让，须经审批机关批准并向工商行政管理机关备案。

九、外资企业的公司治理结构

我国《外资企业法》对外资企业的股东会、董事会、监事会、总经理等治理结构没有明确规定，根据《公司法》第217条的规定，外资企业的公司治理结构应当补充适用《公司法》的相关规定。

☞条款设计

十、外资企业公司章程的个性化设计

1. 法律对外资企业公司章程和内资企业公司章程要求的主要差异

(1)注册资本变更的程序有所不同

根据《外资企业法实施细则》第21条、第22条的规定，外资企业变更注册资本

必须报原审批机关批准。而内资企业变更注册资本一般不需要办理审批手续。

(2)股权转让程序有所不同

对于涉及国家规定实施准入特别管理措施的外资企业，根据《外资企业法实施细则》第22条的规定，外资企业的股权转让必须审批机关批准，而内资公司的股权转让一般无须经过行政机关的批准。

(3)公司章程变更程序有所不同

对于涉及国家规定实施准入特别管理措施的企业，根据《外资企业法》第10条"外资企业分立、合并或者其他重要事项变更，应当报审查批准机关批准，并向工商行政管理机关办理变更登记手续"之规定，外资企业修改其公司章程应当报审批机关批准，并办理工商变更登记手续。

除非涉及许可经营项目，内资企业一般无须办理审批，直接办理工商变更登记手续即可。

2. 外资企业公司章程的自治空间与个性化设计

外资企业公司章程主要在上述几个方面的自治空间受到一定限制，这些限制性规定属于强制性法律规范，外资企业的公司章程不得违反。除此之外，外资企业公司章程的自治空间与内资公司基本相同。

疑难释解

十一、旧外资企业的章程应否依照现行《公司法》的有关规定进行修改？(总第143问)

对于2006年1月1日以前已经设立的外资企业的公司章程是否依照上述规定对章程进行修改，由该公司自行决定，这是新法不溯及既往原则的体现，以尊重外商投资的既成事实。但是如该类公司修改其章程，则应依照《外资企业法》第10条及其实施细则第16条的规定报审批机关批准，并办理变更登记手续。

十二、外资企业投资总额超出注册资本的部分是否属于出资性质？(总第144问)

公司投资总额是为公司设立和经营而向其投入的全部财产总额，包括股东出资形成的注册资本和注册资本之外向公司的投入(包括企业借款)。投资总额的概念主要用于外商投资企业。而注册资本是公司成立时在章程中载明并在公司登记机关注册登记的资本总额。

对于投资总额超出注册资本之外部分的法律性质,目前尚无明确法律规定。从其来源来看,资本外的投入有的来自于银行等第三方的借贷,有的则来自于股东本身,向第三方的借贷当然属于公司的对外负债;而来自于股东本身的资本外投入的性质,有学者认为应定性为出资性投入或资本性投入,应作为公司的自有财产而不是对外负债。[1]

笔者认为,不宜将来自于股东本身的资本外投入一律定性为出资性投入或资本性投入而作为公司的自有财产,这里既有事实认定的问题也有法律定性的问题,应区别情况对待。

在法律及理论定性方面:其一,自然人股东向其公司提供借款并没有违反法律、行政法规的强制性规定,合法有效。司法实践中也通常认定股东借款是一种通行的做法,合法有效。其二,股东对公司的借贷形成的债权,在破产中能否视为和第三人债权地位平等的债权?我国目前尚无明确规定。德国在2006年以来的公司法改革中引进了破产中的衡平居次原则,即公司对股东债权的清偿将次于其他债权人的清偿。[2] 这说明境外法律承认股东对公司的借贷形成的债权,只是破产清偿顺序居次。其三,在法定资本制下,注册资本是确定股东对公司责任的界限。而将来自于股东本身的其认缴出资额之外的投入定性为出资性投入或资本性投入,并作为公司的自有财产而不是对外负债,显然与此相矛盾。

在事实认定方面:其一,认定股东与公司之间是否存在借贷关系,要看有无书面协议、口头借款协议或有无其他证据佐证,公司将该笔款项是如何记账等证据材料。其二,有无约定利息,不是认定是否存在借贷关系的依据。其三,在习惯上,并非把投资与出资作为相同概念使用,也不是把投资与借贷作为对立的概念进行比较。《中外合资经营企业法实施条例》第17条规定:“合营企业的投资总额(含企业借款),是指……”该条规定就没有将投资与借贷作为对立

---

〔1〕 赵旭东:《公司法学》,高等教育出版社2006年版,第224页。

〔2〕 胡田野:《公司法任意性与强行性规范研究》,法律出版社2012年版,第227页。

概念使用,而是明确说明投资总额中包含借款。公司资产按其来源分为股权资本和债权资本,相应地,投资也分股权投资和债权投资。

因此,当有证据足以认定来自于股东本身的资本外投入属于股东借贷给公司的借款,当然属于公司的对外负债。只有证据不足以认定来自于股东本身的资本外投入属于股东借贷给公司的借款时,才可定性为出资性投入或资本性投入。

第二节　中外合资企业公司章程

☞条款解读

一、中外合资经营企业的概念及法律地位

1. 中外合资经营企业的概念

根据《中外合资经营企业法》第1条的规定,中外合资经营企业是依法经中国政府批准,由外国公司、企业和其他经济组织或个人同中国的公司、企业或其他经济组织在中国境内共同投资设立的合营企业。

2. 中外合资经营企业的法律地位

依照《中外合资经营企业法》批准在中国境内设立的中外合资经营企业(以下简称合营企业)是中国的法人,受中国法律的管辖和保护。在中国法律、法规和合营企业协议、合同、章程规定的范围内,合营企业有权自主地进行经营管理。各有关部门应当给予支持和帮助。

3. 中外合资经营企业的组织形式

合营企业的形式为有限责任公司。合营各方对合营企业的责任以各自认缴的出资额为限。

二、中外合资企业的设立

1. 设立的条件

《中外合资经营企业法实施条例》第3条及第4条规定,在中国境内设立的合营企业,应当能够促进中国经济的发展和科学技术水平的提高,有利于社会主义现代化建设。国家鼓励、允许、限制或者禁止设立合营企业的行业,按照国

家指导外商投资方向的规定及外商投资产业指导目录执行。

申请设立合营企业有下列情况之一的，不予批准：

（1）有损中国主权的；

（2）违反中国法律的；

（3）不符合中国国民经济发展要求的；

（4）造成环境污染的；

（5）签订的协议、合同、章程显属不公平，损害合营一方权益的。

2. 设立程序

（1）申请

《中外合资经营企业法实施条例》第 7 条规定，申请设立合营企业，由中外合营者共同向审批机构报送下列文件：

①设立合营企业的申请书；

②合营各方共同编制的可行性研究报告；

③由合营各方授权代表签署的合营企业协议、合同和章程；

④由合营各方委派的合营企业董事长、副董事长、董事人选名单；

⑤审批机构规定的其他文件。

（2）备案、审批

《中外合资经营企业法实施条例》第 8 条规定，审批机构自接到本条例第 7 条规定的全部文件之日起，3 个月内决定批准或者不批准。

根据《中外合资经营企业法》第 15 条的规定，不涉及国家规定实施准入特别管理措施的合营企业，适用备案管理。

（3）设立登记

《中外合资经营企业法实施条例》第 9 条规定，申请者应当自收到备案或批准证书之日起 1 个月内，按照国家有关规定，向工商行政管理机关（以下简称登记管理机构）办理登记手续。合营企业的营业执照签发日期，即为该合营企业的成立日期。

三、注册资本与投资总额

1. 注册资本与投资总额的含义

《中外合资经营企业法实施条例》第 17 条规定，合营企业的投资总额（含企业借款)，是指按照合营企业合同、章程规定的生产规模需要投入的基本建设资金和生产流动资金的总和。

《中外合资经营企业法实施条例》第18条规定，合营企业的注册资本，是指为设立合营企业在登记管理机构登记的资本总额，应为合营各方认缴的出资额之和。

2. 投资总额与注册资本的比例

根据国家工商行政管理局《关于中外合资经营企业注册资本与投资总额比例的暂行规定》第3条的规定，中外合资经营企业的注册资本与投资总额的比例，应当遵守如下规定：

(1)投资总额在300万美元以下(含300万美元)的，其注册资本至少应占投资总额的7/10。

(2)投资总额在300万美元以上至1000万美元(含1000万美元)的，其注册资本至少应占投资总额的1/2，其中投资总额在420万美元以下的，注册资本不得低于210万美元。

(3)投资总额在1000万美元以上至3000万美元(含3000万美元)的，其注册资本至少应占投资总额的2/5，其中投资总额在1250万美元以下的，注册资本不得低于500万美元。

(4)投资总额在3000万美元以上的，其注册资本至少应占投资总额的1/3，其中投资总额在3600万美元以下的，注册资本不得低于1200万美元。

3. 注册资本的变更

《中外合资经营企业法实施条例》第19条规定，合营企业在合营期内不得减少其注册资本。因投资总额和生产经营规模等发生变化，确需减少的，须经审批机构批准。

《中外合资经营企业法实施条例》第21条规定，合营企业注册资本的增加、减少，应当由董事会会议通过，并报审批机构批准，向登记管理机构办理变更登记手续。

根据《中外合资企业经营企业法》第15条的规定，不涉及国家规定实施准入特别管理措施的合营企业，适用备案管理。

四、出资方式及比例

1. 出资方式

《中外合资经营企业法》第5条规定，合营企业各方可以现金、实物、工业产权等进行投资。外国合营者作为投资的技术和设备，必须确实是适合我国需要的先进技术和设备。如果有意以落后的技术和设备进行欺骗，造成损失的，应赔偿损失。中国合营者的投资可包括为合营企业经营期间提供的场地使用权。如果场地使用权未作为中国合营者投资的一部分，合营企业应向中国政府缴纳使用费。

《中外合资经营企业法实施条例》第22条规定，合营者可以用货币出资，也可以用建筑物、厂房、机器设备或者其他物料、工业产权、专有技术、场地使用权等作价出资。以建筑物、厂房、机器设备或者其他物料、工业产权、专有技术作为出资的，其作价由合营各方按照公平合理的原则协商确定，或者聘请合营各方同意的第三者评定。

2. 出资比例结构

《中外合资经营企业法》对此没有明确。按照现行《公司法》第217条之规定，应补充适用《公司法》关于出资比例结构的规定。

2013年修正的《公司法》第27条规定，合营企业与内资企业一样，可自行决定其出资比例结构。

3. 出资期限

《中外合资经营企业法实施条例》第28条规定，合营各方应当按照合同规定的期限缴清各自的出资额。逾期未缴或者未足额缴清的，应当按合同规定支付迟延利息或者赔偿损失。

五、董事会

1. 董事会的法律地位

根据《中外合资经营企业法》第16条及其实施条例第30条的规定，董事会是合营企业的最高权力机构，决定合营企业的一切重大问题。

2. 董事会的职权

《中外合资经营企业法》第6条第2款规定，董事会的职权是按合营企业章程规定，讨论决定合营企业的一切重大问题：企业发展规划、生产经营活动方案、收支预算、利润分配、劳动工资计划、停业，以及总经理、副总经理、总工程师、总会计师、审计师的任命或聘请及其职权和待遇等。

3. 董事会组成人数及名额

根据《中外合资经营企业法》第 6 条及实施条例第 31 条的规定，董事会成员不得少于 3 人，具体组成人数由合营各方协商确定，董事名额的分配由合营各方参照出资比例协商确定。

4. 董事的任免及任期

根据《中外合资经营企业法》第 6 条及实施条例第 31 条的规定，董事由合营各方委派和撤换；董事的任期为 4 年，经合营各方继续委派可以连任。

5. 董事长、副董事长的产生

根据《中外合资经营企业法》第 6 条第 1 款的规定，董事长和副董事长由合营各方协商确定或由董事会选举产生。一方担任董事长的，由他方担任副董事长。

6. 法定代表人

《中外合资经营企业法实施条例》第 34 条规定，董事长是合营企业的法定代表人。董事长不能履行职责时，应当授权副董事长或者其他董事代表合营企业。

7. 董事会的议事程序

(1)须董事会一致通过的事项：

《中外合资经营企业法实施条例》第 33 条规定，下列事项由出席董事会会议的董事一致通过方可作出决议：

①合营企业章程的修改；

②合营企业的中止、解散；

③合营企业注册资本的增加、减少；

④合营企业的合并、分立。

(2)《中外合资经营企业法实施条例》第 32 条规定，董事会会议每年至少召开 1 次，由董事长负责召集并主持。董事长不能召集时，由董事长委托副董事长或者其他董事负责召集并主持董事会会议。经 1/3 以上董事提议，可以由董事长召开董事会临时会议。董事会会议应当有 2/3 以上董事出席方能举行。

董事不能出席的，可以出具委托书委托他人代表其出席和表决。董事会会议一般应当在合营企业法定地址所在地举行。

(3)《中外合资经营企业法》及其实施条例对董事会议事程序未明确规定，适用《公司法》的相关规定。

六、总经理

1. 总经理是中外合资企业的法定必设机构

根据《中外合资经营企业法实施条例》第35条“合营企业设经营管理机构，负责企业的日常经营管理工作。经营管理机构设总经理1人，副总经理若干人。副总经理协助总经理工作”之规定，总经理是中外合资经营企业中的必设机构。

而根据《公司法》第49条第1款“有限责任公司可以设经理，由董事会决定聘任或者解聘”之规定，公司可以设总经理，也可以不设总经理，即总经理不是内资公司的必设机构。

2. 总经理的聘任

《中外合资经营企业法》第6条第3款规定，正副总经理(或正副厂长)由合营各方分别担任；其实施条例第37条规定，总经理、副总经理由合营企业董事会聘请，可以由中国公民担任，也可以由外国公民担任。

3. 总经理的职权

《中外合资经营企业法实施条例》第36条规定，总经理执行董事会会议的各项决议，组织领导合营企业的日常经营管理工作。在董事会授权范围内，总经理对外代表合营企业，对内任免下属人员，行使董事会授予的其他职权。

七、利润分配标准

根据《中外合资经营企业法》第8条及其实施条例第76条的规定，可分配利润经董事会确定分配的，应当按合营各方的出资比例进行分配。

☞条款设计

八、中外合资经营企业公司章程的个性化设计

1. 法律对中外合资企业章程和内资企业章程要求的主要差异

(1) 股东(投资主体)的差异

《中外合资经营企业法》将外方投资者界定为"外国公司""企业""其他经济组织""个人"四类主体,而对中方投资者规定为"公司、企业和其他经济组织",没有"个人"主体。

《公司法》对股东的资格包括国籍并无任何限制。

(2) 股权转让程序有所不同

①须经其他股东全部同意

《中外合资经营企业法实施条例》第 20 条规定,合营一方向第三者转让其全部或者部分股权的,须经合营他方同意,并报审批机构批准,向登记管理机构办理变更登记手续。

而内资企业股权转让时只需获得其他股东过半数同意。

②须报审批机关备案或批准

根据《中外合资经营企业法》第 15 条的规定,不涉及国家规定实施准入特别管理措施的合营企业股权转让,适用备案管理;涉及国家规定实施准入特别管理措施的合营企业股权转让须报审批机构批准。而内资企业无此要求。

(3) 公司治理结构有所不同

①中外合资企业不设股东会,而内资企业必须设立股东会。

②中外合资企业董事会的法律地位、职权、董事任免、董事会议事程序与内资企业存在差异。此外,总经理的聘任也存在差异。具体差异请参见上文。

③中外合资企业的法定代表人只能由董事长担任,而内资企业董事长既可由董事长担任,也可由经理担任。

(4) 利润分配标准有所不同

根据《中外合资经营企业法》第 8 条的规定,合营企业只能按合营各方的出资比例进行分配;而根据《公司法》第 34 条规定,股东按照实缴的出资比例分取

红利;公司新增资本时,股东有权优先按照实缴的出资比例认缴出资。但是,全体股东约定不按照出资比例分取红利或者不按照出资比例优先认缴出资的除外。易言之,内资企业既可按出资比例分红,也可按其他约定分红。

(5)章程修改程序有所不同

合营企业对法定特别事项的修改要求合营各方一致同意;根据《中外合资经营企业法》第15条的规定,不涉及国家规定实施准入特别管理措施的合营企业修改合同、企业章程,适用备案管理;涉及国家规定实施准入特别管理措施的合营企业修改合同、企业章程须报审批机关批准。

2.合营企业公司章程的自治空间与个性化设计

与内资企业相比,合营企业的公司章程主要存在上述几方面的限制,这些限制性规定属于强制性法律规范,合营企业必须遵守,不得违反。因此,合营企业的公司章程的自治空间受到以上几方面的限制。除此之外,合营企业在其他方面的自治空间与内资企业基本相同。

☞疑难释解

九、合营企业协议与合营企业合同、公司章程规定不一致的,应以何者为准?(总第145问)

根据《中外合资经营企业法实施条例》第10条第2款的规定,合营企业协议与合营企业合同有抵触时,以合营企业合同为准。

根据《公司法》第11条的规定,公司章程对公司、股东、董事、监事、高级管理人员具有约束力;而根据合同相对性原理,合同(协议)一般仅对当事人有约束力,对公司、董事、监事、高级管理人员没有约束力。因此,当合营企业合同与合营企业公司章程不一致,合营各方因而发生争议的,合营各方应依据合营企业合同向对方主张权利,但不能依据该合同向公司主张权利。

十、中外合资企业的股权转让合同未经审批机关批准,能否以此为由主张无效?(总第146问)

根据最高人民法院《关于审理外商投资企业纠纷案件若干问题的规定

(一)》第1条的规定，当事人在外商投资企业设立、变更等过程中订立的合同，依法律、行政法规的规定应当经外商投资企业审批机关批准后才生效的，自批准之日起生效；未经批准的，人民法院应当认定该合同未生效。当事人请求确认该合同无效的，人民法院不予支持。前款所述合同因未经批准而被认定未生效的，不影响合同中当事人履行报批义务条款及因该报批义务而设定的相关条款的效力。

十一、合营企业新选任的董事长担任法定代表人未经工商变更登记是否可以要求原法定代表人办理工作移交？（总第147问）

笔者认为，新法定代表人有权要求原法定代表人办理与法定代表人有关工作的移交手续。理由如下：

首先，工商登记只是法定代表人变更的对抗要件，而非生效要件。根据《中外合资经营企业法》第15条、《中外合资经营企业法实施条例》第14条的规定，涉及国家规定实施准入特别管理措施的合营企业依照其章程作出的变更法定代表人的决定经审批机构批准后生效，而不是经工商变更登记生效。

其次，法定代表人是公司章程的绝对必要记载事项，合营企业依照其章程作出的变更法定代表人的决定属于公司章程修正案。根据《公司法》第11条的规定，公司章程对公司、股东、董事、监事、高级管理人员具有约束力。故原法定代表人应按照合营企业通过的有关变更法定代表人的章程修正案执行。

第十九章　VIE 架构下的公司章程

第一节　协议控制与 VIE 架构

条款解读

一、公司权益的控制及其方式

1. 对公司权益控制的含义

所谓控制，按照《国际会计准则第 27 号——合并财务报表和对附属公司投资的会计》的有关规定，是指具有支配一个企业的财务和经营政策，以便从其经营活动中获取利益的能力。可见，对公司的控制包括对公司的经营权、决策权及收益权等内容，是合法的控制，而不是隐性的控制或非法的控制。

2. 对公司权益的控制方式

以是否控股为标准，对公司权益的控制方式可以分为股权控制和协议控制两种方式。

所谓股权控制，是指拥有公司股权并持有 50% 以上的股权或表决权，能够支配公司行为，且能够从其经营活动中获取利益的控制。这是控股股东取得公司控制权的自然结果。

所谓协议控制，是指虽不持有公司的股权，但通过融资关系、协议或者其他安排，能够实际支配公司的财务和经营决策并从其经营中获取利益的控制。这是对公司的实际控制。

即使协议控制没有受到合法性挑战，严密的协议条款在长期执行时也会被发现不完备之处。在合同不完备之时，所有权是权力之源。[1] 可见，协议控制的稳固性和有效性不如股权控制。

二、协议控制、新浪模式及 VIE 的联系与区别

1. 新浪模式的含义

新浪模式是协议控制在国内民营企业绕开国内监管机构监管赴境外上市中的活用，因新浪公司是我国首家采用协议控制方式控制内资公司获得海外上市而得名。在新浪模式中境外注册的上市实体通过签订一系列协议而非股权控制的方式直接或间接地控制位于中国境内的业务实体，进而成为境内业务实体的实际收益人和资产控制人，境外上市实体因而可以对境内业务实体的财务报表进行有效合并，以满足美国资本市场对上市公司收入与利润的要求而获得上市公司地位。这时，境内业务实体就是境外上市公司的“可变利益实体”（即 VIEs）。新浪模式可以视为红筹模式的一种衍生。只要能够通过合同安排合法转移企业控制权及利润的行业都可以通过新浪模式上市。

新浪模式的产生缘于我国对境外资本进入国内的限制。在境内企业所属产业允许外资持股的情况下，控制境内公司权益的方式通常采用股权控制的方式，间接控制境内公司的决策权、经营权和收益权。在境内企业所属产业禁止或限制外资持股的情况下，采用协议控制方式，间接控制境内公司的决策权、经营权和收益权，使境内企业成为境外公司的“可变利益实体”，实现境内外企业财务报表的有效合并。我国在海外上市的许多知名企业，比如新浪、百度、盛大、搜狐、新东方等，因电信增值业务和教育行业尚未对外资开放，因而采用协议控制方式对境内权益进行控制。新浪模式随着“10 号文”（即商务部、国资委、证监会、外管局等 6 部委联合颁发的《关于外国投资者并购境内企业的规定》）出台而逐渐火热。

---

〔1〕［美］罗伯特·罗曼诺：《公司法基础》（第 2 版），罗培新译，北京大学出版社 2013 年版，第 22 页。

2. VIE 的含义

VIE 是 Variable lnterest Entities 首字母缩写,中文直译为可变利益实体,是指利益实体拥有实际或潜在控制该经济利益权,但该实体本身对此经济利益并无完全的控制权,而实际或潜在的该经济利益的"第一收益人"需将该利益实体的财务报表进行合并处理。这时,前述利益实体就是第一收益人的"可变利益实体"。按照美国 FASB(Financial Accounting Standard Board,财务会计准则委员会)定义,在协议控制模式下,第一收益人可以对前述利益实体的财务报表进行有效合并。

VIE 是 2001 年美国安然丑闻后产生的新概念。安然事件发生之前,一家公司持有另一家公司多数股权或投票权才会要求合并财务报表。安然事件发生后,美国财务会计准则委员会出台 FIN46 条款,规定只要一家公司对另一家实体的"控制"符合 VIE 标准就需合并财务报表。

所谓 VIE 标准,是指按照美国 FASB 制定的 FIN46 条款之规定,凡是满足以下三个条件任一条件的特殊目的实体(SPE)都应被视作 VIE,应将其损益状况并入"第一收益人"的资产负债表中:(1)风险股本很少,这个实体主要由外部投资支持,实体本身的股东只有很少的投票权;(2)实体的股东无法控制该实体;(3)股东享受的投票权和股东享受的利益分成不成比例。

3. 协议控制、新浪模式及 VIE 的联系与区别

如上所述,新浪模式是协议控制方式在海外上市中的运用;在协议控制下,实际控制人(企业)需对被控制企业(VIEs)的财务报表进行合并。因此,新浪模式和 VIE 模式笼统称为协议控制模式。

不过,协议控制与新浪模式及 VIE 存在以下区别:协议控制不仅可由上市公司采用,非上市企业也可采用;新浪模式特指协议控制在海外上市的应用模式;而 VIE 是安然事件发生后美国财务会计准则委员会及相关监管机构为加强对上市公司采用 SPE 业务模式掩饰财务报表的行为的监管而出台的措施,按照 FIN46 条款,不仅在协议控制模式下,一个实体可以成为另一个公司的 VIEs,而且在协议控制和股权控制的混合模式下,一个实体也可以成为另一个公司的 VIEs,即 VIE 并不仅限于协议控制模式。可见新浪模式与 VIE 有异曲同工之妙,虽然"同工",但毕竟"异曲"。

三、VIE 架构及其导入

1. VIE 架构

VIE 上市架构一般由境外上市主体、境内外商独资企业及内资业务运营企业三部分组成，境内外商独资企业通过与内资业务运营企业签订一系列协议而获得内资业务运营企业的决策权、经营权和收益权，境外上市主体通过股权控制的传统方式直接控制境内外商独资企业。由此，境内权益得以"注入"境外壳公司实现海外上市。

2. VIE 架构的导入

导入 VIE 上市架构的通常做法是：

(1)境内运营企业的创始人团体(境内自然人)先到境外设立一个离岸公司(SPV,特殊目的公司),比如在维京群岛(BVI)或开曼群岛，一般是避税天堂；

(2)该 SPV 与 VC、PE 及其他股东再共同成立一个公司(通常在开曼注册),作为上市的主体；

(3)该上市主体再在香港设立一个壳公司；

(4)香港壳公司在境内设立一个或多个全资子公司(WFOE)；

(5)该 WFOE 与境内运营企业(VIEs,目标公司)签订一系列协议而获得境内运营企业的控制权和主要收益。

四、VIE 协议束及其法律效果

1. VIE 协议束

如上所述，新浪模式实际上就是通过外商独资企业(WFOE)与内资运营企业签订一系列协议，将境内权益注入境外壳公司而实现境内权益海外上市的目的的。因此，新浪模式的关键是连通 VIE 上市架构的系列协议，这些协议可以称之为 VIE 协议束。

VIE 协议束一般包括独家技术咨询服务合同、商业合作合同、经营合同、知识产权许可合同、资产转让合同、资产租赁合同、股权质押合同、排他购买权合同、委托投票合同等。在这些合同安排下，境外特殊目的公司通过其子公司向境内企业提供服务并获得境内企业的大部分经济利益。境外壳公司通过其子公司,在 VIE 协议安排下对境内企业形成了“人、财、物”全面、有效的控制,间接实现境外壳公司对境内企业的控制。

2. VIE 协议束的法律效果

(1)规避境外上市监管

2005 年 10 月 21 日,国家外汇管理局颁发的《关于境内居民通过境外特殊目的公司融资及返程投资外汇管理有关问题的通知》(以下根据文号称其为 75 号文)与 2006 年 8 月 8 日商务部、国资委、证监会、外管局等 6 部委联合公布的《关于外国投资者并购境内企业的规定》(以下根据文号称其为 10 号文),共同构成目前我国对境外间接上市监管的法律框架,但是,75 号文与 10 号文适用范围有所差别。

从两个文件的规范范围来看,协议控制模式下的境外间接上市行为仅适用 75 号文,不适用 10 号文。75 号文适用境外公司对境内公司的直接投资活动,包括在境内设立外商投资企业及通过该企业购买或协议控制境内资产;而 10 号文仅适用于境外公司对境内公司的并购行为,协议控制模式因不涉及并购而不适用该文,因此,采用协议控制模式境外间接上市,只需完成外汇登记即可,而不需履行 10 号文规定的证监会境外上市审批与商务部并购审批。从实践中看,10 号文实施后,很少有企业能够走通 10 号文的相关程序,其审批难度非常大。相比之下,75 号文的规定大多是登记和管理性的,程序比较容易完成。[1]因此,采用协议控制模式可以直接规避 10 号文的适用,在一定程度上削弱了 10 号文对境外上市监管规范目的的实现。

(2)规避产业政策

互联网等行业的准入限制的存在,使境外间接上市操作中无法采用境外壳公司并购境内企业的股权模式,只能替代以协议控制模式。通过一系列协议架构安排,由一家内资公司作为牌照公司持有增值电信业务经营许可证,内资牌照公司运行完全符合监管与法律要求,境外公司及其内外商独资企业则通过协议安排实际控制牌照公司的运营、资产与收益。采用协议控制模式在境外间接

〔1〕 李彤:“积极应对‘红筹末路’”,载《中国企业家》2007 年第 7 期。

上市的境内互联网公司实际上规避了上述法律规定，其中不乏国内知名的新闻网站和综合性门户网站。[1]

☞条款设计

五、VIE 系列协议的个性化设计

1. VIE 系列协议组合的个性化设计

VIE 系列协议一般由独家技术咨询服务合同、商业合作合同、资产转让合同、资产租赁合同、知识产权转让合同、知识产权许可合同、股权质押合同、排他购买权合同、委托投票合同等合同组合而成。当然，根据不同行业、不同企业的实际情况，VIE 具体协议也有所不同。比如教育行业采用 VIE 上述架构时，可能将增加《教学支持协议》《教育软件开发服务协议》《房屋租赁合同》等协议组合。无论这些协议组合如何，都应相互协调，有利于境外上市主体通过其子公司对境内运营实体形成“人、财、物”全面、有效的控制。

2.VIE 系列协议应有助于巩固投资机构与创始人团队的共同利益和合作基础

实际上，VIE 架构的稳定运行是建立在“利益平衡”基础上的。因此，VIE 各个层面的协议约定的权利义务及其对价须大体公平合理，体现各方共同利益，而不是一边倒的霸王条款，这样不但可以巩固各方的共同利益和合作基础，而且可以避免被税务部门认定为转移定价，也可以避免协议被认定为显失公平而无效。

3. 独家业务合作合同的个性化设计

本合同是概述 WFOE 与内资运营实体及其境内股东进行业务合作的主协议，主要就 WFOE 与内资运营实体的合作方式、独家服务的范围、服务费支付、双方的其他权利义务承诺与保证、合作期限、违约责任、合同变更与解除、争议解决和法律适用等进行约定。

4. 知识产权许可合同的个性化设计

本合同涉及 WFOE 将技术和相关知识产权许可给内资运营实体以获取许

---

〔1〕 伏军:《境外间接上市法律制度研究》,北京大学出版社 2010 年版,第 115 ~ 116 页。

可费。基于业务的性质不同,知识产权许可的内容也有所不同。技术和知识产权一般可包括域名、商标、著作权、专利和其他专有权利。通常由 WFOE 向内资运营公司独家提供知识产权许可,使 WFOE 绝对控制内资运营公司使用任何第三方知识产权的权利。

5. 独家技术咨询服务合同的个性化设计

本合同涉及 WFOE 向内资运营公司提供技术支持和咨询服务以获得服务费。技术咨询服务通常由 WFOE 独家提供,未经 WFOE 同意内资运营实体不得接受第三方技术咨询服务。

6. 资产转让合同及资产租赁合同的个性化设计

资产转让合同涉及 WFOE 在中国法律、法规允许的范围内购买内资运营公司全部或部分的设备和资产。

资产租赁合同涉及 WFOE 将经营业务之用的设备和其他资产租赁给内资运营公司以获得租金。内资运营公司经营所需设备和资产通常由 WFOE 独家提供租赁服务。

7. 股权质押合同的个性化设计

本合同涉及创始人将其在内资运营公司的股权进行质押以担保创始人和内资运营公司在各协议项下义务的履行。此外,创始人承诺未经 WFOE 同意不会出售或转让其在内资运营公司的股权或对外提供担保。

8. 委托投票合同的个性化设计

本合同涉及创始人将其作为股东持有的内资运营公司的表决权的全部或部分不可撤销地授予 WFOE 指定人行使,委托期限一般为 10 年。通过该合同,WFOE 可实际控制运营实体公司董事会的决策或直接向董事会选派成员。

9. 认购期权合同的个性化设计

本合同涉及 WFOE 可在中国法律规定允许的范围内从创始人处购买内资运营公司的全部或部分股权。

10. 对赌协议的个性化设计

对赌协议涉及估值调整机制 CVAM,即投资方与创始人团队在签订投资协议时,由于对未来的业绩无法确定,双方在协议中约定一定的条件(一般是以一定的业绩指标作为标准),如果约定的条件出现,由投资方行使估值调整权利,以弥补高估企业价值的损失;如果约定的条件未出现,则由创始人团队行使一种权利,以补偿企业价值被低估的损失。

☞疑难释解

六、如何理解 VIE 模式的合法性问题?(总第 148 问)

如上所述,新浪模式是面对我国的外资准入限制及关联并购规定而创新的一种红筹衍生模式。VIE 协议束所涉及的系列协议,有人认为属于脱法行为,是以合法形式掩盖非法目的,根据《合同法》第 52 条第(3)项的规定,这些合同应认定为无效。2012 年年底,最高人民法院对华懋金融服务公司与中国中小企业投资有限公司之间关于民生银行股份所有权争议作出判决,认定华懋金融服务公司与中国中小企业投资有限公司签订的委托投资协议(代持协议)规避了中国法律法规对外商投资金融领域的规定,构成了"以合法形式掩盖非法目的",因此,判决双方签署的协议无效。这似乎给脱法行为论者增加了"更加有力"的论据。

笔者认为,对于 VIE 系列协议的效力,不能简单地一概认定为无效,而应当结合规避行为产生的深层原因、规避的目的、实际效果、产业类型等全面考虑,原则上不宜宣布 VIE 相关协议无效,并应个案分析认定具体协议的效力。

第一,境内包括 TMT 企业在内的许多中小企业纷纷寻求境外间接上市并采用协议控制,主要还是出于融资的需要,而我国现有资本市场和金融制度尚不能满足这些企业融资的要求。实际上,国际融资在总体上有利于我国相关产业和经济的发展。

第二,境外公司的控制权基本上仍为中国控制人持有。境外上市公司的股东主要分为三类:创始人股东、机构投资者和公众股东。其中,机构投资者意在通过境外上市转让所持股份,获取高额利润,并无控制境内产业的意图,公众股东购买公司股票也不是为取得公司的控制权。境外上市公司仍由创始人控制,而且创始股东通常是中国公民,按照商务部等《关于外国投资者并购境内企业的规定》第 55 条的规定,即使改变为外国国籍,其企业性质也不会改变。可见,境外间接上市虽然涉及"外资"并购程序,但其本质还是"内资",外资通常是作为战略投资者或公众股东进入，并不直接拥有境内企业的股权。既然如此，不应该也无必要对其适用行业准入规定。如对这些企业加以限制，实际上是限制了我国包括 IT 业在内的某些产业的发展，与产业保护和外资限制的初衷相违背。[1]

第三，从实际效果来看，一方面，新浪模式诞生十几年来，互联网、清洁技术、生物医药、教育培训等创新产业里的几乎所有海外上市公司，都是 VIE 模式的受益者。可以说，没有 VIE 模式及海外融资，就没有中国互联网及创新产业的今天。另一方面，这十几年的 VIE 实践表明，VIE 并没有威胁到国家安全。

第四，《合同法》的立法目的是维护契约精神，保护市场经济中民事主体的权利。民营企业在哪里上市，是企业自主选择的权利。既然我国已经决定实行市场经济体制，就应保护正当的交易，《合同法》是为了保护交易，而不是阻碍交易。

契约精神不仅是市场经济正常运行之关键，而且是我国传统文化和建设现代文明社会的核心价值观之一。如果允许协议当事人随意以所谓“以合法形式掩盖非法目的”为由主张 VIE 系列协议无效，则无异于支持背信弃义者违背契约精神。这会带来不良示范效应，催生更多的纠纷和诉讼。

第五，对于 VIE 系列协议是否影响国家安全，应以国务院办公厅《关于建立外国投资者并购境内企业安全审查制度的通知》及其实施规定等法规和部门规章为依据，从协议的目的、实质内容、实际影响等方面综合考虑。

综上所述，对于安全审查范围以外企业的 VIE 系列协议，从协议的目的、实际影响、产业类型及相关法律立法宗旨等方面综合考虑，如协议并不违反法律、行政法规的强制性规定，则原则上不应以“合法形式掩盖非法目的”为由认定无效。安全审查范围内企业的 VIE 系列协议如未通过安全审查并且影响国家安全的，可以“合法形式掩盖非法目的”为由认定为无效。

七、VIE 架构可能存在哪些法律风险？（总第 149 问）

马云转移支付宝事件发生，VIE 架构可能存在的法律风险引发各界高度关注。一般而言，传统 VIE 架构及其系列协议主要存在以下法律风险：

（1）合规性法律风险

这是指 VIE 架构及其系列协议可能被认定为无效。虽然政府监管部门尚

---

〔1〕 伏军：《境外间接上市法律制度研究》，北京大学出版社 2010 年版，第 117 页。

未明确对VIE合法性作出表态，但是不排除发生争议个案涉及的VIE系列协议被法院或仲裁机构裁判无效，无法执行。

(2)外汇管制风险

这是指通过协议将内资企业收益转移至外资企业，在利润出境时可能面临外汇管制风险，即不能将利润合法汇出境外。

(3)税务风险

这是指通过合同安排将内资企业主要收益转移至外资企业时，一方面会被重复征税，另一方面税务机关可能认定为转移定价行为。

(4)公司治理和VIE架构断裂风险

这是指在VIE架构中，维系利润主体与经营主体之间控制和被控制关系仅凭一纸协议，利润主体对经营主体没有控股权，如境内企业或自然人违约，可能存在无法参与境内企业经营或无法控制境内企业经营管理的控制风险，这将导致境外上市公司与境内权益失去联系，VIE架构断裂甚至崩溃。

以上法律风险中，合规性法律风险是决定性、全局性的法律风险。

八、如何降低和化解VIE架构及其协议的法律风险？（总第150问）

由于新浪模式是为了绕开境外上市监管和外资禁入的产业政策而创新的变通做法，新浪模式因而具有一些天生的弊端和潜在的法律风险。从产生这些法律风险的源头着手，可以采取以下措施来降低和化解VIE架构及其协议的法律风险：

(1)VIE架构仅适用于安全审查范围以外的产业且属于外资限制类轻资产企业

业界普遍认为我国政府部门“默许”互联网、生物医药、教育培训等限制类、创新型、轻资产企业采用VIE架构赴境外上市融资，带来了我国创新产业的繁荣，而没有影响国家安全。但近期VIE架构有滥用的现象，已经有逐渐从传统的轻资产领域向重资产领域蔓延的趋势（如铁路、钢铁、矿产资源等）。这些重资产领域的企业采取VIE架构将数以亿计的企业资产的控制权、收益权通过一系列协议间接转移至境外，将会引起我国政府部门的担忧，从而使政府有关部门监管VIE架构的动机变得越发强烈，宝生钢铁事件就是一个明显例子。

2011 年 2 月 3 日，国务院办公厅发布《关于建立外国投资者并购境内企业安全审查制度的通知》（国办发〔2011〕6 号）。同年 8 月 25 日商务部发布《商务部实施外国投资者并购境内企业安全审查制度的规定》明确规定外国投资者不得以协议控制方式实质规避并购安全审查。因此，VIE 上市架构应尽量适用于安全审查范围之外的产业。否则，VIE 架构及其系列协议将可能因影响国家安全构成“以合法形式掩盖非法目的”而被认定为无效。

(2) 从协议的主体、商业目的和内容等多方面改进和优化 VIE 相关协议安排

①内资业务运营企业及其所有股东均应参与到 VIE 协议安排，以减少 VIE 相关协议因被认定为属于 WFOE 和内资业务运营企业个别股东恶意串通损害内资企业或其他股东利益而无效的风险。

②VIE 系列协议应反映正当的商业目的。企业选择在境外上市融资既是企业的权利也是正当的商业目的，而通过协议安排将境内资产转移到境外或者逃税则将被认定为目的非法、不正当，构成“以合法形式掩盖非法目的”。正当的商业目的一般也不会影响国家安全。易言之，VIE 相关协议不应损害国家安全。

③改进和优化 WFOE 和内资运营企业之间控制协议的条款约定：a.协议约定的权利义务及其对价须看起来大体公平合理，体现双方共同利益，而不是一边倒，这既可以巩固投资机构和创始人的合作基础，又可以避免被税务部门认定为转移定价之类的非法避税行为，并避免相关协议被认定为显失公平而无效；b.提高协议的可操作性；c.建立违约风险控制措施。VIE 架构的稳定运行是建立在“利益平衡”基础上的，因此，这些改进和优化将切实提高 VIE 架构的稳定性。

(3) 完善境外壳公司、WFOE 和内资运营公司的治理结构及公司章程

①在 WFOE 和内资运营公司建立和完善符合我国司法实践的、具有可操作性的董事会制度、股东会制度，避免公司股东会、董事会发生“僵局”。

②投资机构或委派境内自然人代表作为内资运营公司的股东，完善股东会运作，加强对运营公司的控制。

③完善 WFOE 和运营公司财务管理制度、高管任免制度、公章、证照使用和管理制度。比如投资机构委派 WFOE 的法定代表人,掌握运营公司法定代表人任免权,公章、证照及财务印鉴由投资机构委派的财务负责人保管。这可以避免运营公司长期处于创始人的单独控制之下,使创始人和投资机构对公司的经营管理与监控趋于平衡,投资机构能及时发现公司运营存在的问题并在最佳时机采取补救措施。

④可以在内资运营公司中引入托管人机制。托管人应接受并严格执行境外上市公司的指示,并可灵活地根据公司具体情况引入其他不同措施从而制约了创始人的优势地位,避免创始人滥用支配地位。

⑤内资经营实体可在我国法律政策允许的情况下适时转为中外合资经营企业,使境外上市主体对境内经营实体的控制由完全依靠协议控制转为同时依靠协议控制和股权控制。

第二节　VIE 架构下的公司章程

☞条款解读

一、VIE 架构下的境内公司章程概述

VIE 上市架构一般由境外上市主体、境内外商独资企业和内资业务运营企业组成,其中,境外上市主体及其境外子公司通过股权控制方式对由其投资设立的外商独资企业(WFOE)进行直接控制,WFOE 与内资运营实体(VIEs)签订系列协议并以这些为纽带通过协议控制方式间接控制内资运营实体。

由于我国契约精神普遍有待提高,背信弃义现象并不少见,VIE 架构如果仅凭一纸君子协议维系未必稳固。马云转移支付宝事件殷鉴不远。因此,VIE 架构要稳定运行,除了需改进和优化 VIE 系列协议,还应着重完善境外上市主体、境内外商独资企业和内资经营实体的公司治理结构和公司章程。本节将重点探讨在我国《公司法》框架下境内外商独资企业及内资经营实体的公司章程及其与 VIE 系列协议相互协调中的相关法律问题,以及境内相关公司章程的个性化设计。

二、VIEs 公司章程与普通公司章程的异同

采行 VIE 上市架构是为了绕开外资准入和相关监管及审批，故实践中的境内经营实体（VIEs）往往是内资企业，也有少数中外合资经营企业。

VIEs（内资经营实体）公司章程与普通公司章程的相同之处是：两者都适用相同的《公司法》，公司章程的自治空间完全相同。

两者的不同之处主要是 VIEs 公司章程需注意与 VKE 系列协议相协调，否则将大大降低 VIE 系列协议的可执行性。而普通公司章程则无须考虑前述问题。

☞条款设计

三、WFOE 公司章程的个性化设计

WFOE 属外资企业，其公司章程的自治空间与一般外资企业章程完全相同，但需根据 VIE 架构及相关协议、行业特点和 WFOE 实际等情况，设计既符合我国《公司法》《外资企业法》及其实施细则，又符合境外上市规则的公司章程。该部分可参见本书第十九章第一节外资企业章程部分内容。

四、境内经营实体（VIEs）公司章程的个性化设计

1. VIEs 为内资企业的公司章程的个性化设计

这时，境内经营实体公司章程的自治空间与普通公司章程完全相同。经营实体可根据 VIE 架构及相关协议、行业特点、投资机构与创始人谈判等设计出符合我国《公司法》及境外上市规则的公司章程。该部分可参考本书第二篇相关章节。

2. VIEs 为中外合资企业的公司章程的个性化设计

这时，境内经营实体公司章程的自治空间与一般中外合资经营企业章程完全相同，经营实体可根据 VIE 架构及相关协议、行业特点、投资机构与创始人谈判等情况，设计出符合我国《中外合资经营企业法》及其实施条例、《公司法》及境外上市规则的公司章程。该部分可参见本书第十九章第二节中外合资企业章程。

3. 公司章程可根据实际情况规定对投资人特别保护条款

这类特别保护措施主要有:(1)知情权条款;(2)投资人的一票否决权。

对于投资人所享有知情权的行使,通常包括投资人在一年内行使其知情权的时间表及范围,比如在每个财政年度结束后的一段时间内获得公司经审计的年度合并财务报表,以及分别在每月或每季度结束后的一段期间内获得公司的月度和季度财务报表,并且有权在本年度结束前的一段时间查阅公司下一年度的预算。《公司法》第33条第2款规定:“股东可以要求查阅公司会计账簿。股东要求查阅公司会计账簿的,应当向公司提出书面请求,说明目的。公司有合理根据认为股东查阅会计账簿有不正当目的,可能损害公司合法利益的,可以拒绝提供查阅,并应当自股东提出书面请求之日起十五日内书面答复股东并说明理由。公司拒绝提供查阅的,股东可以请求人民法院要求公司提供查阅。”为防止创始人团队以该条中所谓“有合理根据认为股东查阅会计账簿有不正当目的,可能损害公司合法利益”为由拒绝提供查阅,可以将此类拒绝列入重大事项,需由董事会全体董事一致通过方可拒绝。

4. 公司章程可根据实际需要设置优先分红权、优先清算权、优先认购权、强制随售权等条款

这些条款的设计,请参见本节“疑难释解”部分内容。

5. 投资人参与制定或修改境内公司章程须严格遵循《公司法》及原公司章程规定的程序

修改公司章程如未遵守《公司法》及原公司章程规定的程序,就会存在程序瑕疵,甚至被认定为章程修正案无效,导致前功尽弃。投资人投资时与创始人团队经谈判对公司章程作出重大修正,往往涉及变更原股东既得权利或给原股东设定新义务,故必须经股东一致同意。该部分请参见修改公司章程一章。

☞疑难释解

五、公司章程中可否设置优先分红权条款?(总第151问)

所谓优先分红权是指投资人在被投资企业分红时,优先取得一定比例股息

的权利。根据我国《公司法》第 34 条“股东按照实缴的出资比例分取红利；公司新增资本时，股东有权优先按照实缴的出资比例认缴出资。但是，全体股东约定不按照出资比例分取红利或者不按照出资比例优先认缴出资的除外”和第 166 条“股份有限公司按照股东持有的股份比例分配，但股份有限公司章程规定不按持股比例分配的除外”等规定，公司章程可以规定公司股东不按其出资比例分取红利，而设置优先分红权。

不过，根据《中外合资经营企业法》第 8 条的规定，合营企业章程只能规定按出资比例分红，不得设置优先分红权。

六、公司章程能否设置优先清算权条款？（总第 152 问）

所谓优先清算权是指投资人在被投资企业清算时，优先取得企业清算财产的权利。我国《公司法》第 186 条第 2 款规定：“公司财产在分别支付清算费用、职工的工资、社会保险费用和法定补偿金，缴纳所欠税款，清偿公司债务后的剩余财产，有限责任公司按照股东的出资比例分配，股份有限公司按照股东持有的股份比例分配。”该条规定虽然没有明确授权公司章程可以设置优先清算权，但也没有禁止设置优先清算权。因此可以认为，公司在清算时只要按照法律规定优先支付了清算费用、职工的工资、社会保险费用和法定补偿金，缴纳所欠税款及偿付公司债务后，就剩余财产公司章程可以自行规定清算时哪一方享有优先受偿权。易言之，如果公司章程中特别规定且不违反法律、行政法规定强制性规定的，例如对发起人或优先股股东有优先分配剩余财产约定的，应按照章程的规定进行。[1]

实际上，《中外合资经营企业法实施条例》第 94 条第 1 款明确规定：“合营企业以其全部资产对其债务承担责任。合营企业清偿债务后的剩余财产按照合营各方的出资比例进行分配，但合营企业协议、合同、章程另有规定的除外。”因此，中外合资经营企业中合资各方可以通过签署合资合同或制订公司章程的方式约定优先清算权。

〔1〕 冯果：《公司法》，武汉大学出版社 2012 年版，第 307 页。

七、公司章程能否设置优先认购权条款?(总第 153 问)

所谓优先认购权,是指公司增资扩股或发行新股时,投资人作为老股东可以按照其所持股份数量的一定比例优先他人认购新股的权利。

根据《公司法》第 34 条“股东按照实缴的出资比例分取红利;公司新增资本时,股东有权优先按照实缴的出资比例认缴出资。但是,全体股东约定不按照出资比例分取红利或者不按照出资比例优先认缴出资的除外”之规定,有限责任公司章程可以设置优先认购权条款;再根据《公司法》第 217 条“外商投资的有限责任公司和股份有限公司适用本法;有关外商投资的法律另有规定的,适用其规定”之规定,中外合资经营企业章程也可以设置优先认购权条款。

八、公司章程是否可以设置回赎权条款?(总第 154 问)

所谓回赎权,一般指投资人在一定条件下可以要求被投资企业或其控股股东按照事先约定的价格回购投资人所持有的全部股权(股份)的权利。不仅投资人享有回赎权,创始股东有时也可要求回购投资人所持有的股权。

要求公司回购股份,其实质法律效果等同于公司股东的退股,将影响公司债权人的合法利益,因此其适用条件应当相当严格。根据《公司法》第 35 条“公司成立后,股东不得抽逃出资”及第 142 条“公司不得收购本公司股份”等规定,股东原则上不得要求公司回购其股权,只有符合《公司法》第 74 条或第 142 条规定的例外情形之一时才可要求公司回购其股权(份)。故公司章程设置的回赎权条款必须符合《公司法》第 74 条和第 142 条之规定,否则将因违反《公司法》第 35 条或第 142 条之规定而被认定为无效。

当然,如投资人与创始人股东约定,投资人在一定条件下可以要求创始人股东按照事先约定的价格回购投资人所持有的股份(权),则纯粹是私领域内的事务,不损害公司债权人的合法利益,应当允许。

九、公司章程能否设置强制随售权条款?(总第 155 问)

所谓强制随售权,又称强卖权、拖带权,是指被投资企业在约定期限内没有上市或未达到一定业绩标准时,投资人有权要求原有股东和自己一起向第三方转让股份，原有股东必须按照投资人与第三方谈好的价格和条件向第三方转让股份。

《公司法》没有明确禁止股东间约定强制随售权。强制随售权虽然称为“强制”，但强制随售权条款包含“自愿”因素，实质上是股权的附条件转让，并不损害公司债权人的正当权益，属于合同自治和股东自治的范畴，故公司章程可以设置强制随售权条款。

十、公司章程能否设置对投资人的特别保护条款？（总第 156 问）

对投资人的特别保护措施主要有两类：一是知情权，二是投资人对被投资企业的一些重大事项享有一票否决权。

我国《公司法》第 33 条、第 97 条及第 150 条赋予了股东知情权和查阅权，公司章程扩大投资人的知情权的范围并不违反《公司法》的规定。

投资人对被投资企业的一些重大事项享有一票否决权，其实质法律效果等同于股东或董事一致通过。[1] 而公司章程就重大事项作出决议要求一致通过，符合《公司法》第 43 条、第 48 条、第 111 条以及《中外合资经营企业法实施条例》第 33 条等规定。故公司章程可以规定投资人对被投资企业的某些重大事项享有一票否决权。

〔1〕 张学文：《有限责任公司股东压制问题研究》，法律出版社 2011 年版，第 217 页。

第二十章　家族企业章程

第一节　家族治理与家族章程

☞条款解读

一、家族的意义

所谓家族，一般是指以婚姻或血缘关系结合的社会单位。华夏传统的家，有家庭、家族、宗族之分。徐杨杰认为家庭和家族的关系主要表现为个体与群体的关系。二者的区别在于是否同居、共财，有时二者合而为一。[1] 家庭是以特定的婚姻形态为纽带结合起来的社会组织形式。家族则是以家庭为基础，同一个男性共同祖先的后裔构成的单一血缘关系群体。从某种意义上说，家庭、家族、宗族都是家在不同阶段、不同背景下的不同形式。

家族构成一般包括三个基本要素，必须是一个男性共同祖先的子孙，从男系计算的血缘关系清楚；有一定的规范办法，作为处理族群之间关系的准则；有一定的组织系统。[2]

---

〔1〕 徐杨杰：《中国家族制度史》，人民出版社1992年版，第3~5页。

〔2〕 杨在军：《论家族制度与家族企业的互动关系》，人民出版社2011年版，第26页。

二、家族自治与家族治理

1. 家族自治的意义

所谓家族自治，是指家族内部事务由家族成员自我管理、自我约束、自我决策和实施，法律对此予以尊重和保护。

一般而言，多个家庭构成家族，再由多个家族构成宗族，内部有严格的规章制度（即所谓家法族规），自成一体，具有高度的自治职能。

这种自治职能在传统中通过类科层制来实现：家庭由家长支配控制，家长之上是族长，他们是各种家法族规的实施者、监督者，也是家族内资源的核心配置者。随着社会发展由专制到民主，家族的基本组织原则也由专制向民主演进，由家长绝对控制到家庭合议制。社会的进步发展，并没有消解家族的自治职能，只不过是家族实现自治的方式更趋民主化。

2. 家族治理的意义

所谓家族治理，是指实现家族和谐与自治的结构和机制，包括正式治理和非正式治理。正式治理主要是构建家族成员共同实践并遵守的一套明文的行为准则和自治机制，这些准则和机制是为了形成家族成员间关系与互动的依据，以使家族成员对彼此有良好预期，达成共识，避免纷争。非正式治理是以柔性方式提升、优化家族价值、家族精神，以润滑家族成员关系，增强家族向心力。正式治理侧重于刚性的家族行为规范，非正式治理侧重于柔性的精神感召。最有效的家族治理是建立在一套家族认同并自愿遵守的价值之上。

三、家族治理与家族企业治理

虽然家族成员因存在共同的情感和利益基础而具有和谐倾向，但是人与人相处因人性弱点（如偏见、妒忌）或价值观的差异而难以绝对避免摩擦，并且“巨额的财富也可能令企业家族成员迷失自我，造成家庭纠纷”，[1]故家族成员争斗远比追求和谐容易，豪门恩怨在媒体报道中并不鲜见。若是家族纠纷影响家族企业经营，甚至摧毁企业，对家族和社会都是一大损失，承受争斗之苦的家

---

〔1〕 范博宏：《关键世代：走出华人家族企业传承之困》，东方出版社2012年版，第87页。

族十分需要方法脱困,暂未有此问题的企业家亦应未雨绸缪:首先,应当对影响家族和谐的因素进行管控。古今中外家族发展史表明,维护家族精神与家族和谐,有赖于完善的家族治理。通过正式治理构建家族成员间的行为准则,有利于避免和化解彼此纷争,通过非正式治理建立共同感情和价值观,有利于润滑家族成员关系,增强家族向心力。这是家族治理的首要任务。其次,在发生家族纷争时,不仅应及时找到解决方法,还应当最大限度降低该纷争的消极影响,包括对家族及家族企业的消极影响。

家族企业具有家族性,但这种家族性毕竟不能抹杀家族企业的独立性。在现代社会,家族与企业既相互独立又相互影响,两者以各种方式相互渗透。一方面,家族通过家族性控制权支配家族企业经营活动,另一方面家族企业的壮大发展又反哺家族壮大发展,甚至在某些极端情况下家族企业可能反噬家族,比如在家族控制使企业丧失独立法人人格时,家族企业将揭开公司面纱要求家族成员承担法律责任。因此,基于家族和家族企业的独立性以及避免彼此给对方产生的消极影响考虑,应对家族和家族企业进行平行治理,使两者保持安全距离。

家族企业因具有家族性,在其第一、二阶段的董事会成员中,家族成员占大多数。如果家族成员思想不统一,董事会就难以形成决议,将严重影响企业决策和正常运作。家族企业到了第二代、第三代、第四代,家族队伍更庞大了,股权更分散了,思想也更难统一。所以通过家族治理协调与统一家族成员思想,拧成一股绳,具有很强的现实必要性,此其一。其二,控制性家族作为企业的委托人,通过一系列公司治理手段,实现了传统委托代理理论中监督企业的经营者和所有者之间的代理监督,但不能回答如何对家族成员这些监督者进行监督。[1] 通过分离出家族治理有利于实现“对监督人的监督”和创业精神的延续,进而实现家族企业的良性治理。

四、家族治理与家族章程

如上所述,要避免家大业大伴随的纷争,家族治理是一项重要的功课。其

〔1〕 郑宏泰、周文港:《家族企业治理:华人家族企业传承研究》,东方出版社 2013 年版,第 177 ~ 178 页。

要点是建立家族规范即家族成员间互动的行为准则，明晰解决争议的规则和奖惩后果，借以形成彼此互动交往的良好预期，从而避免和化解争议。这些规则规范就是家族章程、家族宪法，古人称之为“家法族规”。家族章程是家族成员的根本行为准则，在不断完善中起着规范家族关系、维护家族团结和延续家族精神的重要作用。

五、家族章程的主要内容

一般而言，家族章程要明确家族核心价值和敏感问题的处理方式，将家族治理制度化。家族章程的形式和内容依家族及企业的规模、发展阶段以及家族成员介入企业的程度不同而不同。家族章程通常包括以下主要内容：(1)阐明家族使命与核心价值；(2)设立家族委员会协调家族事务，整合家族对企业重大事务的意见；(3)家族成员的行为准则，维持家族团结；(4)规划家族和企业的相互关系，避免彼此给对方造成消极影响；(5)明确家族成员冲突解决程序；(6)明确家族章程修改程序等。

六、制定家族章程的程序

1. 草拟家族规范

先由事业有成的企业家亲笔或口述写下他经商及为人处事中体会出的价值理念，然后写下十到数十条自己与家族成员为落实这些核心价值理念应当实践的行为规范。接着企业家要扪心自问：我自己会不会坚守这些规范？例如，习惯了专制独裁的家长能不能遵守自己写下的家族重要事务必须通过投票决定的规定？

2. 交由家族成员讨论

企业家和家族成员反复讨论家族规范草案，可以帮助企业家和家族成员发现共同价值，促进良好沟通，发展和谐关系。

3. 家族成员共同投票通过家族章程

家族章程不是企业家的独角戏，也不是僵化的八股文，而是现在与未来的家族成员都应该和愿意奉行并捍卫的体现家族精神和核心价值的规范。为达此目的，家族章程的制定与修改都必须经过家族成员的持续讨论并共同决定。

在这个过程中的家族成员间的互动，有助于增进家族成员彼此的了解与互信，也有利于家族章程的执行。[1]

☞条款设计

七、家族章程的个性化设计

1. 法律对于家族章程没有明确规定，但家族章程不得违反强制性规范

法律对于家族章程虽然没有明确规定，但家族章程不得违反强制性规范，否则将导致家族章程无效或部分无效。

2. 家族章程应阐明家族使命与核心价值

家族章程一般首先阐明家族愿景和使命，例如，“我们力求家族和谐、友善，发展并维持一个可以代代相传的家族精神和事业……”

其次在序言部分要明确家族的核心价值。家族企业的一大优势就是家族成员的凝聚力，这来自于家族成员对于核心价值观的认同。

3. 家族章程可设立家族委员会协调家族事务，以整合家族对企业重大事务的意见

家族委员会一般由全体家族成员组成，承担两个重要职能：一是作为家族内部沟通的主要平台。所有家族成员，包括不持股、不在董事会任职或不在企业任职的家族成员都可以通过家族委员会来表达期望，提出意见，有利于促进成员间的良性沟通，从而维持家族内部的团结，实现家族内部心往一处想、力往一处使。二是通过分离家族决策和董事会决策，实现家族利益和企业利益的平衡。

随着家族成员增多，家族委员会可设立家族理事会，由持股家族成员选举最能代表家族利益的核心成员组成，行使闭会期间家族委员会的职责。

4. 家族章程需明确家族成员的行为准则，维持家族团结

家族成员的行为准则，在不断完善中起着约束家族成员、维护家族团结和延续家族创业精神的重要作用。

---

〔1〕 范博宏：《关键世代：走出华人家族企业传承之困》，东方出版社 2012 年版，第 100 页。

5. 家族章程应规划家族和企业的相互关系,避免彼此给对方造成消极影响

(1)关于家族企业股权的继承和转让

家族章程可以规定家族企业股东须具有家族的血缘,不限男女。股东如要退出家族企业,股份应按事先约定价格转让给家族基金或其他家族成员,不得对外转让。

(2)确立家族成员的雇用政策

家族章程应对家族成员的录用、供职、考核、奖罚、退职等方面做出明确的规定,并对家族雇员和非家族雇员的待遇作出相应规定。

(3)确立董事会成员的任免政策

基于家族企业的家族性和独立性,家族成员担任企业董事会成员及其他高级管理人员,一方面应由家族委员会在对企业业务有兴趣的家族精英中选择候选人并由家族股东向企业股东会或董事会提名,另一方面应由企业股东会或董事会依照公司章程决定候选人的聘任。

家族章程可规定家族成员进入企业,进入管理团队按企业规则进行"生存考验",对于家族成员进入董事会及管理团队做出任职能力的严格规定,这有利于从制度上保证选拔家族精英领导企业开拓进取,以家族代代延续的创业精神支持企业持续创业。[1]

(4)规划家族委员会、企业董事会及管理层的角色分工

家族章程应对家族委员会、企业董事会及管理层职责、分工及任职资格作出细致分工,避免家族成员对企业不适当地干扰。家族委员会主要关注家族章程的制定与修改,协调家族关系和企业股权结构,以及决定企业董事会的结构;企业董事会主要挑选企业高管,对企业行使重要决策权,协调企业与社会的关系;管理层负责企业日常运营,员工考核与任用,制定员工手册。家族章程通过以上对家族和企业的规划,区分了家族成员、股东、董事会成员和管理层几个角色,明晰了其各自职责,在家族与企业之间筑起了防火墙,能够防止不在其位的家族成员逾越自己的角色边界干预企业的事务,而在其位的家族成员则可凭此

〔1〕 郑宏泰、周文港:《家族企业治理:华人家族企业传承研究》,东方出版社2013年版,第185页。

从容应对人情与亲情困境。[1]

6. 明确家族成员冲突解决程序

家族内部难免有大大小小的冲突，需明确的是，家族成员有义务在家族框架内解决冲突，家丑不外扬。一般冲突调解分为三步：(1)家族内部非正式沟通；(2)家族委员会调解；(3)第三方介入。若最终不能解决，相关人士唯有出售他们在家族企业中的股权或离职。[2]

☞疑难释解

八、如何推行家族章程？（总第157问）

家族章程要得到有效推行，章程的价值观必须与家族、社会的共同价值观一致。虽然美国崇尚个人主义，但在自由、民主的核心价值指引下，美利坚民族的凝聚力绝不亚于专制政体。家族章程推行成功的指标，应设为使家族成员像美国人崇拜自由、民主那样“崇拜”家族章程体制。

首先，创办人应坚信家族章程。中国自古奉行“外儒内法”，表里不一似乎是传统。但若创办人自己都不相信，子女自然也不会相信，因此，创办人要“愚他”，首先要“愚”自己。同时，使人信服的家族章程，必须保障家族成员权益，是一部使他们感到民主的良法。

其次，创办人及第一代应身体力行，特别是对自身权利不利的条款，更要身体力行，作出牺牲，进而由上至下地推行。若父不父，则子不子。“不言之教”说起来容易，真正能够做到的却不多。第一代的表现，对家族章程能否彻底实施起着关键作用。

根据家族章程，家族可将不遵守章程的成员剔除出企业。四季酒店创办人伊萨多·夏普为推行《金科玉律》，不得不辞退不信奉《金科玉律》的主管、员工，并提拔坚信《金科玉律》的年轻一辈，最终形成了高服务品质的酒店文化。家族一般无法将成员排除出去，但家族企业可以选择信奉并遵守家族章程的成

〔1〕 黄光国：《人情与面子：中国人的权力游戏》，台北，巨流图书公司1998年版，第8页。

〔2〕 范博宏：《关键世代：走出华人家族企业传承之困》，东方出版社2013年版，第104页。

员。虽然家族章程是民主的表现，但至少在初期，民主的推行往往离不开一丝专制。[1]

九、家族章程对其家族成员是否具有法律约束力？（总第 158 问）

对于家族章程及其效力，虽然我国目前法律没有明确规定，但根据我国《民法总则》《婚姻法》《继承法》《合同法》以及民法基本原则、原理，可以认为：家族章程除违反法律、行政法规强制性规定及公序良俗的部分无效外，章程对其家族成员具有法律约束力，但是家族章程的规定不得对抗第三人。这是因为家族章程主要是关于家族性财产管理、分配及处置的规定，可以视为是数份财产协议的集合，具体而言：

（1）对于夫妻而言，家族章程中关于夫妻财产管理、分配及处置的规定，可视为夫妻财产协议

我国《婚姻法》第 19 条规定："夫妻可以约定婚姻关系存续期间所得的财产以及婚前财产归各自所有、共同所有或部分各自所有、部分共同所有。约定应当采用书面形式。没有约定或约定不明确的，适用本法第十七条、第十八条的规定。夫妻对婚姻关系存续期间所得的财产以及婚前财产的约定，对双方具有约束力。夫妻对婚姻关系存续期间所得的财产约定归各自所有的，夫或妻一方对外所负的债务，第三人知道该约定的，以夫或妻一方所有的财产清偿。"据此，夫妻双方对其所属财产的约定，理应受到法律保护。

（2）对于父母子女及孙子女、外孙子女而言，家族章程关于父母与子女之间财产管理、分配及处置的规定，可以视为是赠与协议或父母与子女关于家庭共同财产的处置协议，或者属于遗嘱

对于赠与协议，根据《合同法》第十一章"赠与合同"的有关规定，对当事人有约束力；父母与子女关于家庭财产的处置协议属于财产协议，并非有关身份关系的协议，受《合同法》保护，对当事人有约束力；遗嘱性规定，根据《继承法》第 16 条"公民可以依照本法规定立遗嘱处分个人财产，并可以指定遗嘱执行人。公民可以立遗嘱将个人财产指定由法定继承人的一人或者数人继承。公

〔1〕 范博宏：《关键世代：走出华人家族企业传承之困》，东方出版社 2012 年版，第 105 ~ 106 页。

民可以立遗嘱将个人财产赠给国家、集体或者法定继承人以外的人”之规定，遗嘱受法律保护。

(3)对于兄弟姐妹而言，家族章程关于财产的规定，可以视为赠与协议、分家析产协议或者遗嘱

对于赠与协议，根据《合同法》第十一章“赠与合同”的有关规定，对当事人有约束力；兄弟姐妹关于家庭财产的处置协议属于分家析产或财产协议，并非有关身份关系的协议，受《合同法》保护，对当事人有约束力；遗嘱性规定，根据《继承法》第16条的规定，遗嘱受法律保护。

(4)家族章程关于家族成员之间附条件的规定，可以视为附义务的赠与合同或附义务的遗嘱遗赠，或者附条件的民事法律行为

根据《合同法》第190条“赠与可以附义务。赠与附义务的，受赠人应当按照约定履行义务”；《继承法》第21条“遗嘱继承或者遗赠附有义务的，继承人或者受遗赠人应当履行义务。没有正当理由不履行义务的，经有关单位或者个人请求，人民法院可以取消他接受遗产的权利”及《民法总则》第158条“民事法律行为可以附条件……附生效条件的民事法律行为，自条件成就时生效”等规定，除所附条件（或义务）有违法律、行政法规强制性规定及公序良俗外，这些规定有效。

(5)家族章程中有关身份关系规定的效力

《合同法》第2条第2款规定：“婚姻、收养、监护等有关身份关系的协议，适用其他法律的规定。”也就是说，婚姻、收养、监护等有关身份关系的协议并不属于交易关系，当然不应受以调整交易关系为己任的《合同法》调整，例如离婚协议应由《婚姻法》调整，一方违反该协议不同意离婚的，另一方亦不得基于《合同法》的规定而请求承担违约责任。

不过，目前许多学者认为，《合同法》第2条第2款排除的身份合同仅指没有财产内容的身份合同，家族成员关于财产问题的约定以财产关系为内容，属于《合同法》的调整范围，不过应当优先适用《婚姻法》等有关法律，这些法律没有规定时才可适用《合同法》和《民法总则》。因此，法律并没有禁止人们对有关身份关系进行协商达成协议，只不过这种有关身份关系的协议应由《婚姻法》《收养法》等法律进行调整，法院在确认有关身份关系协议的效力时，首先

应审查该协议是否违反《婚姻法》《收养法》等法律的规定。如家族章程中有关身份关系的规定未违反《婚姻法》《收养法》等法律的规定，则对有关当事人有约束力。

综上，一般情况下，家族章程对其家族成员具有法律约束力。这有利于预防和避免家族纷争，促进家族和谐与社会和谐。

需注意的是，家族章程既然可以视为数份财产协议的集合，那么家族章程涉及的家族成员都应在章程上签名，如同股东在公司章程上签名，修改时亦同。

第二节　家族企业治理与家族企业章程

条款解读

一、家族企业的概念及特点

1. 家族企业的概念

家族企业严格来说，并非公司法上的概念，而是社会学和经济学上的概念，其法律形式有个人独资企业、合伙企业、有限责任公司及股份有限公司。

所谓家族企业，按照美国学者钱德勒的观点，是指企业创始者及其合伙人（和家族）一直掌有大部分股权，并在企业财务政策、资源分配、高级管理人员任免等方面保留主要决策权的一类企业。易言之，家族企业并不仅仅是指由家族成员掌握全部股权和经营控制权，还包括家族成员掌握大部分股权或掌握经营控制权。[1]

我国台湾地区学者叶银华认为，具备以下三个条件就可以认定为家族企业：(1)家族的持股比率大于临界持股比率；(2)家族成员或具二等亲以内之亲属担任董事长或总经理；(3)家族成员或具三等亲以内之亲属担任董事席位超过公司全部董事席位的一半以上。[2]

---

〔1〕［美］小艾尔弗雷德·D. 钱德勒：《看得见的手——美国企业的管理革命》，重武译、王铁生校，商务印书馆1997年版，第23页。

〔2〕叶银华：《家族控股集团、核心企业与报酬互动之研究——台湾与香港证券市场之比较》，载《管理评论》（台湾）1999年第18卷第2期。

2. 家族企业的特点

(1)家族性

家族性是家族企业区别于非家族企业的根本属性，其主要表现为企业的股权及/或控制权为家族成员拥有。这是因为这些企业的创始人具有家族取向即企业家创业往往出于家庭动机，而且其创业也离不开家庭支持，因而"天生具有家族性"。[1] 从某种意义上说，人普遍具有家族取向，人从生到死始终属于"家族"和"社会人"的范畴，而与企业相关的"经济人"往往只是个人生命周期中间阶段的特征，且后者始终没有脱离前者。

(2)普遍性

无论是西方发达国家还是新兴发展中国家，家族企业长期普遍存在。按照理论界的共识，早期的企业几乎都是家族企业，在当代即使最保守的估计也认为家族所有或经营的企业在全世界企业中占65% ~80%。[2] 这是因为早期的企业规模比较小，所需货币资本、人力资本较少，往往在一个家族供给能力范围之内，而外部也缺乏企业货币资本与人力资本的供给渠道，因此所有权与经营权高度统一。随着社会、技术、经济进步发展，企业规模增大，企业发展逐渐融合各类社会资本，家族企业的比例呈逐渐降低趋势。不过，所有权的分散有时也为家族控制提供方便，早期家族需要拥有全部或绝大多数资产才能控制企业，而随着所有权分散只需要较低的股份比例就可以控制家族企业。

二、家族企业的优势与劣势

家族控制公司的优势	家族控制公司的劣势
长期取向	进入资本市场的机会有限
行动独立性：没有股市压力、没有收购风险	裙带关系：家族理性主导商业逻辑，对不称职家族成员的容忍、难以吸收职业管理人员
家族文化是自豪源泉：稳定性、强烈认同、承诺与机动、领导的持续性	宠儿综合症

〔1〕 杨在军：《论家族制度与家族企业的互动关系》，人民出版社2011年版，第73页。

〔2〕 [美]克林·盖尔西克等：《家族企业的繁衍——家庭企业的生命周期》，贺敏译，经济日报出版社1998年版，第2页。

续表

家族控制公司的优势	家族控制公司的劣势
困难时期的韧性:赚回利润的愿望	内部冲突:仓促决策、家庭纠纷渗入商业经营;家长式、专制管理:抗拒变革、保密性强、吸引依赖性人格
有限的官僚主义和非人格化:灵活性	财政紧张:家族成员挤榨公司利润,贡献与所得的不平衡
财政收益:成功可能性大	继承问题

资料来源:[法]曼弗雷德·凯茨·德·维里尔:《金钱与权力的王国——家族企业的兴盛之道》,姜冰译,机械工业出版社1999年版,第22~23页。

一般而言,在市场经济不发达、企业初创阶段及小型企业中,家族企业与非家族企业相比,企业绩效相对更优。[1] 至于大中型企业中,日本学者仓科敏材研究表明,在经济不景气时代,美欧、日家族企业的绩效表现好于非家族企业。这是因为家族企业适应能力方面具有更大的优势和潜力:(1)为了把资产传给下一代,家族成员大都以身作则并具有强烈的责任感;(2)祖辈同时在同一个家族公司工作的员工很多,他们对公司高度忠诚;(3)家族企业的经营者与外界具有广泛的联系,对社会具有强烈的责任感;(4)产品和服务质量因诸如制作者的情感和强烈的固执性而相对稳定;(5)决策迅速;(6)重视长远的战略利益胜于眼前的短期性利益;(7)即使发展成大企业,创业时期中小企业的DNA依然融合在企业中,企业家精神依然健在。仓科敏材还根据富士综合研究所的资料证明,虽然家族企业多数好于职业经理人企业,但并非每个行业都如此,日本的32个行业,有22个行业家族企业表现优异,这说明家族经济具有行业效应。[2]

三、家族企业的双重治理

由于家族企业同时受家族和企业两方面的作用,故治理家族企业不仅包括

---

〔1〕 杨在军:《论家族制度与家族企业的活动关系》,人民出版社2011年版,第67页。

〔2〕 [日]仓科敏材:《家族企业》,张同林、杨理亚译,上海财经大学出版社2007年版,第19~20页。

一般公司层面意义上的治理，还需要家族层面意义上的治理。

家族作为控制企业的关键所有者，其自身的变化和行动会显著影响企业的价值创造活动。其一，家族生命周期中的变化可能对企业创业活动的持续性产生负面影响，引发家族转变成本；其二，家族成员对企业的过度干预乃至对企业财产的侵占，会破坏企业的价值创造活动，产生家族干预成本。[1] 因此，在抓企业治理的同时进行家族治理，可以预防和减少前述两个方面的治理成本，进而降低其对创业活动的负面影响。

家族作为家族企业的控制者对企业具有关键影响。而企业作为被控制者则较难直接影响家族控制者。站在家族角度，家族企业治理与一般公司治理最主要的不同是：首先要确保家族控制权，其次在保持控制权基础上的收益最大化。

四、家族企业治理模式比较与选择

1. 家族企业的治理模式概述

家族企业治理模式是指家族企业如何将企业所有权与控制权在企业家、家族成员、非家族成员之间进行有效配置的制度安排。这些制度安排的核心内容包括了家族企业的股东会、董事会及经理层之间的合理分权与制衡。

家族企业的治理模式，概括来说，可以分为两大类：一是传统家族式治理模式，企业的所有权和控制权主要由血缘和姻缘为纽带的家族成员控制，强调关系和身份治理；二是现代企业治理模式，企业基本建立了现代企业制度，所有权和控制权进行适度分离，家族虽然是企业实际控制人，但吸纳了相当程度的金融资本、人力资本等社会资本，即家族企业的所有权和控制权逐渐社会化。前者与后者相比，前者注重关系和身份治理：在企业每一层委托代理关系中，只要有不同身份特征的成员存在，企业实际控制权配置的空间距离和实际距离就会表现出差异性。

2. 家族企业治理模式的比较与选择

传统家族式治理模式的最大优势在于所有权和经营权重合，一方面节约了

---

〔1〕 郑宏泰、周文港：《家族企业治理：华人家族企业传承研究》，东方出版社2013年版，第179页。

代理成本,另一方面由于内在驱动力量而减少了监督和激励成本。但其优势并非一成不变,而是随着企业的发展呈现动态特征:在企业发展早期往往对企业有非常正向的积极作用,而当企业财富累积达到一定程度时,部分家族成员可能为了个人利益而道德败坏。

家族企业随着规模扩大而引进现代企业治理模式,有助于完善企业的基本制度,引进职业经理人促使家族成员提高自己,形成正式的治理结构,对家族成员和职业经理的机会主义行为的约束作用大大提高,决策和管理的科学性得到较大提高,降低了决策成本,提高了企业经营效率。

利用社会资本、职业经理等社会资源,家族才可能实现原来靠家族自身能力根本无法实现的家族和企业的目标,因此在不丧失家族控制底线的情况下,以资本社会化、管理职业化、决策科学化为核心的现代企业治理模式,不但有利于企业的稳步发展,而且有利于家族以有限的资源实现对大量社会资源的控制。这表明家族企业与现代企业治理模式相容而不是相克。

每个家族企业都是在一定的约束条件下成长和发展,同时每个家族企业也拥有自己的独特优势,企业选择治理模式必须是基于这些约束条件和独特优势的一个权衡,而不应盲目追求所谓制度上的先进性。因此家族企业治理模式及结构的最终选择,应当结合企业所处的发展情况、所在的产业环境、自身的竞争优势和内部资源等情况采取合适的治理结构。

五、公司的控制权

所谓公司的控制权是指有关主体基于控股地位或其他安排而对公司的人事、业务及决策所享有的支配和控制权利,控制权人可以凭借这种控制,使公司按照符合自己利益的方式经营并从中获取利益。家族对企业的控制是一系列特定控制活动的集合。

以是否控股为标准,对公司的控制可以分为股权控制和协议控制。所谓股权控制是指拥有公司股权并持有 50% 以上的股权或表决权,能够支配公司行为的控制。所谓协议控制,是指虽不持有公司的股权,但通过融资关系、协议或者其他安排,能够实际支配公司的财务和经营决策并从中获取利益的控制。

按照控制重点的不同,对公司的控制可以分为战略控制和经营控制。战略控制是指对组织的整体战略行动进行的控制，包括确定利润分配、组织战略目标优先性、重大资本支出、重大融资、高级管理人员的任免等主要决策事项的控制。经营控制则是对组织经营流程的控制，主要关注研发生产、采购、分销以及质量等环节。战略控制和经营控制属于管理控制权的两个主要内容。

控制权和股权是两个不同的概念，控制权是比所有权更复杂的概念，所有权和控制权存在非线性关系。一般情况下，股权决定着企业最终控制权。

☞条款设计

六、家族企业章程的个性化设计

1. 家族企业公司章程的自治空间

目前《公司法》对家族企业并无特别规定，故家族企业公司章程的自治空间与普通公司章程相同。

2. 控制性家族可在公司章程中设置有利于家族控制与传承的控制结构

具体设计请参见本书“如何恰当安排家族企业的控制权结构”及“如何恰当安排家族企业控制权的传承”。

3. 对家族企业股权继承及转让限制的设计

家族企业公司章程可规定在家族股东去世后，其合法继承人可以继承股东资格，并规定公司股权只能按净资产价格的一定倍数转让给家族其他成员。这样既能保持家族对企业的控制，也有助于降低收购的交易成本，降低股东退出过程带来的转变成本。

☞疑难释解

七、如何恰当安排家族企业的控制权结构？（总第159问）

公司控制权作为公司治理结构的核心，其结构特征不仅将直接关系到治理制度效率的高低，进而影响企业的整体绩效水平和竞争力，而且攸关家族能否保留对企业的控制。因此，控制权结构作为关键的公司治理机制，在家族企业治理中占据极其重要的地位。由于控制权具有多元性，为稳妥保留家族对企业的控制，可以从以下几方面安排好家族企业的控制结构：

(1)设计好家族企业股权结构

在合同(及章程)不完备之时，“所有权是权力之源”。[1] 根据我国《公司法》的有关规定，股权是股东对公司实施有效控制的法律基础。股份的转让，特别是控制股的转让，往往伴随着公司控制权的转移。

①控股股份比例

a. 80%以上或100%的家族完全控股

家族企业初创期及发展前期大多采用这种完全控股的模式，具有决策机制灵活、反应快、代理成本低的优势。

b. 51%以上的家族绝对控股

适用于家族企业步入快速发展阶段或者与合作伙伴联合创业，企业需要融合社会资本、引进职业经理人等社会资源，因而释放部分股权，有的向元老或优秀职业经理人释放，以吸引人才、留住人才；有的向合作伙伴释放，以强强联合，巩固技术、资金及关键资源。但家族仍保持了51%以上的绝对控股地位。

c. 35%以上的家族相对控股

适用于上市家族企业或规模较大的家族企业集团，其股权社会化程度较高、股票很分散。这时相对控股的比例不能低于35%，否则被收购的可能性较大。

②控股股权结构

家族企业控股可以采用金字塔结构、交叉持股、双重股权等控股结构。在金字塔结构中，控制性家族位于金字塔顶端，被控制企业(如上市公司)位于金字塔最底层，两者之间还有多层公司位于其中，而这些公司也受金字塔最顶层的控制性家族的控制。可见，这些控股结构对于企业家在有限的资金下集中股权控制非常有效果：以较少的现金流撬动较大的实际控制权。

③股东会议事规则

家族企业可根据实际情况对股东会表决权制度及议事规则进行妥当安排，以维护家族实际控制权。

---

〔1〕［美］罗伯特·罗曼诺：《公司法基础》(第2版)，罗培新译，北京大学出版社2013年版，第22页。

(2)设计好家族企业的董事会结构

董事会是依法由股东会选择的成员所组成的执行公司业务和日常经营决策的常设机关。对公司的控制,往往体现在对董事会的控制上。

①董事会规模

家族企业可根据企业规模大小、行业情况、市场竞争环境等决定是否设置董事会(如只设执行董事、不设董事会)及董事会规模。比如,在市场竞争低一些的市场,中大型、稳定的公司或不涉及高度机密或专门知识的公司,倾向选择规模较大的董事会;在高度竞争的市场中,小型、高增长或牵涉高度专门知识的公司倾向于选择小规模的董事会。

②董事会的组成

董事是公司董事会的组成人员,是董事会职权的实际执行者。因此,对董事会的控制,关键是实际掌握多数董事任免权进而控制多数董事席位。

③董事会议事规则

公司根据不同决议事项,采用不同的表决机制和议事规则,这对董事会作出符合家族和企业利益的决策也有较大影响,在家族控制的董事席位勉强过半时,议事规则的影响尤其大。因此,家族控制性股东可根据实际情况,灵活采用不同议事规则,以维护对企业的实际控制权。

(3)设计好经理及执行层面的组织结构

①总经理

总经理(又称经理、总裁)由董事会任免,负责组织企业日常经营管理活动。总经理被任命后,如董事会为类似"3+3"的结构,这时董事会几乎形同虚设,这将使总经理获得企业的实际经营主导权,控制了企业日常经营管理活动。

②其他高管人员的人事变更及组织结构

当股权结构及董事会结构不能变更时,占握优势一方往往通过高管人员人事变更和调整组织结构来增强对公司的实际控制权。

(4)设计好关键资源的控制结构

所谓关键性资源是指这样一些资源,一旦它们从企业中退出,将导致企业团队生产力下降、组织利润减少甚至企业组织解体。[1] 关键性资源是一个企业或组织产生、存在或发展的基础,它们的参与状况直接影响到组织利润的大小或其他团队成员的价值。

一般来说,关键性资源至少包括以下资源:

a. 拥有发现并组织实现某种市场获利机会的企业家;

b. 某种能带来巨大商业利益的技术;

c. 在资本稀缺的环境中拥有大量货币资本的所有者;

d. 掌握能带来大量商业机会的具有特殊社会关系的人;

e. 知名商标的所有者;

f. 对于营销渠道的控制。

事实上,只要某种资源是企业生产所必需的,同时难以被替代时,这种资源就具有某种关键性特征。越是企业所必需,越是难以被替代,该资源的关键程度越高。

企业与市场最大的区别在于企业的权利是不断界定的。对于关键性资源的控制能力以及与之相适应的讨价还价能力在界定权利的过程中起着非常重要的作用。[2] 谁拥有关键性资源谁就在企业的控制权博弈中处于主动地位。

按照经典企业理论,资本产权和管理技能优势是控制权的主要来源。在实践中,技术资源优势和市场资源优势也是控制权的重要来源。在技术垄断的情况下,技术资源优势甚至可以成为将资本、管理和市场等资源权利架空的权力来源;在品牌强势时,品牌资源往往是企业的关键性资源;市场资源对于任何一家企业都是至关重要的,一旦掌握了市场资源,生产部分的合作者完全可以只以代工者的身份出现。

八、如何恰当安排家族企业控制权的传承?(总第 160 问)

如何将家族事业顺利传承并发扬光大,这是每一个企业家在其事业发展到一定规模后,都会遇到的一个重要问题。家族事业的代际传承不仅是企业所有权的传承,也是企业控制权的传承。

---

〔1〕 李自杰:《中外合资企业控制权的动态演进研究》,中国经济出版社 2010 年版,第 97 页。

〔2〕 李自杰:《中外合资企业控制权的动态演进研究》,中国经济出版社 2010 年版,第 21 页。

由于家族企业同时受到家族和企业两个系统的作用,对于企业的控制性家族而言,要安排好家族企业控制权的传承,应从家族和企业两方面着手:

首先,要安排好家族与外部股东、投资人之间控制权的配置。这是从公司治理角度,恰当安排好家族企业的控制权结构,以稳妥保留家族对企业的控制。关于如何恰当安排家族企业的控制权结构,请参见上文。

其次,要安排好家族内部控制权的配置与传承。这是从家族治理角度,最大限度地避免或化解家族成员之间发生控制权争夺,同时实现家族控制权顺利传承。为达致前述目标,须建立和完善以下家族治理制度,以避免因婚姻、继承、分家等原因导致股权分散使继任者难以确立企业领导人地位:(1)家族股权分配制度;(2)家族股权转让与收购制度;(3)家族股权继承制度;(4)家族股权信托计划。

九、家族股权信托的利弊有哪些?应如何设计?(总第161问)

所谓信托是指委托人基于对受托人的信任,将其财产权委托给受托人,由受托人按照委托人的意愿以自己的名义,为受益人(委托人)的利益或其他特定目的进行管理或处分的行为。信托即受人之托,代人管理财物。

目前不少知名企业家采用通过慈善基金、家族信托基金等机构来控股家族企业的模式。这些企业家之所以选择家族股权信托,是因为设立家族信托具有以下好处:(1)可以有效集中并锁定股权,有利于家族长期控制企业;(2)节税,主要是不用缴纳遗产税,不过目前中国内地尚未开征遗产税;(3)财产隔离作用。

不过,家族信托并不是完美的股权设置工具,有些家族股权信托存在以下消极作用:(1)家族信托不利于解决家族纷争,甚至可能阻塞解决家族争端的出路,延长家族内耗,也使企业在内斗中蒙受损失。新地郭氏兄弟的纷争便凸显了这一问题。而家族成员直接持股,家族成员间可通过股权转让解决纷争,内斗可由此停止。(2)家族信托可能使家族企业衍生出类似“国有企业”吃大锅饭的问题。

为避免家族股权信托的负面作用,可以采取以下措施来完善家族信托治理:

(1)设定家族信托基金解散的条件和程序,允许信托基金在特定情况下可以解散或将信托财产转让。这样可以让受益人在面对严重的家族分歧时有机会将资源重新分配,使家族事业不至于陷入长期瘫痪甚至最终倒闭。

(2)在信托内设置有效决策、监督与调解纷争的治理机制。目前家族信托的受托人一般为银行,其主要功能只是托管财富及分配信托资产所产生的收益,并无积极的治理功能。为降低信托治理风险,避免信托资产被某些家族成员掏空,可以在信托内设立受托人委员会。除了家族各方代表外,委员会应包括家族以外的专业人士与立场中性的社会贤达,以充分发挥平衡利益、调解纷争、监察决策与管理资产的作用,建立与执行规范家族成员参与经营的规章制度,同时维护没有参与经营的家族受益人的利益。[1]

〔1〕 范博宏:《关键时代:走出华人家族企业传承之困》,东方出版社 2012 年版,第 133 页。

附录1:

有限责任公司章程

目　录

第一章　总　　则

第1条　为规范公司的组织和行为，维护公司、股东和债权人的合法权益，根据《中华人民共和国公司法》（以下简称《公司法》）和其他有关规定，由全体股东共同制定本章程。

第2条　本公司系依法成立的有限责任公司（以下简称"公司"），有独立的法人财产，享有法人财产权。公司以其全部财产对公司的债务承担责任。公司的股东以其认缴的出资额为限对公司承担责任。

第3条　公司股东、董事、监事及高级管理人员行使权利及职权、履行义务应当遵循公平和诚实信用的原则。

第4条　公司注册资本为人民币________元。

第5条　公司根据业务需要，可以对外投资，设立子公司和分公司。

第6条　公司营业期限为________，从《企业法人营业执照》签发之日起计算。

公司营业期限届满，可以通过修改公司章程而存续，但公司延长营业期限，须经代表三分之二以上表决权的股东通过。公司延长营业期限，必须于营业期限届满前修改公司章程并办理相应的变更登记手续。

第7条　公司应确定一名工作人员负责保管公司法律文件，股东会决议、董事会决议等法律文件必须存放在公司，以备查阅。

第8条　公司的控股股东、实际控制人、董事、监事、高级管理人员不得利用其关联关系损害公司利益。

第9条 本章程自生效之日起,即成为规范公司的组织与行为、公司与股东、股东与股东之间权利义务关系的具有法律约束力的文件,对公司、股东、董事、监事、高级管理人员具有法律约束力。

第10条 本章程所称高级管理人员是指公司的总经理、副总经理、财务负责人,具体名单由董事会(执行董事)确定。

第二章 公司名称和住所

第11条 公司注册名称:________________________________。

第12条 公司住所:________________________________。

第三章 经营宗旨和范围

第13条 公司的经营宗旨:依法自主开展各项业务,不断提高企业的经营管理水平和核心竞争能力,为广大客户提供优质服务,实现股东权益和公司价值的最大化,创造良好的经济和社会效益。

第14条 公司的经营范围:________________________________

第15条 公司根据实际情况,可改变以上经营范围,但须依法办理变更登记。

第四章 公 司 资 本

第一节 出 资

第16条 公司注册资本由全体股东认缴。股东应当按期足额缴纳各自所认缴的出资额。

第17条 股东以货币出资的,将货币出资足额存入公司在银行开设的账户;以实物、知识产权、土地使用权等可以用货币估价并可以依法转让的非货币财产作价出资的,应经具有评估资格的资产评估机构评估作价后,并依法办理其财产权的转移手续。

第18条 股东的姓名或名称及其认缴的出资额:

股东的姓名或名称	认缴的出资额	股权比例

第19条 股东的出资分________期缴付。

首次出资情况:

股东的姓名或名称	出资金额	出资方式	出资时间

第二期出资情况：

股东的姓名或名称	出资金额	出资方式	出资时间

第20条　未按规定履行出资、未全面履行出资或抽逃出资的股东，除应当向公司足额缴纳外，还应当依照未按规定出资或抽逃出资金额的20%向已按期足额缴纳出资的股东支付违约金。

公司成立后，发现作为设立公司出资的非货币财产的实际价额显著低于公司章程所定价额的，由交付该出资的股东补足其差额；公司设立时的其他股东承担连带责任。

第21条　股东未履行出资义务或者抽逃全部出资，经公司催告缴纳或者返还，在公司催告后30日内仍未缴纳或者返还出资，经股东会决议，可以解除该股东的股东资格，并且该被解除股东资格者仍然应当依照未按规定出资或抽逃出资金额的20%向已按期足额缴纳出资的股东支付违约金。

第22条　公司成立后，应当向股东签发出资证明书。

第二节　增、减资和股权回购

第23条　公司根据经营和发展的需要，依照法律、法规的规定，经股东会分别作出决议，可以采用下列方式增加资本：

（一）由现有股东认缴新增资本；

（二）由现有股东以外的其他人认缴新增资本；

（三）以公积金转增股本；

（四）股东会决议的其他方式；

（五）法律、行政法规规定的其他方式。

第24条　公司可以减少注册资本。公司减少注册资本，应当按照《公司法》以及其他有关规定和本章程规定的程序办理。

第25条 公司需要减少注册资本时,必须编制资产负债表及财产清单。

公司应当自作出减少注册资本决议之日起10日内通知债权人,并于30日内在符合法律规定的报刊上公告。债权人自接到通知书之日起30日内,未接到通知书的自公告之日起45日内,有权要求公司清偿债务或者提供相应的担保。

第26条 公司增加或者减少注册资本,应当依法向公司登记机关办理变更登记。

第27条 公司在下列情况下,可以依照法律、行政法规、部门规章和本章程的规定,收购本公司的股权:

(一)减少公司注册资本;

(二)与持有本公司股权的其他公司合并;

(三)将股权奖励给本公司职工;

(四)股东因对股东会作出的公司合并、分立、转让主要资产或不分配利润决议持异议,要求公司收购其股权的;

(五)法律法规规定的其他情形。

第28条 公司因本章程第27条第(一)项至第(三)项的原因收购本公司股权的,应当经股东会决议。公司依照第27条规定收购本公司股权后,属于第(一)项情形的,应当自收购之日起10日内注销;属于第(二)项、第(四)项情形的,应当在6个月内转让或者注销。

公司依照第27条第(三)项规定收购的本公司股权,将不超过本公司已发行股权总额的5%;用于收购的资金应当从公司的税后利润中支出;所收购的股权应当1年内转让给职工。

第五章 股权转让

第29条 股东之间可以相互转让其全部或部分股权,无须征得其他股东同意。

第30条 股东向股东以外的人转让股权,应当经其他股东过半数同意。股东应就其股权转让事项书面通知其他股东征求意见,其他股东自接到书面通知之日起30日内未答复的,视为同意转让。其他股东半数以上不同意转让的,不同意的股东应当购买该转让的股权;不购买的,视为同意转让。

第31条 经股东同意转让的股权,在同等条件下,其他股东有优先购买权。两个以上股东主张行使优先购买权的,协商确定各自的购买比例;协商不成的,按照各自实缴的出资比例行使优先购买权。

第32条 人民法院依照法律规定的强制执行程序转让股东的股权时,应当通知公司及全体股东,其他股东在同等条件下有优先购买权。其他股东自人民法院通知之日起满20日不行使优先购买权的,视为放弃优先购买权。

第33条 有下列情形之一的,对股东会该项决议投反对票的股东可以请求公司按照最近一期经审计每股净资产溢价50%的价格收购其股权:

(一)公司连续5年不向股东分配利润,而公司该5年连续盈利,并且符合本法规定的分配利润条件的;

(二)公司合并、分立、转让主要财产的;

(三)公司章程规定的营业期限届满或者章程规定的其他解散事由出现,股东会会议通过决议修改章程使公司存续的。

自股东会会议决议通过之日起60日内,股东与公司不能达成股权收购协议的,股东可以自股东会会议决议通过之日起90日内向人民法院提起诉讼。

第34条 依本章程第29条、第30条、第31条、第32条、第33条的规定转让股权后,公司应当注销原股东的出资证明书,向新股东签发出资证明书,并相应修改公司章程和股东名册中有关股东及其出资额的记载。对公司章程该项修改不需再由股东会决议。

第35条 公司不接受本公司的股权作为质押权的标的。

第36条 董事、监事、总经理以及其他高级管理人员在其任职期间以及离职后6个月内不得向现有股东以外的其他人转让其所持有的本公司的股权。公司经批准实施的股权激励计划另有规定的,从其规定。

第37条 创始股东持有的本公司股份,自公司成立之日起1年内不得转让。

第38条 自然人股东死亡后,其合法继承人经其他股东过半数同意可以继承其股东资格。其他股东过半数不同意的,不同意的股东应当购买该股权;其他股东收到自然人股东死亡的通知后30日内不购买的,视为同意该合法继承人继承其股东资格。但是,继承股东资格的,不得对股权进行分割继承,合法继承人之间应推举一名代表共同行使其股东权利。

法人股东解散或破产的,转让该股东的股权时,应当通知公司及全体股东,其他股东在同等条件下有优先购买权。其他股东自通知之日起满20日不行使优先购买权的,视为放弃优先购买权。

第39条 受让人必须遵守本公司章程和有关法律、行政法规规定。

第六章 股东及其权利和义务

第40条 公司股东为依法持有公司股权的法人和自然人。股东按其所持有的股权,享有同等权利,承担同等义务。

第 41 条　公司置备股东名册，记载下列事项：

（一）股东的姓名或者名称及住所；

（二）各股东的出资额及出资比例；

（三）出资证明书编号；

（四）各股东取得股权的日期。

记载于股东名册的股东，可以依股东名册主张行使股东权利。

第 42 条　公司股东享有下列权利：

（一）依照其实缴的出资比例获得股利和其他形式的利益分配；

（二）参加或者委派股东代理人参加股东会，并行使相应的表决权；

（三）对公司的经营进行监督，提出建议或者质询；

（四）依照法律、行政法规及本章程的规定转让、赠与或质押其所持有的股权；

（五）依照法律、行政法规及本章程的规定查阅有关公司文件，获得公司有关信息；

（六）公司终止或者清算时，按其实缴的出资比例参加公司剩余财产的分配；

（七）依照本章程的规定要求公司收购其股权；

（八）优先购买其他股东转让的股权；

（九）选举和被选举为公司董事或监事；

（十）要求公司为其签发出资证明书，并将姓名（或名称）、住所、出资额及出资证明书编号记载于股东名册上；

（十一）法律、行政法规、部门规章或本章程规定的其他权利。

第 43 条　股东有权查阅、复制公司章程、股东会会议记录、董事会会议决议、监事会会议决议和财务会计报告。如果前述查阅资料涉及公司商业秘密的，股东应按照公司有关规章制度的规定承担保密义务。公司商业秘密的范围按照公司有关规章制度执行。

股东可以要求查阅、复制公司会计账簿。股东要求查阅、复制公司会计账簿的，应当提前 15 日向公司提出书面请求，说明查阅、复制的目的及范围。公司有合理根据认为股东查阅、复制会计账簿有不正当目的，可能损害公司合法利益的，可以拒绝提供查阅，并应当自股东提出书面请求之日起 15 日内书面答复股东并说明理由。公司拒绝提供查阅的，股东可以请求人民法院要求公司提供查阅。股东查阅、复制公司会计账簿的，应按照公司有关规章制度的规定承担保密义务。

第 44 条　股东有权向董事、监事、总经理及其他高级管理人员提出书面质询，被质询人员应当在收到书面质询后 30 日内给予答复。如质询事项及答复内容涉及公司商业秘密的,股东应按照公司有关规章制度的规定承担保密义务。

设董事会、监事会的:①

第45条 公司股东会、董事会决议内容违反法律、行政法规的,股东、董事不监事有权请求人民法院认定无效。

股东会、董事会的会议召集程序、表决方式违反法律、行政法规或者本章程,或者决议内容违反本章程的,股东有权自决议作出之日起60日内,请求人民法院撤销。

第46条 公司根据股东会、董事会决议已办理变更登记的,人民法院宣告该决议无效或者撤销该决议后,公司应当向公司登记机关申请撤销变更登记。

公司股东或第三人对公司提交办理变更登记事项的文件、材料的真实性及涉及相关股东、董事签字或股东出资的真实性存在争议的,应向公司所在地人民法院提起民事诉讼。经人民法院裁判文书确认办理变更登记的文件、材料无效或者撤销该文件、材料的,公司应当向公司登记机关申请撤销变更登记。

第47条 股东滥用股东权利或董事、监事、高级管理人员执行公司职务时违反法律、行政法规或者本章程的规定,给公司造成损失的,股东有权书面请求监事会向人民法院提起诉讼;监事会执行公司职务时违反法律、行政法规或者本章程的规定,给公司造成损失的,股东可以书面请求董事会向人民法院提起诉讼。

监事会、董事会收到前款规定的股东书面请求后拒绝提起诉讼,或者自收到请求之日起30日内未提起诉讼,或者情况紧急、不立即提起诉讼将会使公司利益受到难以弥补的损害的,前款规定的股东有权为了公司的利益以自己的名义直接向人民法院提起诉讼。

他人侵犯公司合法权益,给公司造成损失的,本条第一款规定的股东可以依照前两款的规定向人民法院提起诉讼。

设执行董事、监事的:②

第45条 公司股东会决议、执行董事决定内容违反法律、行政法规的,股东、董事及监事有权请求人民法院认定无效。

股东会的会议召集程序、表决方式违反法律、行政法规或者本章程,或者股东决议或执行董事决定内容违反本章程的,股东有权自决议作出之日起60日内,请求人民法

①② 本章程针对设董事会、监事会的公司和设执行董事、监事的公司提供不同之本,且条数不同。为便于读者区分,对"设执行董事、监事"的公司章程文本中区别于"设董事会、监事会"的公司章程文本之处,采用仿宋体排版以示区分。

院撤销。

第46条 公司根据股东会、执行董事决议已办理变更登记的,人民法院宣告该决议无效或者撤销该决议后,公司应当向公司登记机关申请撤销变更登记。

公司股东或第三人对公司提交办理变更登记事项的文件、材料的真实性及涉及相关股东、董事签字或股东出资的真实性存在争议的,应向公司所在地人民法院提起民事诉讼。经人民法院裁判文书确认办理变更登记的文件、材料无效或者撤销该文件、材料的,公司应当向公司登记机关申请撤销变更登记。

第47条 股东滥用股东权利或董事、监事、高级管理人员执行公司职务时违反法律、行政法规或者本章程的规定,给公司造成损失的,单独或合并持有公司3%以上股权的股东有权书面请求监事向人民法院提起诉讼;监事执行公司职务时违反法律、行政法规或者本章程的规定,给公司造成损失的,股东可以书面请求执行董事向人民法院提起诉讼。

监事、执行董事收到前款规定的股东书面请求后拒绝提起诉讼,或者自收到请求之日起30日内未提起诉讼,或者情况紧急、不立即提起诉讼将会使公司利益受到难以弥补的损害的,前款规定的股东有权为了公司的利益以自己的名义直接向人民法院提起诉讼。

他人侵犯公司合法权益,给公司造成损失的,本条第一款规定的股东可以依照前两款的规定向人民法院提起诉讼。

第48条 董事、监事、高级管理人员违反法律、行政法规或者本章程的规定,损害股东利益的,该股东可以直接向人民法院起诉要求行为人承担赔偿责任。

第49条 公司违反法律、行政法规或者本章程的规定,损害股东利益的,该股东可以直接向人民法院起诉要求公司承担赔偿责任,赔偿范围包括但不限于实际损失、可得利益损失及聘请律师、会计师的合理费用。

第50条 公司股东承担下列义务:

(一)遵守公司章程,保守公司秘密;

(二)依其所认缴的出资额和公司章程规定的出资方式、出资时间,按期足额缴纳股金;

(三)除法律、法规规定的情形外,不得退股;

(四)依其认缴的出资额为限对公司承担责任;

(五)不得滥用股东权利;

(六)法律、行政法规及本章程规定应当承担的其他义务。

第 51 条 公司的控股股东、实际控制人员不得利用其关联关系损害公司利益。违反规定的,给公司造成损失的,应当承担赔偿责任。

公司控股股东及实际控制人对公司和股东负有诚信义务。控股股东应严格依法行使出资人的权利,控股股东不得利用利润分配、资产重组、对外投资、资金占用、借款担保等方式损害公司和股东的合法权益,不得利用其控制地位损害公司和股东的利益。

第七章 股 东 会

第一节 股东会的一般规定

设董事会、监事会的:

第 52 条 股东会是公司的权力机构,依法行使下列职权:

(一)决定公司的经营方针和投资计划;

(二)选举和更换董事,决定有关董事的报酬事项;

(三)选举和更换非由职工代表担任的监事,决定有关监事的报酬事项;

(四)审议批准董事会的报告;

(五)审议批准监事会的报告;

(六)审议批准公司的年度财务预算方案、决算方案;

(七)审议批准公司的利润分配方案和弥补亏损方案;

(八)对公司增加或者减少注册资本作出决议;

(九)审议批准股权激励计划;

(十)对公司合并、分立、解散、清算或者变更公司形式作出决议;

(十一)修改本章程;

(十二)对公司聘用、解聘会计师事务所作出决议;

(十三)对公司向其他企业投资或者担保单笔数额超过注册资本 25% 的事项作出决议;

(十四)审议批准公司在 1 年内购买、出售重大资产超过公司最近一期经审计总资产 25% 的事项;

(十五)审议批准法律、行政法规、部门规章或本章程规定应当由股东会决定的其他事项。

设执行董事、监事的:

第 52 条 股东会是公司的权力机构,依法行使下列职权:

(一)决定公司的经营方针和投资计划;

（二）选举和更换执行董事，决定其报酬事项；

（三）聘任或者解聘公司总经理，决定其报酬事项；

（四）选举和更换监事，决定其报酬事项；

（五）审议批准执行董事的报告；

（六）审议批准监事的报告；

（七）审议批准公司的年度财务预算方案、决算方案；

（八）审议批准公司的利润分配方案和弥补亏损方案；

（九）对公司增加或者减少注册资本作出决议；

（十）审议批准股权激励计划；

（十一）对公司合并、分立、解散、清算或者变更公司形式作出决议；

（十二）修改本章程；

（十三）对公司聘用、解聘会计师事务所作出决议；

（十四）对公司向其他企业投资或者担保单笔数额超过注册资本20%的事项作出决议；

（十五）审议批准公司在1年内购买、出售重大资产超过公司最近一期经审计总资产20%的事项；

（十六）审议批准法律、行政法规、部门规章或本章程规定应当由股东会决定的其他事项。

第53条 股东会分为年度股东会和临时股东会。年度股东会每年召开1次，应当于上一会计年度结束后的6个月内举行。

设董事会、监事会的：

第54条 有下列情形之一的，公司在事实发生之日起2个月以内召开临时股东会：

（一）董事人数不足《公司法》规定人数或者本章程所定人数的2/3时；

（二）公司未弥补的亏损达实收股本总额1/3时；

（三）代表10%以上表决权的股东请求时；

（四）董事会认为必要时；

（五）监事会提议召开时；

（六）法律、行政法规、部门规章或本章程规定的其他情形。

设执行董事、监事的：

第54条 有下列情形之一的，公司在事实发生之日起2个月以内召开临时股东会：

(一)执行董事辞职或解职的;

(二)公司未弥补的亏损达实收股本总额 1/3 时;

(三)代表 10% 以上表决权的股东请求时;

(四)执行董事认为必要时;

(五)监事提议召开时;

(六)法律、行政法规、部门规章或本章程规定的其他情形。

第 55 条 本公司召开股东会的时间和地点按照股东会通知执行。

股东会将设置会场,以现场会议形式召开。必要时,公司可提供视频电话会议方式为股东参加股东会提供便利。股东通过上述方式参加股东会的,视为出席。

第 56 条 对股东会审议事项股东以书面形式一致表示同意的,可以不召开股东会会议,直接作出决议,并由全体股东在决议文件上签名、盖章。

第二节 股东会的召集

设董事会、监事会的:

第 57 条 股东会会议由董事会召集,董事长主持;董事长不能履行职务或不履行职务时,由副董事长主持;副董事长不能履行职务或不履行职务的,由半数以上董事共同推举一名董事主持。董事会不能履行或者不履行召集股东会会议职责的,监事会应当及时召集和主持;监事会不召集和主持的,代表 10% 以上表决权的股东可以自行召集和主持。

董事会或者依据《公司法》或者公司章程的规定,负责召集股东会的监事会或者股东称为股东会召集人。

第 58 条 监事会有权向董事会提议召开临时股东会,并应当以书面形式向董事会提出。董事会应当根据法律、行政法规和本章程的规定,在收到提案后 10 日内提出同意或不同意召开临时股东会的书面反馈意见。

董事会同意召开临时股东会的,将在作出董事会决议后的 5 日内发出召开股东会的通知,通知中对原提议的变更,应征得监事会的同意。

董事会不同意召开临时股东会,或者在收到提案后 10 日内未作出反馈的,视为董事会不能履行或者不履行召集股东会会议职责,监事会可以自行召集和主持。

第 59 条 代表 10% 以上表决权的股东有权向董事会请求召开临时股东会,并应当以书面形式向董事会提出。董事会应当根据法律、行政法规和本章程的规定,在收到请求后 10 日内提出同意或不同意召开临时股东会的书面反馈意见。

董事会同意召开临时股东会的,应当在作出董事会决议后的 5 日内发出召开股东会的通知,通知中对原请求的变更,应当征得相关股东的同意。

董事会不同意召开临时股东会,或者在收到请求后10日内未作出反馈的,代表10%以上表决权的股东有权向监事会提议召开临时股东会,并应当以书面形式向监事会提出请求。

监事会同意召开临时股东会的,应在收到请求5日内发出召开股东会的通知,通知中对原提案的变更,应当征得相关股东的同意。

监事会未在规定期限内发出股东会通知的,视为监事会不召集和主持股东会,代表10%以上表决权的股东可以自行召集和主持。

第60条 监事会或股东决定自行召集股东会的,须书面通知董事会。

第61条 对于监事会或股东自行召集的股东会,董事会应予配合。

第62条 监事会或股东自行召集的股东会,会议所必需的费用由公司承担。

设执行董事、监事的:

第57条 股东会会议由执行董事召集和主持;执行董事不能履行职务或不履行职务时,由监事召集和主持;监事不召集和主持的,代表10%以上表决权的股东可以自行召集和主持。

执行董事、依据《公司法》或公司章程的规定负责召集股东会的监事、股东,合称为股东会召集人。

第58条 监事有权向执行董事提议召开临时股东会,并应当以书面形式向执行董事提出。执行董事应当根据法律、行政法规和本章程的规定,在收到提案后10日内提出同意或不同意召开临时股东会的书面反馈意见。

执行董事同意召开临时股东会的,将在作出书面反馈意见后的5日内发出召开股东会的通知,通知中对原提议的变更,应征得监事的同意。

执行董事不同意召开临时股东会,或者在收到提案后10日内未作出反馈的,视为执行董事不能履行或者不履行召集股东会会议职责,监事可以自行召集和主持。

第59条 代表10%以上表决权的股东有权向执行董事请求召开临时股东会,并应当以书面形式向执行董事提出。执行董事应当根据法律、行政法规和本章程的规定,在收到请求后10日内提出同意或不同意召开临时股东会的书面反馈意见。

执行董事同意召开临时股东会的,应当在作出书面反馈意见后的5日内发出召开股东会的通知,通知中对原请求的变更,应当征得相关股东的同意。

执行董事不同意召开临时股东会,或者在收到请求后10日内未作出反馈的,代表10%以上表决权的股东有权向监事提议召开临时股东会,并应当以书面形式向监事提出请求。

监事同意召开临时股东会的,应在收到请求5日内发出召开股东会的通知,通知中对原提案的变更,应当征得相关股东的同意。

监事未在规定期限内发出股东会通知的,视为监事不召集和主持股东会,代表10%以上表决权的股东可以自行召集和主持。

第60条 监事或股东决定自行召集股东会的,须书面通知执行董事。

第61条 对于监事或股东自行召集的股东会,执行董事将予配合。执行董事应当提供股权登记日的股东名册。

第62条 监事或股东自行召集的股东会,会议所必需的费用由公司承担。

第三节 股东会的提案与通知

第63条 公司召开股东会,董事会(执行董事)、监事会(监事)以及单独或者合并持有公司3%以上股权的股东,有权向公司提出提案。

单独或者合计持有公司3%以上股权的股东,可以在股东会召开10日前提出临时提案并书面提交召集人。召集人应当在收到提案后2日内发出股东会补充通知,公布临时提案的内容。

除前款规定的情形外,召集人在发出股东会通知后,不得修改股东会通知中已列明的提案或增加新的提案,但全体股东一致同意的除外。

第64条 股东会提案应当符合下列条件:

(一)内容与法律、行政法规和章程规定不相抵触,并且属于股东会职责范围(但修改公司章程或公司经营范围的提案除外);

(二)有明确议题和具体决议事项;

(三)以书面形式提交或送达股东会召集人。

股东会通知中未列明或不符合以上规定的提案,股东会不得进行表决并作出决议,但本章程第91条规定的回避临时决议提案及全体股东一致同意的提案除外。

第65条 股东会召集人应当以公司和股东的最大利益为行为准则,按照本章程第64条的规定对股东会提案进行审查。

第66条 股东会召集人决定不将股东会提案列入会议议程的,应当在该次股东会上进行解释和说明。

第67条 提出提案的股东对股东会召集人不将其提案列入股东会会议议程的决定持有异议的,可以按照本章程规定的程序要求另行召集临时股东会进行讨论和表决。

第 68 条 召集人将在年度股东会召开 20 日前以书面方式通知各股东,临时股东会将于会议召开 15 日前以书面方式通知各股东。

第 69 条 股东会的通知包括以下内容:

(一)会议的时间、地点和会议期限;

(二)提交会议审议的事项和提案;

(三)有权出席股东会股东的股权登记日;

(四)会务常设联系人姓名,电话号码。

第 70 条 股东会拟讨论董事、监事选举事项的,股东会通知中将充分披露董事、监事候选人的详细资料,至少包括以下内容:

(一)教育背景、工作经历、兼职等个人情况;

(二)与本公司或本公司的控股股东及实际控制人是否存在关联关系;

(三)披露持有本公司股权比例。

除采取累积投票制选举董事、监事外,每位董事、监事候选人应当以单项提案提出。

第 71 条 发出股东会通知后,无正当理由,股东会不应延期或取消,股东会通知中列明的提案不应取消。一旦出现延期或取消的情形,召集人应当在原定召开日前至少 2 个工作日通知并说明原因。

第四节　股东会的召开

第 72 条 本公司董事会(执行董事)和其他召集人将采取必要措施,保证股东会的正常秩序。对于干扰股东会、寻衅滋事和侵犯股东合法权益的行为,将采取措施加以制止并及时报告有关部门查处。

第 73 条 出席会议人员的签名册由公司负责制作。签名册载明参加会议人员姓名(或单位名称)、身份证号码、住所地址、持有或者代表有表决权的股权比例、被代理人姓名(或单位名称)等事项。

第 74 条 登记在册的所有股东或其代理人,均有权出席股东会。并依照有关法律、法规及本章程行使表决权。

股东可以亲自出席股东会,也可以委托代理人代为出席和表决。

第 75 条 个人股东亲自出席会议的,应出示本人身份证或其他能够表明其身份的有效证件或证明;委托代理他人出席会议的,应出示本人有效身份证件、股东授权委托书。

法人股东应由法定代表人或者法定代表人委托的代理人出席会议。法定代表人出席会议的,应出示本人身份证、能证明其具有法定代表人资格的有效证明;委托代理人出席会议的,代理人应出示本人身份证、法人股东单位的法定代表人依法出具的书面授权委托书。

第76条 股东出具的委托他人出席股东会的授权委托书应当载明下列内容:

(一)代理人的姓名;

(二)是否具有表决权;

(三)分别对列入股东会议程的每一审议事项投赞成、反对或弃权票的指示;

(四)委托书签发日期和有效期限;

(五)委托人签名(或盖章)。委托人为法人股东的,应加盖法人单位印章。

委托书应当注明如果股东不作具体指示,股东代理人是否可以按自己的意思表决。

第77条 股东会召开时,本公司全体董事、监事应当出席会议,总经理和其他高级管理人员应当列席会议。

设董事会、监事会的:

第78条 股东会由董事长主持。董事长不能履行职务或不履行职务时,由副董事长主持,副董事长不能履行职务或者不履行职务时,由半数以上董事共同推举的一名董事主持。

监事会自行召集的股东会,由监事会主席主持。监事会主席不能履行职务或不履行职务时,由监事会副主席主持,监事会副主席不能履行职务或者不履行职务时,由半数以上监事共同推举的一名监事主持。

股东自行召集的股东会,由召集人推举代表主持。

召开股东会时,会议主持人违反议事规则使股东会无法继续进行的,经现场出席股东会有表决权过半数的股东同意,股东会可推举一人担任会议主持人,继续开会。

设执行董事、监事的:

第78条 股东会由执行董事主持。执行董事不能履行职务或不履行职务时,由监事主持。

监事自行召集的股东会,由监事主持。

股东自行召集的股东会,由召集股东主持。

召开股东会时,会议主持人违反议事规则使股东会无法继续进行的,经现场出席股东会有表决权过半数的股东同意,股东会可推举一人担任会议主持人,继续开会。

第 79 条 公司制定股东会议事规则,详细规定股东会的召开和表决程序,包括通知、登记、提案的审议、投票、计票、表决结果的宣布、会议决议的形成、会议记录及其签署等内容,以及股东会对董事会(执行董事)的授权原则,授权内容应明确具体。股东会议事规则,由董事会(执行董事)拟定,股东会批准。

第 80 条 在年度股东会上,董事会(执行董事)、监事会(监事)应当就其过去 1 年的工作向股东会作出报告。

第 81 条 董事、监事、高级管理人员在股东会上应就股东的质询和建议作出解释和说明。

第 82 条 会议主持人应当在表决前宣布现场出席会议的股东和代理人人数及所持有表决权的股权总数,现场出席会议的股东和代理人人数及所持有表决权的股权总数以会议登记为准。

第 83 条 股东会应有会议记录,由会议主持人指定人员负责会议记录。会议记录记载以下内容:

(一)会议时间、地点、议程和召集人姓名或名称;

(二)会议主持人以及出席或列席会议的董事、监事、总经理和其他高级管理人员姓名;

(三)出席会议的股东和代理人人数、所持有表决权的股权总数及占公司股权总数的比例;

(四)对每一提案的审议经过、发言要点和表决结果;

(五)股东的质询意见或建议以及相应的答复或说明;

(六)计票人及监票人姓名;

(七)本章程规定应当载入会议记录的其他内容。

第 84 条 召集人应当保证会议记录内容真实、准确和完整。出席会议的董事、监事、召集人或其代表、会议主持人应当在会议记录上签名。会议记录应当与现场出席股东的签名册及代理出席的委托书及其他方式表决情况的有效资料一并保存,保存期限不少于 10 年。

第 85 条 召集人应当保证股东会连续举行,直至形成最终决议。因不可抗力等特殊原因导致股东会中止或不能作出决议的,应采取必要措施尽快恢复召开股东会或直接终止本次股东会,并及时通知。

第五节 股东会的表决和决议

第 86 条 股东会决议分为普通决议和特别决议。

股东会作出普通决议，应当由代表 1/2 以上表决权的股东通过。

股东会作出特别决议，应当由代表 2/3 以上表决权的股东通过。

第 87 条 下列事项由股东会以普通决议通过：

（一）董事会（执行董事）和监事会（监事）的工作报告；

（二）董事会（执行董事）拟定的利润分配方案和弥补亏损方案；

（三）董事和监事的任免及其报酬和支付方法；

（四）增加或减少本章程规定的公司董事人数；

（五）公司年度预算方案、决算方案；

（六）公司年度报告；

（七）聘任或解聘会计师事务所；

（八）除法律、行政法规规定或者本章程规定应当以特别决议通过以外的其他事项。

第 88 条 下列事项由股东会以特别决议通过：

（一）公司增加或者减少注册资本；

（二）公司的分立、合并、组织变更、解散和清算；

（三）本章程的修改；

（四）公司在一年内购买、出售重大资产、对外投资或者担保单笔金额超过公司注册资本 30% 的；

（五）回购本公司股权；

（六）股权激励计划；

（七）法律、行政法规或本章程规定的，以及股东会以普通决议认定会对公司产生重大影响的、需要以特别决议通过的其他事项。

第 89 条 股东会会议一般由股东（包括股东代理人，下同）按照其认缴的出资比例行使表决权。

公司持有的本公司股权没有表决权，且该部分股权不计入出席股东会有表决权的股权总数。

董事会（执行董事）和符合相关规定条件的股东可以征集股东投票权。

未按规定履行出资义务、抽逃出资的股东按照其实际出资部分相应的股权比例行使表决权。

第 90 条 股东会审议有关关联交易事项时，关联股东不应当参与投票表决，其所代表的有表决权的股权数不计入有效表决总数；股东会决议的公布应当充分披露非关联股东的表决情况。

第91条 有关联关系的股东可以自行申请回避,公司其他股东以及公司董事会(执行董事)可以申请有关联关系的股东回避,上述申请应在股东会召开前7日向董事会(执行董事)提出,董事会(执行董事)有义务立即将申请通知有关股东。

有关股东可以就上述申请提出异议,在表决前不提出异议的,被申请回避的股东应回避;对申请有异议的,可以在股东会召开前要求监事会(监事)对申请作出决议,监事会(监事)应在股东会召开前作出决议;不服该决议的可以提交股东会临时决议是否回避,由监事会(监事)和对回避申请有异议的股东分别说明情况后交付股东会表决,对回避申请有异议的股东不应当参与该项回避临时决议的投票表决。

第92条 除非公司处于危机等特殊情况并经股东会以特别决议批准,公司将不与董事、总经理和其他高级管理人员以外的人订立将公司全部或者重要业务的管理交予该人负责的合同。

第93条 董事、监事候选人名单以提案的方式提请股东会表决。

股东会就选举董事、监事进行表决时,可以实行累积投票制。

前款所称累积投票制是指股东会选举董事或者监事时,每一股权拥有与应选董事或者监事人数相同的表决权,股东拥有的表决权可以集中使用。董事会应当向股东公告候选董事、监事的简历和基本情况。

第94条 除累积投票制外,股东会将对所有提案进行逐项表决,对同一事项有不同提案的,将按提案提出的时间顺序进行表决。除因不可抗力等特殊原因导致股东会中止或不能作出决议外,股东会将不会对提案进行搁置或不予表决。

第95条 股东会审议提案时,未征得提案人同意不得对提案进行修改,否则,有关变更应当被视为一个新的提案,不能在本次股东会上进行表决,但全体股东一致同意的除外。

在提案交付表决前,提案人可以撤回提案,但是出席会议的股东过半数不同意撤回的提案应交付表决。

第96条 同一表决权只能选择现场或其他表决方式中的一种。同一表决权出现重复表决的以第一次投票结果为准。

第97条 股东会采取记名方式投票表决。

第98条 股东会对提案进行表决前,应当推举两名股东代表参加计票和监票。审议事项与股东有利害关系的,相关股东及代理人不得参加计票、监票。

股东会对每一审议事项表决时,应当由股东代表与监事代表共同负责计票、监票,并当场公布表决结果,决议的表决结果载入会议记录。

第99条 会议主持人应当宣布每一提案的表决情况和结果,并根据表决结果宣布提案是否通过。

第100条 出席股东会的股东,应当对提交表决的提案发表以下意见之一:同意、反对或弃权。

未填、错填、字迹无法辨认的表决票、未投的表决票均视为投票人放弃表决权利,其所持股权数的表决结果应计为“弃权”。

第101条 会议主持人如果对提交表决的决议结果有任何怀疑,可以对所投票数组织点票;如果会议主持人未进行点票,出席会议的股东或者股东代理人对会议主持人宣布结果有异议的,有权在宣布表决结果后立即要求点票,会议主持人应当立即组织点票,提出异议的人可以参加点票。如果主持人不按照异议人的要求进行点票或者不同意异议人参加点票的,该项审议事项的表决结果无效。

第102条 股东会决议应当及时公布,公布中应列明出席会议的股东和代理人人数、所持有表决权的股权总数及占公司有表决权股权总数的比例、表决方式、每项提案的表决结果和通过的各项决议的详细内容。出席会议的股东应在股东决议上签名。股东拒绝签名的,由会议主持人和记录人在股东决议上签注说明即可,并不因此影响股东决议的效力。

第103条 提案未获通过,或者本次股东会变更前次股东会决议的,应当在股东会决议公布中作特别提示。

第104条 股东会通过有关董事、监事选举提案的,新任董事、监事就任时间按照股东会决议执行。

第105条 股东会通过有关派现或资本公积转增注册资本提案的,公司将在股东会结束后2个月内实施具体方案。

设董事会、监事会的:

第八章 董 事 会

第一节 董 事

第106条 董事由股东会选举或更换,任期3年。董事任期届满,可连选连任。董事在任期届满以前,股东会不能无故解除其职务。

董事任期从就任之日起计算,至本届董事会任期届满时为止。董事任期届满未及时改选,在改选出的董事就任前,原董事仍应当依照法律、行政法规、部门规章和本章程的规定，履行董事职务。

董事可以由总经理或者其他高级管理人员兼任。

第 107 条 董事连续两次未能亲自出席，也不委托其他董事出席董事会会议，视为不能履行职责，董事会应当建议股东会予以撤换。

第 108 条 董事可以在任期届满以前提出辞职。董事辞职应向董事会提交书面辞职报告。

如因董事的辞职导致公司董事会低于法定最低人数时，在改选出的董事就任前，原董事仍应当依照法律、行政法规、部门规章和本章程规定，履行董事职务。

除前款所列情形外，董事辞职自辞职报告送达董事会时生效。

第 109 条 董事辞职生效或者任期届满，应向董事会办妥所有移交手续，其对公司和股东承担的忠实义务及保密义务，在任期结束后并不当然解除，在本章程规定的合理期限内仍然有效。

第 110 条 未经本章程规定或者董事会的合法授权，任何董事不得以个人名义代表公司或者董事会行事。董事以其个人名义行事时，在第三方会合理地认为该董事在代表公司或者董事会行事的情况下，该董事应当事先声明其立场和身份。

第二节 董 事 会

第 111 条 公司设董事会，对股东会负责。

第 112 条 董事会由____名董事组成，设董事长 1 人，副董事长 1 人。

第 113 条 董事会行使下列职权：

（一）召集股东会，并向股东会报告工作；

（二）执行股东会的决议；

（三）决定公司的经营计划和投资方案；

（四）制订公司的年度财务预算方案、决算方案；

（五）制订公司的利润分配方案和弥补亏损方案；

（六）制订公司增加或者减少注册资本的方案；

（七）拟订公司重大收购、收购本公司股权或者合并、分立、解散及变更公司形式的方案；

（八）在股东会授权范围内，决定公司对外投资、收购出售资产、资产抵押、对外担保事项、委托理财、关联交易等事项；

（九）决定公司内部管理机构的设置；

（十）选举或更换董事长、副董事长，聘任或者解聘公司高级管理人员并决定其报

酬事项和奖惩事项;

(十一)制订公司的基本管理制度;

(十二)制订本章程的修改方案;

(十三)管理公司信息披露事项;

(十四)决定公司职工的工资、福利及奖惩方案;

(十五)向股东会提请聘请或更换为公司审计的会计师事务所;

(十六)听取公司高级管理人员的工作汇报并检查公司高级管理人员的工作;

(十七)法律、行政法规、部门规章或本章程授予的其他职权。

第114条 公司董事会应当就注册会计师对公司财务报告出具的非标准审计意见向股东会作出说明。

第115条 董事会制订董事会议事规则,报股东会批准,以确保董事会落实股东会决议,提高工作效率,保证科学决策。

第116条 董事会议事规则应当确定对外投资、收购出售资产、资产抵押、对外担保事项、委托理财、关联交易的权限,建立严格的审查和决策程序;重大投资项目应当组织有关专家、专业人员进行评审,并报股东会批准。

第117条 董事会可以设立预算审核委员会、审计委员会、薪酬委员会等专门委员会和董事会认为需要设立的其他专门委员会。专门委员会委员,由董事长提名,董事会决议决定。

各专门委员会召集人由该委员会选举产生。各专门委员会在董事会的统一领导下,为董事会决策提供建议、咨询意见。

董事会各专门委员会的工作规则由董事会制定。

第118条 董事长和副董事长由董事会以全体董事的过半数选举产生。

第119条 董事长行使下列职权:

(一)主持由董事会召集的股东会;

(二)召集、主持董事会会议;

(三)督促、检查董事会决议的实施情况,并向董事会报告;

(四)提名公司总经理;

(五)签署董事会重要文件;

(六)在发生特大自然灾害等不可抗力的紧急情况下,对公司事务行使符合法律规定和公司利益的特别处置权,并在事后向公司董事会和股东会报告;

(七)董事会授予的其他职权。

第 120 条 公司副董事长协助董事长工作,董事长不能履行职务或者不履行职务的,由副董事长履行职务;副董事长不能履行职务或者不履行职务的,由半数以上董事共同推举一名董事履行职务。

第 121 条 董事会每年至少召开两次会议,由董事长召集,于会议召开 10 日以前书面通知全体董事和监事。

第 122 条 代表 1/10 以上表决权的股东、1/3 以上董事或者监事会、总经理,可以提议召开董事会临时会议。董事长应当自接到提议后 10 日内,召集和主持董事会会议。董事长认为必要时,可以召集临时董事会会议。

第 123 条 董事会召开临时会议,应按照公司章程的规定决定召集董事会的通知方式和通知时限。

第 124 条 董事会会议通知包括以下内容:

(一)会议日期和地点;

(二)会议期限;

(三)事由及议题;

(四)发出通知的日期。

第 125 条 董事会会议应有过半数的董事出席方可举行。董事会普通决议必须经过全体董事的过半数通过;特别决议必须经全体董事的 2/3 以上通过。

董事会决议的表决,实行一人一票。

第 126 条 董事与董事会会议决议事项所涉及的企业有关联关系的,不得对该项决议行使表决权,也不得代理其他董事行使表决权。该董事会会议由过半数的无关联关系董事出席即可举行,董事会会议所作决议须经无关联关系董事过半数通过。出席董事会的无关联董事人数不足 3 人的,应将该事项提交股东会审议。

第 127 条 董事会决议表决方式为:记名投票表决。

第 128 条 下列事项由董事会以特别决议通过:

(一)公司增加或者减少注册资本方案;

(二)公司的分立、合并方案;

(三)股权激励计划;

(四)法律、行政法规或本章程规定的其他事项。

第 129 条 除前条规定以外的事项,由董事会以普通决议通过。

第 130 条 董事会会议,应由董事本人出席;董事因故不能出席,可以书面委托其他董事代为出席,委托书中应载明代理人的姓名,代理事项、授权范围和有效期限,并由委托人签名或盖章。代为出席会议的董事应当在授权范围内行使董事的权利。

董事未出席董事会会议,亦未委托代表出席的,视为放弃在该次会议上的投票权。

第131条 董事会在保障董事充分表达意见的前提下,可采用书面议案以代替召开董事会会议,但该议案的草案必须完整、全面且须以专人送达、邮寄、传真中之一种方式送交每一位董事,如果董事会已将议案派发给全体董事,并且签字同意的董事已按本章程规定达到作出该决定所须的人数,该议案即可成为董事会决议,无须再召集董事会会议。

第132条 董事会应当对会议所议事项的决定做成会议记录,出席会议的董事应当在会议记录上签名。

根据有关主管机关的规定或要求,董事会应当将有关事项的表决结果制作成董事会决议,供有关主管机关登记或备案。该董事会决议由出席会议的董事签名。

董事会会议决议及记录作为公司档案保存,保存期限不少于10年。

第133条 董事会会议记录包括以下内容:

(一)会议召开的日期、地点和召集人姓名;

(二)出席董事的姓名以及受他人委托出席董事会的董事(代理人)姓名;

(三)会议议程;

(四)董事发言要点;

(五)每一决议事项的表决方式和结果(表决结果应载明赞成、反对或弃权的票数)。

第134条 董事应当对董事会的决议承担责任。董事会决议违反法律、行政法规或者章程、股东会决议的规定,致使公司遭受严重损失的,参与决议的董事对公司负赔偿责任。但经证明在表决时曾表明异议并记载于会议记录的,该董事可以免除责任。

设执行董事、监事的:

第八章 执行董事

第106条 公司设执行董事1名,对股东会负责。

第107条 执行董事由股东会选举或更换,任期3年。执行董事任期届满,可连选连任。

执行董事任期从就任之日起计算,至任期届满时为止。执行董事任期届满未及时改选,在改选出的执行董事就任前,原执行董事仍应当依照法律、行政法规、部门规章和本章程的规定,履行执行董事职务。

第108条 执行董事可以在任期届满以前向股东会提交书面辞职报告。

在选出的新的执行董事就任前，原执行董事仍应当依照法律、行政法规、部门规章和本章程规定，履行执行董事职务。

第109条 执行董事辞职生效或者任期届满，应向公司办妥所有移交手续，其对公司和股东承担的忠实义务及保密义务，在任期结束后并不当然解除，在本章程规定的合理期限内仍然有效。

第110条 执行董事以其个人名义处理非本公司事务时，在第三方会合理地认为该执行董事在代表公司行事的情况下，执行董事应当事先声明其立场和身份。

第111条 执行董事行使下列职权：

（一）召集股东会，并向股东会报告工作；

（二）执行股东会的决议；

（三）决定公司的经营计划和投资方案；

（四）制订公司的年度财务预算方案、决算方案；

（五）制订公司的利润分配方案和弥补亏损方案；

（六）制订公司增加或者减少注册资本的方案；

（七）拟订公司重大收购、收购本公司股权或者合并、分立、解散及变更公司形式的方案；

（八）在股东会授权范围内，决定公司对外投资、收购出售资产、资产抵押、对外担保事项、委托理财、关联交易等事项；

（九）决定公司内部管理机构的设置；

（十）聘任或者解聘公司副总经理及其他高级管理人员并决定其报酬事项和奖惩事项；

（十一）制订公司的基本管理制度；

（十二）制订本章程的修改方案；

（十三）决定公司职工的工资、福利及奖惩方案；

（十四）向股东会提请聘请或更换为公司审计的会计师事务所；

（十五）听取公司总经理及其他高级管理人员的工作汇报并检查其工作；

（十六）法律、行政法规、部门规章或本章程授予的其他职权。

第112条 公司执行董事应当就注册会计师对公司财务报告出具的非标准审计意见向股东会作出说明。

第113条 执行董事应制订执行董事工作规则，报股东会批准，以确保执行董事落实股东会决议，提高工作效率，保证科学决策。

执行董事工作规则应当确定对外投资、收购出售资产、资产抵押、对外担保事项、委托理财、关联交易的权限，建立严格的审查和决策程序；重大投资项目应当组织有关专家、专业人员进行评审，并报股东会批准。

第114条 执行董事履行职责所作决定作为公司档案保存。

根据有关主管机关的规定或要求，执行董事应当将有关事项的决定结果制作成决议，供有关主管机关登记或备案，该决议由执行董事签名。

执行董事决议及决定保管期限为10年。

设董事会、监事会的：

第九章 总经理及其他高级管理人员

第135条 公司设总经理1名，由董事会聘任或解聘。

公司设副总经理2名，协助总经理工作，由董事会聘任或解聘。

第136条 总经理每届任期3年，总经理连聘可以连任。

第137条 总经理对董事会负责，行使下列职权：

（一）主持公司的生产经营管理工作，组织实施董事会决议，并向董事会报告工作；

（二）组织实施公司年度经营计划和投资方案；

（三）拟订公司内部管理机构设置方案；

（四）拟订公司的基本管理制度；

（五）制定公司的具体规章；

（六）提请董事会聘任或者解聘公司副总经理、财务负责人、内设机构负责人；

（七）决定聘任或者解聘除应由董事会决定聘任或者解聘以外的中层管理人员；

（八）拟定公司职工的工资、福利、奖励具体方案，决定公司职工的聘用和解聘；

（九）提议召开临时董事会会议；

（十）本章程或董事会授予的其他职权。

总经理列席董事会会议，非董事总经理在董事会上没有表决权。

第138条 总经理应制订总经理工作细则，报董事会批准后实施。

第139条 总经理工作细则包括下列内容：

（一）总经理主持的经营会议召开的条件、程序和参加的人员；

（二）总经理及其他高级管理人员各自具体的职责及其分工；

（三）公司资金、资产运用，签订重大合同的权限，以及向董事会、监事会的报告制度；

（四）董事会认为必要的其他事项。

第140条 总经理可以在任期届满以前提出辞职。有关总经理辞职的具体程序和办法由总经理和董事长代表公司签订的聘用合同规定。

第141条 总经理应当根据董事会或者监事会的要求,向董事会或者监事会报告公司重大合同的签订、执行情况、资金运用情况和盈亏情况,总经理必须保证该报告的真实性。

第142条 总经理拟定有关职工工资、福利、安全生产以及劳动保护、劳动保险、解聘(或开除)公司职工等涉及职工切身利益的问题时,应当事先听取工会和职代会的意见。

第143条 总经理应每年接受监事会的专项审计,审计结果向董事会和股东会报告。

设执行董事、监事的:

第九章 总经理及其他高级管理人员

第115条 公司设总经理1名,由股东会聘任或解聘。经股东会决定,执行董事可以兼任总经理。

第116条 总经理每届任期3年,总经理连聘可以连任。

第117条 总经理行使下列职权:

(一)主持公司的生产经营管理工作,组织实施董事会决议,并向董事会报告工作;

(二)组织实施公司年度经营计划和投资方案;

(三)拟订公司内部管理机构设置方案;

(四)拟订公司的基本管理制度;

(五)制定公司的具体规章;

(六)提请执行董事聘任或者解聘公司副总经理、财务负责人、内设机构负责人;

(七)决定聘任或者解聘除应由执行董事决定聘任或者解聘以外的中层管理人员;

(八)拟定公司职工的工资、福利、奖励具体方案,决定公司职工的聘用和解聘;

(九)提议召开临时股东会会议;

(十)本章程或股东会授予的其他职权。

总经理列席股东会会议,非股东总经理在股东会上没有表决权。

第118条 总经理应制订总经理工作细则,报股东会批准后实施。

第119条 总经理工作细则包括下列内容:

(一)总经理主持的经营会议召开的条件、程序和参加的人员;

(二)总经理及其他高级管理人员各自具体的职责及其分工;

(三)公司资金、资产运用,签订重大合同的权限,以及向董事会、监事会的报告

制度;

(四)董事会认为必要的其他事项。

第120条 总经理可以在任期届满以前提出辞职。总经理辞职的具体程序和办法由总经理和执行董事代表公司签订的劳务合同规定;执行董事兼任总经理的,总经理辞职的具体程序和办法由总经理和监事代表公司签订的劳务合同规定。

第121条 总经理应当根据股东会、执行董事或者监事的要求,向股东会、执行董事或者监事报告公司重大合同的签订、执行情况、资金运用情况和盈亏情况,总经理必须保证该报告的真实性。

第122条 总经理拟定有关职工工资、福利、安全生产以及劳动保护、劳动保险、解聘(或开除)公司职工等涉及职工切身利益的问题时,应当事先听取工会和职代会的意见。

第123条 总经理应每年接受监事的专项审计,审计结果向执行董事和股东会报告。

第十章 法定代表人

第144条/第124条 公司法定代表人由总经理担任。

第145条/第125条 法定代表人是代表公司行使职权的负责人。法定代表人履行其职责所签署的文件是代表公司的法律文书。法定代表人在国家法律、法规以及企业章程规定的职权范围内行使职权、履行义务,代表公司参加民事活动。

第146条/第126条 公司法定代表人本人出现下列情形之一的,公司应当解除其职务,重新产生符合任职资格的法定代表人:

(一)有法律、行政法规或者国务院决定规定不得担任法定代表人的情形的;

(二)因被羁押等原因丧失人身自由,无法履行法定代表人职责的;

(三)丧失总经理资格的;

(四)其他导致法定代表人无法履行职责的情形。

第147条/第127条 公司法定代表人本人不再担任公司总经理的,其法定代表人职务即日起当然解除。

公司法定代表人变更,应当办理变更登记。

设董事会、监事会的:

第十一章 监 事 会

第一节 监 事

第148条 非监事由股东会选举或更换,职工监事由公司职工通过职工代表大会、职工大会或者其他形式民主选举产生。监事的任期每届为3年。监事任期届满，连选可以连任。

董事、高级管理人员不得兼任监事。

第149条 监事任期届满未及时改选，或者监事在任期内辞职导致监事会成员低于法定人数的，在改选出的监事就任前，原监事仍应当依照法律、行政法规和本章程的规定，履行监事职务。

第150条 监事可以列席董事会会议，并对董事会决议事项提出质询或者建议。

第二节 监 事 会

第151条 公司设监事会，对股东会负责。

监事会由________名监事组成，监事会设主席1人，设副主席1人。监事会主席和副主席由全体监事过半数选举产生。监事会主席召集和主持监事会会议；监事会主席不能履行职务或者不履行职务的，由监事会副主席召集和主持监事会会议；监事会副主席不能履行职务或者不履行职务的，由半数以上监事共同推举一名监事召集和主持监事会会议。

监事会应当包括股东代表和适当比例的公司职工代表，其中职工代表的比例不低于1/3。

第152条 监事会行使下列职权：

（一）应当对董事会编制的公司定期报告进行审核并提出书面审核意见；

（二）检查公司财务；

（三）对董事（长）、高级管理人员执行公司职务的行为进行监督，对违反法律、行政法规、本章程或者股东会决议的董事（长）、高级管理人员提出罢免的建议；

（四）当董事（长）、高级管理人员的行为损害公司的利益时，要求董事（长）、高级管理人员予以纠正；

（五）提议召开临时股东会，在董事会不履行《公司法》规定的召集和主持股东会职责时召集和主持股东会；

（六）向股东会提出提案；

（七）对董事（长）和高级管理人员进行专项审计和离任审计；

（八）对董事（长）及高级管理人员进行质询；

（九）指导公司内部稽核工作；

（十）依照《公司法》第152条的规定，对董事（长）、高级管理人员提起诉讼；

（十一）发现公司经营情况异常，可以进行调查；必要时，可以聘请会计师事务所、律师事务所等专业机构协助其工作,费用由公司承担。

第153条 监事会主席行使以下职权:

(一)召集和主持监事会会议;

(二)主持由监事会召集的股东会;

(三)向股东会报告工作;

(四)组织监事会落实职责;

(五)监事会授予的其他职权。

第154条 监事会应定期将监事及监事会履行职责情况向股东会报告。

第155条 监事会有权向公司相关人员及机构了解情况,相关人员及机构应予以配合。

第156条 对监事会提出的纠正措施、整改建议等,董事会和高级管理人员拒绝或者拖延执行的,监事会须向股东会报告。

第157条 监事会每6个月至少召开一次会议。监事可以提议召开临时监事会会议。

第158条 监事会制订监事会议事规则,报股东会批准,以明确监事会的议事方式和表决程序,以确保监事会的工作效率和科学决策。

第159条 监事会议事规则应包括按照监事会职责对监事进行的适当分工及监事会会议召开的条件、程序和参加的人员等事项。

第160条 监事会会议通知包括以下内容:

(一)举行会议的日期、地点和会议期限;

(二)事由及议题;

(三)发出通知的日期。

第161条 监事连续两次不能亲自出席监事会会议的,视为不能履行职责,股东会或职工代表大会应当予以撤换。

第162条 监事会会议应当有过半数的监事出席方可举行。

监事会作出决议,必须经全体监事的过半数通过。

任何一位监事所提议案,监事会均应予以审议。

第163条 监事会会议应当由监事本人出席,监事因故不能出席的,可以书面委托其他监事代为出席。委托书应当载明代理人的姓名、代理事项、权限和期限,并由委托人签名或盖章。

代为出席会议的监事应当在授权范围内行使监事的权利。监事未出席监事会会议,亦未委托其他监事代为出席的,视为放弃在该次会议上的投票权。

第164条 监事会决议的表决方式为记名投票表决,每一名监事享有一票表决权。

第165条 监事会应当对会议所议事项的决定作成会议记录,出席会议的监事应当在会议记录上签名。出席会议的监事有权要求在记录上对其发言作出说明性记载。监事会会议记录作为公司档案保存。

根据有关主管机关的规定或要求,监事会应当将有关事项的表决结果制作成监事会决议,供有关主管机关登记或备案。该监事会决议由出席会议的监事签名。

会议决议及记录保管期限为10年。

第166条 公司内部稽核部门的稽核报告应及时报送监事会,监事会对稽核结果有疑问的,有权要求董事、高级管理人员和稽核部门解释。

设执行董事、监事的:

第十一章 监 事

第128条 公司设监事1名,对股东会负责。

第129条 监事由股东会选举或更换。监事的任期每届为3年。监事任期届满,连选可以连任。

执行董事、总经理及其他高级管理人员不得兼任监事。

第130条 监事任期届满未及时改选,或者监事在任期内辞职导致监事会成员低于法定人数的,在改选出的监事就任前,原监事仍应当依照法律、行政法规和本章程的规定,履行监事职务。

第131条 监事行使下列职权:

(一)应当对执行编制的公司定期报告进行审核并提出书面审核意见;

(二)检查公司财务;

(三)对执行董事、高级管理人员执行公司职务的行为进行监督,对违反法律、行政法规、本章程或者股东会决议的执行董事、高级管理人员提出罢免的建议;

(四)当执行董事、高级管理人员的行为损害公司的利益时,要求执行董事、高级管理人员予以纠正;

(五)提议召开临时股东会,在执行董事不履行《公司法》规定的召集和主持股东会职责时召集和主持股东会;

(六)向股东会提出提案;

(七)对执行董事和高级管理人员进行专项审计和离任审计;

(八)对执行董事及高级管理人员进行质询;

(九)指导公司内部稽核工作;

(十)依照《公司法》第151条的规定,对执行董事、高级管理人员提起诉讼;

(十一)发现公司经营情况异常,可以进行调查;必要时,可以聘请会计师事务所、律师事务所等专业机构协助其工作,费用由公司承担;

(十二)对执行董事决议事项提出质询或者建议。

第132条 监事应定期将监事履行职责情况向股东会报告。

第133条 监事有权向公司相关人员及机构了解情况,相关人员及机构应予以配合。

第134条 对监事提出的纠正措施、整改建议等,执行董事和高级管理人员拒绝或者拖延执行的,监事须向股东会报告。

第135条 监事应当对所作决定作为公司档案保存。

根据有关主管机关的规定或要求,监事应当将有关事项的表决结果制作成监事决议,供有关主管机关登记或备案。该监事决议由出席会议的监事签名。

监事决议及决定保管期限为10年。

第136条 公司内部稽核部门的稽核报告应及时报送监事,监事对稽核结果有疑问的,有权要求执行董事、高级管理人员和稽核部门解释。

第十二章　董事、监事及高级管理人员的资格和义务

第167条/第137条 有下列情形之一的,不得担任公司的董事、监事、高级管理人员:

(一)无民事行为能力或者限制民事行为能力;

(二)因贪污、贿赂、侵占财产、挪用财产或者破坏社会主义市场经济秩序,被判处刑罚,执行期满未逾5年;

(三)担任因经营不善破产清算公司(企业)的董事或者厂长、总经理,并对该公司(企业)破产负有个人责任的,自该公司(企业)破产清算完结之日起未逾3年者;

(四)担任因违法被吊销营业执照、责令关闭的公司、企业的法定代表人,并负有个人责任的,自该公司、企业被吊销营业执照之日起未逾3年;

(五)个人所负数额较大的债务到期未清偿;

(六)法律、行政法规或部门规章规定的其他内容。

违反本条规定选举、委派董事、监事及总经理的,该选举、委派或者聘任无效。董事、监事及总经理在任职期间出现本条情形的,公司解除其职务。

第168条/第138条 董事、监事、高级管理人员应当遵守法律、行政法规和本章程,对公司负有下列忠实义务:

(一)不得利用职权收受贿赂或者其他非法收入,不得侵占公司的财产;

(二)不得挪用公司资金;

(三)不得将公司资产或者资金以其个人名义或者其他个人名义开立账户存储;

(四)不得违反本章程的规定,未经股东会或董事会同意,将公司资金借贷给他人或者以公司财产为他人提供担保;

(五)不得违反本章程的规定或未经股东会同意,与本公司订立合同或者进行交易;

(六)未经股东会同意,不得利用职务便利,为自己或他人谋取本应属于公司的商业机会,自营或者为他人经营与本公司同类的业务;

(七)不得将与公司交易的佣金归为己有;

(八)保守公司秘密,不得擅自披露公司商业秘密;

(九)不得利用其关联关系损害公司利益;

(十)法律、行政法规、部门规章及本章程规定的其他忠实义务。

董事、监事、高级管理人员违反本条规定所得的收入,应当归公司所有;给公司造成损失的,应当承担赔偿责任。

董事、监事、高级管理人员对公司的保密义务,在其任期结束后并不当然解除,在公司商业秘密解密前仍然有效。董事、监事、高级管理人员与公司签订的竞业限制协议或保密协议另有规定的,从其规定。

第169条/第139条 董事、监事、高级管理人员应当遵守法律、行政法规和本章程,对公司负有下列勤勉义务:

(一)应谨慎、认真、勤勉地行使公司赋予的权利,以保证公司的商业行为符合国家法律、行政法规以及国家各项经济政策的要求,非经股东会同意,商业活动不超过营业执照规定的业务范围;

(二)应公平对待所有股东;

(三)及时了解公司业务经营管理状况;

(四)应当对公司定期报告签署书面确认意见,保证公司报告的信息真实、准确、完整;

(五)应当如实向监事会提供有关情况和资料;

(六)法律、行政法规、部门规章及本章程规定的其他勤勉义务。

第170条/第140条 公司应当定期向股东披露董事、监事、高级管理人员从公司获得报酬的情况。

第171条/第141条 股东会要求董事、监事、高级管理人员列席会议的,董事、监事、高级管理人员应当列席并接受股东的质询。

董事、高级管理人员应当如实向监事会提供有关情况和资料,不得妨碍监事会或者监事行使职权。

第172条/第142条 董事、监事、高级管理人员执行公司职务时违反法律、行政法规、公司章程的规定或股东会决议,给公司造成损失的,应当承担赔偿责任。

第173条/第143条 董事、高级管理人员离任时,须进行离任审计。

第174条/第144条 公司的股东、董事、监事、总经理、法定代表人应当以身份证或者户口簿记载的真实姓名、营业执照或其他主体资格证明文件记载的名称由本人在公司向登记机关提交的登记申请材料上签字(盖章)。

因虚假签字、盖章或其他提交虚假材料的行为导致公司受到登记机关处罚或造成公司其他损失,作出虚假签字、盖章或提交虚假材料的人员应当向公司承担赔偿责任。

第十三章 财务会计及利润分配

第一节 财务会计

第175条/第145条 公司依照法律、行政法规和国家有关部门的规定,制定公司的财务会计制度。

第176条/第146条 公司在每一会计年度6个月结束后60日以内编制公司的中期财务报告;在每一会计年度结束后120日以内编制公司年度财务报告。

第177条/第147条 公司年度财务报告以及进行中期利润分配的中期财务报告,应包括下列内容:

(一)资产负债表;

(二)利润表;

(三)利润分配表;

(四)财务状况变动表(或现金流量表);

(五)会计报表附注。

公司不进行中期利润分配的,中期财务报告包括上款除第(三)项以外的会计报表及附注。

上述财务会计报告按照有关法律、行政法规及部门规章的规定进行编制。

第178条/第148条 公司除法定的会计账簿外,将不另立会计账簿。公司的资产,不以任何个人名义开立账户存储。

第179条/第149条 公司聘用会计师事务所必须由股东会决定,董事会(执行董事)不得在股东会决定前委任会计师事务所。

第二节 利润分配

第180条/第150条 公司分配当年税后利润时,应当提取利润的10%列入公司法定公积金。公司法定公积金累计额为公司注册资本的50%以上的,可以不再提取。

公司的法定公积金不足以弥补以前年度亏损的,在依照前款规定提取法定公积金之前,应当先用当年利润弥补亏损。

公司从税后利润中提取法定公积金后,经股东会决议,还可以从税后利润中提取任意公积金。

公司弥补亏损和提取公积金后所余税后利润,按照股东持有的股权比例分配,但本章程规定不按持股比例分配的除外。

股东会违反前款规定,在公司弥补亏损和提取法定公积金之前向股东分配利润的,股东必须将违反规定分配的利润退还公司。

公司持有的本公司股权不参与分配利润。

第181条/第151条 公司的公积金用于弥补公司的亏损、扩大公司生产经营或者转为增加公司资本。但是,资本公积金将不用于弥补公司的亏损。

法定公积金转为资本时,所留存的该项公积金将不少于转增前公司注册资本的25%。

第182条/第152条 公司可以采取现金或者实物方式分配股利。

第183条/第153条 公司股东会对利润分配方案作出决议后,公司董事会(执行董事)须在股东会决议后2个月内完成股利的派发事项。

第十四章 公司合并、分立与组织变更

第一节 公司合并、分立

第184条/第154条 公司合并或者分立,按照下列程序办理:

(一)董事会(执行董事)拟订合并或者分立方案;

(二)股东会依照章程的规定作出决议;

(三)各方当事人签订合并或者分立合同;

(四)依法办理有关审批手续;

(五)处理债权、债务等各项合并或者分立事宜;

(六)办理解散登记或者变更登记。

第185条/第155条 公司合并或者分立各方的资产、债权、债务的处理,通过签订合同加以明确规定。

第186条/第156条 公司合并或者分立时,公司董事会(执行董事)应当采取必要的措施保护反对公司合并或者分立的股东的合法权益。

第187条/第157条 公司合并可以采取吸收合并或者新设合并。

一个公司吸收其他公司为吸收合并,被吸收的公司解散。两个以上公司合并设立一个新的公司为新设合并,合并各方解散。

第188条/第158条 公司合并,应当由合并各方签订合并协议,并编制资产负债表及财产清单。公司应当自作出合并决议之日起10日内通知债权人,并于30日内在符合法律规定的报纸上公告。债权人自接到通知书之日起30日内,未接到通知书的自公告之日起45日内,可以要求公司清偿债务或者提供相应的担保。

第189条/第159条 公司合并时,合并各方的债权、债务,由合并后存续的公司或者新设的公司承继。

第190条/第160条 公司分立,其财产作相应的分割。

公司分立,应当编制资产负债表及财产清单。公司应当自作出分立决议之日起10日内通知债权人,并于30日内在符合法律规定的报纸上公告3次。

第191条/第161条 公司分立前的债务由分立后的公司承担连带责任。但是,公司在分立前与债权人就债务清偿达成的书面协议另有约定的除外。

第192条/第162条 公司合并或者分立,登记事项发生变更的,应当依法向公司登记机关办理变更登记;公司解散的,应当依法办理公司注销登记;设立新公司的,应当依法办理公司设立登记。

第二节 组织变更

第193条/第163条 经股东会决议通过,公司可以变更为股份有限公司,并应依法办理有关变更手续。

第十五章 修改章程

第194条/第164条 有下列情形之一的,公司应当修改章程:

(一)《公司法》或有关法律、行政法规修改后,章程规定的事项与修改后的法律、行政法规的规定相抵触;

(二)公司的情况发生变化,与章程记载的事项不一致;

(三)股东会决定修改章程。

第195条/第165条 股东会决议通过的章程修改事项依法应经主管机关审批的,

须报主管机关批准;涉及公司登记事项的,依法办理变更登记或备案。

第十六章　公司解散和清算

第196条/第166条　公司因下列原因解散:

(一)本章程规定的营业期限届满或者本章程规定的其他解散事由出现;

(二)股东会决议解散;

(三)因公司合并或者分立需要解散;

(四)依法被吊销营业执照、责令关闭或者被撤销;

(五)人民法院依法判决解散的。

设董事会、监事会的:

第197条　公司经营管理发生严重困难,继续存续会使股东利益受到重大损失,通过其他途径不能解决的,持有公司全部股东表决权10%以上的股东,可以请求人民法院解散公司。

公司存在以下情形之一的,可以认定为公司经营管理发生严重困难:

(一)公司持续两年以上无法召开股东会的;

(二)公司股东会持续2年以上无法作出有效决议的;

(三)公司董事会持续2年以上无法作出有效决议,且不能通过股东会解决董事会长期冲突的;

(四)公司经营管理发生其他严重困难,继续存续会使股东利益受到重大损失的。

设执行董事、监事的:

第167条　公司经营管理发生严重困难,继续存续会使股东利益受到重大损失,通过其他途径不能解决的,持有公司全部股东表决权10%以上的股东,可以请求人民法院解散公司。

公司存在以下情形之一的,可以认定为公司经营管理发生严重困难:

(一)公司持续2年以上无法召开股东会的;

(二)公司股东会持续2年以上无法作出有效决议的;

(三)公司经营管理发生其他严重困难,继续存续会使股东利益受到重大损失的。

第198条/第168条　公司有本章程第196条(/第166条)第(一)项情形的,可以通过修改本章程而存续。

依照前款规定修改本章程,须经代表2/3以上表决权的股东通过。

第199条/第169条　公司因本章程第196条(/第166条)第(一)项、第(二)项、第(四)项、第(五)项规定而解散的,应当在解散事由出现之日起15日内成立清算组,开始清算。清算组人员由股东会以普通决议的方式选定。逾期不成立清算组进行清算的,债权人可以申请人民法院指定有关人员组成清算组进行清算。

第200条/第170条　清算组成立后,董事会(执行董事)、总经理、监事会(监事)的职权立即停止,由清算组接管公司。清算期间,公司不得开展新的经营活动。

第201条/第171条　清算组在清算期间行使下列职权:

(一)清理公司财产,分别编制资产负债表和财产清单;

(二)通知、公告债权人;

(三)处理与清算有关的公司未了结的业务;

(四)清缴所欠税款以及清算过程中产生的税款;

(五)清理债权、债务;

(六)处理公司清偿债务后的剩余财产;

(七)代表公司参与民事诉讼活动。

第202条/第172条　清算组应当自成立之日起10日内通知债权人,并于60日内在符合法律规定的报纸上公告。债权人应当自接到通知书之日起30日内,未接到通知书的自公告之日起45日内,向清算组申报其债权。

债权人申报债权,应当说明债权的有关事项,并提供证明材料。清算组应当对债权进行登记。

在申报债权期间,清算组不得对债权人进行清偿。

第203条/第173条　清算组在清理公司财产、编制资产负债表和财产清单后,应当制定清算方案,并报股东会或者人民法院确认。

公司财产在分别支付清算费用、职工的工资、社会保险费用和法定补偿金,缴纳所欠税款,清偿公司债务后的剩余财产,公司按照股东持有的股权比例分配。

清算期间,公司存续,但不能开展与清算无关的经营活动。公司财产在未按前款规定清偿前,将不会分配给股东。

第204条/第174条　清算组在清理公司财产、编制资产负债表和财产清单后,发现公司财产不足清偿债务的,应当依法向人民法院申请宣告破产。

公司经人民法院裁定宣告破产后,清算组应当将清算事务移交给人民法院。

第205条/第175条　公司清算结束后,清算组应当制作清算报告,报股东会或者人民法院确认,并报送公司登记机关,申请注销公司登记,公告公司终止。

第206条/第176条 清算组成员应当忠于职守,依法履行清算义务。

清算组成员不得利用职权收受贿赂或者其他非法收入,不得侵占公司财产。

清算组成员因故意或者重大过失给公司或者债权人造成损失的,应当承担赔偿责任。

第207条/第177条 公司被依法宣告破产的,依照有关企业破产的法律实施破产清算。

第十七章 公司通知与公告

第一节 通　　知

第208条/第178条 公司的通知以下列形式发出:

(一)以专人送达;

(二)以邮件快递方式发出;

(三)以传真方式发出;

(四)以电子邮件方式发出;

(五)以公告方式进行;

(六)本章程规定的其他形式。

以邮件快递方式、电子邮件或以传真方式发出后,公司经办人员应通过电话或短信提醒受送达人。

第209条/第179条 公司发出的通知,只有以专人、邮件快递、电子邮件及传真方式发出均无法送到且无法电话联系的情况下,才能以公告方式进行。

以公告方式进行的,一经公告,视为所有相关人员收到通知。

第210条/第180条 公司召开股东会、董事会、监事会的会议通知,应采用书面方式,由会议召集人按公司章程规定决定通知发出形式。

第211条/第181条 公司通知以专人送出的,由受送达人在送达回执上签名(或盖章),受送达人签收日期为送达日期;公司通知以邮件快递发出的,自交付邮局之日起第3个工作日为送达日期;公司通知以电子邮件或传真方式发出的,自公司发出之日的次日为送达日期;公司通知以公告方式送出的,第一次公告刊登日为送达日期。

第212条/第182条 因意外遗漏未向某有权得到通知的人送出会议通知或者该等人没有收到会议通知,会议及会议作出的决议并不因此无效。

第二节 公　　告

第213条/第183条 公司指定________为刊登公司公告和其他需要披露信息的媒体。

第十八章　附　　则

第 214 条/第 184 条　释义

(一)控股股东,是指其持有的股权占公司股本总额 50% 以上的股东;持有股权的比例虽然不足 50%,但依其持有的股权所享有的表决权已足以对股东会的决议产生重大影响的股东。

(二)实际控制人,是指虽不是公司的股东,但通过投资关系、协议或者其他安排,能够实际支配公司行为的人。

(三)关联关系,是指公司控股股东、实际控制人、董事、监事、高级管理人员与其直接或者间接控制的企业之间的关系,以及可能导致公司利益转移的其他关系。

(四)本章程所称"以上""以内""以下",都含本数;"不满""以外""低于""多于"不含本数。

第 215 条/第 185 条　因本章程产生的或与本章程有关的争议,选择下列第2 种方式解决:

(一)提交________仲裁委员会仲裁;

(二)依法向人民法院起诉。

第 216 条/第 186 条　本章程附件包括股东会议事规则、董事会议事规则和监事会议事规则。

第 217 条/第 187 条　本章程从公司的《企业法人营业执照》签发之日起生效。

第 218 条/第 188 条　本章程由公司董事会负责解释。股东或监事对董事会解释有异议的,可以按照公司章程规定的提案程序向股东会提案,由股东会通过决议对争议条款及事项予以明确解释。

说明:

本文本只是提供给当事人在草拟公司章程时的一种参考,当事人须根据具体实际情况正确选择适用的条款并作相应的调整,切勿简单套用。制定、修改公司章程最好咨询相关的法律专业人士。

附录2：

股份有限公司章程

目　　录

第一章　总　　则

第1条　为规范公司的组织和行为,维护公司、股东和债权人的合法权益,根据《中华人民共和国公司法》(以下简称《公司法》)和其他有关规定,制订本章程。

第2条　本公司系依法成立的股份有限公司(以下简称"公司"),有独立的法人财产,享有法人财产权。公司以其全部财产对公司的债务承担责任。公司的股东以其认购的股份为限对公司承担责任。

第3条　公司股东、董事、监事及高级管理人员行使权利及职权、履行义务应当遵循公平和诚实信用的原则。

第4条　公司注册资本为人民币________元。

第5条　公司根据业务需要,可以对外投资,设立子公司和分公司。

第6条　公司营业期限为________,从《企业法人营业执照》签发之日起计算。

公司营业期限届满,可以通过修改公司章程而存续,但公司延长营业期限,须经出席股东大会的股东所持表决权的三分之二以上通过。公司延长营业期限,必须于营业期限届满前修改公司章程并办理相应的变更登记手续。

第7条　公司应确定一名工作人员负责保管公司法律文件,股东会决议、董事会决议等法律文件必须存放在公司,以备查阅。

第8条　公司的控股股东、实际控制人、董事、监事、高级管理人员不得利用其关联关系损害公司利益。

第9条　本章程自生效之日起,即成为规范公司的组织与行为、公司与股东、股东与股东之间权利义务关系的具有法律约束力的文件,对公司、股东、董事、监事、高级管理人员具有法律约束力的文件。

第10条 本章程所称高级管理人员是指公司的总经理、副总经理、董事会秘书、财务负责人及内设机构负责人,具体名单由董事会确定。

第二章 公司名称和住所

第11条 公司注册名称:____。

第12条 公司住所:____。

第三章 经营宗旨和范围

第13条 公司的经营宗旨:依法自主开展各项业务,不断提高企业的经营管理水平和核心竞争能力,为广大客户提供优质服务,实现股东权益和公司价值的最大化,创造良好的经济和社会效益。

第14条 公司的经营范围:______________________________________。

第15条 公司根据实际情况,经股东大会决议可改变以上经营范围,但须依法办理变更登记。

第四章 公 司 资 本

第一节 股 份 发 行

第16条 公司的股份采取股票的形式。

第17条 公司发行的所有股份均为普通股。

第18条 公司股份的发行,实行公开、公平、公正的原则,同股同权,同股同利。

第19条 公司发行的股票,面值为1元人民币。

第20条 公司的股票采取纸面形式,为记名股票。

第21条 公司股份总数为________万股,全部由发起人认购。

第22条 发起人的姓名或名称及其认购的股份数:

发起人的姓名或名称	认购的股份数	股份比例

第23条 发起人的出资分______次缴付。

首次出资情况:

发起人的姓名或名称	出资金额	出资方式	出资时间

第二次出资情况:

发起人的姓名或名称	出资金额	出资方式	出资时间

第二节　增、减资和股份回购

第24条　公司根据经营和发展的需要,依照法律、法规的规定,经股东大会分别作出决议,可以采用下列方式增加资本:

(一)经国务院证券监督管理机构核准,公开发行股份;

(二)非公开发行股份;

(三)向现有股东派送红股;

(四)以公积金转增股本;

(五)法律、行政法规规定以及中国证监会批准的其他方式。

第25条　公司可以减少注册资本。公司减少注册资本,应当按照《公司法》以及其他有关规定和本章程规定的程序办理。

第26条　公司需要减少注册资本时,必须编制资产负债表及财产清单。

公司应当自作出减少注册资本决议之日起10日内通知债权人,并于30日内在符合法律规定的报刊上公告。债权人自接到通知书之日起30日内,未接到通知书的自公告之日起45日内,有权要求公司清偿债务或者提供相应的担保。

第27条　公司增加或者减少注册资本,应当依法向公司登记机关办理变更登记。

第28条　公司在下列情况下,可以依照法律、行政法规、部门规章和本章程的规定,收购本公司的股份:

(一)减少公司注册资本;

(二)与持有本公司股票的其他公司合并;

(三)将股份奖励给本公司职工;

（四）股东因对股东大会作出的公司合并、分立决议持异议，要求公司收购其股份的。

除上述情形外，公司不进行买卖本公司股份的活动。

第29条 公司因本章程第28条第（一）项至第（三）项的原因收购本公司股份的，应当经股东大会决议。公司依照第28条规定收购本公司股份后，属于第（一）项情形的，应当自收购之日起10日内注销；属于第（二）项、第（四）项情形的，应当在6个月内转让或者注销。

公司依照第28条第（三）项规定收购的本公司股份，将不超过本公司已发行股份总额的5%；用于收购的资金应当从公司的税后利润中支出；所收购的股份应当1年内转让给职工。

第五章 股份转让

第30条 公司的股份可以依法转让和继承。

第31条 公司不接受本公司的股票作为质押权的标的。

第32条 发起人持有的本公司股份，自公司成立之日起1年内不得转让。

第33条 董事、监事、总经理以及其他高级管理人员在其任职期间以及离职后6个月内不得转让其所持有的本公司的股份。公司经批准实施的股权激励计划另有规定的，从其规定。

第34条 受让人必须遵守本公司章程和有关法律、行政法规规定。

第35条 有下列情形之一的，对股东大会该项决议投反对票的股东可以请求公司按照最近一期经审计每股净资产溢价50%的价格收购其股份：

（一）公司合并；

（二）公司分立。

自股东大会会议决议通过之日起60日内，股东与公司不能达成股份收购协议的，股东可以自股东大会会议决议通过之日起90日内向人民法院提起诉讼。

第六章 股东及其权利和义务

第36条 公司股东为依法持有公司股份的法人和自然人。股东按其所持有的股份，享有同等权利，承担同等义务。

第37条 公司置备股东名册，记载下列事项：

（一）股东的姓名或者名称及住所；

（二）各股东所持股份数；

（三）各股东所持股票的编号；

(四)各股东取得股份的日期。

股票和股东名册是证明股东持有公司股份的依据。

第38条 公司召开股东大会、分配股利、清算及从事其他需要确认股东身份的行为时,由董事会或股东大会召集人确定股权登记日,股权登记日结束时登记在股东名册的股东为享有相关权益的股东。

第39条 公司股东享有下列权利:

(一)依照其所持有的股份份额获得股利和其他形式的利益分配;

(二)参加或者委派股东代理人参加股东大会,并行使相应的表决权;

(三)对公司的经营进行监督,提出建议或者质询;

(四)依照法律、行政法规及本章程的规定转让、赠与或质押其所持有的股份;

(五)依照法律、行政法规及本章程的规定查阅有关公司文件,获得公司有关信息;

(六)公司终止或者清算时,按其所持有的股份份额参加公司剩余财产的分配;

(七)法律、行政法规、部门规章或本章程规定的其他权利。

第40条 股东有权查阅、复制公司章程、股东会会议记录、董事会会议决议、监事会会议决议和财务会计报告。股东提出前述要求的,应当向公司提供证明其持有公司股份的书面文件。如果前述查阅资料涉及公司商业秘密的,股东应按照公司有关规章制度的规定承担保密义务。公司商业秘密的范围按照公司有关规章制度执行。

股东可以要求查阅、复制公司会计账簿。股东要求查阅、复制公司会计账簿的,应当提前15日向公司提出书面请求,说明查阅、复制的目的及范围。公司有合理根据认为股东查阅会计账簿有不正当目的,可能损害公司合法利益的,可以拒绝提供查阅,并应当自股东提出书面请求之日起15日内书面答复股东并说明理由。公司拒绝提供查阅的,股东可以请求人民法院要求公司提供查阅。股东查阅、复制公司会计账簿的,应按照公司有关规章制度的规定承担保密义务。

第41条 股东有权向董事、监事、总经理及其他高级管理人员提出书面质询,被质询人员应当在收到书面质询后30日内给予答复。如质询事项及答复内容涉及公司商业秘密的,股东应按照公司有关规章制度的规定承担保密义务。

第42条 公司股东大会、董事会决议内容违反法律、行政法规的,股东、董事及监事有权请求人民法院认定无效。

股东大会、董事会的会议召集程序、表决方式违反法律、行政法规或者本章程,或者决议内容违反本章程的,股东有权自决议作出之日起60日内,请求人民法院撤销。

第43条 公司根据股东大会、董事会决议已办理变更登记的,人民法院宣告该决议无效或者撤销该决议后，公司应当向公司登记机关申请撤销变更登记。

公司股东或第三人对公司提交办理变更登记事项的文件、材料的真实性及涉及相关股东、董事签字或股东出资的真实性存在争议的，应向公司所在地人民法院提起民事诉讼。经人民法院裁判文书确认办理变更登记的文件、材料无效或者撤销该文件、材料的，公司应当向公司登记机关申请撤销变更登记。

第 44 条 股东滥用股东权利或董事、监事、高级管理人员执行公司职务时违反法律、行政法规或者本章程的规定，给公司造成损失的，单独或合并持有公司 1% 以上股份的股东有权书面请求监事会向人民法院提起诉讼；监事会执行公司职务时违反法律、行政法规或者本章程的规定，给公司造成损失的，股东可以书面请求董事会向人民法院提起诉讼。

监事会、董事会收到前款规定的股东书面请求后拒绝提起诉讼，或者自收到请求之日起 30 日内未提起诉讼，或者情况紧急、不立即提起诉讼将会使公司利益受到难以弥补的损害的，前款规定的股东有权为了公司的利益以自己的名义直接向人民法院提起诉讼。

他人侵犯公司合法权益，给公司造成损失的，本条第一款规定的股东可以依照前两款的规定向人民法院提起诉讼。

第 45 条 董事、监事、高级管理人员违反法律、行政法规或者本章程的规定，损害股东利益的，该股东可以直接向人民法院起诉要求行为人承担赔偿责任。

第 46 条 公司违反法律、行政法规或者本章程的规定，损害股东利益的，该股东可以直接向人民法院起诉要求公司承担赔偿责任，赔偿范围包括但不限于实际损失、可得利益损失及聘请律师、会计师的合理费用。

第 47 条 公司股东承担下列义务：

（一）遵守公司章程，保守公司秘密；

（二）依其所认购的股份和公司章程规定的出资方式、出资时间，按期足额缴纳股金；

（三）除法律、法规规定的情形外，不得退股；

（四）依其持有股份为限对公司承担责任；

（五）不得滥用股东权利；

（六）法律、行政法规及本章程规定应当承担的其他义务。

第 48 条 公司的控股股东、实际控制人员不得利用其关联关系损害公司利益。违反规定的，给公司造成损失的，应当承担赔偿责任。

公司控股股东及实际控制人对公司和股东负有诚信义务。控股股东应严格依法行使出资人的权利,控股股东不得利用利润分配、资产重组、对外投资、资金占用、借款担保等方式损害公司和股东的合法权益,不得利用其控制地位损害公司和股东的利益。

第七章 股东大会

第一节 股东大会的一般规定

第49条 股东大会是公司的权力机构,依法行使下列职权:

(一)决定公司的经营方针和投资计划;

(二)选举和更换董事,决定有关董事的报酬事项;

(三)选举和更换非由职工代表担任的监事,决定有关监事的报酬事项;

(四)审议批准董事会的报告;

(五)审议批准监事会报告;

(六)审议批准公司的年度财务预算方案、决算方案;

(七)审议批准公司的利润分配方案和弥补亏损方案;

(八)对公司增加或者减少注册资本作出决议;

(九)对发行公司债券作出决议;

(十)对公司合并、分立、解散、清算或者变更公司形式作出决议;

(十一)修改本章程;

(十二)对公司聘用、解聘会计师事务所作出决议;

(十三)对公司向其他企业投资或者担保单笔数额超过注册资本25%的事项作出决议;

(十四)审议批准公司在一年内购买、出售重大资产超过公司最近一期经审计总资产25%的事项;

(十五)审议批准股权激励计划;

(十六)审议批准法律、行政法规、部门规章或本章程规定应当由股东大会决定的其他事项。

第50条 股东大会分为年度股东大会和临时股东大会。年度股东大会每年召开1次,应当于上一会计年度结束后的6个月内举行。

第51条 有下列情形之一的,公司在事实发生之日起2个月以内召开临时股东大会:

(一)董事人数不足《公司法》规定人数或者本章程所定人数的2/3时;

（二）公司未弥补的亏损达实收股本总额1/3时；

（三）单独或者合计持有公司10%以上股份的股东请求时；

（四）董事会认为必要时；

（五）监事会提议召开时；

（六）法律、行政法规、部门规章或本章程规定的其他情形。

第52条 本公司召开股东大会的时间和地点按照股东大会通知执行。

股东大会将设置会场，以现场会议形式召开。必要时，将提供视频电话会议方式为股东参加股东大会提供便利。股东通过上述方式参加股东大会的，视为出席。

第53条 对股东大会审议事项股东以书面形式一致表示同意的，可以不召开股东大会会议，直接作出决议，并由全体股东在决议文件上签名、盖章。

第二节 股东大会的召集

第54条 股东大会会议由董事会召集，董事长主持；董事长不能履行职务或不履行职务时，由副董事长主持；副董事长不能履行职务或不履行职务的，由半数以上董事共同推举一名董事主持。董事会不能履行或者不履行召集股东大会会议职责的，监事会应当及时召集和主持；监事会不召集和主持的，单独或者合计持有公司10%以上股份的股东可以自行召集和主持。

董事会、依据《公司法》或公司章程的规定负责召集股东大会的监事会、股东，合称为股东大会召集人。

第55条 监事会有权向董事会提议召开临时股东大会，并应当以书面形式向董事会提出。董事会应当根据法律、行政法规和本章程的规定，在收到提案后10日内提出同意或不同意召开临时股东大会的书面反馈意见。

董事会同意召开临时股东大会的，将在作出董事会决议后的5日内发出召开股东大会的通知，通知中对原提议的变更，应征得监事会的同意。

董事会不同意召开临时股东大会，或者在收到提案后10日内未作出反馈的，视为董事会不能履行或者不履行召集股东大会会议职责，监事会可以自行召集和主持。

第56条 单独或者合计持有公司10%以上股份的股东有权向董事会请求召开临时股东大会，并应当以书面形式向董事会提出。董事会应当根据法律、行政法规和本章程的规定，在收到请求后10日内提出同意或不同意召开临时股东大会的书面反馈意见。

董事会同意召开临时股东大会的，应当在作出董事会决议后的5日内发出召开股东大会的通知，通知中对原请求的变更，应当征得相关股东的同意。

董事会不同意召开临时股东大会,或者在收到请求后 10 日内未作出反馈的,单独或者合计持有公司 10% 以上股份的股东有权向监事会提议召开临时股东大会,并应当以书面形式向监事会提出请求。

监事会同意召开临时股东大会的,应在收到请求 5 日内发出召开股东大会的通知,通知中对原提案的变更,应当征得相关股东的同意。

监事会未在规定期限内发出股东大会通知的,视为监事会不召集和主持股东大会,单独或者合计持有公司 10% 以上股份的股东可以自行召集和主持。

第 57 条 监事会或股东决定自行召集股东大会的,须书面通知董事会。

第 58 条 对于监事会或股东自行召集的股东大会,董事会和董事会秘书将予配合。

第 59 条 监事会或股东自行召集的股东大会,会议所必需的费用由公司承担。

第三节 股东大会的提案与通知

第 60 条 公司召开股东大会,董事会、监事会以及单独或者合并持有公司 3% 以上股份的股东,有权向公司提出提案。

单独或者合计持有公司 3% 以上股份的股东,可以在股东大会召开 10 日前提出临时提案并书面提交召集人。召集人应当在收到提案后 2 日内发出股东大会补充通知,公布临时提案的内容。

除前款规定的情形外,召集人在发出股东大会通知后,不得修改股东大会通知中已列明的提案或增加新的提案,但全体股东一致同意的除外。

第 61 条 股东大会提案应当符合下列条件:

(一)内容与法律、行政法规和章程规定不相抵触,并且属于股东大会职责范围(但修改公司章程的提案除外);

(二)有明确议题和具体决议事项;

(三)以书面形式提交或送达股东大会召集人。

股东大会通知中未列明或不符合以上规定的提案,股东大会不得进行表决并作出决议,但本章程第 88 条规定的回避临时决议提案及全体股东一致同意的提案除外。

第 62 条 股东大会召集人应当以公司和股东的最大利益为行为准则,按照本章程第 61 条的规定对股东大会提案进行审查。

第 63 条 股东大会召集人决定不将股东大会提案列入会议议程的,应当在该次股东大会上进行解释和说明。

第 64 条 提出提案的股东对股东大会召集人不将其提案列入股东大会会议议程

的决定持有异议的，可以按照本章程规定的程序和条件要求另行召集临时股东大会进行讨论和表决。

第65条 召集人将在年度股东大会召开20日前以书面方式通知各股东，临时股东大会将于会议召开15日前以书面方式通知各股东。

第66条 股东大会的通知包括以下内容：

(一)会议的时间、地点和会议期限；

(二)提交会议审议的事项和提案；

(三)有权出席股东大会股东的股权登记日；

(四)会务常设联系人姓名，电话号码。

第67条 股东大会拟讨论董事、监事选举事项的，股东大会通知中将充分披露董事、监事候选人的详细资料，至少包括以下内容：

(一)教育背景、工作经历、兼职等个人情况；

(二)与本公司或本公司的控股股东及实际控制人是否存在关联关系；

(三)披露持有本公司股份数量。

除采取累积投票制选举董事、监事外，每位董事、监事候选人应当以单项提案提出。

第68条 发出股东大会通知后，无正当理由，股东大会不应延期或取消，股东大会通知中列明的提案不应取消。一旦出现延期或取消的情形，召集人应当在原定召开日前至少2个工作日通知并说明原因。

第四节 股东大会的召开

第69条 本公司董事会和其他召集人将采取必要措施，保证股东大会的正常秩序。对于干扰股东大会、寻衅滋事和侵犯股东合法权益的行为，将采取措施加以制止并及时报告有关部门查处。

第70条 出席会议人员的签名册由公司负责制作。签名册载明参加会议人员姓名(或单位名称)、身份证号码、住所地址、持有或者代表有表决权的股份数额、被代理人姓名(或单位名称)等事项。

第71条 股权登记日登记在册的所有股东或其代理人，均有权出席股东大会。并依照有关法律、法规及本章程行使表决权。

股东可以亲自出席股东大会，也可以委托代理人代为出席和表决。

第72条 个人股东亲自出席会议的，应出示本人身份证或其他能够表明其身份的有效证件或证明；委托代理他人出席会议的，应出示本人有效身份证件、股东授权委托书。

法人股东应由法定代表人或者法定代表人委托的代理人出席会议。法定代表人出席会议的,应出示本人身份证、能证明其具有法定代表人资格的有效证明;委托代理人出席会议的,代理人应出示本人身份证、法人股东单位的法定代表人依法出具的书面授权委托书。

第 73 条 股东出具的委托他人出席股东大会的授权委托书应当载明下列内容:

(一)代理人的姓名;

(二)是否具有表决权;

(三)分别对列入股东大会议程的每一审议事项投赞成、反对或弃权票的指示;

(四)委托书签发日期和有效期限;

(五)委托人签名(或盖章)。委托人为法人股东的,应加盖法人单位印章。

委托书应当注明如果股东不作具体指示,股东代理人是否可以按自己的意思表决。

第 74 条 股东大会召开时,本公司全体董事、监事和董事会秘书应当出席会议,总经理和其他高级管理人员应当列席会议。

第 75 条 股东大会由董事长主持。董事长不能履行职务或不履行职务时,由副董事长主持,副董事长不能履行职务或者不履行职务时,由半数以上董事共同推举的一名董事主持。

监事会自行召集的股东大会,由监事会主席主持。监事会主席不能履行职务或不履行职务时,由监事会副主席主持,监事会副主席不能履行职务或者不履行职务时,由半数以上监事共同推举的一名监事主持。

股东自行召集的股东大会,由召集人推举代表主持。

召开股东大会时,会议主持人违反议事规则使股东大会无法继续进行的,经现场出席股东大会有表决权过半数的股东同意,股东大会可推举一人担任会议主持人,继续开会。

第 76 条 公司制定股东大会议事规则,详细规定股东大会的召开和表决程序,包括通知、登记、提案的审议、投票、计票、表决结果的宣布、会议决议的形成、会议记录及其签署等内容,以及股东大会对董事会的授权原则,授权内容应明确具体。股东大会议事规则应作为章程的附件,由董事会拟定,股东大会批准。

第 77 条 在年度股东大会上,董事会、监事会应当就其过去一年的工作向股东大会作出报告。

第78条 董事、监事、高级管理人员在股东大会上应就股东的质询和建议作出解释和说明。

第79条 会议主持人应当在表决前宣布现场出席会议的股东和代理人人数及所持有表决权的股份总数,现场出席会议的股东和代理人人数及所持有表决权的股份总数以会议登记为准。

第80条 股东大会应有会议记录,由董事会秘书负责。董事会秘书未履责的,由会议主持人指定人员负责会议记录。会议记录记载以下内容:

(一)会议时间、地点、议程和召集人姓名或名称;

(二)会议主持人以及出席或列席会议的董事、监事、总经理和其他高级管理人员姓名;

(三)出席会议的股东和代理人人数、所持有表决权的股份总数及占公司股份总数的比例;

(四)对每一提案的审议经过、发言要点和表决结果;

(五)股东的质询意见或建议以及相应的答复或说明;

(六)计票人及监票人姓名;

(七)本章程规定应当载入会议记录的其他内容。

第81条 召集人应当保证会议记录内容真实、准确和完整。出席会议的董事、监事、董事会秘书、召集人或其代表、会议主持人应当在会议记录上签名。会议记录应当与现场出席股东的签名册及代理出席的委托书、网络及其他方式表决情况的有效资料一并保存,保存期限不少于20年。

第82条 召集人应当保证股东大会连续举行,直至形成最终决议。因不可抗力等特殊原因导致股东大会中止或不能作出决议的,应采取必要措施尽快恢复召开股东大会或直接终止本次股东大会,并及时通知。

第五节 股东大会的表决和决议

第83条 股东大会决议分为普通决议和特别决议。

股东大会作出普通决议,应当由出席股东大会的股东(包括股东代理人)所持表决权的1/2以上通过。

股东大会作出特别决议,应当由出席股东大会的股东(包括股东代理人)所持表决权的2/3以上通过。

第84条 下列事项由股东大会以普通决议通过:

(一)董事会和监事会的工作报告;

(二)董事会拟定的利润分配方案和弥补亏损方案;

(三)董事会和监事会成员的任免及其报酬和支付方法;

(四)增加或减少本章程规定的公司董事人数;

(五)公司年度预算方案、决算方案;

(六)公司年度报告;

(七)聘任或解聘会计师事务所;

(八)除法律、行政法规规定或者本章程规定应当以特别决议通过以外的其他事项。

第85条 下列事项由股东大会以特别决议通过:

(一)公司增加或者减少注册资本;

(二)公司的分立、合并、组织变更、解散和清算;

(三)本章程的修改;

(四)公司在一年内购买、出售重大资产、对外投资或者担保单笔金额超过公司注册资本30%的;

(五)回购本公司股票;

(六)股权激励计划;

(七)法律、行政法规或本章程规定的,以及股东大会以普通决议认定会对公司产生重大影响的、需要以特别决议通过的其他事项。

第86条 股东(包括股东代理人)以其所代表的有表决权的股份数额行使表决权,每一股份享有一票表决权。

公司持有的本公司股份没有表决权,且该部分股份不计入出席股东大会有表决权的股份总数。

董事会和符合相关规定条件的股东可以征集股东投票权。

未履行出资义务、未全面履行出资义务、抽逃出资的股东按照其实际出资部分相应的股份比例行使表决权。

第87条 股东大会审议有关关联交易事项时,关联股东不应当参与投票表决,其所代表的有表决权的股份数不计入有效表决总数;股东大会决议的公布应当充分披露非关联股东的表决情况。

第88条 有关联关系的股东可以自行申请回避,公司其他股东以及公司董事会可以申请有关联关系的股东回避,上述申请应在股东大会召开前7日提出,董事会有义务立即将申请通知有关股东。

有关股东可以就上述申请提出异议,在表决前不提出异议的,被申请回避的股东应回避;对申请有异议的,可以在股东大会召开前要求监事会对申请作出决议,监事会应在股东大会召开前作出决议;不服该决议的可以提交股东大会临时决议是否回避,由监事会和对回避申请有异议的股东分别说明情况后交付股东大会表决,对回避申请有异议的股东不应当参与该项回避临时决议的投票表决。

第89条 除非公司处于危机等特殊情况并经股东会以特别决议批准,公司将不与董事、总经理和其他高级管理人员以外的人订立将公司全部或者重要业务的管理交予该人负责的合同。

第90条 董事、监事候选人名单以提案的方式提请股东大会表决。

股东大会就选举董事、监事进行表决时,可以实行累积投票制。

前款所称累积投票制是指股东大会选举董事或者监事时,每一股份拥有与应选董事或者监事人数相同的表决权,股东拥有的表决权可以集中使用。董事会应当向股东报告候选董事、监事的简历和基本情况。

第91条 除累积投票制外,股东大会将对所有提案进行逐项表决,对同一事项有不同提案的,将按提案提出的时间顺序进行表决。除因不可抗力等特殊原因导致股东大会中止或不能作出决议外,股东大会将不会对提案进行搁置或不予表决。

第92条 股东会审议提案时,未征得提案人及全体股东过半数同意不得对提案进行修改,否则,有关变更应当被视为一个新的提案,不能在本次股东会上进行表决。

在提案交付表决前,提案人可以撤回提案,但是出席会议的股东过半数不同意撤回的提案应交付表决。

第93条 同一表决权只能选择现场、网络或其他表决方式中的一种。同一表决权出现重复表决的以第一次投票结果为准。

第94条 股东大会采取记名方式投票表决。

第95条 股东大会对提案进行表决前,应当推举两名股东代表参加计票和监票。审议事项与股东有利害关系的,相关股东及代理人不得参加计票、监票。

股东大会对每一审议事项表决时,应当由股东代表与监事代表共同负责计票、监票,并当场公布表决结果,决议的表决结果载入会议记录。

第96条 股东大会现场结束时间不得早于网络或其他方式,会议主持人应当宣布每一提案的表决情况和结果,并根据表决结果宣布提案是否通过。

在正式公布表决结果前,股东大会现场、网络及其他表决方式中所涉及的公司、计票人、监票人、主要股东、网络服务方等相关各方对表决情况均负有保密义务。

第97条 出席股东大会的股东,应当对提交表决的提案发表以下意见之一:同意、反对或弃权。

未填、错填、字迹无法辨认的表决票、未投的表决票均视为投票人放弃表决权利,其所持股份数的表决结果应计为"弃权"。

第98条 会议主持人如果对提交表决的决议结果有任何怀疑,可以对所投票数组织点票;如果会议主持人未进行点票,出席会议的股东或者股东代理人对会议主持人宣布结果有异议的,有权在宣布表决结果后立即要求点票,会议主持人应当立即组织点票,提出异议的人可以参加点票。如果主持人不按照异议人的要求进行点票或者不同意异议人参加点票的,该项审议事项的表决结果无效。

第99条 股东大会决议应当及时公布,公布中应列明出席会议的股东和代理人人数、所持有表决权的股份总数及占公司有表决权股份总数的比例、表决方式、每项提案的表决结果和通过的各项决议的详细内容。出席会议的股东应在股东决议上签名。股东拒绝签名的,由会议主持人和记录人在股东决议上签注说明即可,并不因此影响股东决议的效力。

第100条 提案未获通过,或者本次股东大会变更前次股东大会决议的,应当在股东大会决议公布中作特别提示。

第101条 股东大会通过有关董事、监事选举提案的,新任董事、监事就任时间按照股东大会决议执行。

第102条 股东大会通过有关派现、送股或资本公积转增股本提案的,公司将在股东大会结束后2个月内实施具体方案。

第八章 董 事 会

第一节 董 事

第103条 董事由股东大会选举或更换,任期3年。董事任期届满,可连选连任。董事在任期届满以前,股东大会不能无故解除其职务。

董事任期从就任之日起计算,至本届董事会任期届满时为止。董事任期届满未及时改选,在改选出的董事就任前,原董事仍应当依照法律、行政法规、部门规章和本章程的规定,履行董事职务。

董事可以由总经理或者其他高级管理人员兼任,但兼任总经理或者其他高级管理人员职务的董事以及由职工代表担任的董事,总计不得超过公司董事总数的1/2。

第104条 董事连续两次未能亲自出席,也不委托其他董事出席董事会会议,视为不能履行职责,董事会应当建议股东大会予以撤换。

第105条 董事可以在任期届满以前提出辞职。董事辞职应向董事会提交书面辞职报告。董事会将在2日内披露有关情况。

如因董事的辞职导致公司董事会低于法定最低人数时,在改选出的董事就任前,原董事仍应当依照法律、行政法规、部门规章和本章程规定,履行董事职务。

除前款所列情形外,董事辞职自辞职报告送达董事会时生效。

第106条 董事辞职生效或者任期届满,应向董事会办妥所有移交手续,其对公司和股东承担的忠实义务及保密义务,在任期结束后并不当然解除,在本章程规定的合理期限内仍然有效。

第107条 未经本章程规定或者董事会的合法授权,任何董事不得以个人名义代表公司或者董事会行事。董事以其个人名义处理非本公司事务时,在第三方会合理地认为该董事在代表公司或者董事会行事的情况下,该董事应当事先声明其立场和身份。

第二节 董 事 会

第108条 公司设董事会,对股东大会负责。

第109条 董事会由____名董事组成,设董事长1人,副董事长1人。

第110条 董事会行使下列职权:

(一)召集股东大会,并向股东大会报告工作;

(二)执行股东大会的决议;

(三)决定公司的经营计划和投资方案;

(四)制订公司的年度财务预算方案、决算方案;

(五)制订公司的利润分配方案和弥补亏损方案;

(六)制订公司增加或者减少注册资本、发行债券或其他证券及上市方案;

(七)拟订公司重大收购、收购本公司股票或者合并、分立、解散及变更公司形式的方案;

(八)在股东大会授权范围内,决定公司对外投资、收购出售资产、资产抵押、对外担保事项、委托理财、关联交易等事项;

(九)决定公司内部管理机构的设置;

(十)选举或更换董事长、副董事长,聘任或者解聘公司高级管理人员并决定其报酬事项和奖惩事项;

(十一)制订公司的基本管理制度;

(十二)制订本章程的修改方案;

(十三)管理公司信息披露事项;

(十四)决定公司职工的工资、福利及奖惩方案;

(十五)向股东大会提请聘请或更换为公司审计的会计师事务所;

(十六)听取公司高级管理人员的工作汇报并检查公司高级管理人员的工作;

(十七)法律、行政法规、部门规章或本章程授予的其他职权。

第111条 公司董事会应当就注册会计师对公司财务报告出具的非标准审计意见向股东大会作出说明。

第112条 董事会制订董事会议事规则,报股东大会批准,以确保董事会落实股东大会决议,提高工作效率,保证科学决策。

第113条 董事会议事规则应当确定对外投资、收购出售资产、资产抵押、对外担保事项、委托理财、关联交易的权限,建立严格的审查和决策程序;重大投资项目应当组织有关专家、专业人员进行评审,并报股东大会批准。

第114条 董事会可以设立预算审核委员会、审计委员会、薪酬委员会等专门委员会和董事会认为需要设立的其他专门委员会。专门委员会委员,由董事长提名,董事会决议决定。

各专门委员会召集人由该委员会选举产生。各专门委员会在董事会的统一领导下,为董事会决策提供建议、咨询意见。

董事会各专门委员会的工作规则由董事会制定。

第115条 董事长和副董事长由董事会以全体董事的过半数选举产生。

第116条 董事长行使下列职权:

(一)主持由董事会召集的股东大会;

(二)召集、主持董事会会议;

(三)督促、检查董事会决议的实施情况,并向董事会报告;

(四)提名公司总经理;

(五)签署董事会重要文件;

(六)在发生特大自然灾害等不可抗力的紧急情况下,对公司事务行使符合法律规定和公司利益的特别处置权,并在事后向公司董事会和股东大会报告;

(七)董事会授予的其他职权。

第117条 公司副董事长协助董事长工作,董事长不能履行职务或者不履行职务的,由副董事长履行职务;副董事长不能履行职务或者不履行职务的,由半数以上董事共同推举一名董事履行职务。

第 118 条 董事会每年至少召开两次会议，由董事长召集，于会议召开 10 日以前书面通知全体董事和监事。

第 119 条 代表 1/10 以上表决权的股东、1/3 以上董事或者监事会、总经理，可以提议召开董事会临时会议。董事长应当自接到提议后 10 日内，召集和主持董事会会议。董事长认为必要时，可以召集临时董事会会议。

第 120 条 董事会召开临时会议，应按照公司章程的规定决定召集董事会的通知方式和通知时限。

第 121 条 董事会会议通知包括以下内容：

（一）会议日期和地点；

（二）会议期限；

（三）事由及议题；

（四）发出通知的日期。

第 122 条 董事会会议应有过半数的董事出席方可举行。董事会普通决议必须经过全体董事的过半数通过；特别决议必须经全体董事的 2/3 以上通过。

董事会决议的表决，实行一人一票。

第 123 条 董事与董事会会议决议事项所涉及的企业有关联关系的，不得对该项决议行使表决权，也不得代理其他董事行使表决权。该董事会会议由过半数的无关联关系董事出席即可举行，董事会会议所作决议须经无关联关系董事过半数通过。出席董事会的无关联董事人数不足 3 人的，应将该事项提交股东大会审议。

第 124 条 董事会决议表决方式为：为记名投票表决。

第 125 条 下列事项由董事会以特别决议通过：

（一）公司增加或者减少注册资本方案；

（二）公司的分立、合并方案；

（三）股权激励计划；

（四）法律、行政法规或本章程规定的其他事项。

第 126 条 除前条规定以外的事项，由董事会以普通决议通过。

第 127 条 董事会会议，应由董事本人出席；董事因故不能出席，可以书面委托其他董事代为出席，委托书中应载明代理人的姓名，代理事项、授权范围和有效期限，并由委托人签名或盖章。代为出席会议的董事应当在授权范围内行使董事的权利。

董事未出席董事会会议，亦未委托代表出席的，视为放弃在该次会议上的投票权。

第 128 条 董事会在保障董事充分表达意见的前提下，可采用书面议案以代替召开董事会会议,但该议案的草案必须完整、全面且须以专人送达、邮寄、传真中之一种方式送交每一位董事,如果董事会已将议案派发给全体董事,并且签字同意的董事已按本章程规定达到作出该决定所须的人数,该议案即可成为董事会决议,无须再召集董事会会议。

第129条 董事会应当对会议所议事项的决定做成会议记录,出席会议的董事应当在会议记录上签名。

根据有关主管机关的规定或要求,董事会应当将有关事项的表决结果制作成董事会决议,供有关主管机关登记或备案。该董事会决议由出席会议的董事签名。

董事会会议决议及记录作为公司档案保存,保存期限不少于20年。

第130条 董事会会议记录包括以下内容:

(一)会议召开的日期、地点和召集人姓名;

(二)出席董事的姓名以及受他人委托出席董事会的董事(代理人)姓名;

(三)会议议程;

(四)董事发言要点;

(五)每一决议事项的表决方式和结果(表决结果应载明赞成、反对或弃权的票数)。

第131条 董事应当对董事会的决议承担责任。董事会决议违反法律、行政法规或者章程、股东大会决议的规定,致使公司遭受严重损失的,参与决议的董事对公司负赔偿责任。但经证明在表决时曾表明异议并记载于会议记录的,该董事可以免除责任。

第九章 总经理及其他高级管理人员

第132条 公司设总经理1名,由董事会聘任或解聘。

公司设副总经理2名,由董事会聘任或解聘。

第133条 总经理每届任期3年,总经理连聘可以连任。

第134条 总经理对董事会负责,行使下列职权:

(一)主持公司的生产经营管理工作,组织实施董事会决议,并向董事会报告工作;

(二)组织实施公司年度经营计划和投资方案;

(三)拟订公司内部管理机构设置方案;

(四)拟订公司的基本管理制度;

(五)制定公司的具体规章;

(六)提请董事会聘任或者解聘公司副总经理、财务负责人、内设机构负责人;

(七)决定聘任或者解聘除应由董事会决定聘任或者解聘以外的中层管理人员;

（八）拟定公司职工的工资、福利、奖励具体方案，决定公司职工的聘用和解聘；

（九）提议召开临时董事会会议；

（十）本章程或董事会授予的其他职权。

总经理列席董事会会议，非董事总经理在董事会上没有表决权。

第135条 总经理应制订总经理工作细则，报董事会批准后实施。

第136条 总经理工作细则包括下列内容：

（一）总经理主持的经营会议召开的条件、程序和参加的人员；

（二）总经理及其他高级管理人员各自具体的职责及其分工；

（三）公司资金、资产运用，签订重大合同的权限，以及向董事会、监事会的报告制度；

（四）董事会认为必要的其他事项。

第137条 总经理可以在任期届满以前提出辞职。有关总经理辞职的具体程序和办法由总经理和董事长代表公司签订的聘用合同规定。

第138条 总经理应当根据董事会或者监事会的要求，向董事会或者监事会报告公司重大合同的签订、执行情况、资金运用情况和盈亏情况，总经理必须保证该报告的真实性。

第139条 总经理拟定有关职工工资、福利、安全生产以及劳动保护、劳动保险、解聘（或开除）公司职工等涉及职工切身利益的问题时，应当事先听取工会和职代会的意见。

第140条 总经理每年应接受监事会的专项审计，审计结果向董事会和股东大会报告。

第141条 公司设董事会秘书，负责公司股东大会和董事会会议的筹备、文件保管以及公司股东资料管理，办理信息披露事务等事宜。

董事会秘书由董事长提名，董事会聘任或者解聘，对董事会负责。董事兼任董事会秘书的，如某一行为需由董事、董事会秘书分别作出时，则该兼任董事及董事会秘书的人不得以双重身份作出，此时可由董事长指定人员暂时代理董事会秘书。

董事会秘书应遵守法律、行政法规、部门规章及本章程的有关规定。

第十章　法定代表人

第142条 公司法定代表人由总经理担任。

第143条 法定代表人是代表公司行使职权的负责人。法定代表人签署的文件是代表公司的法律文书。法定代表人在国家法律、法规以及企业章程规定的职权范围内行使职权、履行义务,代表公司参加民事活动。

第144条 公司法定代表人本人出现下列情形之一的,公司应当解除其职务,重新产生符合任职资格的法定代表人:

(一)有法律、行政法规或者国务院决定规定不得担任法定代表人的情形的;

(二)因被羁押等原因丧失人身自由,无法履行法定代表人职责的;

(三)丧失总经理资格的;

(四)其他导致法定代表人无法履行职责的情形。

第145条 公司法定代表人本人不再担任公司总经理的,其法定代表人职务即日起当然解除。

公司法定代表人变更,应当办理变更登记。

第十一章 监 事 会

第一节 监 事

第146条 非职工监事由股东大会选举或更换;职工监事由公司职工通过职工代表大会、职工大会或者其他形式民主选举产生。监事的任期每届为3年。监事任期届满,连选可以连任。

第147条 董事、高级管理人员不得兼任监事。

第148条 监事任期届满未及时改选,或者监事在任期内辞职导致监事会成员低于法定人数的,在改选出的监事就任前,原监事仍应当依照法律、行政法规和本章程的规定,履行监事职务。

第149条 监事可以列席董事会会议,并对董事会决议事项提出质询或者建议。

第二节 监 事 会

第150条 公司设监事会。监事会由____名监事组成,监事会设主席1人,设副主席1人。监事会主席和副主席由全体监事过半数选举产生。监事会主席召集和主持监事会会议;监事会主席不能履行职务或者不履行职务的,由监事会副主席召集和主持监事会会议;监事会副主席不能履行职务或者不履行职务的,由半数以上监事共同推举一名监事召集和主持监事会会议。

监事会应当包括股东代表和适当比例的公司职工代表,其中职工代表的比例不低于1/3。

第151条 监事会行使下列职权:

(一)应当对董事会编制的公司定期报告进行审核并提出书面审核意见;

(二)检查公司财务;

（三）对董事、高级管理人员执行公司职务的行为进行监督，对违反法律、行政法规、本章程或者股东大会决议的董事、高级管理人员提出罢免的建议；

（四）当董事、高级管理人员的行为损害公司的利益时，要求董事、高级管理人员予以纠正；

（五）提议召开临时股东大会，在董事会不履行《公司法》规定的召集和主持股东大会职责时召集和主持股东大会；

（六）向股东大会提出提案；

（七）对董事和高级管理人员进行专项审计和离任审计；

（八）对董事、董事长及高级管理人员进行质询；

（九）指导公司内部稽核工作；

（十）依照《公司法》第151条的规定，对董事、高级管理人员提起诉讼；

（十一）发现公司经营情况异常，可以进行调查；必要时，可以聘请会计师事务所、律师事务所等专业机构协助其工作，费用由公司承担。

第152条　监事会主席行使以下职权：

（一）召集和主持监事会会议；

（二）主持由监事会召集的股东大会；

（三）向股东大会报告工作；

（四）组织监事会落实职责；

（五）监事会授予的其他职权。

第153条　监事会应定期将监事及监事会履行职责情况向股东大会报告。

第154条　监事会有权向公司相关人员及机构了解情况，相关人员及机构应予以配合。

第155条　对监事会提出的纠正措施、整改建议等，董事会和高级管理层拒绝或者拖延执行的，监事会须向股东大会报告。

第156条　监事会每6个月至少召开一次会议。监事可以提议召开临时监事会会议。

第157条　监事会制订监事会议事规则，报股东大会批准，以明确监事会的议事方式和表决程序，以确保监事会的工作效率和科学决策。

第158条　监事会议事规则应包括按照监事会职责对监事进行的适当分工及监事会会议召开的条件、程序和参加的人员等事项。

第159条　监事会会议通知包括以下内容：

(一)举行会议的日期、地点和会议期限;

(二)事由及议题;

(三)发出通知的日期。

第 160 条 监事连续两次不能亲自出席监事会会议的,视为不能履行职责,股东大会或职工代表大会应当予以撤换。

第 161 条 监事会会议应当有过半数的监事出席方可举行。

监事会作出决议,必须经全体监事的过半数通过。

任何一位监事所提议案,监事会均应予以审议。

第 162 条 监事会会议应当由监事本人出席,监事因故不能出席的,可以书面委托其他监事代为出席。委托书应当载明代理人的姓名、代理事项、权限和期限,并由委托人签名或盖章。

代为出席会议的监事应当在授权范围内行使监事的权利。监事未出席监事会会议,亦未委托其他监事代为出席的,视为放弃在该次会议上的投票权。

第 163 条 监事会决议的表决方式为记名投票表决,每一名监事享有一票表决权。

第 164 条 监事会应当对会议所议事项的决定作成会议记录,出席会议的监事应当在会议记录上签名。出席会议的监事有权要求在记录上对其发言作出说明性记载。监事会会议记录作为公司档案保存。

根据有关主管机关的规定或要求,监事会应当将有关事项的表决结果制作成监事会决议,供有关主管机关登记或备案。该监事会决议由出席会议的监事签名。

会议决议及记录保管期限为 20 年。

第 165 条 公司内部稽核部门的稽核报告应及时报送监事会,监事会对稽核结果有疑问的,有权要求有关董事、高级管理人员和稽核部门解释。

第十二章 董事、监事及高级管理人员的资格和义务

第 166 条 有下列情形之一的,不得担任公司的董事、监事、高级管理人员:

(一)无民事行为能力或者限制民事行为能力;

(二)因贪污、贿赂、侵占财产、挪用财产或者破坏社会主义市场经济秩序,被判处刑罚,执行期满未逾 5 年;

(三)担任因经营不善破产清算公司(企业)的董事或者厂长、总经理,并对该公司(企业)破产负有个人责任的,自该公司(企业)破产清算完结之日起未逾 3 年者;

(四)担任因违法被吊销营业执照、责令关闭的公司、企业的法定代表人,并负有个

人责任的，自该公司、企业被吊销营业执照之日起未逾3年；

（五）个人所负数额较大的债务到期未清偿；

（六）法律、行政法规或部门规章规定的其他内容。

违反本条规定选举、委派董事、监事及总经理的，该选举、委派或者聘任无效。董事、监事及总经理在任职期间出现本条情形的，公司解除其职务。

第167条 董事、监事、高级管理人员应当遵守法律、行政法规和本章程，对公司负有下列忠实义务：

（一）不得利用职权收受贿赂或者其他非法收入，不得侵占公司的财产；

（二）不得挪用公司资金；

（三）不得将公司资产或者资金以其个人名义或者其他个人名义开立账户存储；

（四）不得违反本章程的规定，未经股东大会或董事会同意，将公司资金借贷给他人或者以公司财产为他人提供担保；

（五）不得违反本章程的规定或未经股东大会同意，与本公司订立合同或者进行交易；

（六）未经股东大会同意，不得利用职务便利，为自己或他人谋取本应属于公司的商业机会，自营或者为他人经营与本公司同类的业务；

（七）不得接受与公司交易的佣金归为己有；

（八）保守公司秘密，不得擅自披露公司商业秘密；

（九）不得利用其关联关系损害公司利益；

（十）法律、行政法规、部门规章及本章程规定的其他忠实义务。

董事、监事、高级管理人员违反本条规定所得的收入，应当归公司所有；给公司造成损失的，应当承担赔偿责任。

董事、监事、高级管理人员对公司的保密义务，在其任期结束后并不当然解除，在公司商业秘密解密前仍然有效。董事、监事、高级管理人员与公司签订的竞业限制协议或保密协议另有规定的，从其规定。

第168条 董事、监事、高级管理人员应当遵守法律、行政法规和本章程，对公司负有下列勤勉义务：

（一）应谨慎、认真、勤勉地行使公司赋予的权利，以保证公司的商业行为符合国家法律、行政法规以及国家各项经济政策的要求，商业活动不超过营业执照规定的业务范围；

（二）应公平对待所有股东；

(三)及时了解公司业务经营管理状况;

(四)应当对公司定期报告签署书面确认意见,保证公司报告的信息真实、准确、完整;

(五)应当如实向监事会提供有关情况和资料;

(六)法律、行政法规、部门规章及本章程规定的其他勤勉义务。

第169条 公司应当定期向股东披露董事、监事、高级管理人员从公司获得报酬的情况。

第170条 股东大会要求董事、监事、高级管理人员列席会议的,董事、监事、高级管理人员应当列席并接受股东的质询。

董事、高级管理人员应当如实向监事会提供有关情况和资料,不得妨碍监事会或者监事行使职权。

第171条 董事、监事、高级管理人员执行公司职务时违反法律、行政法规、公司章程的规定或股东会决议,给公司造成损失的,应当承担赔偿责任。

第172条 董事、高级管理人员离任时,须进行离任审计。

第173条 公司的股东、董事、监事、总经理、法定代表人应当以身份证或者户口簿记载的真实姓名、营业执照或其他主体资格证明文件记载的名称由本人在公司向登记机关提交的登记申请材料上签字(盖章)。

因虚假签字、盖章或其他提交虚假材料的行为导致公司受到登记机关处罚或造成公司其他损失,作出虚假签字、盖章或提交虚假材料的人员应当向公司承担赔偿责任。

第十三章 财务会计及利润分配

第一节 财务会计

第174条 公司依照法律、行政法规和国家有关部门的规定,制定公司的财务会计制度。

第175条 公司在每一会计年度6个月结束后60日以内编制公司的中期财务报告;在每一会计年度结束后120日以内编制公司年度财务报告。

第176条 公司年度财务报告以及进行中期利润分配的中期财务报告,应包括下列内容:

(一)资产负债表;

(二)利润表;

(三)利润分配表;

(四)财务状况变动表(或现金流量表);

(五)会计报表附注。

公司不进行中期利润分配的,中期财务报告包括上款除第(三)项以外的会计报表及附注。

上述财务会计报告按照有关法律、行政法规及部门规章的规定进行编制。

第 177 条 公司除法定的会计账簿外,将不另立会计账簿。公司的资产,不以任何个人名义开立账户存储。

第 178 条 公司聘用会计师事务所必须由股东大会决定,董事会不得在股东大会决定前委任会计师事务所。

第二节 利润分配

第 179 条 公司分配当年税后利润时,应当提取利润的 10% 列入公司法定公积金。公司法定公积金累计额为公司注册资本的 50% 以上的,可以不再提取。

公司的法定公积金不足以弥补以前年度亏损的,在依照前款规定提取法定公积金之前,应当先用当年利润弥补亏损。

公司从税后利润中提取法定公积金后,经股东大会决议,还可以从税后利润中提取任意公积金。

公司弥补亏损和提取公积金后所余税后利润,按照股东持有的股份比例分配,但本章程规定不按持股比例分配的除外。

股东大会违反前款规定,在公司弥补亏损和提取法定公积金之前向股东分配利润的,股东必须将违反规定分配的利润退还公司。

公司持有的本公司股份不参与分配利润。

第 180 条 公司的公积金用于弥补公司的亏损、扩大公司生产经营或者转为增加公司资本。但是,资本公积金将不用于弥补公司的亏损。

法定公积金转为资本时,所留存的该项公积金将不少于转增前公司注册资本的 25%。

第 181 条 公司可以采取现金或者股票方式分配股利。

第 182 条 公司股东大会对利润分配方案作出决议后,公司董事会须在股东大会决议后 2 个月内完成股利(或股份)的派发事项。

第十四章 公司合并、分立与组织变更

第一节 公司合并、分立

第 183 条 公司合并或者分立,按照下列程序办理:

(一)董事会拟订合并或者分立方案;

(二)股东大会依照章程的规定作出决议;

(三)各方当事人签订合并或者分立合同;

(四)依法办理有关审批手续;

(五)处理债权、债务等各项合并或者分立事宜;

(六)办理解散登记或者变更登记。

第184条 公司合并或者分立各方的资产、债权、债务的处理,通过签订合同加以明确规定。

第185条 公司合并或者分立时,公司董事会应当采取必要的措施保护反对公司合并或者分立的股东的合法权益。

第186条 公司合并可以采取吸收合并或者新设合并。

一个公司吸收其他公司为吸收合并,被吸收的公司解散。两个以上公司合并设立一个新的公司为新设合并,合并各方解散。

第187条 公司合并,应当由合并各方签订合并协议,并编制资产负债表及财产清单。公司应当自作出合并决议之日起10日内通知债权人,并于30日内在符合法律规定的报纸上公告。债权人自接到通知书之日起30日内,未接到通知书的自公告之日起45日内,可以要求公司清偿债务或者提供相应的担保。

第188条 公司合并时,合并各方的债权、债务,由合并后存续的公司或者新设的公司承继。

第189条 公司分立,其财产作相应的分割。

公司分立,应当编制资产负债表及财产清单。公司应当自作出分立决议之日起10日内通知债权人,并于30日内在符合法律规定的报纸上公告三次。

第190条 公司分立前的债务由分立后的公司承担连带责任。但是,公司在分立前与债权人就债务清偿达成的书面协议另有约定的除外。

第191条 公司合并或者分立,登记事项发生变更的,应当依法向公司登记机关办理变更登记;公司解散的,应当依法办理公司注销登记;设立新公司的,应当依法办理公司设立登记。

第二节 组织变更

第192条 经股东大会决议通过,公司可以变更为有限责任公司,并应依法办理有关变更手续。

第十五章 修改章程

第193条 有下列情形之一的,公司应当修改章程:

（一）《公司法》或有关法律、行政法规修改后，章程规定的事项与修改后的法律、行政法规的规定相抵触；

（二）公司的情况发生变化，与章程记载的事项不一致；

（三）股东大会决定修改章程。

第194条 股东大会决议通过的章程修改事项依法应经主管机关审批的，须报主管机关批准；涉及公司登记事项的，依法办理变更登记或备案。

第十六章 公司解散和清算

第195条 公司因下列原因解散：

（一）本章程规定的营业期限届满或者本章程规定的其他解散事由出现；

（二）股东大会决议解散；

（三）因公司合并或者分立需要解散；

（四）依法被吊销营业执照、责令关闭或者被撤销；

（五）法院依法判决解散。

第196条 公司经营管理发生严重困难，继续存续会使股东利益受到重大损失，通过其他途径不能解决的，持有公司全部股东表决权10%以上的股东，可以请求人民法院解散公司。

公司存在以下情形之一的，可以认定为公司经营管理发生严重困难：

（一）公司持续2年以上无法召开股东大会的；

（二）公司股东大会持续2年以上无法作出有效决议的；

（三）公司董事会持续2年以上无法作出有效决议，且不能通过股东大会解决董事会长期冲突的；

（四）公司经营管理发生其他严重困难，继续存续会使股东利益受到重大损失的。

第197条 公司有本章程第196条第（一）项情形的，可以通过修改本章程而存续。

依照前款规定修改本章程，须经出席股东大会会议的股东所持表决权的2/3以上通过。

第198条 公司因本章程第196条第（一）项、第（二）项、第（四）项、第（五）项规定而解散的，应当在解散事由出现之日起15日内成立清算组，开始清算。清算组人员由股东大会以普通决议的方式选定。逾期不成立清算组进行清算的，债权人可以申请人民法院指定有关人员组成清算组进行清算。

第199条 清算组成立后，董事会、总经理、监事会的职权立即停止，由清算组接管公司。清算期间,公司不得开展新的经营活动。

第 200 条 清算组在清算期间行使下列职权:

(一)清理公司财产,分别编制资产负债表和财产清单;

(二)通知、公告债权人;

(三)处理与清算有关的公司未了结的业务;

(四)清缴所欠税款以及清算过程中产生的税款;

(五)清理债权、债务;

(六)处理公司清偿债务后的剩余财产;

(七)代表公司参与民事诉讼活动。

第 201 条 清算组应当自成立之日起 10 日内通知债权人,并于 60 日内在符合法律规定的报纸上公告。债权人应当自接到通知书之日起 30 日内,未接到通知书的自公告之日起 45 日内,向清算组申报其债权。

债权人申报债权,应当说明债权的有关事项,并提供证明材料。清算组应当对债权进行登记。

在申报债权期间,清算组不得对债权人进行清偿。

第 202 条 清算组在清理公司财产、编制资产负债表和财产清单后,应当制定清算方案,并报股东大会或者人民法院确认。

公司财产在分别支付清算费用、职工的工资、社会保险费用和法定补偿金,缴纳所欠税款,清偿公司债务后的剩余财产,公司按照股东持有的股份比例分配。

清算期间,公司存续,但不能开展与清算无关的经营活动。公司财产在未按前款规定清偿前,将不会分配给股东。

第 203 条 清算组在清理公司财产、编制资产负债表和财产清单后,发现公司财产不足清偿债务的,应当依法向人民法院申请宣告破产。

公司经人民法院裁定宣告破产后,清算组应当将清算事务移交给人民法院。

第 204 条 公司清算结束后,清算组应当制作清算报告,报股东大会或者人民法院确认,并报送公司登记机关,申请注销公司登记,公告公司终止。

第 205 条 清算组成员应当忠于职守,依法履行清算义务。

清算组成员不得利用职权收受贿赂或者其他非法收入,不得侵占公司财产。

清算组成员因故意或者重大过失给公司或者债权人造成损失的,应当承担赔偿责任。

第 206 条 公司被依法宣告破产的,依照有关企业破产的法律实施破产清算。

第十七章　公司通知与公告

第一节　通　　知

第207条　公司的通知以下列形式发出：

（一）由专人送达；

（二）以邮件快递方式发出；

（三）以传真方式发出；

（四）以电子邮件方式发出；

（五）以公告方式进行；

（六）本章程规定的其他形式。

以邮件快递方式、电子邮件或以传真方式发出后，公司经办人员应通过电话或短信提醒受送达人。

第208条　公司发出的通知，只有以专人、邮件快递、电子邮件及传真方式发出均无法送到且无法电话联系的情况下，才能以公告方式进行。

以公告方式进行的，一经公告，视为所有相关人员收到通知。

第209条　公司召开股东大会、董事会、监事会的会议通知，应采用书面方式，由会议召集人按公司章程规定决定通知发出形式。

第210条　公司通知以专人送出的，由受送达人在送达回执上签名（或盖章），受送达人签收日期为送达日期；公司通知以邮件快递发出的，自交付邮局之日起第3个工作日为送达日期；公司通知以电子邮件或传真方式发出的，自公司发出之日的次日为送达日期；公司通知以公告方式送出的，第一次公告刊登日为送达日期。

第211条　因意外遗漏未向某有权得到通知的人送出会议通知或者该等人没有收到会议通知，会议及会议作出的决议并不因此无效。

第二节　公　　告

第212条　公司指定________为刊登公司公告和其他需要披露信息的媒体。

第十八章　附　　则

第213条　释义

（一）控股股东，是指其持有的股份占公司股本总额50%以上的股东；持有股份的比例虽然不足50%，但依其持有的股份所享有的表决权已足以对股东大会的决议产生重大影响的股东。

（二）实际控制人，是指虽不是公司的股东，但通过投资关系、协议或者其他安排，能够实际支配公司行为的人。

(三)关联关系,是指公司控股股东、实际控制人、董事、监事、高级管理人员与其直接或者间接控制的企业之间的关系,以及可能导致公司利益转移的其他关系。

(四)本章程所称"以上""以内""以下",都含本数;"不满""以外""低于""多于"不含本数。

第214条 因本章程产生的或与本章程有关的争议,选择下列第____种方式解决:

(一)提交________仲裁委员会仲裁;

(二)依法向人民法院起诉。

第215条 本章程附件包括股东大会议事规则、董事会议事规则和监事会议事规则。

第216条 本章程从公司的《企业法人营业执照》签发之日起生效。

第217条 本章程由公司董事会负责解释。股东或监事对董事会解释有异议的,可以按照公司章程规定的提案程序向股东大会提案,由股东大会通过决议对争议条款及事项予以明确解释。

说明:

本文本只是提供给当事人在草拟公司章程时的一种参考,当事人须根据具体实际情况正确选择适用的条款并作相应的调整,切勿简单套用。制定、修改公司章程最好咨询相关的法律专业人士。

附录3：

家族章程

第一章 家族宗旨

第一条 家族宗旨

我们力求家族和谐、友善，发展并维持一个可以代代相传的家族精神和事业，成为一个具有社会责任感并受人尊敬的家族。

第二条 家族核心价值观

孝悌忠信，礼义廉耻。

第二章 家族委员会及其任务

第三条 家族委员会的组成及其地位

家族委员会由全体家族成员参加、组成，是家族治理的最高机构，是家族事务的决策者、家族利益的保护者和家族关系的协调者。

家族委员会作出决议应经全体家族成员三分之二以上通过。家族委员会作出的决议，全体家族成员应自觉遵守并执行。

第四条 家族委员会组织机构

家族委员会设会长、副会长、秘书长，由家族成员民主选举产生。

第五条 家族办公室

家族委员会设家族办公室，由秘书长兼办公室主任，负责主持与操办家族委员会日常事务及家族理财事务。家族办公室聘请律师担任家族法律顾问。

第六条 家族委员会的任务

1. 维护家族利益，促进家族团结、友善；

2. 组织家族活动，行善积德；

3. 全力以赴培育下一代；

4. 保管和维护家族共同财产；

5. 协调家族与企业的关系，促进家族企业发展；

6. 协调家族内外关系，构建和谐的内外环境。

第三章　家族与企业的关系

第七条　家族控股

除非家族委员会另行作出特别决议,家族企业应由家族成员单独或联合控股。

家族企业股东须具有家族的血缘,不限男女。家族股东如要退出家族企业,股份应按家族委员会决议的价格转让给家族基金或其他家族成员,不得对外转让。

第八条　家族委员会、企业董事会及管理层的角色分工

家族委员会主要关注家族章程的制定、修改与执行,协调家族关系和企业股权结构,以及决定企业董事会的结构及其成员;企业董事会主要挑选企业高管,对企业行使重要决策权,协调企业与社会的关系;管理层负责企业日常运营,员工考核与任用,制定员工手册。

第九条　家族企业董事会成员的任免政策

为维护家族企业的家族性和独立性,家族成员拟担任企业董事会成员或其他高级管理人员,一方面应由家族委员会在对企业业务有兴趣的家族精英中选择候选人并由家族股东向企业股东会或董事会提名,另一方面应由企业股东会或董事会依照公司章程决定候选人的聘任。

第十条　家族成员的雇用政策

家族成员进入家族企业,其录用、待遇、考核、奖罚、退职等方面按照企业制度执行。家族成员在企业任职期间须带头模范执行企业规章制度,避免特权思想和特权行为。

家族成员在企业任职期间符合企业优秀员工标准的,家族股东可从其从企业年度分红中提取一定比例予以奖励。

第四章　家族基金管理

第十一条　家族基金的设立

家族委员会设家族慈善基金、家族创业基金。经家族委员会决议,还可以成立其他基金。

家族基金委托家族理财中心管理。家族理财中心主任由秘书长兼任。

第十二条　家族慈善基金

家族慈善基金救助项目为敬老、助学、扶贫、急难事,救助对象如下:

1. 共同亲族;

2. 分支家族;

3. 共同远亲;

4. 家族故居、现居的社区;

5. 国家重大灾情;

6. 经家族委员会决议的其他捐助。

第十三条　家族创业基金

家族创业基金以支持家族成员创业和发展为宗旨。

第十四条　基金来源

家族基金的来源与额度由家族委员会决定。

第五章　家 族 年 会

第十五条　家族年会的举行条

家族委员会原则上应在春节前 15 日举行,具体日期由秘书长另行通知。

第十六条　年会内容

1. 讨论家族企业年度报告,企业重大人事变动;

2. 交流对家族企业的建议、意见;

3. 交换家族成员内部意见;

4. 交流家族成员工作、学习、养生、健康以及培育下一代的心得体会;

5. 朗读家训,并讨论改进意见。

第六章　附　　则

第十七条　争议处理

家族成员应和谐、友善,通过内部沟通与协商避免和化解歧见,并有义务在家族委员会框架内解决争议,家丑不得外扬。

内部争议应按照以下程序处理:1. 家族成员内部非正式沟通;2. 家族委员会调解;3. 家族委员会听取法律顾问意见后作出决议。若相关人员不愿执行该决议,则相关人员必须出售其在家族企业中的股权或离职。

第十八条　家族章程的效力

本章程经全体家族成员一致通过,对全体家族成员具有约束力。修改时亦同。

说明:

本文本只是提供给当事人在草拟家族章程时的一种参考,当事人须根据具体实际情况正确选择适用的条款并作相应的调整,切勿简单套用。制定、修改家族章程最好咨询相关的法律专业人士。

参考文献

1. 赵旭东主编:《公司法学》,高等教育出版社 2006 年版。

2. 赵旭东主编:《公司法实例与法理》,法律出版社 2007 年版。

3. 刘俊海:《公司法学》,北京大学出版社 2008 年版。

4. 刘俊海:《股份有限公司股东权的保护》(修订本),法律出版社 2004 年版。

5. 王保树、崔勤之:《中国公司法原理》,社会科学文献出版社 2006 年版。

6. 王保树:"公司任意法律规范适用的留意点",载《国家检察官学院学报》2011 年第 1 期。

7. 朱慈蕴:《公司法原论》,清华大学出版社 2011 年版。

8. 冯果:《公司法》,武汉大学出版社 2012 年版。

9. 江平主编:《新编公司法教程》,法律出版社 2004 年版。

10. 范健、王建文:《公司法》,法律出版社 2011 年版。

11. 王德山:《公司法学》,中国政法大学出版社 2008 年版。

12. 王林清、顾东伟:《新公司法实施以来热点问题适用研究》,人民法院出版社 2009 年版。

13. 胡田野:《公司法任意性与强行性规范研究》,法律出版社 2012 年版。

14. 沈贵明:《股东资格研究》,北京大学出版社 2011 年版。

15. 王东光:《股东退出法律制度研究》,北京大学出版社 2010 年版。

16. 朱羿锟:《董事问责:制度结构与效率》,法律出版社 2012 年版。

17. 朱羿锟:《公司控制权配置论:制度与效率分析》,经济管理出版社 2001 年版。

18. 顾功耘:《最新公司法解读》,北京大学出版社 2006 年版。

19. 王福祥:“论优先购买权”,载《法制与社会发展》1995 年第 2 期。

20. 安建主编:《中华人民共和公司法释义》,法律出版社 2005 年版。

21. 施天涛:《公司法论》,法律出版社 2006 年版。

22. [韩]李哲松:《韩国公司法》,吴日焕泽,中国政法大学出版社 2000 年版。

23. [日]神田秀树:《公司法的理念》,朱大明译,法律出版社 2013 年版。

24. 董慧凝:《公司章程自由及其法律限制》,法律出版社 2007 年版。

25. 王毓莹:《公司章程自治研究》,法律出版社 2013 年版。

26. 李志刚:《公司股东大会决议问题研究:团体法视角》,中国法制出版社 2012 年版。

27. 罗培新等:《公司法的法律经济学研究》,北京大学出版社 2008 年版。

28. 罗培新:《公司法的合同解释》,北京大学出版社 2004 年版。

29. 范健、蒋大兴:《公司法论》,南京大学出版社 1999 年版。

30. M. V. 爱森伯格:“公司法的结构”,张开平译,载王保树主编:《商事法论集》(第 3 卷),法律出版社 1999 年版。

31. 曹富国:《少数股东保护与公司治理》,社会科学文献出版社 2006 年版。

32. [美]莱纳·克拉克曼、亨利·汉斯曼等:《公司法剖析:比较与功能的视角》(第 2 版),罗培新译,法律出版社 2012 年版。

33. [法]伊夫·居荣:《法国商法》第 1 卷,罗结珍、赵海峰译,法律出版社 2004 年版。

34. 张开平:《英美公司董事法律制度研究》,法律出版社 1998 年版。

35. 任淮秀:《兼并与收购》,中国人民大学出版社 2004 年版。

36. [日]前田庸:《公司法入门》(第 12 版),王作全译,北京大学出版社 2012 年版。

37. [日]落合诚一:《公司法概论》,申昌国等译,法律出版社 2011 年版。

38. [美]罗伯塔·罗曼诺:《公司法基础》(第2版),罗培新译,北京大学出版社2013年版。

39. [美]罗伯特·W. 汉密尔顿:《公司法概要》,李存捧译,中国社会科学出版社1999年版。

40. 宋从文:“公司章程的合同解读”,载《法律适用》2007年第2期。

41. 张凝:《日本股东大会制度的立法、理论与实践》,法律出版社2009年版。

42. 最高人民法院民事审判第二庭编著:《最高人民法院关于公司法解释(三)、清算纪要理解与适用》,人民法院出版社2011年版。

43. 柯芳枝:《公司法论》,台北,三民书局2005年版。

44. 谈萧:《经理革命的法学解释》,中国时代经济出版社2005年版。

45. 蒋大兴:《公司法的观念与解释》,法律出版社2009年版。

46. 刘美玉:《企业利益相关者共同治理与相互制衡研究》,北京师范大学出版社2010年版。

47. 刘丹:《利益相关者与公司治理法律制度研究》,公安大学出版社2005年版。

48. 张立君:《论企业利益相关者共同治理》,上海财经大学出版社2008年版。

49. 甘培忠、王冬梅:《非上市股份公司运营与治理法律制度研究》,法律出版社2012年版。

50. 张忠野:《公司治理的法理学研究》,北京大学出版社2006年版。

51. 刘坤:《意思自治视角下的公司章程法律制度解读》,中国法制出版社2010年版。

52. 常健:《公司章程论》,中国社会科学出版社2011年版。

53. 赵万一:《商事登记制度法律问题研究》,法律出版社2013年版。

54. 孙涤、郑荣清:《议事规则导引:公司治理的操作型基石》,上海人民出版社2007年版。

55. 寇延丁、袁天鹏:《可操作的民主:罗伯特议事规则下乡全纪录》,浙江大学出版社2012年版。

56. [美]萨斯坎德、克鲁克香克:《打破罗伯特规则》,李伟明、冯颖玉译,社会科学文献出版社2008年版。

57. 吴高臣:《有限责任公司法论》,中国民主法制出版社2009年版。

58. 黄辉:《现代公司法比较研究——国际经验及对中国的启示》,清华大学出版社2011年版。

59. 陈醇:《权利结构理论:以商法为例》,法律出版社2013年版。

60. 贺少锋:《公司法强制性规范研究》,厦门大学出版社2010年版。

61. 钟瑞栋:《民法中的强制性规范:公法与私法"接轨"的规范配置问题》,法律出版社2009年版。

62. 张卫英:《公司法人责任中的两罚制》,知识产权出版社2006年版。

63. 蔡福华:《公司解散的法律责任》,人民法院出版社2005年版。

64. [美]斯蒂芬·M. 贝恩布里奇:《理论与实践中的新公司治理模式》,法律出版社2012年版。

65. 张学文:《有限责任公司股东压制问题研究》,法律出版社2011年版。

66. 虞政平:《公司法案例教学》,人民法院出版社2012年版。

67. 周友苏等:《公司法学理与判例研究》,法律出版社2008年版。

68. 吴越:《公司法先例初探》,法律出版社2008年版。

69. 齐奇主编:《公司法疑难问题解析》,法律出版社2006年版。

70. 梁上上主编:《公司登记疑难案例解析》,中国政法大学出版社2012年版。

71. 北京市高级人民法院编:《公司法新型疑难案例判解》,法律出版社2006年版。

72. 甘培忠、刘兰芳:《新类型公司诉讼疑难问题研究》,法律出版社2009年版。

73. 李彤:"积极应对'红筹末路'",载《中国企业家》2007年第7期。

74. 伏军:《境外间接上市法律制度研究》,北京大学出版社2010年版。

75. 王健:《特殊目的公司法律制度研究》,法律出版社2009年版。

76. 孙效敏:《外资并购境内企业监管研究》,北京大学出版社2010年版。

77. 范健、王建文:《证券法》(第2版),法律出版社2010年版。

78. 张朝元:《企业上市前改制重组》,中国金融出版社 2009 年版。

79. 叶有明、王钊:《猎杀?“中国概念股”危机》,复旦大学出版社 2011 年版。

80. 张龙:《中国企业境外上市监管》,中国金融出版社 2011 年版。

81. 王春阁:《内地公司香港上市及两地监管合作研究》,北京大学出版社 2005 年版。

82. 徐向艺、陈振华、李治国:《中国上市公司关联交易生成机制及规范治理研究》,经济科学出版社 2010 年版。

83. 苏龙飞:《股权战争》,北京大学出版社 2012 年版。

84. 万鄂湘主编:《最高人民法院关于审理外商投资企业纠纷案件若干问题的规定(一)条文理解与适用》,中国法制出版社 2011 年版。

85. 张凤翔:《中外合资企业公司法纠纷难点与审判分析》,法律出版社 2010 年版。

86. 李自杰:《中外合资企业控制权的动态演进研究》,中国经济出版社 2010 年版。

87. 李规正:《合资留给了我们什么:中外企业合资十大败局分析》,中国社会科学出版社 2005 年版。

88. [美]格特曼:《国际合资企业:如何建立和管理合资企业》,李克宁译,经济科学出版社 2002 年版。

89. [美]亚当·斯密:《国民财富的性质和原因的研究》(上册),商务印书馆 1972 年版。

90. 徐杨杰:《中国家族制度史》,人民出版社 1992 年版。

91. 杨在军:《论家族制度与家族企业的互动关系》,人民出版社 2011 年版。

92. 范博宏:《关键世代:走出华人家族企业传承之困》,东方出版社 2012 年版。

93. 郑宏泰、周文港:《家族企业治理:华人家族企业传承研究》,东方出版社 2013 年版。

94. [美]小艾尔弗雷德·D. 钱德勒:《看得见的手——美国企业的管理革

命》，重武译、王铁生校，商务印书馆1997年版。

95. 叶银华："家族控股集团、核心企业与报酬互动之研究——台湾与香港证券市场之比较"，载《管理评论》(台湾)1999年第18卷第2期。

96. [美]克林·盖尔西克等：《家族企业的繁衍——家庭企业的生命周期》，贺敏译，经济日报出版社1998年版。

97. [法]曼弗雷德·凯茨·德·维里尔：《金钱与权力的王国——家族企业的兴盛之道》，姜冰译，机械工业出版社1999年版。

98. [日]仓科敏材：《家族企业》，张同林、杨理亚译，上海财经大学出版社2007年版。

99. [美]舒曼，斯泰西，沃德：《家族企业治理：矛盾中繁荣》，杨晶译，东方出版社2013年版。

100. 茅理翔：《百年传承——探索中国特色现代家族企业传承之道》，浙江人民出版社2013年版。

101. 黄光国：《人情与面子：中国人的权力游戏》，台北，巨流图书公司1998年版。

102. 梁慧星：《民法总论》，法律出版社2011年版。

103. 魏振赢主编：《民法》，北京大学出版社与高等教育出版社2000年版。

104. 王泽鉴：《民法总则》，北京大学出版社2009年版。

105. 王利明：《合同法研究》(第1卷)，中国人民大学出版社2002年版。

106. 崔建远：《合同法》(第5版)，法律出版社2010年版。

107. 陈小君主编：《合同法学》，高等教育出版社2009年版。

108. 刘贵祥：《合同效力研究》，人民法院出版社2012年版。

109. 最高人民法院民事审判第二庭编著：《最高人民法院关于买卖合同司法解释理解与适用》，人民法院出版社2012年版。

110. 最高人民法院民事审判第二庭编著：《最高人民法院关于民事案件诉讼时效司法解释理解与适用》，人民法院出版社2008年版。

111. 李国光等主编：《最高人民法院关于民事诉讼证据的若干规定的理解与适用》，中国法制出版社2002年版。

112. 江伟主编：《民事诉讼法学》，复旦大学出版社2005年版。

后　　记

一、自治本传统

关于公司的起源，主要有古罗马起源说和中世纪欧洲起源说。无论是古罗马起源说还是中世纪欧洲起源说，均证实公司制度的生成是社会成员自治行为的产物，公司自产生之日起即具有自治精神。因此，我国公司法学界通说认为，自治性是公司及其章程的天然属性。

企业是与市场相联系、为社会提供产品或服务的经济组织。一般认为，我国古代没有公司制企业，古代的作坊、工场、店铺、厂局等多数系家族独资，少数系合伙制企业。这些家族企业的治理，如同传统上的社会治理，实行社会自治。各级官员除对呈堂的民间商事纠纷依据具体情况"酌以情理"断案外，不干涉企业的经营管理。如不实行社会自治，区区一名县官要管理偌大一个县，纵有"三头六臂"也忙不过来。

由此观之，无论古今中外，也无论公司制企业还是非公司制企业，企业自产生之日起即具有自治精神。简言之，自治本传统。这是人类追求自由的天性所决定的。

自治，简单来说就是自己治理，即自我管理、自我约束、自己行为和自己责任。英国学者戴维·赫尔德认为"自治"意味着人类自觉思考、自我反省和自我决定的能力。当然，自治不等于无限自由。自治是以法的秩序为前提的自由，它可以不服从任何人的专断意志但必须遵从于法律和道德这些社会规则。对于当事人自治范围内的事，政府只是旁观者和被动裁决者。

2013年修正后的《公司法》，淡化了以往《公司法》浓重的管制色彩，彰显了公司自治精神，大大拓宽了公司章程自治的空间，呼应了传统，顺应了公司发展的潮流，有利于企业管理创新。回归常识，回归自治传统，如同“狼孩”回归人类社会，虽然初期可能有些不适应，但后效可期。

二、致谢

刘俊海教授在多年前的演讲和著述中经常疾呼弘扬公司自治精神和股权文化，还在其经典著作《公司法学》中专设“公司章程的个性化设计”一节，阐述个性化的公司章程对于张扬公司个性和自治精神的作用，并呼吁大力推进公司章程个性化设计。刘老师的这些真知灼见，让我受益匪浅、深受启发，萌发了写作此类作品的念头，因而写作了《公司章程个性化设计与疑难释解》一书。虽有狗尾续貂之嫌，先生仍在百忙之中抽出宝贵时间审阅并拨冗作序，让我备受鼓舞。

郭山辉董事长日里万机中抽出宝贵时间拨冗作序，让我十分感佩和鼓舞！法律出版社编辑同志为本书编辑付出了辛勤劳动并提出了宝贵建议，使本书得以顺利出版。诸位编辑认真严谨的精神，令我肃然起敬。

在此，本人谨向刘俊海教授、郭山辉董事长及各位编辑等关心、帮助我的领导和朋友，致以最诚挚的谢意！

最后，还要感谢家人的理解和支持。虽然这本书算不得什么成功之作，但我确实付出了相当的心血，写作期间占用了大量的业余时间，对家庭照顾甚少，现在想起确有无限的愧疚。

良心静中见，真情苦中来。

郭春宏

图书在版编目(CIP)数据

公司章程个性化设计与疑难释解 / 郭春宏著. -- 2版(修订本). -- 北京 : 法律出版社, 2018
ISBN 978-7-5197-2244-9

Ⅰ. ①公… Ⅱ. ①郭… Ⅲ. ①公司—章程—研究—中国 Ⅳ. ①D922.291.914

中国版本图书馆CIP数据核字(2018)第096426号

公司章程个性化设计与疑难释解
GONGSI ZHANGCHENG GEXINGHUA SHEJI YU YI'NAN SHIJIE

郭春宏 著

责任编辑 张 戬
装帧设计 汪奇峰

出版 法律出版社
总发行 中国法律图书有限公司
经销 新华书店
印刷 三河市兴达印务有限公司
责任校对 杨锦华
责任印制 吕亚莉

编辑统筹 法规出版分社
开本 720毫米×960毫米 1/16
印张 33
字数 533千
版本 2018年8月第2版
印次 2018年8月第1次印刷

法律出版社 / 北京市丰台区莲花池西里7号(100073)
网址 / www.lawpress.com.cn
投稿邮箱 / info@lawpress.com.cn
举报维权邮箱 / jbwq@lawpress.com.cn
销售热线 / 010-63939792
咨询电话 / 010-63939796

中国法律图书有限公司 / 北京市丰台区莲花池西里7号(100073)
全国各地中法图分、子公司销售电话:
统一销售客服 / 400-660-6393
第一法律书店 / 010-63939781/9782　西安分公司 / 029-85330678　重庆分公司 / 023-67453036
上海分公司 / 021-62071639/1636　深圳分公司 / 0755-83072995

书号: ISBN 978-7-5197-2244-9
定价: 88.00元